Klima und Kulturen

Norbert Buchner
Elmar Buchner

Klima und Kulturen

Die Geschichte von Paradies
und Sintflut

Verlag Bernhard Albert Greiner

> KLIMA UND KULTUREN
> Die Geschichte von Paradies
> und Sintflut
> von
> Norbert Buchner & Elmar Buchner
> Remshalden : Greiner 2005
> ISBN 3-935383-84-3

Titelbild   nach einem Gemälde von Michael Krähmer, 72138 Kirchentellinsfurt, Freier Künstler, Mitglied der Künstlergruppe "Neue Meister", bearbeitet von Markus Morcher

1. Auflage 2005

© 2005 by Verlag Bernhard Albert Greiner, 73630 Remshalden
http://www.bag-verlag.de

Redaktion   Claudia Greiner

Umschlaggestaltung   Markus Morcher, 73164 Schorndorf

Bildbearbeitung,   Claudia Greiner
Layout und Satz

Druck   Offset-Druckerei Gunter Dünnbier, 02779 Großschönau
http://www.druckerei-duennbier.com

Das Werk ist in allen seinen Teilen urheberrechtlich geschützt.
Jede Verwertung ist ohne Zustimmung des Verlages unzulässig.
Das gilt insbesondere für Vervielfältigungen, Übersetzungen, Mikroverfilmungen und die Einspeicherung und Verarbeitung in elektronischen Systemen.

INHALT

PROLOG: EIN TRAUM AN BORD DES FORSCHUNGSSCHIFFES METEOR	9
EINFÜHRUNG	13
DIE BEDEUTUNG DES KLIMAS FÜR DEN LAUF DER GESCHICHTE	17
Kultureller Rückschlag durch „Nachhall der Eiszeit"	21
Feuchtwarmes Atlantikum führt zu kulturellen Aufschwüngen	21
Ende des Atlantikums: Kulturelle Zusammenbrüche und sumerische Hochkultur	22
Bronzezeit: kulturelle Blüte im Orient und anschließender Verfall	23
Kulturelle Katastrophen in kalter Trockenphase um 1200 v.Chr.	25
Unruhiges vorchristliches Jahrtausend	25
Römerzeit und Völkerwanderung – Klimaoptimum und Temperaturstürze	26
Mittelalterliches Klimaoptimum und Kleine Eiszeit	26
Zivilisations- und Bevölkerungsexplosion der Neuzeit	28
Folgerungen	29
DER KATASTROPHISMUS UND DIE ENTDECKUNG DER EISZEIT	31
URSACHEN VON KLIMAÄNDERUNGEN UND DER EISZEITEN	33
Wärmeverlust der Erde ins Weltall	33
Energie der Erde aus der Sonneneinstrahlung	33
Absorption und Reflexion von Sonnenenergie	34
Ursachen langfristiger Klimaänderungen: die Plattentektonik	35
Ursachen mittelfristiger Klimaänderungen	36
• Exzentrizität der Erdumlaufbahn	36
• Schiefe der Ekliptik der Erdbahn	36
• Perihelwanderung (Wanderung der Tag- und Nachtgleiche)	37
Kürzerfristige Veränderungen	38
• Sonnenaktivität und Sonnenzyklen	38
• Klimagase	42
• Einschläge von Meteoriten und Vulkanausbrüche	44
Rückkoppelungseffekte	44
DIE EISZEITEN	49
Klimazeugen der Eiszeit aus Gletschereis und Tiefsee	49
Sauerstoffisotope in Eisbohrkernen als Thermometer	49
Sauerstoffisotope in Tiefseebohrkernen	51
Weltweite Vereisungen	51
Eiszeittemperaturen in Afrika und im Nahen Osten	52

Die turbulente Übergangszeit von der Eiszeit zur Nacheiszeit	53
• Die Temperatur fährt nochmals Achterbahn	53
• Ursachen für plötzliche Temperatursprünge	55
• Dramatische Auswirkungen der Klimasprünge auf Tier und Mensch	56
Veränderungen des Meeresspiegels	60

Suche nach den frühesten Wurzeln der abendländischen Kultur — 65

Afrika – die Wiege der Menschheit — 69

Neuere Funde von Übergangsformen zum Menschen	69
Ein neues wissenschaftliches Werkzeug: die Humangenetik	70
Die Entwicklung zum Menschen in Afrika als Klimafolge	71
Ausbildung des arktischen Eisschilds: Entwicklungssprung für die Hominiden	73
Weiterentwicklung und erste „Auswanderung" ebenso eine Klimafolge	74
Verschärfte Eiszeit leitet Entwicklung zum Homo sapiens ein	75
Entwicklung zum modernen Homo sapiens in zwei Schritten	75
• Eva-Hypothese	75
• Adam-Hypothese	76
Der kulturelle Urknall	77
Gehirnmutation als Kulturauslöser?	80
Zusammenfassung der Entwicklung zum Menschen als Klimafolge	82
Vorgeschichtliche Entwicklungen als Klimafolge	83

Der moderne Mensch verlässt Afrika und erobert die Erde — 85

Der persische Paradiesmythos	93
Expansion des Menschengeschlechts über die Erde	95
Glinde-Interstadial: Expansion nach Südostasien und Australien	95
Hengelo-Interstadial: Expansion nach Europa, Nordafrika und Sibirien	100
• Konfrontation mit dem Neandertaler in der Levante	100
• Einwanderung nach Europa: 5000 Jahre Not	100
• Warmes Denekamp-Interstadial besiegelt das Schicksal des Neandertalers	101
• Künstlerische Explosion in Europa in den wärmeren Eiszeitphasen	103
Einwanderung nach Amerika	105

Mythen und Religionen als vorgeschichtliche Quellen — 109

Fruchtbarkeitsidole und Muttergöttinnen der Frühzeit	110
Männliche Götter der Bauern und Krieger	111
Polytheismus und Monotheismus in Israel	113
Reform des Zarathustra zum ersten Monotheismus	116
Der persische Monotheismus der Juden	118
Weiterer persischer Einfluss: Essener und Mithras-Religion	121

Wo und wann begann die Landwirtschaft? — 125

Früher Ackerbau in den Mythen	125
Chancen des Nahen Ostens für die Entwicklung von Landwirtschaft	126
Archäologische Spuren und Zeugnisse für den frühen Ackerbau	128

Sensationelle Funde am mittleren Euphrat	130
Die Entwicklung im Süden des vorderen Orients	132

Frühe Unterkünfte, Häuser und Stadtkulturen — 137

Die Anfänge und das Haus von Çatal Hüyük	137
Erste Städte schon kurz nach der Eiszeit?	139
Das dreiteilige Haus von Tell Ueili und die frühe Obed-Kultur	141
Kulturelle Entwicklungen in der Feuchtphase des Atlantikums	142
• Die Obed-Kultur in Mesopotamien	142
• Mehrgarh am Übergang vom iranischen Raum zum Indus	144
• Frühkultur in Südost-Europa: die Alteuropäische Donauzivilisation	144
• Bronzezeitliche Stadtkulturen an Indus, Persischem Golf und im persischen Grenzraum	147

Der lange Weg zu Schrift und Alphabet — 153

Die Schrift der Indus-Kultur und ihre Vorläufer	154
Frühe Schriftentwicklung bei der Alteuropäischen Donauzivilisation	154
Siegel, Zählsteine und der Weg zur Keilschrift	155
Die Entwicklung des Alphabets	159

Folgerungen zum Ort einer frühkulturellen Entwicklung — 161

Ein Garten Eden taucht aus dem Meer auf — 167

Paradies der Sumerer im Persischen Golf? — 177

„Garten der Götter" inmitten der „Wasser des Todes"	182
Tempel auf dem Berg eine archaische Erinnerung?	185

Übergang zur Nacheiszeit: Plötzliche Hitze — 189

Die Gletscher schmelzen: weltweit zahlreiche Sintfluten	191
• Sintflut in Ur in Südmesopotamien?	193
• Sintflut nach Meteoriteneinschlag?	194
• Sintflut in Ostasien?	194
• Sintflut im Schwarzen Meer?	195

Vier Fluten im Persischen Golf — 199

Die erste Flut	202
• Untergang des Flussdeltas und Versalzung des Hormuz-Sees	203
• Verdrängung nach dem Oman	203
• Überflutung der Niederungen des „Garten Eden"	204
• Ein „Goldenes Zeitalter" und die Flut des persischen Yima	206
Die zweite Flut oder die Flut des akkadischen Atrahasis	208
Frühe Siedlungen auf der arabischen Seite der Seen im Golf?	213
Die Fluten der arabischen Noahs	216
Die dritte Flut vor Mesopotamien	220
Die vierte oder die biblische Flut der Noahs aus Mesopotamien und Persien	221

Zusammenfassung und Schlussfolgerungen — 233

Sach- und Fachbücher	245
Wissenschaftliche Beiträge	249
Artikel in Wissenschaftsjournalen, Magazinen und Tageszeitungen	255
Ausstellungskataloge	259
Abbildungsnachweis	261

Prolog: Ein Traum an Bord des Forschungsschiffes Meteor

Es war ein lauer Abend im April 1965 an Bord des Forschungsschiffes Meteor im Persischen Golf. Auf dem Deck saß Eugen Seibold, Geologie-Professor aus Kiel, der später Präsident der Deutschen Forschungsgemeinschaft werden sollte, mit einem hochkarätigen Team aus Wissenschaftlern und Technikern. Im Rahmen der International Ocean Expedition untersuchte die Meteor gegenwärtig den Nordteil des Persischen Golfs. Die Gedanken schweiften um die übernommenen Aufgaben, wie Echolotungen mit einem fein gebündelten Schallstrahl zur Verbesserung der Kenntnis des Bodenprofils dieses Meeres. Eugen Seibold veröffentlichte dann später mit seinen umfangreichen Forschungsergebnissen eine neue Seekarte, welche die bisherigen Karten zusammenfasste und ergänzte.

Die Forschungsfahrt stand unter einem ungünstigen Stern: die politischen Spannungen am Golf hatten zugenommen, weswegen es der Meteor nur gestattet war, die iranischen Gewässer zu befahren. Dabei war die Expedition seit langer Zeit mit hohem Aufwand vorbereitet worden. Auf Grund der positiven Erfahrungen aus dem Geophysikalischen Jahr 1957/58, in dem sich eine internationale Zusammenarbeit zur Lösung globaler Probleme bewährt hatte, waren bei einer Zusammenkunft führender Meeresforscher in Göteborg schon 1957 Pläne für die Erforschung des Indischen Ozeans mit seinen Nebenmeeren diskutiert worden. Die umfangreichen Planungsarbeiten wurden später bei der UNESCO in Paris koordiniert. Deutschland hatte damals allerdings ein besonderes Problem: es verfügte noch über kein geeignetes Forschungsschiff. Nun aber absolvierte das neue Schiff seine Jungfernfahrt!

Wie erwähnt: die arabischen Gewässer blieben leider ein Tabu für die Meteor. Die iranisch-arabischen Beziehungen waren durch eine Reihe von Fragen getrübt, aktuelle, welche mit dem neuen Reichtum der Golfregion an Erdöl zusammen hingen, und andere, die sich im Verlauf einer langen geschichtlichen Entwicklung aufgebaut hatten. Sie waren sowohl nationaler als auch religiöser Natur, herrührend vor allem aus dem Gegensatz der persischen Schiiten und der vorwiegend sunnitischen Richtung des Islam der Araber. Überdies war das britische Empire dabei, sich aus seinen Besitzungen und Verpflichtungen weltweit allmählich zurück zu ziehen. Es bestand zwar noch ein Schutzabkommen mit den arabischen Emiraten. Aber dennoch war zu befürchten, dass sich diese Spannungen am Golf unkontrolliert entladen könnten. Der Irak erhob Ansprüche auf Kuwait und die im Nordwesten an das Golfmeer grenzende iranische Provinz Khusistan. In der Tat lösten diese Kontroversen später Kriege aus: um Khusistan tobte ein achtjähriger blutiger Krieg zwischen dem Irak und dem Iran und der Überfall des Irak auf Kuwait führte zum ersten amerikanischen Golfkrieg. Aber zunächst wurde in einigen dieser Fragen noch eine Einigung erzielt: das Emirat Katar, auf einer langen Halbinsel im Golfmeer gelegen, und die Bahrain-Inseln wurden selbständige Staaten und die kleineren Emirate schlossen sich zu den Vereinigten Arabischen Emiraten zusammen. Umstritten blieben aber einige Inseln, vor allem die jäh aus dem Meer ragenden Inseln Groß- und Klein-Tumb. Sie liegen im Fahrbereich der Schiffe, welche den Golf von Hormuz passieren, der den Persischen Golf vom Arabischen Meer trennt. Am Vorabend der Gründung der Föderation, im November 1971, sollte dann der Iran diese Inseln besetzen, für die er alte persische Vorrechte geltend gemacht hatte.

Viele dieser Entwicklungen konnte man zu diesem Zeitpunkt erst erahnen, erhoffen oder befürchten. Jedenfalls war es für die Wissenschaftler an Bord der Meteor sehr enttäuschend, dass sie nach einer Vorbereitungszeit von insgesamt acht Jahren jetzt nur einen Teil des Golfmeeres untersuchen durften. Aber wenigstens war Poseidon dem Team gnädig: die See war während der Untersuchungen überwiegend ruhig. Der gefürchtete Sturm Shamal, welcher entlang der Achse des Golfs vorwiegend aus Nordwest bläst und sich innerhalb von fünf Minuten bis zu Spitzengeschwindigkeiten von 150 km/h steigern kann, hatte die Expedition bisher verschont. Am Golf von Hormuz regnet es zwar selten, aber der Niederschlag kann hier dennoch gelegentlich sintflutartige Auswirkungen annehmen. Auch dies war den Wissenschaftlern bisher erspart geblieben.

Man bewegte sich in einer geschichtsträchtigen Gegend und die Forscher an Bord waren sich dessen bewusst. Wie viele geschichtliche Ereignisse hatte dieses Meer schon gesehen und was mochte in dieser flachen See – im Mittel nur 35 Meter tief – so dicht unter ihren Füßen alles an wertvollen geschichtlichen Zeugnissen verborgen sein? Welche alten Kulturgüter, untergegangen in zahlreichen Kämpfen oder im Sturm Shamal, lagen wohl da unten, fast zum Greifen nah? Ihr Untergang hat sie ja vor Abnutzung und Zerstörung bewahrt. Eine Hebung könnte unsere geschichtlichen und kulturellen Kenntnisse möglicherweise sehr bereichern. Wie aber könnte man sie aufspüren, wie sie bergen? Die Flüsse, die in den Golf münden, der Schatt-al-Arab als Fortsetzung von Euphrat und Tigris aus dem Norden und einige Flüsse aus dem iranischen Zagros-Gebirge, haben ja im Verlauf von Jahrtausenden viele Sedimente in das Meer eingetragen, die sich als Schlick und Schlamm über das Gesuchte gelegt haben. Das Echolot an Bord konnte zehn Meter mächtige Schichten aus weichem Sediment durchdringen, um erst an härterem Material reflektiert zu werden. Könnte es aber auch so feine Strukturen, wie ein untergegangenes Schiff, aufspüren? Und hätte der Einsatz von Tauchern Sinn?

Der Vordere Orient gehört neben Afrika, in dem sich die Menschwerdung und die Entwicklung zum modernen Menschen vollzogen haben, zu den Stätten einer frühen menschlichen Besiedelung. An den westlichen Hängen des Zagros-Gebirges, das auch den Norden des Golfmeers säumt, hat man Spuren eines sehr frühen Ackerbaus gefunden. In der unmittelbaren Umgebung des Golfmeers sind drei der ältesten Kulturen entstanden: im Norden, in Mesopotamien, die sumerische Kultur vor mehr als 5000 Jahren, im angrenzenden persischen Raum etwa zeitgleich die elamitische Kultur und etwas später auf Bahrain eine Kultur, welche vor allem durch ihren Seehandel mit den Kupfererzminen im Oman und den frühen Indusstädten schon vor mehr als 4000 Jahren reich wurde. Der Persische Golf ist ja eine natürliche Verlängerung der Wasserstraßen des Euphrat und Tigris und damit ein Teil des Korridors, der das Mittelmeer mit dem indischen Subkontinent verbindet, in dem die kulturelle Entwicklung ebenfalls uralt ist. Entlang dieser Achse wurden im Laufe der Geschichte die unterschiedlichsten Waren gehandelt. In Siedlungslagen am Westrand des Zagrosgebirges nordwestlich des Golfmeers, deren Alter 8000 Jahre übertrifft, fand man Klingen aus Obsidian, der aus Çatal Hüyük in Zentralanatolien stammt. Handwerkliche Erzeugnisse aus der Indus-Kultur finden sich im gesamten Vorderen Orient; auf Bahrain verwendete man sogar dieselben Gewichte wie am Indus. Lapislazuli von den nördlichen persischen Randgebirgen und aus Afghanistan war nicht nur bei den Sumerern ein begehrter Schmuckstein, sondern auch im alten Ägypten. Alexander der Große schließlich fügte 330 v.Chr. den gesamten Großraum des Vorderen Orients zu einem riesigen Reich zusammen, das vom Schwarzen Meer bis zum Indus und vom Aralsee bis nach Libyen reichte. Etwas später entstand besonders durch den Bedarf des großen römischen Reiches ein reger Handelsverkehr, der seine Spuren ebenfalls auf dem Boden des Persischen Golfs hinterlassen haben dürfte.

Die Gedanken der Männer an Bord verloren sich in noch größerer zeitlicher Ferne. In der letzten Eiszeit war so viel Wasser in Kilometer-dicken Gletschermassen gebunden, dass sich der Meeresspiegel als Folge um mehr als hundert Meter abgesenkt hatte. Der flache Persische Golf, den sie nun befuhren, muss damals eine riesige über tausend Kilometer lange Schwemmlandebene im Anschluss an das heutige Mesopotamien gewesen sein, die von einem großen Fluss, dem Schatt-al-Arab, durchzogen war. Er mündete erst weit außerhalb des Golfs von Hormuz ins Arabische Meer. Weiter im Norden hat sich dann sehr viel später die Hochkultur der Sumerer entwickelt. Hätte das ehemalige Land unter ihrem Kiel nicht viel früher schon dieselben Voraussetzungen geboten? In der Eiszeit müsste hier ja ein angenehmes Klima geherrscht haben! Auf Luftbildern glaubte man Siedlungen auf dem Boden des Golfmeers entdecken zu können. Und ihnen selbst sind bei ihren Forschungsfahrten sehr merkwürdige Geländeformen aufgefallen. Im Persischen Golf gibt es zahlreiche Flachstellen, frühere Inseln, welche beim Anstieg des Meeresspiegels bei Beendigung der Eiszeit ertrunken sind. Sie weisen zum Teil eine recht eigenartige Form auf, welche von der zu erwartenden gerundeten Gestalt von Salzdomen weit abweicht: eine ganze Reihe von ihnen zeigt steile Flanken, die knickartig in eine weitgehend ebene Hochfläche übergehen. Und viele sind von Ringwannen umgeben, in denen das sonst vorhandene weiche Sediment fehlt. Geologisch ist das schwer zu deuten: handelt es sich um ein frühes Menschenwerk?

Abends, nach getaner Arbeit, durfte geträumt werden, geträumt von den historischen und prähistorischen Schätzen da unten, über die man so ahnungslos hinweg fuhr. Tagsüber jedoch war ein eng umrissenes wissenschaftliches Programm abzuwickeln, klar definiert hinsichtlich der Aufgaben, der Termine und vor allem der verfügbaren Finanzmittel. So mussten die Träume am Golf zurück bleiben!

Aber diese Träume gingen nicht verloren: Eugen Seibold verstand es, sie auf seine Studenten zu übertragen. Zweien von ihnen, die in ihrer Heimat dann zu Professoren wurden, gelang es, den Shah von Persien, Rheza Pahlewi, dafür zu interessieren. Der Shah wollte zwei Schiffe seiner Marine für Forschungszwecke zur Verfügung stellen und Marinetaucher sollten interessante Objekte in Augenschein nehmen. Ein Termin für die Besprechung des Forschungsprogramms in Teheran stand schon fest und die Verwirklichung des Traums schien zum Greifen nahe! Doch dann wurde im Frühjahr 1979 der Shah in der Iranischen Revolution gestürzt und ein Jahr später brach ein verlustreicher achtjähriger Krieg zwischen den Nachbarstaaten Iran und Irak aus. Wiederum konnte der Golf seine Geheimnisse bewahren!

Einführung

Wo und wann ist die früheste Kultur entstanden? Bis vor gar nicht langer Zeit herrschte eine einmütige Meinung: an der Wiege der abendländischen Kultur stand gleich eine Hochkultur, die Kultur der Sumerer im Zweistromland von Euphrat und Tigris. Mit großer Verwunderung hatte man festgestellt, dass sie eine ganze Reihe von kulturellen Großtaten ohne Vorlauf hervor gebracht zu haben schien: eine leistungsfähige auf Bewässerung basierende Landwirtschaft, den Bau der ersten großen Städte, ein organisiertes städtisches Gemeinwesen mit Spezialisten für Verwaltung, Handwerk, Kunst, Wissenschaft und Lehre und die Erfindung des ersten Registrier- und Schreibsystems, der Keilschrift auf Tontafeln. Diese wurde zur Grundlage für Lagerhaltung und Verteilung von Vorräten, für die Organisation von Aufgaben und auch für die Bewahrung und Verbreitung von Wissen. Die ersten uns bekannten Epen der Menschheit sind hiermit überliefert.

Diese scheinbar klare Sicht trübt sich immer mehr ein, denn es finden sich mehr und mehr Hinweise, dass auch diese Hochkultur nicht aus dem Nichts entstanden ist. Offensichtlich sind in sie auch Anregungen und Entwicklungen eingeflossen, welche nicht aus dem Zweistromland selbst stammen. So entdeckte man in jüngster Zeit auch an anderen Stellen Ansätze zu kulturellen Leistungen und auch schon bemerkenswerte Kulturdenkmäler, welche älter als die sumerische Kultur sind. Damit drängt sich eine Frage auf: könnte nicht allen diesen frühen Kulturen oder kulturellen Ansätzen schon eine ältere Vorkultur voraus gegangen sein, aus der Anregungen stammen? Einige Aufsehen erregende Funde zu frühen kulturellen Leistungen auf überraschend hohem Niveau konnte man in den letzten Jahren zwar machen, andere jedoch könnten für konventionelle Suchmethoden dann unauffindbar sein, wenn ihr Schauplatz durch Katastrophen verloren gegangen sein sollte. Alte Menschheitsmythen, die sich vermutlich auf sie beziehen, deuten jedoch an, dass sie dabei nicht aus dem Gedächtnis der Menschheit gelöscht worden sind. Solche Katastrophen müssen sich vor den ersten Anfängen der kulturellen Entwicklung in Mesopotamien in benachbarten Regionen ereignet haben, als die letzte Eiszeit zu Ende ging. Damals ist der Meeresspiegel von seinem Tiefpunkt von 130 Metern unter dem heutigen Stand in mehreren Pulsen auf sein heutiges Niveau angestiegen. Zahlreiche frühere Aufenthaltsorte der Menschen wurden dabei überflutet und die Menschen wurden, so weit sie überhaupt überlebt haben, aus ihrer Heimat vertrieben. Ihre frühen kulturellen Hinterlassenschaften sind daher heute wohl vom Meer bedeckt.

Wenn wir nun versuchen wollen, einen Blick in diese noch in mystisches Dämmerlicht gehüllte Zeit zu werfen, so sollten wir zunächst wissen, welche Veränderungen sich in der letzten Eiszeit und vor allem in der Übergangszeit von der Eiszeit zu unserer Nacheiszeit abgespielt haben. Wir sollten auch zu verstehen versuchen, warum es zu eiszeitlicher Kälte und riesigen Klimaschwankungen gekommen ist und welche Folgen sich daraus für Geografie, Landschaft, Vegetation, Tierwelt und den Menschen ableiteten. Die Regionen, welche damals vom Meer frei gegeben waren, lassen sich aus heutiger Kenntnis rekonstruieren, z.B. über Bodenprofile aus Seekarten und geologische Untersuchungen, sodass wir eine Vorstellung gewinnen können, welche geografischen Gegebenheiten den damaligen Menschen geboten waren. Auch für das Klima der damaligen Zeit sind uns seit relativ kurzer Zeit gute Informationen zugänglich, vor allem aus Bohrkernen von Gletschern auf Grönland und in der Antarktis, welche uns Klimainformationen über mehrere Hunderttausend Jahre liefern. Damit können wir recht sichere Schlüsse ziehen, wo die Menschen damals geografisch und klimatisch bevorzugte Aufenthaltsorte vorgefunden haben dürften, in denen sich eine „Kultur vor der Kultur" entwickelt haben könnte.

Paläoanthropologen und Humangenetiker haben in den letzten Jahrzehnten zum Teil sensationelle Entdeckungen zur Entwicklung des Menschengeschlechts in Afrika, zu seiner ersten Auswanderung und zu den Wegen seiner Ausbreitung über die Erde gemacht. Afrika gilt zu Recht als die „Wiege der Menschheit". Es zeigt sich aber, dass der Vordere Orient mit gleichem Recht als die „Kinderstube der Kulturen" bezeichnet werden kann: hier hat die früheste kulturelle Reifung der Menschheit stattgefunden und von hier wurden von den auswandernden Menschen gemeinsame kulturelle Merkmale in alle Welt mitgenommen.

Die Menschen bevorzugten bei eiszeitlichen Klimabedingungen tief liegende wärmere Plätze am Wasser, welche dann dem Anstieg des Meeres bei Beendigung der Eiszeit ausgesetzt sein konnten. Viele der damaligen Stätten dürften daher heute vom Meer verschluckt sein. Dieses hob sich zu Ende der Eiszeit von seiner Tiefstlage von 130 Metern unter dem heutigen Niveau nicht stetig auf seine jetzige Höhe an, sondern in mehreren teils sehr scharfen Einzelfluten. Aus den verschiedenen Pulsen der Überflutung, welche mit geologischen Methoden rekonstruiert werden konnten, und den landschaftlichen und klimatischen Gegebenheiten lassen sich nun recht konkrete Schlüsse ziehen, wann und wohin die Menschen bei den jeweiligen Einzelfluten vertrieben worden sein dürften. Auch die Temperatur stieg bei Beendigung der Eiszeit nicht etwa gleichmäßig auf unser heutiges Niveau an, sondern es gab mehrere äußerst scharfe katastrophenhafte Umschwünge, denen Flora, Fauna und die Menschen oft nicht gewachsen waren. Die damit verbundenen schrecklichen Prüfungen für die Menschen haben offensichtlich ebenso wie die Vertreibung aus der früheren Heimat Eingang in frühe Menschheitsmythen gefunden und sie lesen sich, wenn sie Zeit und Ort richtig zugeordnet werden, fast wie ein geschichtlicher Bericht.

Mythen geben uns auch Hinweise, dass es vor den uns bekannten ersten Städten in Mesopotamien schon Städte gegeben haben soll. Und nicht nur Mythen nähren diese Vermutung: vor ganz kurzer Zeit hat man vor Nordwestindien an einem früheren Flusssystem vierzig Meter unter dem Meeresspiegel die Grundrisse riesiger Städte mittels Echolotung entdeckt. Ihr Alter wurde an Hand von gehobenen Fundstücken vorläufig auf mindestens 8500 Jahre datiert. Es scheint also das der bisher bekannten ersten Städte der Welt um mehrere Tausende von Jahren zu übertreffen. Aus diesem Grunde gehen wir auch der Frage nach, ob es schon „Städte vor den Städten" gegeben hat, ob etwa die uns bekannten ersten Städte und Stadtkulturen in Mesopotamien nach Erinnerungen an im Meer versunkenen Vorbildern aufgebaut wurden.

Solche alten Erinnerungen müssen in die Basis von frühen Religionssystemen eingegangen sein. Die in ihnen enthaltenen alten Mythen, welche heute religiös gedeutet werden, dürften also eine historische Botschaft bergen. Es gilt, sie heraus zu finden und richtig zu interpretieren. Da viele Religionssysteme aufeinander aufbauen, wobei die Mythen oft übernommen werden – allerdings mit Anpassung an das neue Denken – war es erforderlich, der Entstehung dieser religiösen Gebäude selbst nachzuspüren mit dem Ziel, den ursprünglichen Inhalt der Mythen älterer Religionen vom möglicherweise veränderten der jüngeren zu trennen.

Viele dieser Hinweise deuten auf dieselbe Region hin. In südlichen Bereich des Landes an Euphrat und Tigris hat sich die frühe Hochkultur der Sumerer entwickelt. Die beiden Flüsse münden heute als Schatt-al-Arab gemeinsam in den Persischen Golf. In der Endphase der letzten Eiszeit, in der riesige Mengen an Wasser ausgefroren und in Kilometer mächtigen Gletschermassen deponiert waren, hatte sich das Meer vollständig aus dem Persischen Golf zurückgezogen und dabei eine Landschaft frei gegeben, welche vom Fluss auf einer Strecke von über tausend Kilometern durchzogen und von einer Kette großer Süßwasserseen geprägt war. Wegen der kälteren Temperaturen muss sich auch damals die Besiedelung im wärmeren Südteil konzentriert haben. Die Rekonstruktion der damaligen geografischen Gegebenheiten wird uns nun genau dort Landschaften mit wahrhaft paradiesischen Vorzügen zeigen. Diese müssen unweigerlich eine große Anzahl von Menschen angezogen haben. Wegen der Konzentration einer zahlreichen Bevölkerung mit gesichertem Lebensunterhalt ist eine frühe kulturelle Entwicklung an dieser Stelle fast eine zwingende Folgerung: unter solchen Voraussetzungen ist es auch an anderen Stellen der Welt zu unterschiedlichen Zeiten zu kulturellen Entwicklungen gekommen.

Vom „Garten Eden" im Orient, der heute vom Meer des Persischen Golfs bedeckt ist, ist in den Buchreligionen des Judentums, Christentums und des Islam die Erinnerung an ein gottgesegnetes Land und an die „Vertreibung aus dem Paradies" verblieben. Dies sind aber nicht die einzigen Erinnerungen: als der Meeresspiegel bei Beendigung der Eiszeit anstieg, liefen so dramatische Ereignisse ab, dass sie sich in Form mehrerer orientalischer Mythen unauslöschlich ins Gedächtnis der Menschheit eingeprägt haben. Diese schildern uns, richtig gelesen, Geschichten vom Untergang in mehreren Fluten, welche mit der wissenschaftlichen Rekonstruktion von Geografie, Klima und Meeresspiegel weitgehend übereinstimmen: Garten Eden und Sintflut streifen ihren mythologischen Mantel ab und pochen, Einlass begehrend, an das Tor der Geschichte.

DIE BEDEUTUNG DES KLIMAS FÜR DEN LAUF DER GESCHICHTE

Das Klima auf der Welt ist noch nie konstant gewesen und seine Veränderungen und ihre Folgen für die Natur haben schon immer einen ganz wichtigen Einfluss auf den Menschen und menschliche Gesellschaften ausgeübt. Es kommt nicht von ungefähr, dass der Wettergott im Götterhimmel immer die Spitze einnahm, sei es nun Baal, Zeus, Jupiter oder Wotan. Auch der jüdische Gott Jahwe soll als südpalästinensischer Wettergott angefangen haben. Im christlichen Brauchtum betrachtet man den obersten der Apostel, Petrus, als den Verantwortlichen für das Wetter. Unter den verschiedenen Faktoren, welche den Lauf der Geschichte beeinflussen können, zählen Veränderungen des Klimas zu den bedeutenden.

Systematische Überlegungen und Untersuchungen zu Zusammenhängen zwischen der Veränderung des Klimas und jenen von menschlichen Zivilisationen führte anfangs des 20. Jahrhunderts erstmals der amerikanische Geologe und Geograph Ellsworth Huntingdon von der Yale-Universität durch. Bei seinen umfangreichen Forschungsreisen in Kleinasien, Palästina, Persien und Indien fand er überall für denselben Zeitraum ähnliche Veränderungen der Kulturen, welche er auf globale Klimaveränderungen zurückführte. Er begründete damit die sog. deterministische Sicht: das Klima steuert das Schicksal der Kulturen.

> **ZUR BEACHTUNG**
>
> Für geologische und vorgeschichtliche Daten werden als Altersangabe üblicherweise die **"Jahre vor heute" (v.h.)** gewählt. Als Fixpunkt für diese Zeitrechnung gilt das Jahr 1950.
> Nachdem diese Daten hier vorherrschen, wird in der Regel auch diese Altersangabe benutzt.
>
> Lediglich für jüngere geschichtliche Daten mit großem Bekanntheitsgrad wird das gebräuchliche **"vor Christi Geburt" (v.Chr./n.Chr.)** verwendet.

Der Determinismus beherrschte die Fachmeinung der ersten Hälfte des 20. Jahrhunderts. Dann begann das Pendel nach der anderen Seite auszuschlagen, zur anthropogenen Sichtweise. Nun machte man für den Verfall von Kulturen in erster Linie den Menschen und seine Eingriffe in die Natur verantwortlich. In dieser Zeit entwickelte sich auch die ökologische Bewegung, deren Ideal ein „Leben im Einklang mit der Natur" darstellt. Erst in den letzten drei Jahrzehnten des 20. Jahrhunderts kam dann die anthropogene Sicht durch verschiedene Untersuchungen ins Wanken, zunächst durch Arbeiten

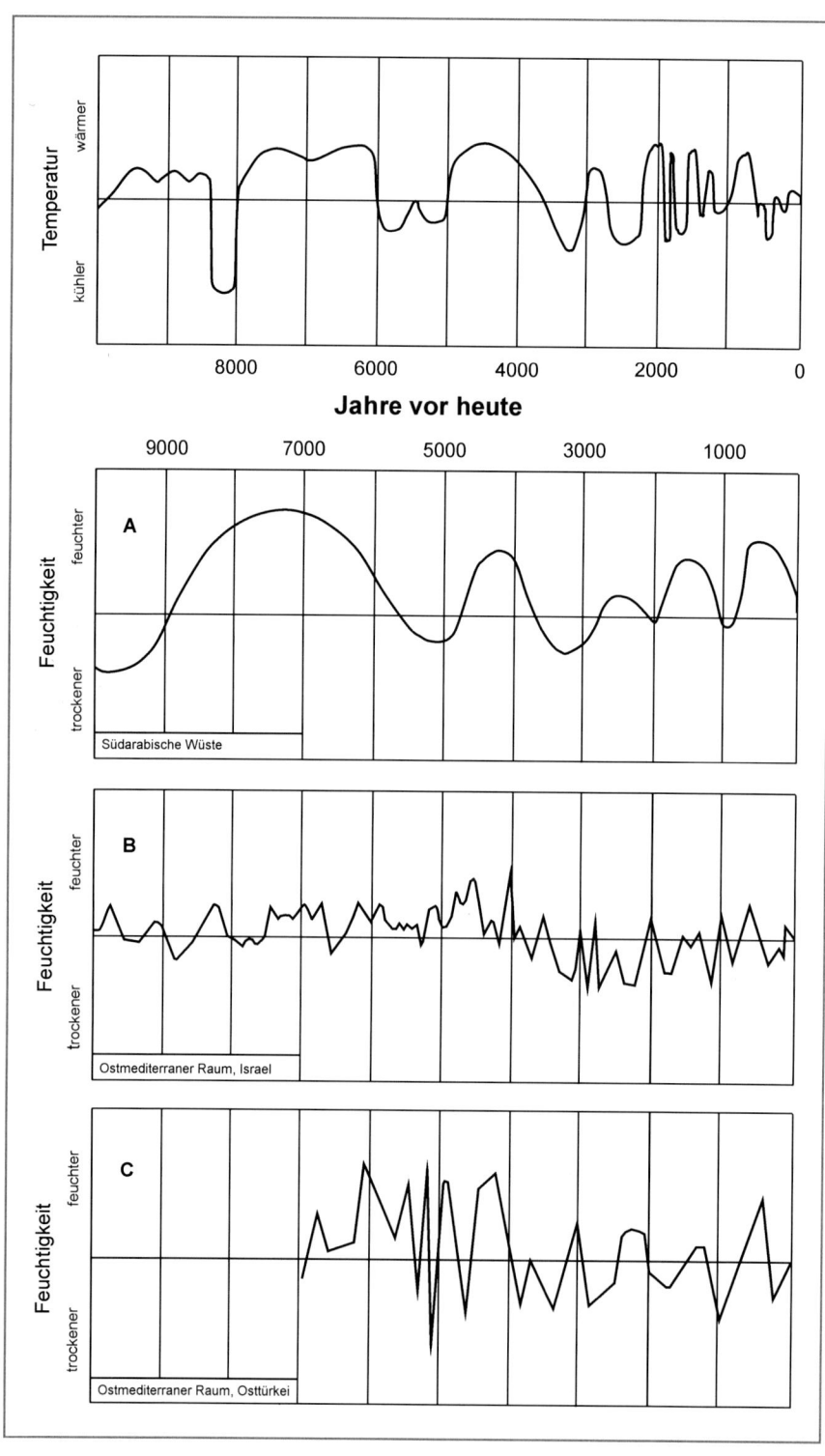

des britischen Archäologen R.Carpenter, der die großen historischen Umwälzungen im antiken Griechenland in erster Linie auf klimatische Wechsel zurückgeführt hat. Auch die Erforschung aktueller Veränderungen bestärkte diese Meinung: für die Austrocknung und das beginnende Wiedererrgrünen der Sahel-Zone der Sahara in den letzten Jahrzehnten des 20. Jahrhunderts fand man, dass die menschliche Tätigkeit allenfalls einen sekundären Einfluss ausübt. So entstand nun eine dritte Sichtweise, die neodeterministische, welche den vielfältigen menschlichen Einfluss nicht außer Acht lässt, aber wieder in erster Linie klimatische Veränderungen für das Auf und Ab von Kulturen verantwortlich macht. Sie wird durch verschiedene Untersuchungen zum Paläoklima gestützt, welche in der Befürchtung einer unzulässigen Erderwärmung durch den Treibhauseffekt von Klimagasen angeregt worden waren. Forschergruppen versuchen nun seither auf unterschiedliche Weise Informationen zum früheren Klimaverlauf zu erhalten. Besonders bedeutsam sind hierbei die Informationen aus Gletscherbohrkernen. Die vor etwa einem Jahrzehnt veröffentlichten Bohrergebnisse aus Grönland stellen praktisch ein Klimaarchiv für die letzte Viertelmillion von Jahren dar. Die aktuelle Bohrung auf der Antarktis verlängert diese Zeit fast auf das Dreifache.

Abbildung 1 gibt einen Überblick über die gegenwärtige Warmzeit. Warmzeiten stellen eine Ausnahme im Klimaablauf dar, denn zu 80 bis 90 Prozent herrschten in den vergangenen 800.000 Jahren Kalt- und Eiszeiten. Vor etwa 10.000 Jahren hatte die Temperatur auf der Erde nach längerem und sehr unregelmäßigem Anstieg aus der letzten Eiszeit etwa unser heutiges Niveau erreicht. In diesen zehn Jahrtausenden bis in unsere Tage blieb sie dann aber keineswegs konstant, sondern es gab wiederholt längere Phasen, in denen die Temperatur den Mittelwert im Bereich von 0,5 bis 2,5°C über- oder unterschritt. Daneben stellten sich auch mittel- und kurzfristige Schwankungen von etwa diesem Ausmaß ein. Schweizer Gletscher- und Klimaforscher fanden seit Ende der letzten Eiszeit Hinweise auf mindestens 10 Vorstöße und Rückzüge der Gletscher in den schweizer Alpen. Dies steht in Einklang mit der Darstellung des Temperaturverlaufs in *Abbildung 1*, welcher 10 größere

Abbildung 1 gibt einen Überblick über den langfristigen Klimaverlauf in den letzten 10.000 Jahren seit Beendigung der Eiszeit.
Die Werte für die Temperatur stammen aus verschiedenen Quellen, von denen für den älteren Bereich die wichtigste die erwähnten Klimainformationen aus Gletscherbohrkernen auf Grönland sind. Die Angaben für die letzten Jahrtausende orientieren sich vor allem an Ermittlungen der deutschen Forschungsgruppe zum Paläoklima. Die Grafik kann natürlich nur die ungefähren Zeiträume und Tendenzen aufzeigen: auf eine Temperaturskala wurde deshalb verzichtet. Die dargestellten stärkeren Schwankungen der Temperatur in jüngerer Zeit bedeuten nicht, dass das Klima neuerdings unruhiger geworden wäre: es liegen für diese Zeit einfach feinere Informationen vor.

Schematischer Verlauf der Temperatur und der Feuchtigkeit des Klimas in den letzten 10.000 Jahren. Abb. 1 ◀

Schwankungen zeigt. Für die Veränderung der Feuchtigkeit des Klimas werden drei Grafiken gezeigt: die Kurve A wurde von McClure aus den Untersuchungen verschiedener Forscher für die südarabische Wüste zusammengestellt. Mit diesen Werten sind auch Vorgänge am Indus, am Persischen Golf und im persischen Raum erklärbar. Die Kurven B und C beschreiben ein mediterran beeinflusstes Klima und sie erlauben einen Vergleich mit historisch bekannten Veränderungen dieses Raums.

Es ist unschwer zu verstehen, dass in gemäßigten Breiten wie in Europa die Lebensbedingungen immer dann günstiger wurden, wenn sich das Klima erwärmte. Man bezeichnet diese Perioden deshalb auch als „Klimaoptima". Abkühlphasen des Klimas hingegen führten häufig zu Nahrungsmangel, Hunger, Verteilungskämpfen und Seuchen: die apokalyptischen Reiter, Pest, Hunger und Krieg, machten sich auf, um durch die Lande zu ziehen. Die richtige Reihenfolge muss allerdings heißen: Hunger, dadurch ausgelöste Kämpfe um Nahrung und in der Folge Seuchen, für die die Destabilisierung des Wirtschaftssystems und die Schwächung und Unterernährung der Bevölkerung den Boden gelegt hatten. Mit einer Abkühlung sinkt ja der Dampfdruck des Wassers und als Folge nimmt die in die Atmosphäre verdunstende Wassermenge ab. Zudem wird auch ihre Aufnahmefähigkeit für Wasserdampf geringer. Das Klima wird also nicht nur kühler, sondern auch trockener. Solche Abkühl- und Austrocknungsphasen waren schon mehrfach Anlass für die Wanderung von Völkern und der Grund kultureller Zusammenbrüche.

Bei einer Klimaveränderung können sich allerdings die Klimazonen verschieben. Trotz einer generellen Steigerung der Feuchtigkeit in der Erdatmosphäre kann es deshalb bei einer Erwärmung in bestimmten Zonen auch trockener werden.

Eine Ausnahme von den erwähnten Folgerungen stellen Gebiete dar, in denen es schon recht warm und feucht ist: eine weitere Erwärmung kann hier ein Zuviel bedeuten. Die Anfälligkeit für Seuchen, wie Malaria, kann steigen und dies hat durchaus schon zum Ende von Kulturen an diesen Orten geführt. So war das Klima um 3200 v.h. (1200 v.Chr.) recht kühl und trocken. Dies ermöglichte offenbar den Olmeken in Mittelamerika, bekannt vor allem durch die hinterlassenen Kolossalstatuen, im heute tropischen Flachland des südlichen Mexiko einen kulturellen Aufschwung. In einer jetzt sumpfigen Ebene, welche vom Urwald überwachsen ist, errichteten sie eine gigantische Zeremonialanlage auf einer dreißig Meter hohen Aufschüttung. *Abbildung 1 (S. 1)* zeigt, dass es dann aber plötzlich sehr heiß wurde: um 2900 v.h. (900 v.Chr.) wurde die Anlage von den Olmeken wieder aufgegeben.

In den meisten Gegenden hingegen bedeutet eine Klimaerwärmung eine Verbesserung der Lebensbedingungen für den Menschen. Hierfür gibt es zahlreiche Belege.

Kultureller Rückschlag durch „Nachhall der Eiszeit"

Im Zeitraum vor 10.000 bis 8.500 Jahren nach Beendigung der Eiszeit war es schon recht warm. Dies ermöglichte eine Expansion des Ackerbaus aus dem Vorderen Orient nach Südeuropa, Anatolien und den Osten des Balkans. Als aber vor etwa 8400 Jahren die Temperatur ganz plötzlich wieder um einige Grad Celsius fiel – es stellte sich eine „Kleine Eiszeit" mit einer Dauer von etwa 400 Jahren ein, deren Ursache noch geschildert wird – da kam diese Expansion nicht nur ins Stocken, sondern es mussten auch Siedlungen wieder aufgegeben werden. Die ältere Gründung von Çatal Hüyük auf der Konya-Ebene in der heutigen Türkei, eine berühmte frühe Siedlung, die ihre Entstehung der Gewinnung des für Schneidwerkzeuge und Spiegel sehr begehrten Obsidians verdankte, erlosch auf dem Höhepunkt dieser Kaltphase, etwa 8200 v.h., wieder. Auch Jericho, eine sehr alte Siedlung an einer ergiebigen Quelle im heißen Jordangraben, 200 Meter unter dem Meeresspiegel, fand zu dieser Zeit wieder ein jähes Ende.

Feuchtwarmes Atlantikum führt zu kulturellen Aufschwüngen

Kurz nach 8000 v.h. erfolgte ganz plötzlich ein steiler Temperaturanstieg auf Temperaturen, die 1,5 bis 2,5°C über dem langjährigen Mittel lagen. Es stellte sich das sog. Atlantikum ein, eine 2000 Jahre dauernde Warmphase mit überwiegend feuchtem Klima. Diese führte an unterschiedlichen Stellen der Welt zu bemerkenswerten kulturellen Entwicklungen:

- Im südlichen Mesopotamien breitete sich ab 7900 v.h. die bäuerliche Obed-Kultur aus. Sie gedieh im Verlauf der nächsten Jahrtausende bis zur städtischen Reife, um dann in die städtische Uruk-Kultur der Sumerer zu münden.
- Im benachbarten persischen Hochland entstanden ebenfalls überall dort, wo die Voraussetzungen für Ackerbau gegeben waren, Bauerndörfer. Gegen Ende der feuchten Warmphase des Atlantikums war der gesamte geeignete persische Raum dann mit Dörfern besetzt und es hatten sich vielerorts auch schon städtische Charakteristika entwickelt.
- Auf dem Balkan entstand an der Donau und ihren Nebenflüssen ab etwa 7500 v.h. eine bemerkenswerte „Donauzivilisation", gekennzeichnet vor allem durch eine sehr frühe Metallurgie mit erstaunlichen Leistungen. Sie erfasste dann auch den Raum der südlichen Ukraine, wo gegen Ende der Periode Städte mit bis zu 10000 Einwohnern entstanden.
- Auch im bis noch vor kurzem vereisten Mitteleuropa wurde es jetzt recht warm. Die Alpengletscher waren damals möglicherweise fast abgeschmolzen: der schweizer Tschierva-Gletscher hat jüngst einen 7000 Jahre alten Stamm einer Zierbelkiefer frei gegeben, welche oberhalb der heutigen Gletscher-

grenze wuchs und ein Alter von fast 600 Jahren erreichte. Mitteleuropa wurde nun auch für die jungsteinzeitlichen Bauern interessant. In recht kurzer Zeit, zwischen 7600 und 7300 v.h., gründeten die „Linearbandkeramiker", die aus dem Karpathenbogen über die Slowakei und Niederösterreich kamen, in großen Räumen an Donau, Isar und Neckar zahlreiche Dörfer mit Langhäusern aus Holz und sie führten Getreideanbau und Viehzucht ein. Nach Westen sind sie über den Rhein bis ins Pariser Becken und an die Loire und nordwärts nach Thüringen, Sachsen und Südpolen vorgedrungen.

Ende des Atlantikums:
Kulturelle Einbrüche und sumerische Hochkultur

Das Atlantikum ging vor 5900 Jahren mit einem Eisvorstoß aus dem Norden zu Ende. Nun wurde es kühler und trockener und weite Teile Mitteleuropas versteppten. Die meisten jungsteinzeitlichen Siedlungen in Süddeutschland schrumpften nun stark oder verschwanden ganz. An der niederbayrischen Donau mit ihren Nebenflüssen wurde der ehedem große Siedlungsraum zwischen 5500 und 5200 v.h. wieder völlig menschenleer. Die überlebenden Menschen zogen sich in mildere südliche Räume zurück.

Solche klimatischen Herausforderungen führen also meist zum kulturellen Zusammenbruch. Sie können aber auch Anlass zu ganz besonderen kulturellen Leistungen sein, um der Herausforderung zu trotzen. Dies gilt für die Weiterentwicklung in Mesopotamien. Zunächst stellte die Senkung der Temperatur vor 6000 Jahren in dieser heißen Tiefebene eher einen Vorteil dar und dem Nachteil der Austrocknung konnte man durch die Entwicklung leistungsfähiger Bewässerungssysteme für das fruchtbare Land begegnen. Bewässerung der Felder kannte man ja schon aus der Obed-Zeit und die Lebensadern der Region, Euphrat und Tigris, brachten alljährlich verlässlich das Hochwasser der Schneeschmelze im anatolischen Taurus- und iranischen Zagros-Gebirge mit sich, das es zu bändigen und zu nutzen galt. So entstanden in der Uruk-Zeit umfangreiche städtische Organisationen für Ausbau und Pflege von Deichen und Bewässerungsgräben, für Saat und Ernte, für Lagerhaltung, Verwaltung und Verteilung der Vorräte. Es entwickelte sich auch ein gegliedertes Gesellschaftssystem mit Spezialisten für die unterschiedlichsten Berufe. Aus diesen Bedürfnissen heraus wurde auch jenes Schriftsystem entwickelt, das am Anfang des ununterbrochenen Schriftgebrauchs auf der Welt steht, die Keilschrift. Die Konfrontation mit außerordentlichen Herausforderungen brachte wegen der günstigen landschaftlichen Gegebenheiten hier einen außerordentlichen kulturellen Schub, der bis zur ersten bekannten Hochkultur führte. Was war der Grund für diesen Widerstand gegen die widrigen klimatischen Einflüsse? Es wird später noch gezeigt werden, dass die Triebfeder dieses Aufschwungs gegen die Kräfte der Natur ein für die Menschen überzeugendes religiöses Motiv darstellte.

Weniger günstig waren die Bedingungen im persischen Hochland. Das Temperaturmittel lag hier wegen seiner Höhenlage etwa 10 Grad Celsius niedriger, sodass die Abkühlung des Klimas einen Nachteil bedeuten musste. Außerdem fehlten im persischen Zentralraum die großen Flüsse. Als Reaktion auf das trockenere Klima wurden zunächst dörfliche Bewässerungssysteme entwickelt und schließlich erfand man, um die Verdunstung des kostbaren Wassers einzuschränken, unterirdische Bewässerungskanäle. Trotzdem wurden dann später in einem riesigen Raum zahlreiche Dörfer auf Hunderttausenden von Quadratkilometern völlig aufgegeben und die überlebenden Menschen konzentrierten sich dann dort, wo es noch Wasser gab. Dies führte zum Entstehen bedeutender Städte an einigen günstigen Orten des iranischen Randbereichs. So bildete sich in der Nachbarschaft der mesopotamischen Tiefebene der schon aus der Bibel bekannte Bundesstaat von Elam, in dem zeitgleich mit Mesopotamien eine Keilschrift entwickelt wurde und dessen Städte die mesopotamischen an Kunstfertigkeit sogar noch übertrafen.

Bronzezeit: kulturelle Blüte im Orient und anschließender Verfall

Vor 5000 bis etwa 4000 Jahren folgte wieder eine überwiegend feuchte Warmphase, in der sich im Orient die Bronzezeit entwickelte. In Mesopotamien wurden aus Stadtstaaten nun Flächenstaaten. Auf dem Höhepunkt der fruchtbaren feuchten Klimaphase, vor 4400 Jahren (2400 v.Chr.), begründete der berühmte König Sargon I. die akkadische Dynastie. Er einte den Süden und den Norden Mesopotamiens zum Akkadischen Reich. Als es dann aber allmählich wieder kühler und trockener wurde, gestaltete sich das Zusammenleben vieler Menschen zunehmend problematischer. In einer solchen schwierigen Phase erließ der damalige Herrscher von Babylon, König Hammurabi (1792–1750 v.Chr.) den nach ihm benannten berühmten Kodex Hammurabi mit 282 Rechtssätzen u.a. mit Regelungen zu Handel, Landrecht und Familie. Die mosaischen „Zehn Gebote Gottes" sind aus ihm entnommen. Damit hat er die Kultur des Abendlandes mitgeprägt. Ein Abguss des Kodex Hammurabi schmückt auch das Haus der Vereinten Nationen in New York.

Dass eine Klimaerwärmung auch in Gebieten mit warmem Klima von Vorteil sein kann, zeigt das Beispiel Ägyptens. Bekanntlich war die wichtigste Voraussetzung für Kultur und Wohlstand im Tale des Nils innerhalb einer Wüstenregion eine ergiebige Landwirtschaft. Die Fruchtbarkeit des Tals hing von den alljährlich regelmäßig wiederkehrenden Überflutungen des Stroms ab, der sein Wasser aus einem riesigen Einzugsgebiet bezieht. Die Phase des Aufstiegs zum Alten Reich, beginnend um 2700 v.Chr., fällt in eine Periode mit kräftig steigender Temperatur und Feuchtigkeit und das folgende Alte Reich (bis 2150 v.Chr.) umfasste eine Zeitspanne mit überwiegend hohen Temperaturen und Feuchtigkeiten. Es bildete sich offensichtlich, bedingt durch günstige Klimaverhältnisse, ein ausreichender Überschuss an Bevölkerung und Nahrungsmitteln heraus, sodass große Teile der bäuerlichen Bevölkerung zeitweise für die Errichtung riesiger Pyramiden freigestellt werden konnten: die Pyramiden von Gizeh wurden in einem günstigen Klimaabschnitt – 2550 – 2470 v.Chr. – gebaut. Als es dann aber wieder kühler und trockener wurde, stellten sich in der sog. „Ersten Zwischenzeit" Unruhen und wirtschaftliche Schwierigkeiten ein und es wurden Hungersnöte beklagt.

Ein ähnlicher Verlauf ist bei der sog. Indus-Kultur, einer frühen Stadtkultur im südwestlichen Pakistan und nordwestlichen Indien, feststellbar. Sie ist durch Städte wie Harappa und Mohenjo Daro bekannt, urbane Zentren mit jeweils etwa 40.000 Einwohnern. Diese offensichtlich sehr friedliche Hochkultur baute genormte Städte mit schnurgeraden sich rechtwinklig kreuzenden gepflasterten Straßen, mit geregelter Wasserversorgung und davon sauber getrenntem zentralem Abwassersystem. Auch diese Kultur erlebte in der Phase hoher Temperaturen und Feuchtigkeit um 2500 v.Chr. einen raschen Aufstieg. Als das Klima aber nach 2000 v.Chr. immer kühler und trockener wurde, begannen Städte und Kultur wieder zu verfallen. Die Städte fielen wieder auf ein einfaches dörfliches Niveau zurück.

In engem Handelskontakt mit der Indus-Kultur stand eine Kultur im nördlichen arabischen Küstenabschnitt des Persischen Golfs, welche ihr Zentrum auf der Insel Bahrain hatte. Wegen ihres Wasserreichtums mit zahlreichen artesischen Quellen, Wasser aus der arabischen Halbinsel, das noch aus der Eiszeit stammte, genoss diese Insel einen ganz besonderen Ruf. An der gesamten arabischen Golfküste konnte zu dieser Zeit Landwirtschaft betrieben werden. Diese Kultur begann etwas nach 2000 v.Chr. im Gleichschritt mit der Indus-Kultur zu verfallen. Das Klima wurde immer kühler und trockener, das Land trocknete aus und den überlebenden Menschen verblieb nur noch der Rückgriff auf eine viel ältere Lebensart, das Nomadentum der Beduinen.

Auch ehemals bedeutende Städte an der Peripherie des persischen Großraums, wie Schachr-i-Sochta und Mundigag am Übergang zum Einzugsgebiet des Indus, fielen in dieser Zeit zunächst wieder auf ein dörfliches Niveau zurück, um dann endgültig von der Landkarte zu verschwinden.

In der überwiegend feuchten und warmen Klimaphase nach 3000 v.Chr. müssen die eurasischen Steppen fruchtbare Savannen gewesen sein mit einem reichen Bestand an Wild. Als sich aber dann das Klima abkühlte, die Steppen austrockneten und sich die subpolare Zone nach Süden vorschob, konnte sich die angewachsene Bevölkerung hier nicht mehr ausreichend ernähren und es entstand Auswanderungsdruck. Indoarische Stämme wichen nun nach Südwesten aus, zunächst nach Anatolien (Hethiter) und in den persischen Raum, bis sie schließlich bis an den Indus gelangten, wo sie das Brahmanentum begründeten.

In einer anderen Gegend der Welt, in der es noch ausreichend Wasser gab, konnten die Menschen jedoch der beginnenden Austrocknung um 2000 v.Chr.

trotzen: an der Pazifikküste von Peru begannen in dieser Zeit Ackerbau-Gesellschaften mit der Errichtung von ausgeklügelten Bewässerungssystemen.

Kulturelle Katastrophen in kalter Trockenphase um 1200 v.Chr.

Um 1200 v.Chr., nach *Abbildung 1 (S. 18)* am absoluten Tiefpunkt einer trockenen Kaltperiode, zeichnet sich im ägäisch-kleinasiatischen Raum eine ausgesprochene Katastrophe ab: bronzezeitliche Kulturen in Griechenland, auf Kreta, in Syrien und in Anatolien verschwanden plötzlich wieder, Paläste wurden aufgegeben und schon entstandene Schriftsysteme gerieten wieder in Vergessenheit. Das Reich der Hethiter brach zusammen und das mykenische Griechenland löste sich in bedeutungslose Kleinfürstentümer auf.

Zur gleichen Zeit zwangen offensichtlich die klimatischen Verhältnisse zahlreiche Nachfahren des ersten Staates auf persischem Boden, die elamitische Bevölkerung, zu einer massiven Rückkehr zu einer älteren einfacheren Lebensweise, dem Nomadentum, ganz ähnlich wie fünfhundert Jahre vorher an den arabischen Küsten des Persischen Golfs. Ihre beutende Stadt Susa, welche über etwa drei Jahrtausende zahlreiche hervorragende Kunstwerke hervor gebracht hatte, wurde nach einer Niederlage gegen die Babylonier praktisch aufgegeben.

Am anderen Ende der Welt jedoch, wo noch genügend Wasser verfügbar war, führte die Herausforderung des Klimas nicht zum Zusammenbruch, sondern – ähnlich wie früher im sumerischen Mesopotamien – zum kulturellen Aufschwung. Als um 1200 v.Chr. in der Ägäis Kulturen in kriegerischer Auseinandersetzung kollabierten, da konnten in den amerikanischen Anden Menschen der Abkühlung und Austrocknung erneut mit technischen Mitteln begegnen: sie legten Ackerbauterrassen mit künstlicher Bewässerung an. Und als es dann nach 2 Jahrhunderten, um 1000 v.Chr., wieder wärmer und feuchter wurde, da baute auf dieser Basis die präklassische Periode der Anden auf. Nun wurden Kultzentren mit zahllosen Tempeln errichtet.

Unruhiges vorchristliches Jahrtausend

Um 1000 v.Chr. erholte sich das Klima wieder. In der nun folgenden ziemlich kurzen Warmphase tauchte im österreichischen und süddeutschen Raum eine neue Kultur auf, die schon an der Schwelle zur Hochkultur stand, die Kelten. Ihre Bedeutung fußte auf der Beherrschung der Eisentechnologie. Ihr erstes Zentrum lag im Salzkammergut, in den Hallstatter Bergen. Es verlagerte sich wohl unter dem Einfluss einer raschen kräftigen Abkühlung in eine mildere Gegend mit La Tène am Neuenburgersee in der Schweiz als namensgebendem Mittelpunkt. Die sich verschlechternden Umweltbedingungen führten möglicherweise auch zu einem sozialen Umbruch, denn ab der Mitte des Jahrtausends gibt es keine prächtigen Fürstengräber mehr, wie sie von Hochdorf bei Stuttgart, vom Magdalenenberg bei Villingen und Vix in Burgund bekannt sind. Eine andere Folge der Abkühlung dürfte der Drang der Kelten in wärmere Gegenden gewesen sein, nach Italien und südöstlich bis nach Zentralanatolien, wo sie als Galater sogar Eingang in die Bibel gefunden haben.

Im 8. und 7. Jahrhundert v.Chr. erzwangen Missernten, verursacht durch Klimaabkühlung und Trockenheit, auch Griechen massenhaft zur Auswanderung nach Kleinasien und vor allem Süditalien und Sizilien. Diese haben heute mehr griechische Tempel, Heiligtümer und Wehranlagen vorzuweisen als das griechische Mutterland.

Römerzeit und Völkerwanderung – Klimaoptimum und Temperaturstürze

Die ersten Jahrhunderte der römischen Herrschaft nördlich der Alpen waren von warmen Klimabedingungen begünstigt. Mediterrane Architektur und Weinanbau bis nach Südengland legen davon Zeugnis ab. Zwischen 150 und 200 n.Chr. gab es aber einen ersten kurzzeitigen Klimaeinbruch und als Folge drängten einige Völker nach Süden: die Goten zogen von der Weichselmündung zum Schwarzen Meer und die Wandalen drangen über die Karpaten nach Süden vor. Doch dann stellte sich mit höheren Temperaturen wieder Beruhigung ein. Die eigentliche europäische Völkerwanderung wurde dann erst durch den Hunnensturm 375 n.Chr. nach einer erneuten ausgeprägten Klimaabkühlung ausgelöst. Die Hunnen besiegten die Alanen und die Ostgoten; die Westgoten wichen auf römisches Territorium aus.

Mittelalterliches Klimaoptimum und Kleine Eiszeit

Die Jahrhunderte um und nach dem Zusammenbruch des weströmischen Reiches waren eine Zeit scharfer Klimawechsel. Gegen Ende des ersten christlichen Jahrtausends begann dann wieder eine Warmperiode, das mittelalterliche Klimaoptimum. In Mitteleuropa erreichte es seinen Höhepunkt zwischen 1100 und 1300 n.Chr. Es war die Aera eines großen Aufschwungs, des expansiven Bevölkerungswachstums, des Landesausbaus, des verbreiteten Übergangs von der Viehwirtschaft zum Ackerbau und vieler Stadtgründungen. Offensichtlich entstand ein beträchtlicher Bevölkerungsüberschuss: alle Kreuzzüge fanden in diesem Klimaoptimum statt. Seine Beendigung führte, wie zuvor die Klimawirren nach dem Optimum der Zeitenwende, zu einem regelrechten Bevölkerungszusammenbruch. Nach der Verschlechterung des Klimas reichten die Ressourcen für die angewachsene Bevölkerung nicht mehr aus. Ein erster Höhepunkt der Nöte wurde mit einer neunjährigen Hungersnot von 1309 bis

1317 erreicht. Im Jahre 1342 gab es eine riesige Sturmflut mit den schlimmsten Überschwemmungen, welche in neuerer Zeit dokumentiert sind und deren Schäden erst nach 3 Generationen überwunden waren. Dies alles bereitete den Boden für eine Seuche, die Pest, welche vollends die demografische Katastrophe auslöste. In mehreren Seuchenzügen reduzierte sie die Bevölkerung um etwa 40 Prozent, lokal sogar um 70 Prozent. Die Bevölkerungszahl konnte sich über Jahrhunderte nicht mehr erholen.

Der Klimaabschwung nach 1300 n.Chr. war die Einleitung der sog. „Kleinen Eiszeit", einer kühlen Periode von etwa 500 Jahren Dauer. Während dieser Zeit musste in vielen Gegenden Deutschlands der von den Römern eingeführte Weinanbau aufgegeben werden. Heute noch verweisen viele Flur- und Familiennamen in Bayern auf eineinhalb Tausend Jahre Tradition im Weinanbau. Das berühmte bayrische Reinheitsgebot für Bier aus dem Jahre 1516 hatte seine Ursache nicht nur in der Notwendigkeit, das in Notzeiten karge Brotgetreide zu schonen, sondern es war auch wegen der Unerfahrenheit der Bayern beim Brauen ihres heutigen Nationalgetränks und Volksnahrungsmittels erforderlich.

Während des mittelalterlichen Optimums waren auch geografische Räume besetzt worden, die nach dem Klimaabschwung nicht mehr gehalten werden konnten. Das eklatanteste Beispiel ist die Besiedelung des östlichen Küstenrands von Grönland (= „Grünland") im Jahre 986 n.Chr. mit einer ursprünglich aus Skandinavien stammenden Bevölkerung, die Fischfang und Viehzucht betrieb, aber auf Grönland auch Gerste und Hafer anbauen konnte. Von hier aus entdeckte der Wikinger Leif Erikson dann im Jahre 1002 mit Neufundland und „Winland" Amerika. Noch heute finden sich an den Waldrändern von Neuschottland verwilderte Reben und man experimentiert dort wieder mit Weinanbau. In Europa reichte der Weinanbau dieser Zeit bis nach Ostpreußen und Südschottland. Mit dem Beginn der „Kleinen Eiszeit" verfielen viele der Siedlungen im Norden wieder. Den letzten Kontakt mit den Dörfern auf Grönland gab es im Jahre 1410 durch ein Schiff, das es im Sturm verschlagen hatte: damals existierten noch 190 Ortschaften. Im 15. Jahrhundert gingen diese Siedlungen dann sang- und klanglos unter, nachdem sie durch das vorrückende Packeis abgeschnitten worden waren.

Vom letzten halben Jahrtausend verfügen wir schon über relativ gute Informationen zu den herrschenden Temperaturen. Die ältesten Temperaturmessungen stammen aus den

> Bei den Hexenprozessen wurden die Beschuldigten ausdrücklich befragt, wie sie denn das Wetter verhext hätten.
>
> In einer bairischen Chronik aus dem Jahre 1445 steht zu lesen: *„In diesem Jahr war ein sehr großer Hagel und Wind als vor nie gewesen, thät großen Schaden, ihrotwegen fing man hier etliche Weiber, welche den Hagel und den Wind gemacht haben sollen, die man auch mit Urthel und Recht verbrennt".*

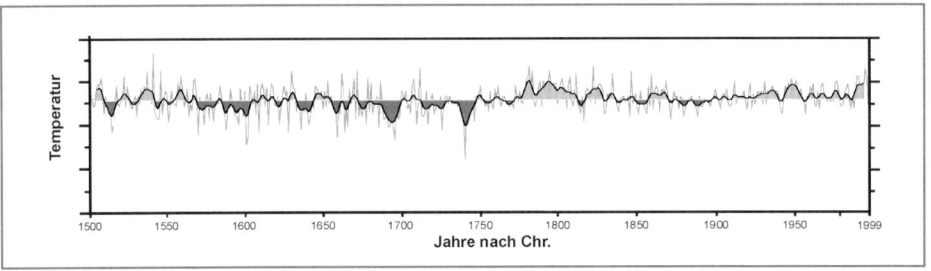

Abb. 2 *Verlauf der mittleren Temperatur in Mitteleuropa in den letzten 500 Jahren*

Jahren 1654 und 1670. Sie wurden in Florenz und Pisa durchgeführt. Seit 1780 unterhielt die Societas Meteorologica Palatina (SMP) ein internationales Messnetz, das vom Ural bis nach Nordamerika reichte. Frühere Werte lassen sich aus zahlreichen schriftlich festgehaltenen Wetter- und Landschaftsphänomenen rekonstruieren. So entstand ein Diagramm für den Temperaturverlauf dieser Zeit in Deutschland, das in *Abbildung 2* wiedergegeben ist. Die „Kleine Eiszeit", welche hier zum Teil nachgezeichnet ist, war eine düstere Zeit, erfüllt von Todesfurcht, Ängsten, Aberglauben, Judenverfolgungen und Hexenwahn. Die Hexenverfolgung flackerte immer dann in besonderem Maße auf, wenn Abkühlperioden Missernten und Krankheiten bei Mensch und Tier verursachten. Nach kalten und nassen Jahren brachen oft auch Epidemien aus. In Württemberg gab es sogar eine Hungerrevolte und der König musste aus der Residenzstadt Stuttgart flüchten. Auch die Französische Revolution im Jahre 1789 sowie die Revolution in Deutschland 1848 sollen durch Klimaeinbrüche mit ausgelöst worden sein.

Zivilisations- und Bevölkerungsexplosion der Neuzeit

Die Endphase der Zeit der Aufklärung und die napoleonische Zeit mit ihren großen zivilisatorischen Leistungen waren Perioden mit überwiegend hohen Temperaturen. Auch wenn die napoleonischen Reformen durch die Zeit der Aufklärung vorbereitet worden sind, dürfte ihre Durchführbarkeit den günstigen klimatischen Unständen mit Bevölkerungswachstum und reichlicher Nahrungsversorgung zu verdanken gewesen sein. 1816/17 gab es allerdings einen Klimaeinbruch, der zu einem „Schneesommer" mit Frösten noch im Juni führte: in Ostasien war 1815 der Vulkan Tambora explodiert und riesige Auswurfmengen in der Lufthülle der Erde schirmten über Jahre hinweg die Sonneneinstrahlung teilweise ab. Das Getreide konnte nicht mehr ausreifen. In Württemberg mischte man deshalb sogar Sägespäne ins Mehl. Wiederum soll diese klimatische Herausforderung aber auch befruchtend gewirkt haben: da es kein Futter mehr für die Zugtiere gab, verschwanden sie im Kochtopf. Als mobile Alternative entwickelte daher der Baron Drais sein Laufrad, welches dann die moderne Verkehrsentwicklung eingeleitet hat.

Folgerungen

Schwankungen des Klimas beeinflussen in hohem Maße die menschliche und kulturelle Entwicklung. Abkühlphasen, verbunden mit Austrocknung, brachten häufig Hunger, Unruhen, Verteilungskämpfe, Kriege und Seuchen und sie führten wiederholt zu kulturellen Zusammenbrüchen. In wenigen Fällen hingegen, wenn die verfügbaren Ressourcen dies erlaubten, konnten die Menschen den Herausforderungen trotzen und die Folge waren dann ganz besondere kulturelle Leistungen. Wärmere Klimaoptima hingegen bewirken in den meisten Regionen ein Anwachsen der Bevölkerung und sie fördern die kulturelle Entwicklung. So angenehm sie aber zunächst für die Menschen auch sein mögen, so bergen sie doch auch Gefahren und sie tragen oft schon den Keim des Niedergangs in sich: mit der Vergrößerung der Bevölkerung in guten Zeiten werden auch vergrößerte Ressourcen notwendig und es werden häufig auch Regionen besetzt, die bei einer dann folgenden Klimaverschlechterung die zahlreicher gewordenen Menschen nicht mehr ernähren können.

Wir leben gegenwärtig in einem solchen Klimaoptimum. Die Menschheit ist aus der letzten Eiszeit vor zehntausend Jahren mit einer geschätzten Kopfzahl von 1 bis 5 Millionen hervor gegangen. Zur Zeit der Geburt Christi war sie dann auf gut 150 Millionen angewachsen. Am Ende des Dreissigjährigen Krieges lebten etwa eine halbe Milliarde und um 1900 n.Chr. etwas über eineinhalb Milliarden Menschen auf der Erde. Heute bevölkern mehr als 6 Milliarden Menschen die Erde und die letzte Milliarde ist in nur 12 Jahren heran gewachsen. Die Prognosen deuten auf ein Maximum von etwa 9 Milliarden Menschen im Jahre 2050. Ohne unsere aktuellen günstigen Klimabedingungen könnte diese große Anzahl vermutlich überhaupt nicht ernährt werden. Hunger und Mangelernährung von vielen Menschen, vor allem in Entwicklungsländern, ist ja kein Problem der weltweit verfügbaren Nahrungsmittelmenge, sondern ihrer Verteilung. Mit Sicherheit wäre aber das Anwachsen der Menschheit auf diese große Anzahl unter ungünstigeren Klimabedingungen gar nicht erfolgt. Die größte Gefahr in der Zukunft dürfte darin liegen, dass bei einer unvermeidlich folgenden längeren Klimaabkühlung – wie schon sehr häufig in der Geschichte – nicht mehr genügend Nahrung heran wächst, um die vergrößerte Menschheit ausreichend ernähren zu können. Zahlreiche Kulturen sind an solchen Klimaeinbrüchen schon gescheitert und die Anzahl der Menschen ist wiederholt geschrumpft. Nur wenige hingegen konnten durch organisatorische und technische Maßnahmen in einem dafür geeigneten Umfeld die Herausforderung meistern, ja, dabei ganz besonders kreative Kulturleistungen erbringen. Die Menschheit sollte vor diesen Lehren der Geschichte die Augen nicht verschließen!

DER KATASTROPHISMUS UND DIE ENTDECKUNG DER EISZEIT

Die Kenntnis, dass es vor unserer Zeit eine oder mehrere Eiszeiten gegeben hat, ist noch relativ jung. Vorher herrschte in Glaube und Wissenschaft der Katastrophismus und jede einschlägige Naturerscheinung wurde auf eine frühere Riesenflut, die Sintflut, zurückgeführt. Folgerichtig benannte man auch das geologische Zeitalter vor unserer Warmzeit mit „Diluvium" = Schwemmland. Sogar die Gebirgsbildung rechnete man der Sintflut zu. Der schweizer Arzt und Mathematiker Johannes Scheuchzer schrieb 1708: *„Als das Wasser der Sintflut seine alten Behältnisse, die der allmächtige Gott geschaffen hat, wieder zu erreichen suchte...., wurden die Gesteinsschichten gesprengt und versetzt, manche emporgetrieben und aufgerichtet, andere hinunter gedrückt. Auf diese Weise entstanden die Berge"*. Aufgefundene versteinerte Fossilien wertete man entweder als Probestücke Gottes bei der Erschaffung der Tiere oder als Wesen, die bei der Sintflut ertrunken sind. Scheuchzer fand in Öhningen am Bodensee fossile Versteinerungen, die er als *„ein recht seltsames Denkmal jenes verfluchten Menschengeschlechts der ersten Welt"*, d.h. der Welt vor der Sintflut, bewertete. Später stellte sich heraus, dass es sich um die versteinerten Knochen eines Riesensalamanders handelte. Im Jahre 1577 hatte man bei Basel Mammutknochen gefunden, die von einem dortigen Professor zu „Gebeinen aufrührerischer gefallener Engel" erklärt wurden. Man hat sie dann ordnungsgemäß bestattet. In Valencia verfiel man ins Gegenteil: im Jahre 1789 trugen die Chorherren von St.Vincent den Schenkelknochen eines Mammuts in feierlicher Bittprozession durch die Straßen, um durch *„den starken Arm des Heiligen"* Regen zu erflehen.

Eine der berühmtesten Fundstellen zum Verständnis europäischer Frühmenschen ist Bilzingsleben in Thüringen. Vor wenigen Jahren hat man dort eine Siedlung von Menschen erforscht, die vor 400.000 Jahren gelebt haben und ein Bindeglied zwischen Heidelberger Menschen und Neandertalern darstellen. Man traf dort einen Grad einer kulturellen Organisation an, den man diesen Frühmenschen bisher nicht zugetraut hatte: mehrere Hütten aus Reisig mit davor liegenden Feuerstellen, einen separaten Bearbeitungsplatz für Werkzeuge und Knochen und dazu einen gepflasterten Platz, den man als Kultstätte deutet. Eigentlich hätte man schon fast zwei Jahrhunderte früher zu ähnlichen Erkenntnissen kommen können: der Baron Ernst Friedrich von Schlotheim hatte im Jahre 1818 *„einen unliebsamen Fund"* gemacht, nämlich einen menschlichen Schädel aus den Sedimenten, die, wie ihm schien, aus der biblischen Überflutung stammten. Der Schädel wurde kurzerhand weggeworfen.

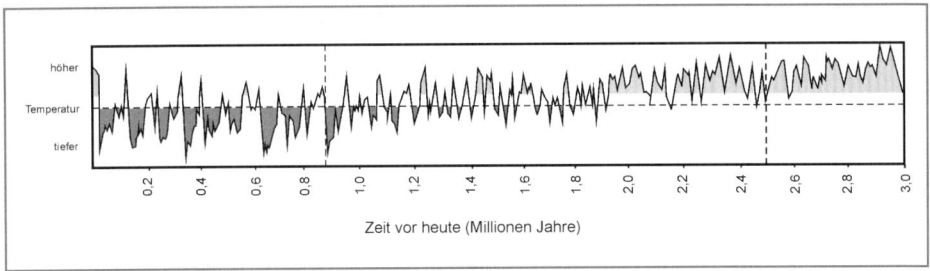

Abb. 3 *Temperaturverlauf auf der Erde während der letzten 3 Millionen Jahre*

Anlass zum Umdenken gaben Untersuchungen an Gletschern in der Schweiz, Gletscherschliffe in Sachsen und die Deutung von Erratischen Blöcken (= Irr- und Wanderblöcke), die man in großer Anzahl in Norddeutschland fand. Eine Mineralanalyse zeigte, dass sie mit Gesteinen in Skandinavien identisch waren, sodass ein Gletschertransport über die heutige Ostsee bis nach Nord- und Mitteldeutschland angenommen werden musste. Der Begriff „Eiszeit" wurde dann erstmals 1837 in einem Gedicht von K.Schimper geprägt. Aber erst das Jahr 1875 brachte den Durchbruch für das Wissen von der Eiszeit. Manche Wissenschaftler taten sich aber auch später noch schwer, Erscheinungen, die bisher der in der Bibel „geoffenbarten" Sintflut zugeschrieben waren, einer nichtbiblischen Ursache zuzuordnen. So schrieb R.Rommeli 1892: *„Eine allgemeine Vereisung der Erdoberfläche war schließlich kein größeres Wunder als eine allgemeine Sündfluth, wovon die Bibel, die doch von Gottes Geist eingegeben ist, berichtet und woran ein frommer Naturforscher nicht zweifeln darf".*

Haben Eiszeit und Sintflut also nichts miteinander zu tun? Stehen sie sogar in einem krassen Gegensatz zueinander? Dies ist keineswegs der Fall! Im 19. Jahrhundert musste sich die Erkenntnis von der Eiszeit zwar gegen Widerstände aus dem eingefahrenen religiös hinterlegten Sintflut-Denken durchsetzen. Es wird sich aber zeigen, dass Eiszeit und Sintflut sogar in einem engen kausalen Zusammenhang stehen, allerdings in einem anderen Sinne als früher angenommen: ohne die letzte Eiszeit hätte es die biblische Sintflut nicht gegeben!

Ursachen von Klimaänderungen und der Eiszeiten

Wärmeverlust der Erde ins Weltall

Die Erde hat feurig heiß angefangen und sie kühlte dann durch Verlust von Wärme ins Weltall allmählich ab. Dieser Verlust durch Abstrahlung spielt aber nur in sehr langen Zeiträumen eine Rolle. Vor über 5 Millionen Jahren hat sich das gegenwärtige Eiszeitalter heraus gebildet. Die jetzige Periode mit ziemlich regelmäßig auftretenden Eiszeiten ist sowohl auf die langsame Auskühlung als auch auf plattentektonische Ursachen zurückzuführen. An ihrem Beginn stand die Entwicklung des antarktischen Eisschilds. Als Folge stellte sich dann z.B. in Afrika ein erheblich kühleres und trockeneres Klima ein. Offensichtlich wurde hierdurch die Entwicklung zum Menschen eingeleitet. Vor etwa 2,5 Millionen Jahren bildete sich dann allmählich auch der arktische Eisschild aus, der vor allem das Klima der nördlichen Erdhälfte beeinflusst. Die Klimaentwicklung der letzten 3 Millionen Jahre zeigt *Abbildung 3*: man erkennt hier unschwer die langsam fallende Tendenz der Mitteltemperatur.

Energie der Erde aus der Sonneneinstrahlung

Das Klima unserer Erde ist praktisch zu hundert Prozent von Sonnenenergie abhängig. Es ist das Ergebnis einer Energiebilanz: es stellt sich eine Mitteltemperatur ein, bei der die absorbierte Sonneneinstrahlung und die abgehende Wärmestrahlung im Gleichgewicht stehen. Ozeane und Atmosphäre verteilen die Wärme dann innerhalb des Klimasystems. Klimaänderungen sind die Folge einer Veränderung dieser Energiebilanz.

Die auf die Erde eingestrahlte Energie hat man lange Zeit als weitgehend konstant betrachtet. Beim Vergleich der für die Altersbestimmung von organischen Materialien verwendeten ^{14}C-(Radiokarbon)-Methode fielen jedoch gravierende Zeitdifferenzen zur exakten Dendrochronologie auf, bei der die verschieden breiten Jahresringe von Bäumen ausgezählt werden. Daraus ist der Schluss zu ziehen, dass die zu verschiedenen Zeiten eingestrahlte Sonnenenergie nicht konstant gewesen sein kann.

Bei der Radiokarbon–Methode stellt man fest, welcher Anteil der im Vergleich zum normalen Kohlenstoff (^{12}C) selteneren radioaktiven Variante (^{14}C) zwischenzeitlich zerfallen ist und schließt aus seiner Halbwertszeit von 5730 Jahren auf den seither vergangenen Zeitraum. Der radioaktive Kohlenstoff im

Kohlendioxidmolekül entsteht in der oberen Atmosphäre aus normalem Kohlenstoff durch die Wirkung der eingestrahlten Sonnenenergie. Pflanzen bauen die beiden Kohlenstoffvarianten dann entsprechend ihrer jeweiligen Konzentration in der Atmosphäre ein.

Ein dendrochronologischer Kalender lässt sich aus überschneidenden Datierungen von Baumwuchsringen verschieden alter Holzproben erstellen. Er wird zur Altersbestimmung und zur Eichung anderer Methoden heran gezogen und er schiebt sich immer weiter in die Frühzeit vor. So reicht das Klimaarchiv an der Universität Stuttgart-Hohenheim heute bis 12.300 Jahre zurück.

Aus der relativ starken Abweichung der beiden erwähnten Methoden zur Altersbestimmung ergab sich nun zwingend der Schluss, dass die Ausgangskonzentration des radioaktiven Kohlenstoffs ^{14}C über längere Zeiten nicht konstant sein kann. Daraus drängt sich die Folgerung auf, dass auch die auf der Erde zu unterschiedlichen Zeiten ankommende Sonnenenergie nicht konstant sein kann, denn andere Einflüsse reichen als Erklärung nicht aus.

Absorption und Reflexion von Sonnenenergie

Sonnenlicht enthält im roten und im infraroten Bereich einen Strahlungsanteil, welcher bei Absorption Wärme erzeugt. Hieran schließt sich die langwellige Infrarotstrahlung an, eine vor allem von der Erde bei relativ tiefen Temperaturen ausgesandte Wärmestrahlung. Klimawirksam kann auf der Erde nur der Anteil der Sonnenenergie werden, der absorbiert und nicht wieder ins Weltall abgestrahlt wird. Hierfür sind sowohl die in der Atmosphäre wie auch die am Boden angetroffenen Zustände maßgebend. Der völlig weiße Körper reflektiert bekanntlich 100 % des einfallenden sichtbaren Lichts, bei Schnee und Eis liegt der reflektierte Anteil bei etwa 45 bis 85 %. Wasseroberflächen verhalten sich ähnlich. Waldgebiete haben eine hohe Absorption und ihre Reflexion liegt nur bei 4 bis 10 %. Noch weniger, nämlich nur 5 %, reflektiert vulkanische Lava. Die Verteilung von Land und Meeren auf der Erde muss also einen deutlichen Einfluss auf das Klima haben. 71 Prozent der Erdoberfläche werden von Meeren eingenommen. Nachdem aber auf der Nordhalbkugel nur 61 Prozent der Fläche von Gewässern bedeckt sind, auf der Südhalbkugel hingegen 81 Prozent, ist die Absorption von Sonnenenergie auf der nördlichen Hälfte insgesamt größer und die Temperatur muss tendenziell höher sein. Auf der gesamten Erde sind heute etwa 15 Millionen km² Fläche vergletschert. Davon liegen 12,6 Millionen km² auf der Antarktis und nur 1,7 Millionen km² auf Grönland. Für die Klimasteuerung auf der Erde ist deswegen in erster Linie die Nordhalbkugel verantwortlich.

Schwierig sind die Verhältnisse in der Atmosphäre und vor allem bei den Wolken: die Absorption bzw. Reflexion von Wärmestrahlung hängt von Art, Dichte und Höhe der Wolken ab. Aber auch die wolkenfreie Atmosphäre absorbiert

Strahlung und heizt sich dabei auf. Ohne diesen Gesamteffekt betrüge die Mitteltemperatur auf der Erde lebensfeindliche −18°C. Hauptverantwortlich für die Anhebung des Mittelwerts um 33°C auf etwa +15°C ist vor allem der Wasserdampf in der Luft mit seiner hohen Absorption der Wärmestrahlung.

Wasserdampf ist das wichtigste „Klimagas" mit dem etwa 3,5-fachen Erwärmungspotential im Vergleich zum vieldiskutierten Kohlendioxid. Leider ist aber seine dreidimensionale Konzentration in der Atmosphäre und deren Klimaeinfluss schwer zu ermitteln. Daran kranken alle Klimamodelle, welche versuchen, Prognosen für die Zukunft zu geben. Eine Grundvoraussetzung für eine Verbesserung ist die verbesserte globale dreidimensionale Messung der Wasserdampfkonzentration in der Atmosphäre. An der Universität Stuttgart-Hohenheim wurde jüngst ein hoch auflösendes Laser-Messsystem für die Fernerkundung entwickelt, das über Satelliten aus dem Weltraum umfassende Daten liefert und so im Rahmen der Europäischen Weltraumbehörde ESA diese Wissenslücke schließen soll.

Ursachen langfristiger Klimaänderungen: die Plattentektonik

Die wesentliche Ursache von langfristig ablaufenden Klimaänderungen sind plattentektonische Ereignisse, also Folgen der Kontinentalverschiebung. Die Theorie der Kontinentalverschiebung geht auf Alfred Wegener zurück, der sie erstmals 1912 vorgestellt hat. 1929 deutete er dann die heute allgemein anerkannte Theorie an, dass es im Erdmantel, auf dem die Erdkruste „schwimmt", Konvektionsströme geben könnte, welche die Kontinentalplatten langsam bewegen. Obwohl sich mit Wegeners Erklärung viele beobachtete Phänomene, wie Gebirgsbildung und tektonische Erdbeben, deuten ließen, hat es dann bis in die sechziger Jahre des 20. Jahrhunderts gedauert, bis seine Theorie allgemein akzeptiert wurde. Die Theorie der Plattentektonik geht von der Vorstellung aus, dass die Erdkruste in eine Anzahl von Platten zerlegt ist, die in horizontalen Gleitbewegungen auf dem plastisch verformbaren Erdmantel sich von ihren Nachbarplatten langsam entfernen, mit anderen Platten kollidieren oder aneinander entlang gleiten. Bestehende Platten können aber auch in Schwächezonen zerbrechen. Bereiche kollidierender oder aneinander gleitender Platten sind ebenso wie zerbrechende Platten Zonen eines hohen Erdbebenrisikos.

Durch die Kollision zweier solcher tektonischer Platten, nämlich der Arabischen Platte mit der Eurasischen Platte, hat sich vor etwa 5,5 Millionen Jahren die Verbindung des heutigen Mittelmeers mit dem Indischen Ozean endgültig geschlossen und es wurde eine warme Meeresströmung unterbrochen. Das führte zu einem kühleren und trockenerem Klima in Afrika und zum Beginn der Ausbildung der antarktischen Eiskappe. Das nächste große plattentektonische Ereignis war das Entstehen der Mittelamerikanischen Landbrücke vor etwa 3,5 Millionen Jahren, womit der Atlantik vom Pazifik getrennt wurde.

Seit dieser Zeit existiert der Golfstrom, der die für die Eiskappenbildung des Nordens notwendigen warmen Wassermassen in Richtung Nordpol bringt. Vor etwa 3 Millionen Jahren hat sich dann die erste Eiskappe auf Grönland ausgebildet. Seit etwa 2,4 Millionen Jahren sind auch Inlandseiskappen nachweisbar (Vgl. hierzu *Abbildung 3, S. 32*).

Der Golfstrom transportiert etwa die 25-fache Wassermenge aller Flüsse der Erde. Er bringt Europa 50 Prozent an Zusatzheizung zur Sonneneinstrahlung und liefert damit dem Kontinent ein Drittel seiner Energie. Ohne ihn wäre es in Europa im Schnitt etwa 6 bis 8°C kälter. Sein erwärmtes Wasser stammt im Wesentlichen aus dem Golf von Mexiko. Der Golfstrom hat aber auch Zuströme aus einem Teil des Südäquatorialstroms und des Ausstroms aus dem europäischen Mittelmeer. Sein Antrieb liegt in Dichteunterschieden des Meerwassers: das warme Oberflächenwasser gibt im kühleren Nordatlantik über Wärmeleitung und vor allem Verdunstung Wärme ab, wodurch Salzgehalt und Dichte ansteigen. Nach einer deutlichen Abkühlung sinkt das nun ausreichend schwer gewordene Wasser ab und es fließt dann als kalte Bodenströmung zum Ausgangsort zurück. Wird aus irgendwelchen Gründen dieses Absinken verhindert, so kommt das Wärmetransportband zum Stillstand und Europa kühlt um die erwähnten 6 bis 8°C ab.

Ursachen mittelfristiger Klimaänderungen.

Die Einstrahlung von Sonnenenergie auf die Erde ist, wie schon angedeutet, nicht konstant. Sie unterliegt einigen astronomischen zyklischen Veränderungen, die das Klima auf der Erde mittelfristig prägen. Ihre Ursache liegt in der Wechselwirkung der Gravitation von Sonne, Erde und Mond sowie Einwirkungen der Nachbarplaneten Jupiter und Saturn. Mit diesen Veränderungen hat sich erstmals M. Milankowitsch von der Universität Belgrad anfangs des 20. Jahrhunderts systematisch beschäftigt. Diese Zyklen können das Auf und Ab der Temperaturen der Eiszeiten im Prinzip erklären und sie tragen heute auch seinen Namen.

EXZENTRIZITÄT DER ERDUMLAUFBAHN

Die Erde läuft nicht kreisförmig um die Sonne, sondern in einer mehr oder minder stark ausgeprägten Ellipsenbahn. Die Exzentrizität schwankt zwischen 0,5 und 6 %. Daraus errechnen sich Schwankungen der Einstrahlung von Sonnenenergie pro Fläche bis zu 11 % mit entsprechenden Rückwirkungen auf die Temperatur der Erde. Die Länge dieses Zyklus liegt bei etwa 100.000 Jahren.

SCHIEFE DER EKLIPTIK DER ERDBAHN

Hiermit wird die Neigung der Erdachse gegenüber der Umlaufbahn um die Sonne bezeichnet. Sie variiert mit einer Zyklusdauer von etwa 40.000 Jahren zwischen 22,1° und 24,4°. Je nach Neigung der Achse fällt mehr Sonneneinstrahlung auf die stärker absorbierenden Landmassen, womit sich die Erde erwärmt, oder auf die stark reflektierenden Ozeane, sodass sich eine Abkühlungstendenz einstellt.

PERIHELWANDERUNG (WANDERUNG DER TAG- UND NACHTGLEICHE)

Es gibt eine Präzession der Erdachse, welche, vom Nordpol aus betrachtet, rechts herum läuft, und eine weitere Präzessionsbewegung der gesamten Erdbahn, die bei gleicher Betrachtungsweise entgegengesetzt läuft. Beide überlagern sich zu einem Zyklus von 22.000 Jahren Dauer. Im Extrem kann durch diese Abweichungen die Nordhalbkugel bis zu 7 % mehr Sonneneinstrahlung erhalten als der Süden. Dies führt wegen ihrer größeren absorbierenden Landmassen dann zu Erwärmung. Die Nordhalbkugel weist ja, wie schon erwähnt, eine Schlüsselrolle für die Klimasteuerung der gesamten Erde auf.

Milankowitsch errechnete nun für einen längeren Zeitraum die Schwankung der Strahlungsmenge für den Nordsommer beim 65. Breitengrad und fand dabei die 3 dominierenden Strahlungszyklen bestätigt: 100.000 – 40.000 und 22.000 Jahre. Diese überlagern sich natürlich, woraus Verstärkungen und Abschwächungen resultieren. Wir werden noch auf die Klimainformationen aus arktischen Eisbohrkernen aus der aktuellen Klimaforschung zu sprechen kommen: auch dort bestätigen die früheren Temperaturen, wie sie z.B. aus den Isotopen des eingeschlossenen Sauerstoffs ermittelt werden können, eben diese drei Zyklen. In Sedimenten aus der Tiefsee konnten diese Zyklen bis zu 1,7 Millionen Jahren zurückverfolgt werden.

Für die Ausbildung von Eiskappen ist vor allem das Klima des Sommers maßgeblich. Verringert sich die Strahlungsmenge und werden die Sommer kühler, so kann der winterliche Niederschlag nicht mehr vollständig wegschmelzen und die Eiskappen nehmen zu. Als Beispiel sei auf den Unterschied zwischen Grönland und Sibirien verwiesen: Grönland mit kühlen Sommern und milden Wintern ist vergletschert, Sibirien mit seinen extrem kalten Wintern hingegen nicht.

Lange Warmzeiten gibt es meist dann, wenn die Erdbahn in einem Exzentrizitätsminimum ist, also fast kreisrund verläuft. Eine neue europäische Gletscherbohrung auf der Antarktis, EPICA (European Project for Ice Coring in Antarctica), welche gegenwärtig bei einer Tiefe von 3200 Metern

> Unsere Warmzeit dauert schon gut 10.000 Jahre und so stellt sich die Frage, ob uns bald eine neue Eiszeit droht, denn die meisten Warmzeiten gingen nicht über diese Dauer hinaus. Weiter ist verwunderlich, dass während dieser langen Zeit das Klima erstaunlich stabil geblieben ist.
> Da man jetzt die Milankowitsch-Zyklen besser versteht, glaubt man, dass unsere Warmzeit noch länger anhalten wird.

37

einen Zeitraum von 740.000 Jahren erschließt, liefert hierfür eine Bestätigung. Während die warme Zwischeneiszeit der letzten 4 Eiszeitperioden jeweils rund 10.000 Jahre betrug, verlängerte sich bei der davor liegenden 5. Eiszeit – von heute aus gesehen – die Warmperiode der Zwischeneiszeit auf 28.000 Jahre. Die astronomischen Voraussetzungen waren damals ähnlich wie heute.

Kürzerfristige Veränderungen

Man würde zunächst kaum erwarten, dass auch kurzfristig wirkenden Klimaereignissen eine beträchtliche Auswirkung auf den Lauf der Geschichte beizumessen wäre. Die Tatsachen sprechen aber eine ganz andere Sprache. Katastrophen, wie große Vulkanausbrüche, können das Klima und das Leben der Menschen abrupt verändern. Schon eine einzige Missernte brachte die Menschen früher in existenzielle Nöte und Jäger und Sammler waren sogar weitgehend von der Tagesausbeute abhängig. Es gab ja keine wirklichen Konservierungsmethoden für Lebensmittel, um längere Zeitspannen überbrücken zu können, allenfalls Möglichkeiten zu einer gewissen Verlängerung der Haltbarkeit, wie Trocknen, Salzen, Säuern, Räuchern, natürliche Kühlung in Winterzeiten oder die Lagerung von Vorräten in Erdgruben mit Abdeckung durch lebende pflanzliche Substanz wie Gras, welches dann eine in bescheidenem Maß haltbarkeitsverlängernde Konzentration an Kohlendioxid ausbilden konnte. Die erste wirkliche Konservierungsmethode für empfindliche Lebensmittel, und zwar durch Erhitzen, hat erst der französische Koch Nicolas Appert im Jahre 1804 vorgestellt, nachdem das Revolutions-Directoire in Paris einen Preis hierfür ausgeschrieben hatte. Napoleon soll nämlich mehr Soldaten durch Mangelernährung und dadurch ausgelöste Krankheiten als durch Kampfhandlungen verloren haben.

Sonnenaktivität und Sonnenzyklen

Die Aktivität der Sonne ist nicht konstant. Am bekanntesten sind der etwa elfjährige Sonnenfleckenzyklus und der doppelt so lange magnetische Zyklus der Sonne. Solche Zeitspannen mögen als zu kurz erscheinen, um das Schicksal von Menschen und Populationen nachhaltig zu steuern. Die Lebensspanne der Menschen war aber früher oft sehr kurz. Nur elf Jahre hat im Mittelalter eine Ehe durchschnittlich gedauert, bis sie durch den Tod eines Partners beendet wurde. Aber auch noch in unserer modernen Zeit mit weitaus längerer Lebenserwartung können so kurze Zeiträume das Denken und Verhalten von Völkern völlig verändern. Mitte der Siebziger-Jahre des 20. Jahrhunderts begann nach fast 3 Jahrzehnten leicht fallender Temperaturen auf der Erde eine Zeitspanne, in der die Mitteltemperatur vielerorts kräftig angestiegen ist (vgl. *Abbildung 4*). Diese kurze Zeit hat ausgereicht, dass fast weltweit die Überzeugung von einem unzulässigen Klimawandel entstand, dass Klimasteuern zum Umbau

Globaltemperatur 1880 - 2000

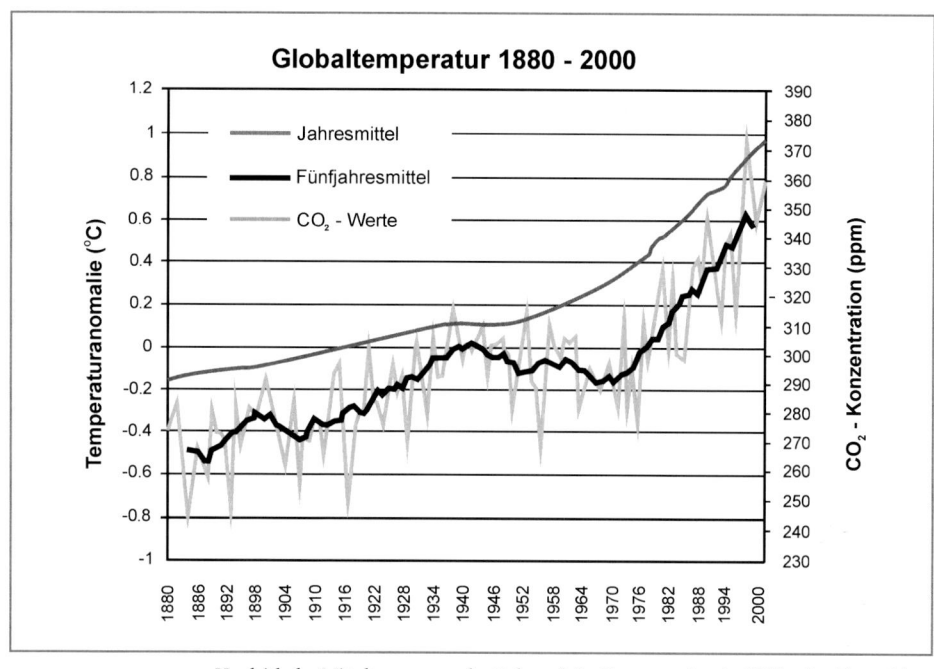

Vergleich der Mitteltemperatur der Erde und der Konzentration des Kohlendioxids in der Erdatmosphäre von 1880 - 2000   Abb. 4

der Wirtschaft eingeführt wurden und ein weltweiter Handel mit Luftemissionen ins Leben gerufen wurde.

Berichte über schwarze Flecken in der Sonne gibt es schon aus dem alten Ägypten, von mittelamerikanischen Indianerkulturen, aus dem klassischen Griechenland und aus zwei Jahrtausende alten chinesischen Chroniken. In Europa hat erstmals der Medizinstudent Johannes Fabrizius 1611 Flecken in der Sonne dokumentiert. Aus dem Jahre 1651 stammt die Vermutung, die Sonnenflecken könnten Einfluss auf das Wetter auf der Erde haben. Seit 1820 liegen regelmäßige Beobachtungen der Sonnenflecken vor. Zahl und Größe der Sonnenflecken sowie kürzere oder längere Dauer der Sonnenfleckenperiode sind ein Indiz für die momentane Aktivität der Sonne. Die heiße Plasmahülle der Sonne kann von mehr oder minder vielen und großen „koronalen Löchern" durchzogen sein. Sie breiten sich nach ihrer Entstehung explosionsartig aus und bleiben dann meist einige Monate bestehen. Normalerweise halten die starken Magnetfelder der Sonne ihre Masse zusammen. Wird der Druck in der Sonne jedoch zu groß, so kommt es zu einem plötzlichen Aufreißen der Außenhüllen in einer Eruption und zu einem Partikelsturm. Gelangt dieser in Erdnähe, so treten u.a. starke Polarlichter, Störungen des Erdmagnetismus, Schwankungen der Temperatur und Kondensation von Wasserdampf als Zirruswolken oder Wolken in Polnähe auf. Nun fand man in der letzten „Kleinen Eiszeit" zwischen 1645 und 1720 eine Kaltzeit, das sog. Maunder-Minimum, in der es solche Sonnenflecken kaum mehr gab. Dies deutet an, dass eine geringe Sonnenfleckenaktivität mit Abkühlung auf der Erde einhergeht, eine hohe Aktivität dagegen mit einer Erwärmungstendenz. Zwar schwankt die von der Sonne im sichtbaren und nahen Infrarot-Bereich auf die Erde eingestrahlte Energie innerhalb einer Sonnenfleckenperiode meist nur um etwa 0,1 %; deutlich größer sind schon die Energieanstiege im Vorfeld der Entstehung von Sonnenflecken von 0,25 bis 0,3 % über einen Zeitraum von Wochen bis Monaten, die nach dem Ausbruch dann wieder zurück gehen. Die Sonne wird also besonders aktiv, bis es zur Eruption kommt. Diesen Schwankungen entspricht rechnerisch eine kurzzeitige Steigerung der Mitteltemperatur auf der Erde von etwa 1°C.

Damit kann nur ein Teil der im Sonnenfleckenzyklus schwankenden Temperatur auf der Erde erklärt werden. Nach dem heutigen Kenntnisstand modulieren Schwankungen der magnetischen Aktivität der Sonne auch die auf die Erdatmosphäre treffende kosmische Strahlung und diese beeinflusst wieder den Grad der Wolkenbedeckung. Hieraus erklären sich größere Temperaturdifferenzen. Trifft die bei Sonneneruptionen ausgeschleuderte Plasmawolke das Magnetfeld der Erde, so können mit den magnetischen Feldlinien Kondensationskeime in Polnähe in die Erdatmosphäre eintreten. Dies kann zu beträchtlicher Wolkenbildung und starker Wetterwirksamkeit führen.

Aufregende Erkenntnisse hat eine neue Arbeit von S.K.Solanki vom Max Planck-Institut für Sonnensystemforschung in Katlenburg-Lindau zusammen mit Kollegen aus Deutschland, der Schweiz und Finnland erbracht. Man führte die Untersuchung der Relation des radioaktiven Kohlenstoffs (^{14}C) zum normalen Kohlenstoff (^{12}C) bis in die Endphase der letzten Eiszeit, bis 11.500 v.h., zurück, wobei dendrochronologisch eindeutig datierte Holzproben eingesetzt wurden. So erstellte man einen lückenlosen Kalender für die Sonnenaktivität, der mehr als 10.000 Jahre zurück reicht. Die Sonnenaktivität zeigte bis vor etwa 8.000 Jahren stark wechselnde Werte. Kurz nach 8.000 v.h. flackerte dann noch ein Aktivitätsmaximum auf. Anschließend blieben die Schwankungen bis in die Neuzeit geringer.

Abbildung 5 gibt einen Ausschnitt aus diesem Kalender, der die Schwankungen der Sonnenaktivität seit dem Jahre 850 n.Chr. zeigt. Der Verlauf der Sonnenflecken-Aktivität in diesem Zeitraum folgt einer wilden Kurve. Das mittelalterliche Temperaturoptimum zwischen 1100 und 1300 n.Chr. ist als eine Zeit hoher Sonnenaktivität zu erkennen. Die schon erwähnte 9jährige Hungersnot (1309 – 1317) liegt in einem Minimum der Sonnenaktivität. Ebenso ist das kalte Maunder-Minimum als eine Zeit geringer Sonnenaktivität deutlich ausgewiesen. Am auffallendsten aber ist der Anstieg der Sonnenaktivität seit dem Jahre 1880: er führte zu Aktivitätswerten, welche seit 1940 alle Werte der letzten Jahrtausende übertroffen haben. Seit mehr als 8000 Jahren war die Sonne nicht mehr so aktiv wie in unseren Jahren!

Für den Zeitraum von 1880 bis zu den siebziger Jahren des 20. Jahrhunderts hat man einen erstaunlichen Zusammenhang zwischen den mittleren Jahres-

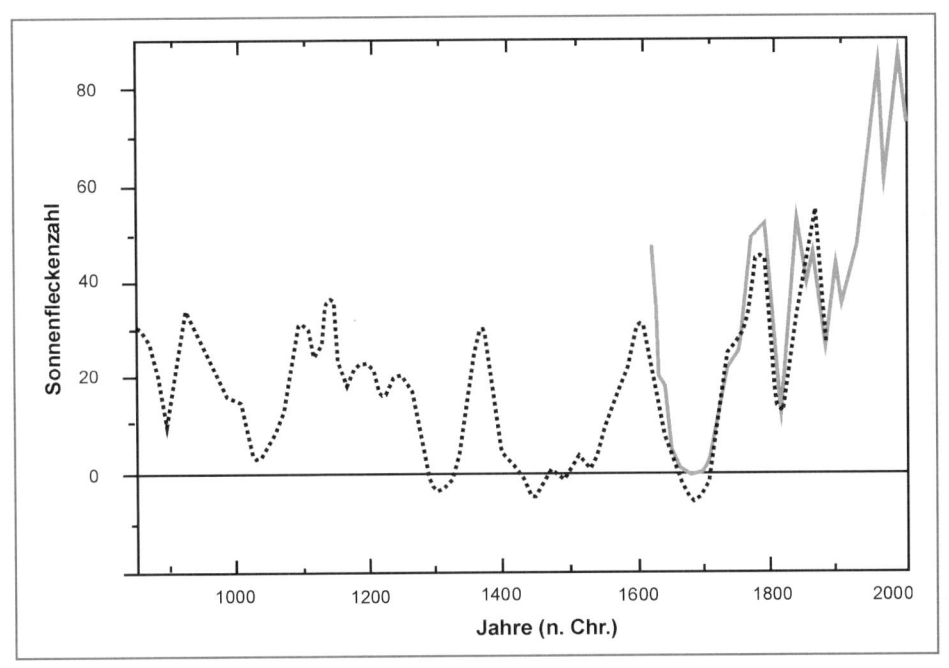

Sonnenaktivität seit 850 n.Chr. **Abb. 5**
Durchgezogen: beobachtet bzw. gemessen. Punktiert: rekonstruiert

temperaturen eines atlantisch geprägten Klimas und der Länge der Sonnenfleckenzyklen aus Daten des Observatoriums in Armagh in Irland gefunden. Die dänischen Forscher Friis-Christensen und K. Lassen stellten auch eine entsprechende Relation zwischen der Sonnenaktivität, dem Vordringen oder Rückzug polarer Eismassen und Temperaturdaten der nördlichen Hemisphäre fest. Für die Tropen kannte man eine ähnliche Verknüpfung schon seit längerer Zeit. Es gilt heute als akzeptiert, dass der ab 1880 registrierte Temperaturanstieg bis in die 70er Jahre des 20. Jahrhunderts einer steigenden Sonnenaktivität zuzuschreiben ist. In den dann folgenden Jahrzehnten weist die Sonne nun die höchste für die vergangenen 8000 Jahre festgestellte Aktivität auf. Im Lichte dieser Erkenntnisse wird neu zu bewerten sein, welcher Anteil der in dieser Zeitspanne beobachteten Erderwärmung noch für den postulierten Treibhauseffekt durch CO_2-Emissionen aus der Verbrennung fossiler Vorräte verbleiben kann.

Außer den erwähnten kurzen Sonnenzyklen gibt es auch längerfristige. Forscher vom Geoforschungszentrum Potsdam haben hier sehr weit zurück geblickt. Sie haben aus Kraterseen erloschener Vulkane Sedimente entnommen, die ihnen die Beurteilung lange vergangener Zeiten erlauben, in einem Fall bis zu 22.000 Jahren, im anderen sogar bis zu 76.000 Jahren. Die ermittelten Daten korrelieren nicht nur mit dem 11-jährigen Sonnenfleckenzyklus, sondern auch mit einem achtmal so langen Zyklus. Weiterhin fand man Zyklen mit der etwa 20- bzw. 45-fachen Dauer des Sonnenfleckenzyklus.

KLIMAGASE

Kohlendioxid (CO_2) ist ein Bestandteil der Luft, dessen Konzentration sich seit dem Jahre 1900 von 293 ppm (parts per million) auf aktuell über 370 ppm erhöht hat (s. *Abbildung 4, S. 39*). Gegenwärtig erfolgt ein regelmäßiger jährlicher Anstieg von 1,5 ppm. Die Steigerung der Temperatur auf der Erde im 20. Jahrhundert wurde von einer Reihe von Wissenschaftlern dieser Zunahme der CO_2-Konzentration angelastet und sie selbst wird auf die vermehrte Verbrennung fossiler Brennstoffe zurückgeführt. Wie *Abbildung 1 (S. 18)* zeigt, ist ein solcher Temperaturanstieg allerdings in der Klimageschichte nichts Ungewöhnliches.

Als eine der Ursachen des Temperaturanstiegs wird also der Treibhauseffekt von CO_2 betrachtet: die von der Erde absorbierte Wärmestrahlung der Sonne erhöht die Temperatur im Absorptionsbereich und die erwärmte Erde selbst strahlt langwelliges Infrarot zurück, welches von Treibhausgasen wie dem CO_2-Anteil der Luft so stark absorbiert wird, dass eine zusätzliche Erwärmung der Atmosphäre erfolgt. Je höher ihre Konzentration ist, desto größer sind Absorption und Erwärmung. Die Treibhausgase wirken also ähnlich wie das Glas in einem Treibhaus: sie lassen die Sonneneinstrahlung passieren, hemmen aber den Austritt der längerwelligen terrestrischen Wärmestrahlung.

Der Treibhauseffekt ist an sich nichts Schlechtes, sondern lebensnotwendig. Verantwortlich hierfür sind die Treibhausgase, vornehmlich CO_2, Methan und Stickoxid, aber vor allem der Wasserdampf in der Luft, dessen Wirkung etwa das Zweieinhalbfache der Summe der Treibhausgase beträgt. Ohne den Treibhauseffekt fiele die Mitteltemperatur auf der Erde von heute 15°C auf lebensfeindliche -18°C. Gefürchtet wird also nicht der Treibhauseffekt an sich, sondern seine ungezügelte Erhöhung.

Dass der Anstieg von CO_2 in der Atmosphäre die Temperatur auf der Erde steigert, ist nicht schlüssig bewiesen. Zurzeit bewegt sich unser Temperaturniveau noch innerhalb der Grenzen, die von früheren Messungen gesetzt sind. Weiterhin gibt es große Gebiete auf der Erde ohne einen ungewöhnlichen Temperaturanstieg, vor allem in der südlichen Hemisphäre. Von den 70er Jahren des 20. Jahrhunderts bis heute – 3 Jahrzehnte lang – steigen zwar in vielen Regionen CO_2-Konzentration und Temperatur gleichsinnig an. In den 3 vorausgehenden Jahrzehnten hingegen hatte die CO_2-Konzentration zwar eine steigende Tendenz; die fallende Temperatur aber folgte einem

> Kohlendioxid ist unerlässlich für das Leben auf der Erde:
>
> In der Fotosynthese wird CO_2 der Luft zusammen mit Wasser unter Einfluss von Sonnenlicht und Mitwirkung des Katalysators Chlorophyll, dem grünen Pflanzenfarbstoff, zu Stärke synthetisiert. Aus Stärke entstehen dann weitere Bausteine des Lebens, wie Zucker, Fette und Eiweißstoffe. Ein Mehr an Kohlendioxid fördert das Wachstum der Pflanzen.

gegenläufigen Trend. Beweis und Gegenbeweis liegen also in der Temperaturkurve unmittelbar nebeneinander (s. *Abb. 4, S. 39*). Die theoretische Erwärmung durch CO_2 wird ganz offensichtlich durch einen entgegen gesetzten Effekt wieder so weit wettgemacht, dass der Gesamteffekt hinter stärkeren Einflüssen verschwindet: mit einer Erwärmung, gleich welcher Ursache, steigt die Feuchtigkeit in der Atmosphäre und damit die Wolkenbildung. Berechnungen haben nun darauf verwiesen, dass hierbei die resultierende abschirmende Wirkung der Wolken überwiegt. Dieser Kompensationseffekt ist wohl eine der Voraussetzungen für ein relativ stabiles Klima.

Die Kohlenstoff-Menge in der Atmosphäre (750 Gt) beträgt insgesamt nur 2 Prozent der Menge, welche gelöst in den Weltmeeren enthalten ist (38.000 Gt). Zwischen der Atmosphäre und den Weltmeeren wird dauernd CO_2 ausgetauscht, jährlich etwa die 10fache Menge des CO_2, das der Mensch freisetzt. Es stellt sich also immer wieder ein Lösungsgleichgewicht ein. Allerdings steht nur die obere Schicht von etwa 300 Meter Tiefe unmittelbar im Austausch mit der Atmosphäre. Sie wird durchmischt durch Wind und Wellen, durch Wasser, das an steilen Kontinentalrändern aufquillt, und durch Kaltwasser, welches zu Ende des Winters in kühleren Zonen absinkt. Aber auch diese Schicht enthält im Vergleich mit der Atmosphäre ein Mehrfaches an CO_2. Ihre Temperatur folgt mit einer gewissen Verzögerung abgeschwächt dem Temperaturanstieg der Atmosphäre. So ist ihre Mitteltemperatur von Mitte der 50er bis Mitte der 90er Jahre des 20. Jahrhunderts um gut 0,3°C gestiegen. Diese Erwärmung verringert die im Meer gelöste CO_2-Menge. Je wärmer Wasser ist, desto geringer ist seine Löslichkeit für Gase: das Meer gast aus. Die Konzentrationsänderung des CO_2 im Luftraum ist dabei etwa 10mal größer als in wässeriger Lösung. Die regelmäßig steigende Konzentration des CO_2 in der Luft dürfte damit lediglich eine Thermometeranzeige für die steigende Temperatur der Oberflächenschicht der Ozeane sein, deren Temperaturanstieg vom Menschen gemacht oder auch natürlich sein kann.

Unsere heutigen Pflanzen haben sich teilweise an das bestehende CO_2-Niveau angepasst. Weizen gibt aber z.B. bei Verdoppelung der CO_2-Konzentration in der Atmosphäre einen etwa 25 Prozent höheren Ertrag und bei Soyabohnen, der wichtigsten pflanzlichen Eiweißquelle, beträgt die Steigerung fast das Doppelte. Sowohl die angestiegenen Temperaturen als auch die Erhöhung der CO_2-Konzentration in der Luft verbessern die Fruchtbarkeit auf der Erde. Ohne die heutigen erhöhten Temperaturen und CO_2-Konzentrationen wäre es wohl schwer, die innerhalb kurzer Zeit auf über 6 Milliarden angewachsene Menschheit zu ernähren. Eine große Gefahr für die Menschheit lauert aber dann, wenn die Temperatur wieder deutlich fällt! Mit einer Temperaturabsenkung ist untrennbar auch eine Verminderung der CO_2-Konzentration in der Luft verbunden, weil die auskühlenden Meere wieder mehr CO_2 durch Lösung aus ihr entnehmen. Absenkung von Temperatur, Verkürzung der Vegetationszeit und Minderung der CO_2-Konzentration verringern die Fruchtbarkeit der Flora.

Einschläge von Meteoriten und Vulkanausbrüche

Das Leben auf der Erde entwickelte sich nicht stetig und gleichmäßig. Katastrophale Ereignisse führten mehrfach zu Einschnitten, zum Verschwinden von Arten und zur Begünstigung anderer, welche die Herausforderungen besser bestanden. So nimmt man an, dass ein „Großes Sterben" vor 250 Millionen Jahren den Dinosauriern zunächst zu ihrer großen Verbreitung geholfen hat, ihnen dann aber als Folge des „Yucatan-Einschlags" in Mexiko vor 65 Millionen Jahren wieder ein Ende bereitete. Während der letzten 600 Millionen Jahre sind insgesamt fünf solcher großen biologischen Krisen nachgewiesen. Die Ursache von zumindest dreien waren Meteoriteneinschläge, welche riesige Mengen Gestein, Staub und das Klima beeinflussende Stoffe, wie Schwefel und Kohlendioxid, in die Atmosphäre geschleudert haben und zu drastischen klimatischen Veränderungen geführt haben. In einem bestimmten Umkreis wird hierbei die Vegetation völlig vernichtet; global sinken Sonneneinstrahlung und Temperatur und die Erde versinkt in einen langen Winter. Für den Fortgang der Evolution scheinen solche Katastrophen förmlich notwendig gewesen zu sein.

Große Vulkanausbrüche erreichen natürlich nicht das Ausmaß dieser Katastrophen, aber sie haben qualitativ ähnliche Auswirkungen. Sie schleudern ebenfalls große Aschemengen in die Stratosphäre, behindern damit die Sonneneinstrahlung und können in Zeiträumen von weniger als einem Jahr bis zu einem Jahrzehnt das Klima ganz wesentlich verändern. Im unteren Bereich der Atmosphäre kommt es dann zur Abkühlung. In *Abbildung 2 (S. 28)* findet sich ein plötzlicher Einbruch der Temperatur um 1816, dessen negative aber auch positive Folgen (Schneesommer und Hunger, aber auch Erfindung des Laufrads) schon geschildert wurden. Ursache war der Ausbruch des Tambora in Ostasien im Jahre 1815. Der Temperatureinschnitt nach 1880 wird dem Ausbruch des Krakatao, ebenfalls in Ostasien, zugeschrieben. In beiden Fällen dauerte es fast ein Jahrzehnt, bis sich das Klima wieder vollständig erholt hatte.Das Ende des 20. Jahrhunderts war frei von solchen ganz großen Einbrüchen, welche die Temperatur der Erdatmosphäre nachhaltig gesenkt hätten. Auch das könnte zu den steigenden Temperaturen der letzten Jahrzehnte beigetragen haben. So haben der Ausbruch des Mt.St.Helens im Westen der USA (1980) und des philippinischen Vulkans Pinatubo im Jahre 1991 das Klima nur kurzzeitig abgekühlt.

Rückkoppelungseffekte

Die schon erwähnten Informationen zum Temperaturverlauf der Eiszeit aus Gletscherbohrkernen zeigen, daß es in der Eiszeit nicht gleichmäßig kalt war. Es traten – oft recht plötzlich – wärmere Zwischenphasen, die Interstadiale, auf und der Temperaturwechsel dauerte oft nur wenige Jahrzehnte oder ein einziges Jahrhundert.

Die Veränderungen der Temperatur wurden zunächst durch die schon erwähnten astronomischen Zyklen mit unterschiedlicher Aufnahme solarer Energie eingeleitet. Auch wenn sich die Effekte der einzelnen Zyklen addieren können, so reichen sie aber nicht aus, um die festgestellten schnellen und großen Temperaturänderungen zu erklären. Sie konnten erst durch Rückkoppelungsvorgänge mit einem hohen Verstärkungseffekt zu Stande kommen.

- Ein primärer Verstärkungseffekt ergibt sich durch die Steigerung der Rückstrahlung von Sonnenenergie, wenn sich Gletscher bei einer Abkühlung des Klimas ausdehnen, oder eine Abschwächung, wenn sie bei einer Erwärmung schrumpfen. In der Tat ließen sich recht rasche Wechsel der Eisbedeckung des Landes feststellen: beim Abschmelzen der riesigen Laurentischen Eismasse in Nordamerika hat man Rückzugsgeschwindigkeiten der Gletscher von 80 bis 360 Meter pro Jahr ermittelt.
- Ganz ähnlich wirkte sich die Veränderung der Fläche der Meere in flachen Schelfgebieten aus. Knapp 8 Prozent der Weltmeere bestehen aus solchen Schelfgebieten. Die Wasseroberflächen reflektieren ja im Gegensatz zum Land einen hohen Anteil der eingestrahlten Sonnenenergie. Sank bei einer Klimaabkühlung der Meeresspiegel infolge der Bindung von Wasser in Gletschereis, so nahm die das Licht stärker absorbierende Landfläche zu. Dies wirkte der Abkühlung wieder entgegen. Schoben sich dann die Gletscher über dieses frei gewordene Land, so wurde wieder eine entgegen gesetzte Tendenz zur Abkühlung eingeleitet.
- Kühlte das Klima ab, so wurde es auch trockener. Die Eisschilde, die sich in Kaltzeiten wiederholt von Skandinavien aus quer über Europa nach Süden vorgeschoben hatten, waren jedes Mal von der zeitweiligen Bildung riesiger Wüsten in Russland und der Ukraine begleitet, die sich sogar bis an die Schwarzmeerküste ausdehnten. Als Folge wurden dann große Staubmassen in die Atmosphäre gewirbelt. Eisbohrkerne belegen, dass sich während der Hochglazialzeiten 30 mal, möglicherweise bis zu 70 mal mehr Staub in der Atmosphäre befand als heute. Das behinderte zunächst die Sonneneinstrahlung und förderte damit die weitere Abkühlung; die eingestaubten Gletscherflächen absorbierten jedoch wesentlich mehr Sonnenlicht, sodass wieder der gegenteilige Effekt, eine Erwärmungstendenz, hervorgerufen wurde.
- Von alles überragender Bedeutung war aber die Veränderung des Golfstroms, der Wärmepumpe Europas, durch in den Strom eindringende große Mengen von Süßwasser oder schmelzendem Gletschereis nach dem Einsetzen wärmerer Klimaphasen. Das Süßwasser verringerte das spezifische Gewicht des aus dem Süden herangeführten Meerwassers, welches zunächst durch Abkühlung und Konzentrierung angestiegen war. Damit wurden Absinken und Rücklauf des Meerwassers zum Ausgangsort geschwächt oder unterbrochen und das Wärmetransportband Golfstrom ließ in seiner Wirkung nach oder wurde völlig abgeschaltet. Als Folge setzte dann ein Kältezyklus

ein. Das Wiederanspringen des Golfstroms erfolgte dann offensichtlich ebenso rasch und der erneute Wärmetransport nach Norden bewirkte eine schnelle Erwärmung.

Diese Ausführungen können nur einen Hinweis auf die Komplexität von Rückkoppelungsmechanismen geben und andeuten, dass sie bestehende Tendenzen zur Erwärmung oder Abkühlung ganz beträchtlich bremsen oder auch ganz wesentlich verstärken können. Besonders große Auswirkungen ergeben sich natürlich dann, wenn sich mehrere solcher Effekte gleichsinnig addieren.

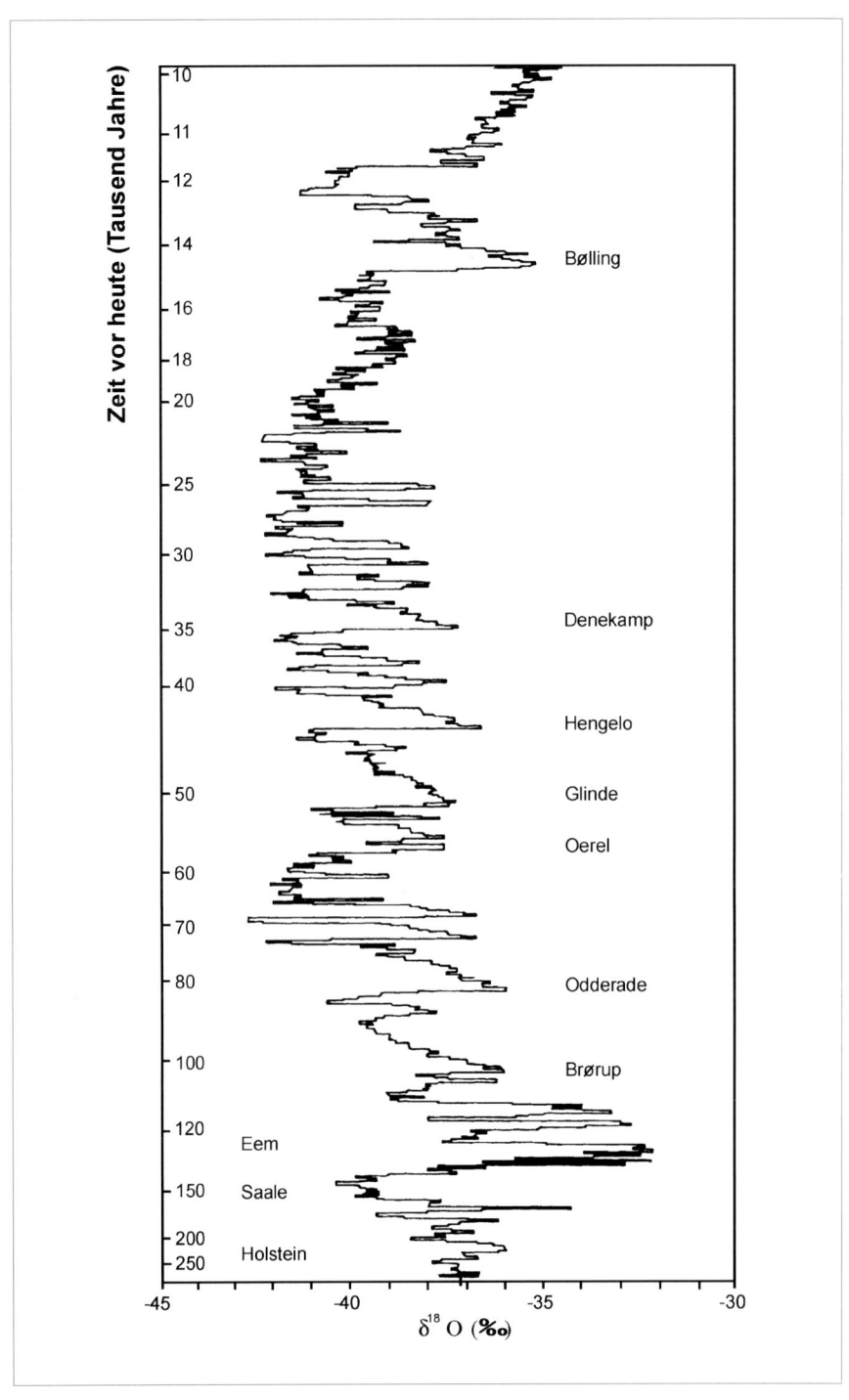

Abb. 6 Sauerstoff-Isotopen-Kurve des Summit-Eisbohrkerns aus Grönland. An Hand des Verhältnisses der ^{16}O- und ^{18}O-Isotopen lassen sich Temperaturen rekonstruieren und Kalt-und Warmzeiten identifizieren.

DIE EISZEITEN

Klimazeugen der Eiszeit aus Gletschereis und Tiefsee

Für jedermann erkennbar finden sich in der Natur Zeugnisse der Eiszeit, wie Gletscherschliffe an Felswänden, Moränen mit unsortiertem Gestein und Seen, deren Bett erkennbar durch Gletscher geformt wurde. Für das Auge und die Instrumente des Fachmanns gibt es eine beträchtliche Reihe weiterer Merkmale, die auf frühere Eiszeiten verweisen und zum Teil hierzu ganz detaillierte Informationen liefern können. Wichtige Informationen geben Bohrkerne, welche aus Gletschern vor allem der arktischen und antarktischen Zonen gewonnen wurden. Für den kundigen Fachmann stellen sie praktisch ein Klimaarchiv der vergangenen Eiszeiten dar.

Tiefbohrungen in Gletschern bis zur Tiefe von mehr als 3000 Metern hat man niedergebracht, nachdem sich die Befürchtung breit gemacht hatte, das Klima unserer Zeit strebe auf eine Erwärmung der Erde zu, deren Folgen katastrophale Ausmaße annehmen könnten. Man hatte die Hoffnung, aus der Vergangenheit nützliche Hinweise für Gegenwart und Zukunft erhalten zu können. Eisbohrkerne wurden bisher auf Grönland, in der kanadischen Arktis und in der Antarktis gewonnen. Wir beziehen uns im Folgenden hauptsächlich auf die Informationen aus dem Summit-Eisbohrkern, der auf Grönland erbohrt wurde. Er erschließt ein Klima von gut 250.000 Jahren. Klimatische Informationen liefern z.B. die Dicke der Jahresschichten, ihre Staubfracht, der Gehalt an Kohlendioxid und Methan in Gasbläschen, der Anteil an Schwerem Wasserstoff (Deuterium) und vor allem an Sauerstoffisotopen ^{18}O im Eis im Vergleich zum normalen Atom ^{16}O. Wir werden uns hier nur mit den wichtigsten Größen befassen.

SAUERSTOFFISOTOPE IN EISBOHRKERNEN ALS THERMOMETER

Die Niederschlagsschichten innerhalb der Bohrkerne der einzelnen Jahre lassen sich zumindest bis zu einem Alter von etwa 14.500 Jahren auszählen, sodass fast die gesamte Übergangszeit von der Eiszeit zu unserer Warmzeit wie auch diese selbst relativ einfach erfasst werden kann. Die Datierung früherer Schichten ist schwieriger: wegen der hohen Eislast fließen diese Lagen zumindest auf Grönland ineinander. Es gibt aber genügend Hilfsmittel, um auch bei älteren Schichten zu einer brauchbaren Datierung zu kommen. Aus den relativen Dicken der Einzelschichten sind Rückschlüsse auf die Jahresniederschläge und die Feuchtigkeit des Klimas möglich. Ein hoher Staubgehalt zeigt ein trockenes Klima an. Die wertvollsten Informationen zum früheren Klima liefert das Verhältnis der Sauerstoffisotopen ^{16}O und ^{18}O: aus ihm lässt sich unmittelbar auf die damals herrschende Temperatur schließen. Wärmere Jahre zeichnen sich durch eine Zunahme des schwerer flüchtigen ^{18}O-Isotops im Eis aus, in kälteren Jahren überwiegt das flüchtigere ^{16}O. Im Prinzip zeigt also die Differenz dieser Sauerstoffisotope die Schwankung der Lufttemperaturen; es müssen jedoch für einige Einflüsse Korrekturen angebracht werden. Nachdem sich bei Vergleichen der Kurven von Grönland und der Antarktis eine gute Übereinstimmung gezeigt hat, ist davon auszugehen, dass aus dieser Differenz der Sauerstoffisotope ein Rückschluss auf das damalige weltweite Klima möglich ist.

In *Abbildung 6 (S. 48)* sind die Informationen aus dem Summit-Eisbohrkern auf Grönland für einen Zeitraum von 250.000 Jahren über der Tiefenlage der Eisbohrkerne gezeigt. Die Sauerstoffisotopenkurve ist von riesigen Ausschlägen nach beiden Seiten geprägt. Die gefundene Gesamtspanne entspricht einer Temperaturdifferenz von 12 bis 13°C. Die Schneegrenze war während der letzten Eiszeit weltweit etwa um 1200 Meter abgesenkt. Daraus ergibt sich eine Absenkung der Durchschnittstemperatur von etwa 8°C.

Vor etwa 140.000 bis 115.000 Jahren herrschte eine Warmzeit, das Eem, welches aber von einer deutlichen Abkühlperiode unterbrochen war. Dann haben sich die Temperaturen zur letzten Eiszeit abgesenkt, bis diese vor etwa 14.700 Jahren plötzlich von einer ausgesprochenen Warmzeit, dem Bölling-Interstadial, abgelöst wurde, das den turbulenten Übergang zu unserer noch herrschenden Warmzeit einleitete. Die gesamte letzte Eiszeitphase zeigt einen leichten Trend zur Verstärkung der Abkühlung und das Maximum dieser Eiszeit wurde erst vor etwas mehr als 20.000 Jahren erreicht. Während dieser langen Eiszeit von etwa 100.000 Jahren war es aber nicht konstant kalt (s. *Abbildung 6, S. 48*), sondern es gab eine ganze Reihe von mehr oder minder wärmeren Phasen, die sog. Interstadiale, in denen aber nie die Temperaturen unserer heutigen Warmzeit ganz erreicht wurden.

Für die Entwicklung und Verbreitung des heutigen Menschengeschlechts waren diese großen Temperaturschwankungen von entscheidender Bedeutung: in günstigen Phasen mit höherer Temperatur konnte die menschliche Population anwachsen. Kälterückfälle brachten die Menschen dann wieder in Existenznot und führten zur Schrumpfung der Bevölkerungszahlen. Zumindest einmal, vor etwa 70.000 Jahren, wäre die Menschheit dabei beinahe ausgestorben. Eine andere solche Krise führte möglicherweise zur Weiterentwicklung des Menschen zum heutigen modernen Homo sapiens. Auch die erste Auswanderung des modernen Menschen aus Afrika scheint durch eine solche Klimakrise erzwungen worden zu sein. Den dann folgenden Phasen der Verbreitung des Menschengeschlechts über die Erde gingen jeweils Wachstumsphasen der Population voraus, welche durch günstige Klimaabschnitte ermöglicht worden sind. In unserer Warmzeit seit 10.000 Jahren schließlich ist die Anzahl der Menschen exponentiell von geschätzten ein bis fünf Millionen zu Ende der Eiszeit auf nunmehr über 6 Milliarden Menschen angewachsen, wobei die letzte Milliarde in nur einem Dutzend Jahren während unseres gegenwärtigen Klimaoptimums dazu gekommen ist.

SAUERSTOFFISOTOPE IN TIEFSEEBOHRKERNEN

Woher wissen wir, wie stark die Erde während der Eiszeit mit Eis bedeckt war? Die weltweite Erforschung der Grenzen der Vergletscherung zu bestimmten Zeiten wäre eine äußerst aufwändige Arbeit und über die Höhe der Gletscher gäbe sie dann doch wieder keinen Aufschluss. Der amerikanische Nobelpreisträger Urey hat aber eine erstaunlich einfache Methode entwickelt, welche eine Antwort auf solche Fragen gibt und auch die Klärung anderer paläoklimatischer Fragen erlaubt. In folgerichtiger Umkehr der Schlüsse für Eisbohrkerne, d.h. für Wasser, das verdampft und wieder ausgefroren wurde, muss das verbleibende flüssige Wasser der Meere bei einer Klimaabkühlung zu einem Überschuss an der schwerer flüchtigen Variante ^{18}O neigen. Während der kalten Zeiten wurde ja das flüchtigere leichtere ^{16}O den Meeren in stärkerem Maße entzogen und im Gletschereis deponiert. Das Sauerstoffisotopen-Verhältnis im Kalk von Foraminiferenschalen aus Tiefseebohrkernen liefert die notwendigen Messdaten. Nachdem am Bildungsort, der Tiefsee, immer eine konstante Temperatur von etwa 4°C, dem Dichtemaximum des Wassers, herrscht, sodass eine mögliche Variation der Temperatur ohne Einfluss bleiben kann, muss die Abweichung aus der Zusammensetzung des Wasserkörpers der Meere selbst stammen. Diese Methode erlaubt nun Rückschlüsse auf die Veränderungen des globalen Eisvolumens: aus dem Wert für die Gesamtwassermasse der Ozeane und dem festgestellten Konzentrationsunterschied der Sauerstoffisotope lässt sich die den Meeren verloren gegangene Wassermasse, d.h. die Eismasse der Gletscher, einfach berechnen.

Diese Variation der Sauerstoffisotope verläuft in allen untersuchten Ozeanen etwa synchron, womit bestätigt wird, dass hier ein weltweiter Trend angezeigt wird. Er deckt sich recht gut mit den Milankowitsch-Zyklen.

Weltweite Vereisungen

Während des Höhepunkts der letzten Eiszeit waren 30 Prozent der Festlandsfläche der Erde oder 45 – 50 Millionen km² mit Eis bedeckt. Heute sind nur 10 Prozent des Festlands oder knapp 15 Millionen km² vergletschert, wobei die größte Eismächtigkeit auf Grönland 3000 m und auf der Antarktis 4000 m beträgt. In Europa gab es 3 große Vereisungszentren: die britischen Inseln, die Alpen und das Nordische Inlandeis mit Skandinavien als Ausgangszone. Es reichte über das Becken der Ostsee hinweg mehr als 200 Kilometer tief nach Mittel- und Osteuropa. Im skandinavischen Zentrum war die Eismasse bis zu 3 Kilometer hoch. An das skandinavische Inlandeis schloss sich das westsibirische Eis an, welches noch etwas über den Jenessei hinausreichte. Weiter östlich trugen nur noch die Gebirge Eiskappen. Heute beträgt die Ausdehnung des längsten Alpengletschers, des Aletsch-Gletschers, 26 km; damals drangen die Gletscher weit in die Ebene hinaus. Die beiden größten, der Rhone-Gletscher und der Rhein-Gletscher, erreichten eine Länge von jeweils etwa 250 km. Das nordamerikanische Inlandeis übertraf die Größe Grönlands um ein Mehrfaches und es war sogar größer als die heutige antarktische Eisfläche. Die Hauptmasse machte das Laurentische Eis im Osten und im Zentrum Nordamerikas aus. Es drang fast bis St. Louis in Missouri vor. In der City von New York finden sich noch schöne Gletscherschliffe. Das westliche Gebirge Nordamerikas war auf einer Länge von 3500 km bis zu den Aleuten vom Cordillieren-Eis bedeckt. Gegen Ende der Eiszeit vereinigten sich diese beiden Eismassen und versperrten den von Sibirien über die trocken gefallene Beringstraße nach Alaska eindringenden Menschen den Weg nach dem Süden. Der Norden Alaskas war, ebenso wie ein Großteil Sibiriens, nicht vergletschert, weil die hierfür nötigen Niederschläge fehlten. Das entsprach offensichtlich den Verhältnissen in den heutigen Kältewüsten des nördlichen Grönland.

In Gebieten, deren Klima wesentlich vom Golfstrom beeinflusst wird, setzte sich die eiszeitliche Temperaturabsenkung aus 2 Größen zusammen, nämlich aus der weltweiten Abkühlung und aus der ausgefallenen Erwärmung durch den Golfstrom, wenn dieser zum Stillstand gekommen war. Aus diesem Grunde war die eiszeitliche Abkühlung in England besonders groß: verschiedene Indizien deuten einen Temperaturunterschied zu heute von 13 bis 14°C an. In Mitteleuropa betrug der Unterschied noch etwa 7 bis 11°C. Der größte Teil Sibiriens kühlte nur aus dem ersten Grund ab und die Niederschläge reichten in vielen Gegenden nicht für eine Vergletscherung aus. Deshalb waren die dortigen Steppen mit einer reichen kälteresistenten Fauna von Großtieren, wie dem Mammut, gesegnet. Unter diesen Voraussetzungen konnten die Menschen zumindest in den wärmeren Perioden der Eiszeit recht früh in diese reichen Jagdgründe vordringen.

Eiszeittemperaturen in Afrika und im Nahen Osten

Wir werden uns im zweiten Teil des Buches mit Entwicklungen während der letzten Eiszeit in Afrika befassen. Weiterhin verfolgen wir Vorgänge, welche während der Spätphase dieser Eiszeit und der Übergangsperiode zur Nacheiszeit im Nahen Osten stattfanden und die Basis für unsere westliche Kultur gelegt haben dürften. Schlussfolgerungen für das Klima dieser Regionen sind daher von großer Bedeutung.

Das Klima auf der gesamten Erde wird von der Nordhalbkugel her stärker beeinflusst, weil dort wegen der größeren Landmassen mehr Sonnenenergie absorbiert wird als im Süden. Der Klimaverlauf auf der Südhalbkugel war zwar ähnlich wie im Norden, aber die Ausschläge waren deutlich abgeschwächt. Auch heute liegt dort die Mitteltemperatur niedriger. Neuerdings hat eine internationale Arbeitsgruppe um A.Voelker und M.Sarntheim an der Universität Kiel Daten zum Eiszeitklima von insgesamt 183 Orten zusammen getragen und dabei festgestellt, dass sich die Temperaturen überall synchron verändert haben. Solche Klimainformationen lassen sich aus der Höhe der damaligen Schneegrenzen erhalten. In Lesotho (Afrika) fand man eine maximale eiszeitliche Temperaturabsenkung von 5,5 bis 9°C und am Mt.Kenia von 8°C. Am Kilimandscharo fiel die Schneegrenze in den kältesten Phasen bis auf 1300 m und in den Anden auf 1400 Meter. Am Tiefstpunkt lag die Schneegrenze in Afrika damit 1500 Meter unter den heutigen Werten in Mitteleuropa! In der Region des Indischen Ozeans folgten die Temperaturausschläge weitgehend denen von Europa.

Eine weitere Frage stellt sich hinsichtlich der Niederschläge. Hier soll das Ergebnis allgemeiner Feststellungen wiedergegeben werden; für spezielle Gebiete liegen auch lokale Untersuchungen für den interessierenden Zeitraum vor. Es wurde schon angeführt, dass in kälteren Perioden mit der Absenkung der Temperatur eine Senkung des Dampfdrucks von Wasser und damit der verdampfenden Wassermenge wie auch der Aufnahmefähigkeit der Luft für Feuchtigkeit verbunden war: das Klima wurde also insgesamt trockner. Dies gilt aber nicht für alle Zonen. Wegen der Verschiebung des Eisgürtels der nördlichen Erdhälfte nach Süden verschoben sich auch die Niederschlagszonen gleichsinnig. Der Westwindgürtel der Nordhemisphäre wurde also äquatorwärts gedrückt und erfasste mit seinen regenbringenden Winden noch Gebiete des heutigen subtropischen Wüstengürtels. Ein Indiz gibt das Kaspische Meer, das sich zu dieser Zeit bis zum Schwarzen Meer hin ausgeweitet hatte. Ein anderes Indiz ist der frühere Lake Bonneville in Utah, dessen alte Strandterrassen 60 Meter über dem heutigen Talboden liegen. Er bedeckte einst einen großen Teil des Staates Utah; sein Rest ist heute der Große Salzsee. Noch vor knapp 9.000 Jahren war der Tschadsee in der Südsahara größer als das heutige Kaspische Meer und er überströmte sogar die Wasserscheide zum Niger-System. Nach einer Klimasimulation für die letzten 9.000 Jahre durch M.Claussen, Potsdam, verdorrte die Sahara erst vor etwa 5.500 Jahren. Als Ursache sieht man hier den 22.000-jährigen Erdbahnzyklus. Weltweit schwankt die Monsunstärke in diesem Rhythmus. Für den Nahen Osten deuten diese Überlegungen für die interessierende Zeit auf reichlichere Niederschläge im Vergleich zu heute hin.

Die turbulente Übergangszeit von der Eiszeit zur Nacheiszeit

Die Temperatur fährt nochmals Achterbahn

Die letzte Eiszeit erreichte mit fast dauerhaft tiefen Temperaturen ihr Maximum vor etwa 25.000 bis 20.000 Jahren. Bis etwa 14.700 v.h. zeigte die Temperatur dann zwar einen leichten Anstiegstrend, aber es gab – entsprechend

Abbildung 6 (S. 48) – zunächst über etwa 5 Jahrtausende keine nennenswerte Zwischenerwärmung mehr. Dann aber setzte um 14.700 v.h. urplötzlich eine außerordentlich starke Erwärmung ein. Innerhalb von weniger als 10 Jahren wurden die Kaltluftmassen über Grönland von warmer, feuchter und wenig staubbeladener Luft verdrängt: in den bisher eisigen Nordatlantik waren Warmwassermassen eingebrochen, denn der Golfstrom war wieder angesprungen und er transportierte nun Wärme aus dem Süden an. Der Temperaturanstieg betrug vielerorts 5 bis 8°C: das sog. Bölling-Interstadial hatte begonnen. Da sich in den Jahrtausenden davor die solare Einstrahlung einem Maximum näherte, war in den hohen Breiten der Südhemisphäre schon 2000 bis 5000 Jahre früher eine allmähliche Erwärmung eingetreten. Die Nordhalbkugel hinkte also der Entwicklung hinterdrein und sie holte nun stürmisch auf. In der Tat wurde diese plötzliche Erwärmung durch Vorgänge in der südlichen Hemisphäre ausgelöst. Die Klimaforscher G.Lohmann und G.Knorr fanden in einem Computer-Modell heraus, dass sich durch die großen Schmelzwassermengen im Süden eine Strömung entlang der südamerikanischen Ostküste in die Karibik ausbildete, welche dann zusätzlich durch warmes salzhaltiges Wasser verstärkt wurde, nachdem eine Eisbarriere an der Südspitze Afrikas abgeschmolzen war. Dieser gemeinsame Strom erwärmte und konzentrierte sich auf dem weiteren Weg nach Norden zunächst so weit, dass das Wasser dort, nach Wiederabkühlung schwerer geworden, absinken und den Golfstrom einleiten konnte. Hier stand der Meeresspiegel wegen zunächst fehlender Eisschmelze auch noch tiefer, was die Strömung begünstigte.

Für die Verfolgung des weiteren Temperaturverlaufs sind Informationen aus den Summit- und DYE-3-Eisbohrkernen aus Grönland wie auch aus Sedimenten des Gerzensees ausgewertet: die Temperatur blieb nicht sehr lange so hoch, denn mit einigen recht abrupten Zwischensprüngen fiel sie etwas vor 12.000 v.h. wieder auf tiefsteiszeitliches Niveau ab. Auch in Europa lassen sich für diese Periode mindestens 4 Eisvorstöße feststellen. Die gesamte Rückkühlung lag nun bei etwa 8°C. Die nordatlantische Polarfront schob sich von Island wieder bis zur Bucht von Biskaya vor. Das eiszeitlich tiefe Temperaturniveau blieb dann über ein Jahrtausend bis etwas nach 11.000 v.h. erhalten. Dann aber setzte wieder eine außerordentlich rasche Erwärmung ein. Reste von Insekten, die man in Südengland fand, verweisen darauf, dass die durchschnittlichen Julitemperaturen in nur wenig mehr als einem Jahrhundert von 9°C auf 17°C kletterten. An anderer Stelle fand man sogar einen Temperatursprung von 11°C innerhalb von nur 50 bis 100 Jahren. Dieser Anstieg bedeutete nun den Beginn des endgültigen Übergangs von der Eiszeit zur Nacheiszeit. Nach weiteren kleineren Temperaturfluktuationen bei insgesamt steigender Tendenz war um 10.000 v.h. etwa das heutige Temperaturniveau erreicht. Deshalb datiert man den Beginn unserer Nacheiszeit, des Holozäns, auf 10.000 v.h.

Ursachen für plötzliche Temperatursprünge:

Wir haben uns schon mit Rückkoppelungsmechanismen und verstärkenden oder abschwächenden Faktoren auseinander gesetzt, welche zu relativ raschen klimatischen Änderungen geführt haben. Erwähnt wurde neben anderen Einflüssen die schnelle Veränderung der Absorption von Sonnenenergie, wenn Gletschereisflächen sich schnell ausdehnten oder schrumpften oder wenn bei einer Änderung der Höhe des Meeresspiegels in flachen Schelfgebieten viel Land verschwand oder frei gegeben wurde. Von alles überragender Bedeutung für rasche und große Veränderungen der Temperatur auf der Erde scheinen aber Faktoren gewesen zu sein, welche die Funktion der europäischen Wärmepumpe Golfstrom direkt beeinflussten.

Diese Wärmepumpe funktioniert nur, wenn sich genügend warmes Meerwasser aus dem Süden auf seinem Wege nach Norden vor allem durch Verdunstungskühlung so stark konzentriert, dass ein ausreichender Unterschied des spezifischen Gewichts zum umgebenden kühlen Meerwasser entsteht, sodass dieses abgekühlte „Konzentrat" auf den Meeresgrund absinken kann und dann zum Ausgangspunkt zurück fließt. In der hier behandelten Übergangsphase von der letzten Eiszeit zur Nacheiszeit wurden wiederholt riesige Mengen an Schmelzwasser der Gletschermassen plötzlich in den Nordatlantik eingespült. Dieses kalte Süßwasser war nun von vorne herein leichter als das umgebende Meerwasser mit seinem relativ hohen Salzgehalt und es fehlte zudem die Aufkonzentrierung durch Verdunstungskühlung: das Gemisch konnte deshalb nicht mehr absinken, der Kreislauf des Golfstroms war gestört und die Wärmepumpe Golfstrom wurde – je nach Mengenverhältnis – geschwächt oder völlig abgeschaltet. Erst wenn sich das zugeflossene Süßwasser weit verbreitet untergemischt hatte, stellten sich wieder die alten Voraussetzungen ein und der Golfstrom konnte sich wieder erholen.

Durch die Last der kilometerdicken Gletschermassen wurde die Erdkruste in den Erdmantel darunter wannenförmig eingedrückt. An den eisfreien Rändern dieser Wannen bildeten sich als Reaktion wallförmige Begrenzungen. Als die Gletscher zu schmelzen begannen, blieb das Schmelzwasser zunächst in diesen Mulden gefangen, sodass riesige Seen entlang der Gletscher entstanden.

Ein solcher großer Gletschersee bildete sich in Europa am Südrand der skandinavisch-baltischen Eismasse, der Baltische Eissee. Er sprengte schließlich – um 12.000 v.h. – seine Begrenzung und entleerte sich nach Westen. Dabei soll er 30.000 Kubikkilometer Schmelzwasser in die Nordsee geschüttet haben. Die klimatische Beeinflussung dürfte sich hier auf den europäisch-westasiatischen Raum konzentriert haben: es stellte sich erst ein feuchteres und nach Verschwinden der großen Wasserfläche ein trockeneres Klima ein. Im Nahen Osten ist um diese Zeit eine lange Trockenphase von einer Feuchtphase unterbrochen worden, in welcher der früheste uns bisher bekannte Ackerbau entstanden ist. Mit der Austrocknung nach dem Auslaufen des Baltischen Eissees kam er aber an vielen Stellen wieder zum Erliegen. Wir werden später zeigen, dass noch im südarabischen Raum eine lange Trockenphase zwischen 13.500 und 12.000 v.h. von einer feuchten Periode unterbrochen war. Diese Feuchtphase findet sogar in frühen persischen Mythen ihren Niederschlag, denn es wird zunächst von einem „Goldenen Zeitalter" und dann von einem Rückfall in einen tiefen Winter mit viel Schnee berichtet, der den Tod vieler Kreaturen bedeuten sollte.

Auch auf dem nordamerikanischen Kontinent bildeten sich zeitweilig riesige Schmelzwasserseen aus. Solange die Gletscher weit nach dem Süden vorgerückt waren, flossen die Wassermassen dieser Seen nach einem plötzlichen Durchbruch durch die Barriere in den Golf von Mexiko ab. Auch der Lake Agassiz, ein Gletschersee im kanadischen Saskatchewan, entließ große Süßwassermassen zumindest zweimal nach dem Süden in den Golf von Mexiko. Das Meerwasser wurde dort mit Süßwasser verdünnt und abgekühlt, sodass sich beim Transport nach Norden durch den Golfstrom die Verdunstung verminderte. Da das Wasser nun nicht mehr spezifisch schwerer als das umgebende Meerwasser wurde, konnte es nicht mehr absinken, der Golfstrom brach zusammen und die europäische Zusatzheizung fiel aus. Daraus resultierte eine jähe weltweit wirksame Abkühlung des Klimas um mehrere Grad Celsius.

Die Konturen der nordamerikanischen Landschaft wurden erst durch das Ende der letzten Eiszeit geformt. Solange sich der Boden, von dem sich die Gletscher nach Norden zurück gezogen hatten, noch nicht durch einen isostatischen Ausgleich wieder genügend angehoben hatte, war die Fließrichtung einiger amerikanischer Flüsse im Vergleich zu heute umgekehrt: der nördliche Missouri etwa floss nach Norden in die Hudson-Bay und der obere Ohio in den kanadischen St.Lorenz-Golf. Die Großen Seen an der Grenze der USA und von Kanada sind der Rest eines riesigen Gletschersees, dessen Abfluss zunächst durch die Laurentische Eismasse blockiert war. Als dann aber ein Durchbruch erfolgte, ergossen sich gewaltige Mengen von Süßwasser über den St.Lorenz-Golf in den Nordatlantik – wieder mit dem erwähnten negativen Effekt für den Golfstrom. Das letzte Ereignis dieser Art löste den Kälterückfall vor etwa 8.400 Jahren aus. Quer durch halb Kanada erstreckte sich über eine Gesamtlänge von fast 5.000 Kilometern ein System von Seen, dessen Abfluss in die Hudson-Bay durch die Laurentische Eismasse blockiert war. Die Gesamtfläche dieser Seen hat man zu etwa 700.000 Quadratkilometern errechnet. Als die Laurentische Eismasse nach langer Erwärmung schließlich kollabierte, strömten auf einen Schlag riesige Wassermassen aus, die mehr als die Hälfte dieser Eismasse mit sich trugen. Nach Berechnungen sollen zwischen 75.000 und 150.000 Kubikkilometer Wasser und Eis ins Meer geflossen sein. Das hat den Golfstrom geschwächt und zu der sehr plötzlichen Klimaabkühlung um 8400 v.h. geführt, von der sich das Klima erst nach 400 Jahren wieder erholte (*s. Abbildung 1, S. 18*).

Dramatische Auswirkungen der Klimasprünge auf Tier und Mensch

Schon ein kurzer Blick auf den in *Abbildung 6 (S. 48)* angedeuteten Temperaturverlauf während der vier Jahrtausende des eigentlichen Übergangs von der letzten Eiszeit zur Nacheiszeit – 14.700 bis nach 11.000 v.h. – signalisiert, durch welche dramatischen Veränderungen Pflanzenwelt, Tierwelt und Menschheit in dieser Zeit gehen mussten: zunächst ein sehr plötzlicher Anstieg der Temperatur um 6 bis 8 °C – und örtlich noch darüber –, dann wieder ein Rückfall um mehrere Grad Celsius, hierauf einige Temperaturfluktuationen dieser Größenordnung, schließlich ein vollständiger Absturz in tiefsteiszeitliche Bedingungen über einen Zeitraum von einem vollen Jahrtausend – und dann wieder ebenso abrupt ein Temperaturanstieg, wieder von 6 bis 8°C und örtlich noch höher! Zudem schwankte auch die Feuchtigkeit des Klimas, denn mit der Verlagerung der Eisfront verschoben sich auch die Wind- und Wetterzonen. Wenn der Golfstrom ausfiel, verringerte sich auch der Feuchtigkeitsnachschub; setzte er dagegen wieder ein, wurden wieder große Feuchtigkeitsmassen geliefert. Auch riesige Gletscherseen gaben örtlich große Mengen von Feuchtigkeit in die Atmosphäre ab. Mit ihrem jeweiligen Auslaufen wurde das Klima, wie für den Baltischen Eissee schon gezeigt, wieder trockener. Amerikanische Wissenschaftler aus Oregon haben versucht, in einer Computersimulation das damalige Klima für Amerika nachzustellen und dabei die riesigen Klimafluktuationen bestätigt.

Krassen Klimawechseln dieses Ausmaßes waren sicher viele der vorhandenen Pflanzen nicht gewachsen und sie verkümmerten. Die Konzentration des wichtigen Bausteins des Lebens, Kohlendioxid, in der Atmosphäre sank bei einer Abkühlung zudem ab, was das Pflanzenwachstum weiter behinderte. Bei einer Klimaabkühlung verstärkt sich ja die Löslichkeit der Meere und die Atmosphäre beginnt deshalb an Kohlendioxid zu verarmen. Wegen der riesigen Temperaturänderungen ließ sich die Ausbreitung standortgerechter Pflanzen sicherlich auch Zeit. Pflanzenfressende Tiere fanden deshalb nicht mehr ausreichend Nahrung und Raubtiere keine Beute mehr. Da der Mensch mit seiner Ernährung von der Pflanzen- und der Tierwelt abhängig ist, war er doppelt betroffen. Noch ehe man Kenntnis von den großen Klimawechseln hatte, hat man verwundert festgestellt, dass in dieser Übergangsperiode eine ganze Reihe von Tieren ausgestorben ist, welche die ganze Eiszeit überlebt hatten, und man fand hierfür zunächst keine Erklärung. In Europa gehören zu ihnen die Pflanzenfresser Mammut, Steppenbison, Moschusochse, Wollnashorn und irischer Riesenhirsch sowie das Steppenpferd, das vorher neben dem Ren zu den häufigsten Jagdtieren gehört hatte. An Raubtieren starben Höhlenbär, Höhlenlöwe und Höhlenhyäne in dieser Zeit aus. In Nordamerika sind 35 Arten von Großtieren ausgestorben, welche alle den Höhepunkt der Vereisung zwischen 22.000 und 18.000 Jahren v.h. noch überlebt hatten. 29 dieser Arten gibt es auch auf der übrigen Welt nicht mehr. Die Klimakatastrophe war also ein weltweites Phänomen. Detaillierte Untersuchungen zeigten, dass um 12.000 v.h. nach einigen großen Klimaschwankungen noch 9 Arten dieser heute ausgestorbenen Großtiere lebten. Der extreme Kälterückfall um 12.000 v.h.führte zum endgültigen Aussterben auch dieser Tiere. In Europa ging um diese Zeit auch die Eiszeitkunst des Magdalenien zu Ende. Das Aussterben von Tieren wurde von manchen Wissenschaftlern dem Menschen angekreidet. Bei Untersuchungen in Nordamerika fand man aber nur bei den Resten von Elefantenartigen Tieren, Mammut und Mastodon, menschliche Waffen.

Am Ende dieser Übergangsperiode waren Europa, Nordamerika und Sibirien auch weitgehend von Menschen entvölkert. In Europa waren letzte Siedlungsinseln im Osten die Schwarzmeerzone der Ukraine und der Balkan und im Westen Südwestfrankreich sowie der Südwesten der Iberischen Halbinsel. Die Erwärmung des Bölling-Interstadials hatte in Europa zwar zunächst eine beträchtliche Vermehrung der Bevölkerung und eine regelrechte kulturelle Explosion ausgelöst: 80 Prozent der bekannten Höhlenmalereien entstanden in der Folge. Vermutlich wurde die europäische Bevölkerung aber dann durch das riesige Auf und Ab des Klimas so stark dezimiert, dass vielerorts bis weit nach dem Eintreffen jungsteinzeitlicher Bauern aus dem Osten – mehrere Jahrtausende später – keine Kunst mehr aufkeimen konnte. Reste haben sich nur an der Küste der spanischen Levante und am Atlantik erhalten. Technik der Ausführung und künstlerischer Ausdruck zeigen aber deutliche Zeichen des Niedergangs.

Den amerikanischen Kontinent trafen die klimatischen Veränderungen dieser Übergangszeit offensichtlich noch viel schwerer und nachhaltiger als Europa, denn Amerika hatte kaum mehr geeignete Kandidaten für eine Domestizierung als Haustiere. Pferd und Kamel sind ausgestorben, sodass auch kein Reittier mehr zur Verfügung stand. Zwar war das Wildpferd auch in Zentral- und Westeuropa verschwunden; die Ahnen der Indoeuropäer konnten aber im südlichen europäisch-asiatischen Grenzgebiet der russischen Steppe noch Wildpferde zähmen. Das Pferd verlieh ihnen Mobilität und ermöglichte ihnen eine Expansion nach Europa und nach Süden bis nach Indien. Den Hund hatten die amerikanischen Einwanderer wahrscheinlich schon aus Asien mitgebracht. Genforscher glauben, die Genlinien aller Hunde auf der Erde zu Ahnen im chinesischen Raum zurückverfolgen

Europa musste durch die verbliebene Restbevölkerung erst wieder neu bevölkert werden.

Zahlreiche Namen von Gewässern, Siedlungen, Bergen und markanten Kennzeichen der Gegenden dürften auf diese Wiederbesiedelung durch die Reste der europäischen Urbevölkerung, der CroMagnon-Menschen, zurückgehen. Die Menschen nannten z.B. viele der angetroffenen Flüsse einfach „Wasser", in ureuropäisch zum Beispiel „Is", „Eis" oder „Ur". Im Baskischen finden sich noch heute die entsprechenden Sprachwurzeln.

Genetiker haben herausgefunden, dass wir Europäer genetisch noch zu etwa Dreivierteln Abkömmlinge der CroMagnon-Menschen sind. Spätere Zuwanderer nach Europa haben dann die angetroffenen Bezeichnungen übernommen, ohne sie noch zu verstehen. Als dann sehr viel später die Römer eintrafen, fügten sie den vorhandenen Gewässernamen einfach ihre Benennung für Wasser, „Aqua" hinzu, woraus dann „Ach", „Ache" oder „Ack" wurde. So heißen heute die Flüsse Eisack und Urach eigentlich „Wasser-Wasser".

zu können, die dort vor etwa 15.000 Jahren gelebt haben. Dort liegt nämlich die höchste Genvarianz vor. Der Wolf wurde also als Hund der erste und ein sehr intimer Freund des Menschen. Im größten Teil des riesigen nordamerikanischen Raums wurde vermutlich überhaupt kein Tier domestiziert, in Mexiko und im amerikanischen Südwesten nur der Truthahn, im tropischen Südamerika die Moschusente und in den südamerikanischen Anden das Meerschweinchen und das Lama/Alpaka. Dieses kann zwar als Lasttier eingesetzt werden, aber es eignete sich nicht als Reittier.

Als nach der Entdeckung Amerikas durch Christoph Kolumbus die spanischen Konquistadoren eintrafen, hatten die amerikanischen Ureinwohner, welche an verschiedenen Stellen schon lange vorher Hochkulturen entwickelt hatten, deshalb Nachteile, die sich für den größten Teil der Bevölkerung tödlich auswirken mussten:

- Sie hatten den berittenen Eroberern nichts entgegen zu setzen. Krieger zu Pferde waren Kämpfern zu Fuß weit überlegen. Sie flößten Schrecken ein, konnten rasche Angriffe durchführen und auch schnell das Feld wieder räumen.
- Von mindestens ebenso großer Bedeutung waren auch die Krankheitserreger, die sich in eurasischen Kulturen durch das enge Zusammenleben mit domestizierten Tieren entwickelt hatten. Infektionskrankheiten wie Pocken, Masern und Grippe werden durch Keime übertragen, welche ursprünglich von Tieren stammen. Jene Menschen, welche im Nahen Osten zuerst Tiere domestizierten, gehörten zwar zu den ersten Opfern der neuen Erreger; sie entwickelten in der Folgezeit aber beachtliche Resistenzen gegenüber diesen Keimen. Kamen solche teilresistenten Menschen dann in Kontakt mit Völkern, welche mit den entsprechenden Erregern noch keine Bekanntschaft gemacht hatten, so brachen dort Epidemien aus, die einen hohen Prozentsatz dieser Bevölkerung dahin raffen konnten. Krankheitserreger, die letztlich von den domestizierten Tieren stammten, spielten damit eine entscheidende Rolle beim Sieg der Europäer über die Indianer und nicht nur über diese, sondern auch über Australier, Südafrikaner und Pazifikinsulaner.

Weitaus mehr Indianer erlagen den eingeschleppten eurasischen Krankheiten als Verletzungen im Kampfe. Die Epidemien schwächten die indianische Gegenwehr, indem sie die Mehrzahl der Indianer samt ihren Führern töteten und so ihre Moral erschütterten. Cortes landete im Jahre 1519 mit 600 Mann in Mexiko, um das große Reich der kampferfahrenen Azteken zu besiegen. Ausschlaggebend für den endgültigen Sieg der Spanier war letztlich ein Pockenvirus, das von einem infizierten Sklaven aus Kuba eingeschleppt worden war. Eine Epidemie raffte fast die Hälfte der Azteken einschließlich ihres Herrschers dahin. Die Überlebenden wurden durch diese rätselhafte Krankheit, welche die Einheimischen tötete, die offensichtlich unbesiegbaren Spanier aber ver-

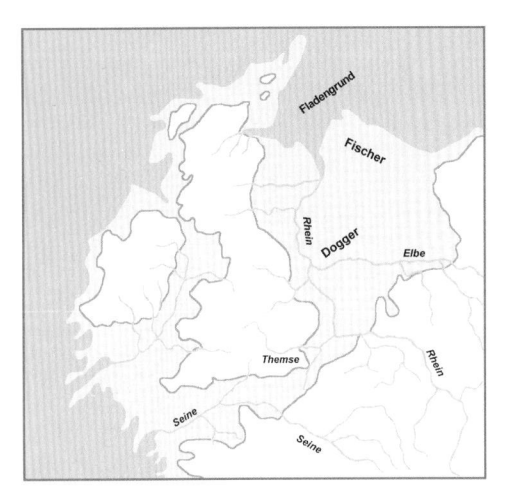

Abb. 7 Grenzen des Festlandes und Verlauf der Flüsse während der letzten Eiszeit im Bereich Nordfrankreich, Benelux und Großbritannien

schonte, demoralisiert. Ein Jahrhundert später war die mexikanische Bevölkerung dann von ursprünglich 20 Millionen auf 1,6 Millionen geschrumpft.

Beim Sieg Pizarros über das Millionen-starke Inka-Reich spielten ebenfalls Pferde und die Pocken eine ausschlaggebende Rolle. Als er 1531 mit 168 Mann und einigen Kanonen, die von Pferden gezogen wurden, von der Pazifikküste her bei Cajamarca im Hochland von Peru auf ein Heer von 80.000 Inka-Kriegern traf, war das Inka-Reich durch eine Pockenepidemie schon geschwächt: die Pocken waren den Eroberern von Osten her voraus geeilt. Ein großer Teil der Bevölkerung einschließlich ihres Herrschers und seines designierten Nachfolgers war der Epidemie zum Opfer gefallen. Der Streit zwischen zwei weiteren Thronbewerbern hatte zu einem Bürgerkrieg geführt. Diese Spaltung machte sich Pizarro nun zunutze. Die Einschüchterung durch Pferde und Kanonen ließ die Inkas wie gelähmt erscheinen und es gelang Pizarro, den Inka-König gefangen zu nehmen, ohne dass das bereit stehende riesige Inka-Heer eingegriffen hätte.

Es waren also letztlich die klimatischen Wirren der Übergangszeit von der Eiszeit zu unserer Nacheiszeit, welche durch das Aussterben von Tieren in Amerika, die sich als Reittiere eigneten, den Grundstein für den Sieg der Spanier über die amerikanischen Ureinwohner gelegt und ihren millionenfachen Tod vorherbestimmt haben.

Veränderungen des Meeresspiegels

Während der letzten Eiszeit waren riesige Mengen an Süßwasser – etwa 45 bis 50 Millionen Kubikkilometer – in den Gletschermassen gebunden. Dem Tiefpunkt der Temperaturen vor 25.000 bis 20.000 Jahren folgte deshalb ein Tiefststand des Meeresspiegels von etwa 130 Meter unter dem heutigen Niveau. Das hat natürlich die geografischen Verhältnisse gewaltig verändert. Als Beispiel sei in *Abbildung 7* gezeigt, dass ein großer Teil der Nordsee trocken lag – die Menschen jagten hier Mammuts – und dass der Rhein erst östlich von Schottland in die nördliche Nordsee mündete. Elbe, Weser und Themse waren seine Nebenflüsse. Die gesamte obere Adria war trocken gefallen und aus der Gegend von Rom konnte man trockenen Fußes ins heutige Bosnien-Herzegowina gelangen. Das Schwarze Meer war als riesiger

Binnensee vom Mittelmeer abgetrennt. Das Meer im Persischen Golf lag auf dem Höhepunkt der Eiszeit trocken. In Südostasien hatte sich eine riesige Halbinsel gebildet, welche, wie dies *Abbildung 8* zeigt, bis nach Bali reichte.

Beim Übergang von der Eiszeit zu unserer heutigen Nacheiszeit schmolzen riesige Gletschermassen ab und der Meeresspiegel hob sich entsprechend, bis er schließlich das heutige Niveau erreichte. So wie aber die Temperatur nicht langsam und stetig bis auf heutige Werte angestiegen ist, sondern in großen Sprüngen mit Rückfällen, so hob sich auch der Meeresspiegel nicht gleichmäßig, sondern in mehreren einzelnen zum Teil sehr scharfen Pulsen. Dazwischen konnte es wieder zu Stillstand oder sogar zu einem gewissen Rückzug des Meeres kommen.

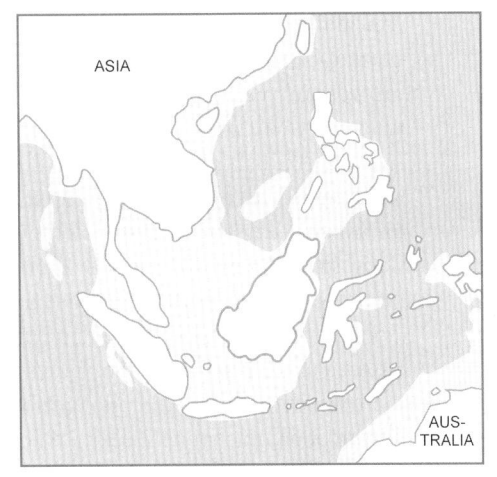

Abb. 8 Grenzen des Festlandes im Bereich Südostasien, Indonesien und Australien während der letzten Eiszeit

Die Veränderung des globalen Meeresspiegels lässt sich, wie schon angeführt, aus dem Verhältnis der Sauerstoffisotope $^{18}O/^{16}O$ in Tiefseesedimenten rekonstruieren. Lokal wich der Meeresspiegel aber gewaltig vom Mittelwert ab und auch heute gibt es kein einheitliches Meeresniveau. Bis vor wenigen Jahrzehnten glaubte man, der Meeresspiegel sei überall gleich hoch. Über die Kenntnis von Abweichungen verfügen wir erst, seit es möglich ist, die Höhe des Meeresspiegels mit einer Genauigkeit von 5 Zentimeter durch Satellitenmessung zu bestimmen.

Für die Rekonstruktion früherer Meereshöhen gibt es eine Reihe von Indizien. So entstehen an den Küsten Brandungsterrassen. Sie zeigen in der Tiefe heutiger Meere an, wo früher Meeresstillstände über längere Zeit geherrscht haben. Frühere Wattflächen weisen chemische Veränderungen auf, die einen Rückschluss auf den damaligen Meeresstand gestatten. In Deltaregionen von Flüssen oder an ehemaligen Ufern von Süßwasserseen finden sich charakteristische Sedimentfolgen, die eine Rekonstruktion des früheren Wasserspiegels erlauben. Besonders aussagekräftig ist der Umschlag von Süßwasser- zu Salzwasserorganismen, wenn eine Überflutung eines Süßwassergebiets durch ein Meer eintrat. Die besten Informationen liefern Riffe von Flachwasserkorallen: nachdem diese nur relativ dicht unter dem Meeresspiegel wachsen können, lässt sich aus ihrer Altersbestimmung auf den früheren Stand des Meeresspiegels schließen. Fehler können sich natürlich bei allen diesen Methoden durch zwischenzeitliche tektonische Veränderungen – Hebungen und Senkungen – eingeschlichen haben.

Alle vorliegenden Meeresspiegelkurven beweisen, dass sich die Meere in mehreren scharfen Pulsen angehoben haben. Die einzelnen Meerespulse der an unterschiedlichen Stellen der Welt ermittelten Kurven stimmen aber normalerweise nicht überein. Hierfür gibt es eine Reihe von Gründen.

In einem noch frühen Stadium der Übergangszeit von der Eiszeit, gegen Ende des warmen Boelling-Interstadials nach 14.000 v.h., lag der Meeresspiegel bei Spitzbergen wegen des raschen Abschmelzens der Gletscher sogar etwa 40 Meter höher als heute, während er z.B. im Kattegat vor Dänemark noch bis zu 70 Meter und an der Südküste der Bretagne noch etwa hundert Meter tiefer als heute stand: durch die hohen Mengen an Schmelzwasser hatte sich in den Liefergebieten ein „Wasserberg" von fast 150 Meter Höhe im Vergleich zu den noch abgesenkten Weltmeeren gebildet, dessen Front sich dann vor allem nach dem Süden ausbreitete. Da die „Wasserfronten" aber die einzelnen Regionen zu unterschiedlichen Zeiten erreichten, müssen sich auch die örtlichen Anstiegspulse zeitlich unterscheiden.

Durch die Eislast der Gletscher war die Erdkruste in den Erdmantel eingedrückt. Als diese Last beim Abschmelzen nachließ, begann ein isostatischer Aufstieg des Landes, der zu beträchtlichen Hebungen führte. Er ist noch nicht beendet. Skandinavien hat sich seit dem Ende der Eiszeit um etwa 500 Meter angehoben. Noch im heutigen Stadium des Abklingens steigt Nordfinnland jährlich um etwa einen Zentimeter und Stockholm um einen halben Zentimeter auf. Auf einer großen Insel vor Oulu am nördlichen Botnischen Meerbusen, die es vor eintausend Jahren noch nicht gab, wird das neue Land alle 25 Jahre unter den Einwohnern verteilt. Wenn Küstengebiete aufsteigen, wird das Bassin des Meeres verkleinert: dies führt zu einem gewissen Anstieg des Spiegels der Ozeane. In entgegen gesetzter Richtung wirkt die dann folgende isostatische Absenkung des Meeresbodens durch die gesteigerte Wasserlast nach einem erheblichen Anstieg des Wasserspiegels. So erklärt sich ein allmähliches „Einschwingen" des Meeresspiegels, wie er in den Jahrtausenden nach Beendigung der Eiszeit aufgetreten ist.

Es gibt noch eine Reihe weiterer Gründe für lokal unterschiedlich hohe Meeresspiegelstände. Der wichtigste ist das örtlich unterschiedliche Gravitationsfeld der Erde entsprechend der unterschiedlichen Zusammensetzung der Erdkruste, woraus sich dann Unterschiede in der Massenanziehung ergeben. Dies führt zu Höhendifferenzen des Meeresspiegels, die absolut bis zu 200 Meter gehen. Aber auch durch unterschiedliche Verdunstung können Abweichungen entstehen. So herrscht im wärmeren Mittelmeer eine höhere Verdunstung als im Atlantik. Daher strömt als Ausgleich in der Summe mehr Tiefenwasser aus dem Atlantik ins Mittelmeer ein, als warmes Oberflächenwasser ausfließt. Im westlichen Mittelmeer ist deshalb der Wasserspiegel höher als im Osten. Weitere Ursachen für zumindest zeitweise Differenzen in der Höhe des Meeresspiegels liegen beispielsweise im Tidenhub, in Winddrift, Einfluss der Corioliskraft sowie in Stau- und Düsenwirkung von Meerengen. Bei Saint Malo an der französischen Kanalküste gibt es ein Gezeitenkraftwerk, das den gewaltigen Tidenhub von 12 Meter ausnutzt: die in den sich verengenden Ärmelkanal eindringende Flut des Atlantik wird hier zusätzlich durch die weit vorspringende Küste der Normandie aufgestaut.

Als Konsequenz ist festzuhalten: eine starke Absenkung des Meeresspiegels während der Eiszeit war ebenso wie der Wiederanstieg in einzelnen Pulsen in der Übergangszeit zu unserer Nacheiszeit ein weltweites Phänomen. Für das Ausmaß der Anstiegspulse und ihren Zeitpunkt bestanden aber beträchtliche örtliche Unterschiede. Wenn also Schlüsse für lokale Entwicklungen gezogen werden sollen, so ist es erforderlich, die Veränderungen des Meeresspiegels direkt an Ort und Stelle zu kennen.

Auf der Suche nach den frühesten Wurzeln der abendländischen Kultur

Wenn man vor drei Jahrhunderten, vor dem Beginn der Aufklärung und der historischen Forschung im Orient, in Europa die Frage nach der Herkunft der europäischen Kultur gestellt hätte, dann hätte die Antwort ganz sicher gelautet: die europäische Kultur brachten die Römer und das Christentum, welches selbst aus dem Judentum in Palästina hervor gegangen ist. Die Frage, ob das Judentum seine Kenntnisse aus noch älteren Quellen bezogen hat, hätte sich verboten, denn was in der Bibel stand, war für einen gläubigen Christen eine den Juden von Gott selbst geoffenbarte Wahrheit. Die Bibel wurde wörtlich genommen und es gibt zahlreiche Christen, die das – trotz 200 Jahren Bibelwissenschaft – auch heute noch tun. Das Datum der Weltentstehung ließ sich nach ihrer Ansicht exakt aus der Bibel ableiten: Bischof James Usher aus Armagh in Nordirland errechnete 1650 die Entstehung der Welt aus Angaben der Bibel exakt auf das Jahr 4004 v.Chr. und sein theologischer Kollege John Lightfood ergänzte: am 26. Oktober, Punkt 9 Uhr. Es gibt heute in einigen Ländern sogar eine steigende Anzahl so genannter Kreationisten, welche die Aussagen der Bibel wortwörtlich nehmen. Nach ihrer Ansicht sei die gesamte Tierwelt auf einmal erschaffen worden und die Erkenntnisse von Biologen, Paläontologen, Genetikern, Archäologen und Geologen werden von ihnen ignoriert. Insbesonders in den USA findet diese Haltung einen steigenden Zuspruch und sie wird durch einige Museen, durch Vergnügungsparks und durch eine Anzahl neuerer Filmwerke gefördert. Sogar in die Bildungspolitik einiger Staaten der USA fließt diese Ansicht neuerdings ein. Viele glaubten immer wieder, auch Hinweise für das Weltende aus der Bibel heraus lesen zu können. Einige Bibelteile leisten mit ihrer apokalyptischen Ausrichtung allerdings dieser Haltung Vorschub. So oft aber der Untergang der Welt auch mit konkretem Datum vorausgesagt wurde, z.B. von namhaften Pietisten noch im 19. Jahrhundert: die Welt erwies sich immer wieder als widerstandsfähiger.

Den Römern war es nicht vergönnt, dauerhaft als die ersten Schöpfer der Kultur zu gelten. Es zeigte sich, dass sie im eigenen Land auf der Kultur der Etrusker, einer frühen Schriftkultur vor allem in Umbrien, der Toskana und in der Po-Ebene, aufbauen konnten. Diese betrieben lebhaften Handel u.a. mit den Inseln und Anrainern des östlichen Mittelmeers und brachten neben Waren auch fremde Ideen ins heutige Italien. Die wichtigste Quelle römischer Kultur war aber das Griechentum, das von den Römern militärisch unterworfen worden war. Man musste aber erkennen, dass auch die Griechen, ebenso wie die Römer, nur ältere Kulturen weitergetragen und einige weiterentwickelt haben. In ihre kulturelle Basis flossen zunächst Kenntnisse einer frühen alteuropäischen Donauzivilisation ein. Hierfür legt eine Reihe griechischer Vokabeln Zeugnis ab. Dann bauten sie auf der wesentlich älteren minoischen Kultur in Kreta auf und sie kamen weiter als Seefahrer und Händler mit vielen kulturellen Strömungen und Errungenschaften rund um das Mittelmeer in Berührung, den Phönikern im heutigen Libanon und im damaligen Karthago und der großen ägyptischen Kultur, welche selbst wieder einige Anregungen aus Mesopotamien bezogen hatte. Prof. Walter Burkert aus Zürich hat gezeigt, in welch starkem Maße die griechische Kultur von orientalischem Wissen und Können beeinflusst war, seien es nun der Beginn der Wissenschaften oder der Philosophie, Mythologie, religiöse Vorstellungen oder auch die Baukunst. Der größte Ideenfluss kam hierbei aus dem sumerischen und vor allem dem persischen Raum. Einen ersten intensiven Kontakt stellte die persische Eroberung von Sardes 547 v.Chr. dar, womit ein Drittel des griechischen Raumes für die nächsten 2 Jahrhunderte unter persische Herrschaft geriet. Ganz entscheidend war dann der erfolgreiche Feldzug Alexander des Großen 334 v.Chr. gegen Persien. Dieses selbst hatte das große Babylonien mit seinem reichen Kulturerbe, das bis zu den Sumerern im Zweistromland von Euphrat und Tigris reicht, unterworfen. Die Perser waren liberale Herrscher gewesen, welche fremde Kulturen und Religionen nicht unterdrückten. 23 Völker hatten im persischen Reich der Achämeniden zusammen gelebt. Dieses kulturelle Erbe der Sumerer, Babylonier und Perser floss nun ins Hellenentum ein. Alexander besiegte auch Ägypten und er führte sein Heer bis nach Indien. Damit wurden weitere riesige alte Kulturräume erschlossen. Vieles, was uns heute als griechische Errungenschaft entgegen tritt, ist älteres Kulturgut, das übernommen, weiter getragen und fortentwickelt wurde. Uns bleibt als Feststellung: je früher die kulturellen Entwicklungen erfolgten, desto mehr scheint sich ihr Schauplatz in die Tiefe des orientalischen Raums zu verlagern.

Als fest gefügte Tatsache hat man bisher betrachtet, dass die ersten Städte der Welt etwas nach 6000 v.h. im südlichen Mesopotamien entstanden sind, aus denen dann die erste Hochkultur der Sumerer erwachsen ist. Zwei neuere Entdeckungen lassen aber auch hierzu Zweifel aufkommen. Zu Beginn des eben angebrochenen dritten Jahrtausends hat man vor Nordwestindien im Golf von Cambay vor dem Bundesstaat Gujarat 40 Meter unter dem Meeresspiegel mittels Echolotung die Grundrisse versunkener städtischer Siedlungen von teils riesigen Ausmaßen aufgespürt, deren Alter man nach einigen vom Meeresboden geborgenen Holzstücken und Knochen mittels der Radiokarbonmethode vorläufig auf mindestens 8500 Jahre datiert hat. Noch weiß man zu wenig über die neuen Fundorte und die Zugänglichkeit zu den im Meer versunkenen Städten wird durch starke Gezeitenströmungen erschwert. Ein zweiter Grund zu Zweifeln wurde durch neuere Datierungen von schon länger bekannten Funden auf dem Balkan geschaffen. Auf dem südöstlichen Balkan hatte sich eine frühe „Donauzivilisation" entwickelt, welche man aber bisher als deutlich jünger als die mesopotamische Kultur eingestuft hatte. Eine neuere Datierung, welche sich an der zwischenzeitlich weit fortgeschrittenen Dendrochronologie orientiert, rückt aber ihren Beginn nun zeitlich deutlich vor die sumerische Kultur. Diese Zivilisation hat schon Jahrhunderte vor 6000 v.h. Städte mit bis zu 10.000 Einwohnern in ihrem Expansionsraum in der südlichen Ukraine hervor gebracht.

Diese Funde stellen die bisherigen Gedankengebäude zur frühesten kulturellen Entwicklung, welche mühsam aus einem Puzzle von vielen Einzelfunden im Laufe der Zeit zusammengetragen wurden, wieder in Frage. Es besteht kein Zweifel, dass der Großraum des Vorderen Orients ein Schwerpunkt der frühen kulturellen Entwicklung bleibt, aber wie erklärt es sich, dass die frühesten uns bekannt gewordenen Entwicklungen zur Stadt nun außerhalb oder am Rande dieses Kulturraums liegen? Gab es vielleicht in einem Zentralbereich eine bisher unbekannte noch frühere kulturelle Entwicklung, welche diesen Kulturen voraus ging und sie befruchtete? Haben frühe Abwanderer Elemente dieser Frühkultur in verschiedene Richtungen mitgenommen, nach Indien und auf den Balkan? Warum aber haben wir die Spuren einer solchen Frühkultur bisher nicht gefunden? Sind auch sie, wie die Städte vor dem indischen Gujarat, vom Meer verschluckt worden?

Wenn wir eine Antwort auf diese Fragen suchen, sind wir gezwungen, ein Indizienbeweisverfahren zu führen und dabei einer Reihe von kulturellen Indikatoren nachzuspüren. Zu diesen gehört vorrangig das Entstehen der Landwirtschaft, welches ja zur „Neolithischen Revolution" geführt hat, zu einer neuen sesshaften Lebensweise des Menschen. Agrikultur wurde zur materiellen Basis unserer Kultur. Auf unserer Suche interessieren uns natürlich die frühen Stätten des neuen Ackerbaus, aber noch viel mehr seine Expansionsrichtungen. Sie könnten ja einen Rückschluss auf einen früheren Ursprungsraum zulassen.

Erst die Sicherung der Ernährung hat eine starke Vermehrung der Menschen ermöglicht wie auch eine berufliche Spezialisierung, weil nicht mehr alle Menschen für den landwirtschaftlichen Produktionsprozess benötigt wurden. Dies wurde nun wiederum die Voraussetzung für das Entstehen von Städten und Staaten. Die Menschen bauten neuartige Häuser und Siedlungen. Viele verwendeten als Baumaterial Lehmziegel, aus denen sie Häuser einer ganz bestimmten Art errichteten. Welche Gemeinsamkeiten zeigt nun der frühe Hausbau in verschiedenen Gegenden? Könnten gemeinsame Merkmale, die in unterschiedlichen Gegenden angetroffen werden, aus einem früheren kulturellen Zentralraum stammen?

Aus den Siedlungen wurden im Lauf der Zeit dann Städte. Von woher könnte eine Expansion der Ahnen ihrer Erbauer erfolgt sein?

Ein erstrangiges Kulturmerkmal ist die Schrift. Sie entstand nicht plötzlich auf Grund einer genialen Eingebung, sondern sie hat einen langen Entwicklungsweg zurückgelegt. Wo finden sich Ansätze zur Schrift mit möglicherweise gemeinsamen Merkmalen, die auf gegenseitige Kontakte in früher Zeit schließen lassen? Findet sich ein Zentralraum, der die Initialzündung zur Schrift gegeben haben könnte?

Eine Quelle für Informationen aus vorgeschichtlicher Zeit sind auch alte Menschheitsmythen, wenn sie entsprechend hinterfragt und richtig gedeutet werden. Sie sind häufig als Bestandteil von Religionssystemen auf uns gekommen. Vermutlich enthalten die älteren Mythen die Botschaft mit der höheren Glaubwürdigkeit. Um aber diese älteren Mythen von solchen unterscheiden zu können, die bei der Übernahme in jüngere Religionssysteme möglicherweise eine Veränderung durch Anpassung an eine andere Denkweise erfahren haben, ist es notwendig, auch der Entwicklung der Trägerreligionen nachzuspüren.

Unsere Überlegungen führen uns bis in die Zeiten zurück, in denen sich der Mensch über die Erde verbreitet hat, nachdem er seine Urheimat Afrika verlassen hat. Ein erstes Zentrum der Ausbreitung der Menschheit außerhalb Afrikas könnte gleichzeitig das Kerngebiet der vorkulturellen Entwicklung sein, aus dem die Auswanderer dann gemeinsame kulturelle Erfahrungen und Kulturgüter in verschiedene Teile der Welt mitgenommen haben. Kennen wir eine solche „Kinderstube der Kulturen"? Ist vielleicht ein Rückschluss auf ihren Ort möglich, wenn wir Zeit und Stelle der ersten Auswanderung des modernen Menschen aus Afrika kennen? Wohin führte die afrikanischen Auswanderer ihr Weg und wo fanden sie eine erste günstige Heimat in Asien, in der ihre Population erstarken konnte, um sich für Expansionen in andere Teile der Welt zu rüsten? Begann dort jene kulturelle Entwicklung, auf der heute die abendländische Kultur aufbaut? War diese erste asiatische Heimat möglicherweise so sehr mit überragenden natürlichen Gaben gesegnet, dass sich von ihr die Erinnerung an einen Garten Eden, ein heute verlorenes Paradies ableiten könnte?

Für Zeitpunkt und Ort der ersten Auswanderung des modernen Menschen aus der Urheimat Afrika gibt es bisher leider keine archäologischen Hinweise. Aus diesem Grunde soll versucht werden, zunächst die Anfänge der Menschheit in Afrika zu skizzieren und dann die Linien ihrer Ausbreitung über die Welt zu verfolgen, immer in der Hoffnung, damit das Gebiet der ersten Auswanderung eingrenzen und auch über die folgenden Wanderrichtungen Hinweise auf einen ersten günstigen Aufenthaltsort in Asien finden zu können.

In den letzten Abschnitt der uns in diesem Zusammenhang interessierenden Zeit fällt ein ganz entscheidendes Weltereignis, nämlich der Übergang von der letzten Eiszeit zu unserer Nacheiszeit. Für diese Periode verfügen wir nun, wie schon ausgeführt, aus anderen wissenschaftlichen Fächern, von Klimaforschern, Geographen und Geologen, über recht präzise neue Informationen. Sie könnten uns vielleicht bei der Gesamtaufklärung helfen, indem sie Licht von der anderen Seite her in den dunklen Tunnel unseres Fragenkomplexes werfen.

Afrika – die Wiege der Menschheit

In den letzten Jahrzehnten hat sich die Kenntnis der Evolution zum Menschen geradezu stürmisch entwickelt. Hierzu haben sowohl Funde zu Vor- und Frühmenschen als auch Forschungsergebnisse der Humangenetik entscheidend beigetragen. Linguistiker liefern wertvolle ergänzende Informationen.

Neuere Funde von Übergangsformen zum Menschen

Im Jahre 1974 entdeckte die Anthropologin Mary D. Leakey in der Hadar-Region in Äthiopien das fast vollständige Skelett eines weiblichen Wesens, dessen Alter auf 3,18 Millionen Jahre datiert werden konnte. Es erreichte als „Lucy" weltweite Bekanntheit. Seine anatomischen Merkmale ließen auf einen aufrechten Gang schließen. Den spektakulären Beweis hierfür, der in die Annalen der Anthropologie eingehen sollte, fand dann der Geochemiker Paul I. Abell von der Universität in Kingston in South Carolina 4 Jahre später bei Laetoli in Tansania: es handelt sich um die versteinerten Fußspuren von drei aufrecht gehenden Individuen, welche vor 3,6 Millionen Jahren nach einem leichten Regen durch feuchte Vulkanasche des 10 Kilometer entfernten Vulkans Sadiman gegangen waren. Das Besondere an der Vulkanasche ist, dass sie mit Wasser wie Zement abbindet. Die Fährten härteten deshalb aus, blieben auf einer Strecke von 27 Metern zum Teil sehr gut erhalten und wurden dann später von weiteren Ascheschichten zugedeckt. Die Erosion legte sie nun nach 3,6 Millionen Jahren wieder frei.

Diese Funde lösten ein wahres Entdeckerfieber aus. In der Zwischenzeit konnten weitere Funde gemacht werden, welche das Bild vervollständigen und unsere Kenntnisse zu unseren frühesten Vorfahren verbessern. Die ältesten Funde von Australopithecinen („Südaffen" = Vormenschen) waren bis vor kurzem zwischen 4 und 5 Millionen Jahre alt. Neuerdings hat man in Afar (Äthiopien) Knochen mit einem Alter von etwa 5,5 Millionen Jahren entdeckt, die wohl auch der frühen Entwicklung zum Menschen zuzurechnen sind. Eine andere Folge der Entdeckungen war und ist ein regelrechter Kleinkrieg der Forscher um Forschungsareale und Grabungslizenzen und den nach der jeweiligen Ansicht korrekten Stammbaum des Menschengeschlechts. Anhänger unterschiedlicher Lehren sollen mittlerweile so zerstritten sein, dass sie auf Kongressen nicht einmal mehr miteinander reden.

Ein neues wissenschaftliches Werkzeug: die Humangenetik

Lange Zeit haben uns über die frühe Vergangenheit des Menschen nur Funde von menschlichen, tierischen und pflanzlichen Fossilien, von Utensilien und Artefakten, wie Gebrauchsgegenständen, Werkzeugen und Waffen oder auch künstlerische Erzeugnissen, informiert. In den letzten Jahrzehnten sind aber ganz ausgezeichnete Hinweise durch die Humangenetiker hinzugekommen. Diese analysieren z.B. die genetischen Gemeinsamkeiten und Unterschiede zwischen den Menschen und seinen nächsten Verwandten aus dem Tierreich, zwischen verschiedenen Entwicklungsstufen des Menschen und auch zwischen verschiedenen menschlichen Populationen der Gegenwart.

Vor einem halben Jahrhundert, im Jahre 1953, stellten die jungen US-Forscher James D. Watson und Francis Crick das Modell der in einer Doppelhelix angeordneten DNS (Desoxyribonukleinsäure) als Träger der Erbinformation auf, für das sie später mit dem Nobelpreis ausgezeichnet wurden. Seither hat sich die Gen-Forschung stürmisch entwickelt. Gen-Forscher wie der gebürtige Italiener Luigi Cavalli-Sforza, zuletzt an der Universität in Berkeley/Kalifornien tätig, wagten sich nach längeren Arbeiten zur Genetik von Tieren schließlich an Forschungsarbeiten zum menschlichen Genom. Im Jahre 1990 schließlich konnte das Großprojekt HUGO (Human Genome Projects) zur Entschlüsselung des menschlichen Genoms gestartet werden. Seither haben sich die neuen Erkenntnisse fast überschlagen. Seit kurzem scheint das menschliche Genom weitgehend entschlüsselt zu sein, auch wenn die Funktion der meisten Gene noch ungeklärt ist.

Die unterschiedlichsten Eigenschaften des Menschen werden von Variationen seiner Gene gesteuert. Die Gene sind Abschnitte der DNS, die in den Chromosomen sitzt. Bei der Vererbung mischen sich bekanntlich die Erbinformationen der DNS der Elternteile und damit die Eigenschaften von Vater und Mutter mit statistischer Unregelmäßigkeit. Neben der Kern-DNS oder n-DNS für die Erbgutsteuerung gibt es in den Zellen auch die Mitochondrien. Das sind Zellorganellen, die Glucose in leichter verwertbare Energie umwandeln und der Energieversorgung der Zellen dienen. Man bezeichnet sie daher auch als die „Kraftwerke

> Die Mitochondrien-DNS ist leichter zu untersuchen als die der Chromosomen. Das beruht auf drei Ursachen:
>
> - Sie ist sehr kurz und damit übersichtlicher. Allerdings enthält sie auch sehr viel weniger Erbinformationen als die Chromosomen des Zellkerns.
> - Mutationen, welche vererbbare Unterschiede ergeben können, fallen hier im Durchschnitt zehnmal häufiger an
> - Wie schon erwähnt, wird sie nur von den Müttern weiter gegeben, sodass keine Vermischung mit dem väterlichen Erbgut erfolgt. Ohne Mutationen bleibt sie daher von Generation zu Generation unverändert und aufgetretene Mutationen sind deshalb hier besser zu verfolgen.

der Zellen". Sie besitzen eine eigene Erbsubstanz, die sog. Mitochondrien-DNS (mt-DNS). Diese wird aber nur von der Mutter an die Nachkommen weiter gegeben. Die Frau besitzt also eine außerordentliche genetische Eigenschaft: sie allein gibt ganz spezifische Vererbungsfaktoren an ihr Kind weiter. Unser genetisches Kapital stammt also nicht zu ganz gleichen Teilen von den beiden Eltern.

Bis vor einiger Zeit hat man die genetischen Untersuchungen der Einfachheit halber an den Mitochondrien durchgeführt. Erst seit Anfang der 80er Jahre des 20. Jahrhunderts ist man in der Lage, die DNS des Genoms mit ihrem reicheren Informationsgehalt direkt zu untersuchen.

Unterschiede zwischen den Menschen können sich auch durch Mutationen im Genom ergeben. Sie werden dann bei der Vererbung weiter gegeben. Untersuchungen im Genom unterschiedlicher Menschengruppen zeigen nun, dass sich im Laufe der Zeit Mutationen anhäufen. Da sich ihre Anzahl auszählen lässt, kann man abschätzen, um welche Zeitspanne die verschiedenen Gruppen auseinander liegen, wenn man die Mutationshäufigkeit pro Zeiteinheit kennt. Sie wird auch als „Molekularuhr" bezeichnet. Leider geht sie nicht ganz genau. Aus der genetischen Differenz zwischen dem Menschen und seinem nächsten Verwandten im Tierreich, dem Schimpansen, hat man so eine Zeit der Auseinanderentwicklung von mindestens 5 Millionen Jahren errechnet, welche recht gut mit den Funden früher Australopithecinen übereinstimmt. Diese Zeit dient nun wieder als Bezugszeit, wenn zum Beispiel aus der genetischen Differenz von Völkern und Völkergruppen auf die Zeit ihrer Trennung geschlossen werden soll.

> Alle entscheidenden Entwicklungsphasen zum modernen Menschen geschahen in Afrika.
>
> - vor 5 bis 6 Millionen Jahren erfolgte eine Abtrennung einer Entwicklungslinie des Schimpansen zum Vormenschen, dem Australopithecus (= Südaffe). Er zeichnete sich schon durch den Gebrauch von einfachen Werkzeugen aus.
> - Vor etwa 2,5 Millionen Jahren entwickelte sich daraus der erste Homo, ein Wesen, das Werkzeuge herstellen konnte.
> - Vor etwa 800.000 Jahren begann dort die Entwicklung des archaischen Homo sapiens.
> - Vor knapp 60.000 Jahren entstand daraus in einer letzten entscheidenden Mutation der heutige moderne Homo sapiens.

Die Entwicklung zum Menschen in Afrika als Klimafolge

Afrika ist ganz offensichtlich die Wiege der Menschheit. Diese Vermutung wurde schon 1872 von Charles Darwin geäußert. Die Genetiker liefern hierfür auch einen deutlichen Hinweis: die genetische Differenz des Menschen zu den in Afrika beheimateten Primaten, Schimpansen, Zwergschimpansen (Bonobos) und Gorillas, ist geringer als zu den außerafrikanischen, wie dem Orang Utan. Der Bonobo steht uns genetisch am nächsten und sein Verhalten weist auch die größte Ähnlichkeit mit dem Menschen auf. Als weiterer Hinweis zum afrikanischen Ursprung kann gewertet werden, dass es bisher keinen einzigen Fund menschlicher Fossilien außerhalb Afrikas gibt, dessen Alter 2 Millionen Jahre überschreitet.

Veränderungen der Umwelt in Ostafrika gaben offensichtlich mehrfach ganz wesentliche Anstöße für eine Entwicklung, aus der dann unsere Art hervor ging. Unsere Vorfahren mussten sich neuen Umweltbedingungen anpassen und bei zunehmender Trockenheit waren wendige Zweibeiner mit leistungsfähigem Gehirn offensichtlich im Vorteil.

Von Palästina erstreckt sich über die Jordansenke, das Tote Meer und das Rote Meer auf einer Länge von 6000 Kilometern bis zum Sambesifluss in Afrika ein Grabenbruchsystem, welches in Ostafrika zwei grundsätzlich verschiedene Landschaften teilt: im Westen ein feucht-tropisches Urwaldgebiet und östlich davon eine relativ trockene Savanne. Im westlichen Gebiet befindet sich die heutige Heimat der Schimpansen; im östlichen Trockengebiet hingegen hat sich nach heutiger Kenntnis die Entwicklung der Hominiden und des Menschen vollzogen. Vor etwa 15 Millionen Jahren hatte aufsteigendes Magma im Gebiet dieses ostafrikanischen Grabens die Ausbildung eines Gebirges eingeleitet, welches heute bis zu 3000 Meter aufragt. In einer tektonischen Krise bewegten sich vor etwa 8 Millionen Jahren dort die Erdkrustenplatten derart auseinander, dass sich die seitlichen Grabenschultern zu einem Gebirgszug anhoben und zur vertiefenden zentralen Grabensohle hin Bruchstufen absanken. Dieser entstehende Gebirgszug wirkte sich dann immer mehr auch auf Luftzirkulation und Klima aus. Westlich der neuen Barriere brachten die Wolken vom Atlantik weiterhin reichlich Regen; die Region östlich der Wetterscheide wurde aber allmählich in die Monsunzone einbezogen, was einen Wechsel zu ausgeprägten Regen- und Trockenzeiten mit sich brachte. So blieb der Westen ein Regenwaldgebiet, während im Osten ehedem dichte Urwälder zunächst zu einem Mosaik offener Wälder wurden, ehe sich allmählich eine trockenresistente Savannen-Vegetation ausbildete. Es spricht einiges dafür, dass die Primatengruppe, aus der die Entwicklung zum Menschen erfolgte, ebenfalls aufgeteilt wurde: in eine größere im Westen, die sich im feuchtwarmen Milieu zu Schimpansen weiter entwickelte, und eine kleinere östlich der Barriere, aus der die ersten Hominiden, die Australopithecinen, hervor gingen. Dies geschah dort, wo der Wald so licht wurde, dass ein Hangeln von Baum zu Baum nicht mehr möglich war, sondern zunehmend Einzelstrecken zu Fuß zurückgelegt werden mussten. Die in der Störungszone entstandenen Flüsse und großen Seen stellten eine zusätzliche Barriere dar, weil beide Primatengruppen – die Schimpansen im Westen und die Hominiden im Osten – von ihrer Anatomie her keine besonders guten Schwimmer sind.

Wie schon erwähnt, hat sich vor 5,5 Millionen Jahren bei der Kollision der Arabischen Platte mit der Asiatischen Platte die Verbindung des heutigen Mittelmeers mit dem Indischen Ozean endgültig geschlossen, wobei eine warme

Meeresströmung unterbrochen wurde. Im Zusammenwirken mit der langsamen Abkühlung der Erde bildete sich deshalb der antarktische Eisschild aus. Die Folge war ein deutlich kühleres und auch trockeneres Klima in Afrika. Dieses förderte die Austrocknung im Osten der Barriere zusätzlich, bewirkte aber auch eine Schrumpfung der tropischen Urwaldzone im Norden, sodass sich auch dort die geschilderten Voraussetzungen für die Entwicklung von Australopithecinen einstellten.

Der erste Schritt zur Menschwerdung war also der zum aufrechten Gang. Die Weiterentwicklung des Gehirns setzte erst sehr viel später ein. Der aufrechte Gang machte die Arme frei zur Hege des Nachwuchses, zum Sammeln von Nahrung, zum Tragen von Vorräten und schließlich auch zum Gebrauch von Werkzeugen und Waffen. Das Becken des Australopithecus weist eindeutig auf einen aufrechten, wenn auch nicht völlig menschlichen Gang hin. Die Beine waren in der Relation kürzer und die Arme länger als beim heutigen Menschen. Der Australopithecus war in seinen verschiedenen Varianten etwa 1 bis 1,2 Meter groß.

Bis in die fünfziger Jahre des 20. Jahrhunderts hatte man angenommen, dass sich der aufrechte Gang, die Vergrößerung des Gehirns und der Gebrauch von Werkzeugen gemeinsam entwickelt hätten. Das Anwachsen der Gehirnmasse war aber mit Sicherheit erst späteren Entwicklungen vorbehalten. Die Australopithecinen wiesen ein durchschnittliches Gehirnvolumen von 440 ccm auf. Erst beim ersten Homo, dem Homo habilis, steigerte es sich auf 640 ccm und beim späteren Homo erectus auf 940 ccm. Der moderne Homo sapiens weist ein durchschnittliches Gehirnvolumen von 1230 ccm auf. Der Neandertaler übertraf den Homo sapiens hinsichtlich seines Gehirnvolumens sogar noch. Nun hat sich aber gezeigt, dass es nicht auf die absolute Gehirngröße ankommt, sondern auf seine Relation zur Körpermasse und seine Strukturierung: kleine Menschen sind ja nicht weniger intelligent als großgewachsene! Und der Neandertaler war in Anpassung an seine eiszeitliche Umgebung auch massiger gebaut. In der auf seine Körpermasse bezogenen Gehirnmasse lag er mit dem modernen Homo sapiens etwa gleichauf. In einer Gegenüberstellung von Gehirnmasse zu Körpermasse für 477 Arten von Säugetieren liegen im doppelt logarithmischen Koordinatensystem alle dicht zusammen auf einer Geraden, wobei die Primaten nur geringfügig herausragen. Die stärkste positive Abweichung findet sich für den Menschen; Delphine sind ihm allerdings dicht auf den Fersen!

Ausbildung des arktischen Eisschilds: Entwicklungssprung für die Hominiden

Vor 2,5 Millionen Jahren bildete sich, wie schon angeführt, der arktische Eisschild aus. *Abbildung 3 (S. 32) d*eutet einen Einschnitt bei den Temperaturen an: das Klima auf der Erde wurde erneut kühler und trockener. Diese Veränderung bedeutete wieder einen beträchtlichen Klimastress für die vormenschliche Entwicklung. Die bisherigen Australopithecinen waren den härteren Bedingungen offensichtlich nicht gewachsen und starben aus. Die Natur hatte aber zwei verschiedene Lösungen parat, um das Überleben zu sichern:

- Die eine bestand in der Ausbildung von besonders robusten Australopithecinen, welche mit der trockenen und härteren Nahrung noch zurecht kamen. Unter ihnen findet sich der sog. „Nussknacker", ein Wesen mit mächtigen Mahlzähnen und einer ebenso mächtigen Kaumuskulatur, welche nicht mehr seitlich am Kopf ansetzte, sondern oben an einem Knochenkamm, der sich von der Stirn über die Schädeldecke nach hinten zog. Diese robuste Art hatte mehr als 1 Million Jahre Bestand, bis sie vor etwa 1,1 Millionen Jahren ausgestorben ist.
- Die für die Zukunft erfolgreichere Antwort auf die härteren Umweltbedingungen war offensichtlich die Steigerung der Intelligenz der Hominiden: so entstand der erste Mensch, der Homo habilis, der „geschickte Mensch", der Werkzeuge nicht nur gebrauchen, sondern nun auch selbst herstellen konnte. Seine bislang ersten Steinwerkzeuge fand man in Kenia und in Äthiopien in Schichten, deren Alter man auf 2,5 Millionen Jahre datiert.

Weiterentwicklung und erste „Auswanderung" ebenso eine Klimafolge

Die ältesten Funde für eine nochmals weiter entwickelte Form des Frühmenschen, den Homo erectus, werden auf 1,9 Millionen Jahre datiert. Sie wurden am Turkanasee in Ostafrika gemacht. Wie *Abbildung 3 (S. 32)* zeigt, setzte vor etwa 1,9 Millionen Jahren ein erster Eiszeitzyklus ein: das gab einen Zwang einerseits zur Weiterentwicklung des Menschen in Anpassung an die verschärften Klimabedingungen, anderseits aber wohl auch zur baldigen Suche nach neuen Territorien. Sie erfolgte recht bald nach dem Erwerb eines relativ modernen Körperbaus. Funde aus Java, Pakistan und Georgien, 1,7 bis 1,8 Millionen Jahre alt, zeigen, dass die Menschen schon sehr früh dorthin gekommen sind.

In Europa ist der Frühmensch erst etwas später nachzuweisen. In der französischen Provinz Alpes des Hautes Provence schätzt man das Alter der ersten menschlichen Spuren auf etwa 1 Million Jahre ein. Im Jahre 1994 fand man in der Großen Doline bei Atapuerco in Nordspanien Steinwerkzeuge und gut erhaltene menschliche Knochen, deren Alter auf etwa 780.000 Jahre datiert wurde. Dieser Frühmensch hat sich dann in Anpassung an die eiszeitliche Umgebung über den „Heidelberger Menschen" und die Menschen aus Bilzingsleben und Steinheim zum hochspezialisierten Neandertaler weiterentwickelt.

Verschärfte Eiszeit leitet Entwicklung zum Homo sapiens ein.

Abbildung 3 (S. 32) zeigt, dass vor 900.000 bis 800.000 Jahren eine krasse Veränderung der eiszeitlichen Klimazyklen eintrat. Bis dahin verliefen die Zyklen relativ harmonisch: Kaltphase und Warmphase hatten etwa dieselbe Dauer und der Gesamtzyklus war mit etwa 40.000 Jahren vergleichsweise kurz. Nun stellte sich aber plötzlich ein ganz neuer verschärfter Zyklus ein: zunächst verlängerte sich die Zykluszeit auf etwa 100.000 Jahre, wobei nur die Kaltphasen zunahmen: achtzig bis neunzig Prozent dieser Zeitspanne herrschte kalte und trockene Eiszeit mit Temperaturen, welche mehrere Grad Celsius unter den bisher üblichen lagen. Diese plötzliche Veränderung konnte nichts anderes bedeuten als einen gewaltigen Stress für Fauna, Flora und den Menschen. Es ist wissenschaftlich erwiesen, dass zu dieser Zeit in den afrikanischen Savannen die Entwicklung des Homo sapiens, des Menschen mit höherer Intelligenz, eingeleitet wurde: härtere Herausforderungen bedingten offensichtlich eine neue Antwort der Evolution!

Entwicklung zum modernen Homo sapiens in zwei Schritten

Die anatomische Reifung des Homo sapiens ist vor 200.000 bis 100.000 Jahren etwa bis zum modernen Stadium gekommen. In Äthiopien fanden Forscher aus Berkeley/Calif. im Jahre 1997 Knochen dreier menschlicher Individuen, deren Anatomie recht modern anmutet. Ihr Alter wurde recht zuverlässig mit 160.000 Jahren ermittelt. Es handelt sich nicht nur um die ältesten, sondern auch um die am besten erhaltenen und datierten Fundstücke aus der Frühzeit des anatomisch modernen Menschen. Auch in Südafrika traf man auffallend modern wirkende menschliche Fossilien an, die man auf ein Alter zwischen 115.000 und 80.000 Jahren datierte. Die frühmenschliche Gattung hat sich also offensichtlich mit einer gewissen Kontinuierlichkeit weiter entwickelt. Aber erst zwei jüngere Mutationen scheinen dann vom „anatomisch modernen Menschen" bzw. „vormodernen Menschen" zum heutigen „modernen Homo sapiens" geführt zu haben.

Eva-Hypothese

Eine der aufregendsten Arbeiten auf dem Gebiete der Molekulargenetik veröffentlichten 1987 Prof. Allan Wilson und seine Mitarbeiter Dr. Mark Stoneking aus Berkeley/Calif. sowie Dr. Rebecca Cann von der University of Hawai. Sie versuchten, die Mutations-bedingte Änderungen der mitochondrialen DNS in die Vergangenheit so weit zurück zu verfolgen, bis sie zum ersten Träger der geänderten Erbinformation kamen. Da die mt-DNS nur von den Müttern vererbt wird, musste dies zwangsläufig eine Frau sein, die mitochondriale Eva. Die Presse hat ihr den Namen „Afrikanische Eva" gegeben. Natürlich gab es zum damaligen Zeitpunkt viele Frauen; das Erbgut dieser einzigen Frau hat sich aber weltweit durchgesetzt und das der übrigen Frauen ist verschwunden. Diese Mutation muss also den Trägern des entsprechenden Erbguts einen entscheidenden Vorteil gegenüber allen anderen Menschen verschafft haben. Da sie nicht im eigentlichen Genom, sondern in den Mitochondrien, den Kraftwerken der Zellen, stattgefunden hatte, haben sich die menschlichen Eigenschaften dadurch wohl nicht grundsätzlich verändert; über die bessere Energieversorgung der Zellen dürfte aber die menschliche Leistungsfähigkeit insgesamt gesteigert worden sein.

Zunächst entstand ein Streit der Fachleute zur Durchführung der Untersuchungen und den Ergebnissen. Neuere Arbeiten haben die Resultate aber bestätigt. Recht detaillierte japanische Untersuchungen geben eine recht verlässliche Schätzung des Geburtsdatums der genetischen Eva: Horai und seine Kollegen kamen auf eine Zeit vor 143.000 Jahren – mit einem sehr engen Fehlerintervall.

Die „Eva-Mutation" war etwa zu Ende der vorletzten Eiszeit, der Saale-Eiszeit, wohl unter äußerstem Klimastress erfolgt (vgl. *Abbildung 6, S. 48*). Vielleicht konnte das Menschengeschlecht auch jetzt nur überleben, weil sich die menschliche Leistungsfähigkeit durch diese Mutation gesteigert hatte. Vielleicht musste sich der neue Mensch gar nicht mehr gegen viele Menschen der bisherigen Variante durchsetzen, weil diese dem tiefsteiszeitlichen Klima nicht standhalten konnten. Dann aber näherte sich schnell das Ende der Saale-Eiszeit und die Menschheit konnte sich nun wieder vermehren. Aber auch dem neuen leistungsfähigeren Menschen blieb eine Prüfung bis zum Äußersten nicht erspart: vor etwa 70.000 Jahren durchlief die Mensch(h)eit nach Untersuchungen von Forschern der Stanford-Universität in Kalifornien und der Russischen Akademie der Wissenschaften wiederum einen ganz engen Flaschenhals und sie wäre ums Haar ausgestorben. Aus der erstaunlich geringen genetischen Variabilität und der ungemein engen genetischen Verwandtschaft aller Menschen auf der Welt schließen die Forscher, dass damals nur noch etwa 1.000 bis maximal 2.000 Menschen gelebt haben können.

> Ein Blick auf *Abbildung 6 (S. 48)* zeigt, dass erstmals vor 74.000 und nochmals vor 70.000 Jahren die Temperatur plötzlich auf das tiefste Niveau des gesamten Eiszeitzyklus abgestürzt ist.
> Stanley Ambrose von der University of Illinois glaubt, zumindest für das ältere Datum eine glaubhafte Antwort geben zu können: auf Sumatra explodierte der Vulkan Toba und er soll 800 Kubikkilometer Asche ausgeschleudert haben, hundertmal mehr als der Pinatubo vor gut einem Jahrzehnt. Sechs Jahre lang sollen Asche und Schwefel unseren Planeten verdunkelt haben und die Temperatur auf der Erde stürzte um mindestens 5 Grad Celsius ab. Viele Pflanzen verkümmerten, Tiere verhungerten und der Mensch wäre beinahe ausgestorben.

ADAM-HYPOTHESE

Genetische Untersuchungen zeigten, dass erst eine weitere entscheidende Mutation zum heutigen modernen Homo sapiens geführt hat:

der weltweit verbreitete Typus des y-Chromosoms, wie es in der männlichen Linie bei der Vererbung weiter gegeben wird, entstand erst vor knapp 60.000 Jahren. Dieser entscheidenden Veränderung des Genoms hat die Presse den Namen „Adam-Mutation" gegeben. Wie schon bei der „Eva-Mutation" geschildert, muss auch diese Mutation dem Menschen einen so großen Vorteil verliehen haben, dass alle übrigen menschlichen Linien erloschen sind. Adam und Eva als Begründer des heutigen Menschengeschlechts hätte es damit tatsächlich gegeben, allerdings nicht im biblischen Sinne und mit den dort gezogenen Konsequenzen, denn das genetische Paar aus Adam und Eva hat sich um mehr als 80.000 Jahre verfehlt!

Ein Blick auf *Abbildung 6 (S. 48)* zeigt, dass diese Mutation am Ende einer Eiszeitperiode erfolgte, in der die Temperatur während der langen Zeitspanne von 7.000 Jahren fast durchweg auf einem Tiefstniveau lag. Sie war nur durch eine einzige kurze Zwischenerwärmung unterbrochen. Vermutlich wurde die Menschheit deshalb erneut stark reduziert und erst diese Mutation mit der Folge einer höheren Intelligenz könnte das Überleben gesichert haben. Vielleicht musste sich auch jetzt die neue Art wieder nicht mehr gegen viele Menschen der bisherigen Variante durchsetzen: 7.000 Jahre bitterkalte Eiszeit hatten schon ihr Werk getan! Es sei in Erinnerung gebracht: selbst in Äquatorialafrika lag während tiefsteiszeitlicher Phasen die Schneegrenze im Sommer bei 1.300 Metern, womit das Pflanzenwachstum sehr eingeschränkt wurde. Der Mensch aber hatte auch diesmal Glück: bald nach seiner Entstehung wurde es wärmer: die Temperatur schwang sich im Oerel-Interstadial rasch um etwa 5°C nach oben und sie blieb dann über einige Jahrtausende auf einem deutlich höheren Niveau. Die Menschen konnten nun in einem günstigen afrikanischen Klima wieder an Zahl zunehmen.

Wir verdanken unsere Existenz damit wohl einer ganzen Reihe von klimatischen Engpässen, welche unsere Ahnen zwar in äußerste Bedrängnis gebracht haben und zumindest einmal das Menschengeschlecht beinahe ausgelöscht hätten, aber letztendlich die Weiterentwicklung der menschlichen Art bis zum heutigen Niveau erzwungen haben.

Der kulturelle Urknall

Erst die beiden letzten großen Mutationen haben dem Menschen offensichtlich das Rüstzeug gegeben für die großen Entwicklungssprünge, die wir seither beobachten können. Wenn auch neuere Forschungen darauf verweisen, dass auch frühere Menschen schon eine sehr einfache „Kunst" hinterließen, so zeigen sich doch erst in den letzten 40.000 Jahren hier Veränderungen von epochalem Charakter. Auch die Entwicklung der Werkzeugtechnik war über lange Zeiträume außerordentlich langsam verlaufen. Nun aber steigern sich die archäologischen Befunde innerhalb von wenigen Tausend Jahren stärker als in der ganzen Jahrmillion davor. Noch ohne die Kenntnis der genetischen Veränderungen haben frühere Archäologen deshalb vermutet, dass jetzt eine neue Menschenform aufgetreten sein müsse. Arnold Toynbee schrieb hierzu schon 1973: *„In der Geschichte der Technik war die Revolution bahnbrechend, die vor 70.000 bis 40.000 Jahren ....stattgefunden haben muss. Von diesem Zeitpunkt an bis zum heutigen Tage hat sich das Tempo gesteigert, mit dem Werkzeuge aller Art verbessert wurden, und obwohl es immer wieder zuzeiten und an diesem und jenem Ort zum Stillstand kam, ist die Beschleunigung die vorherrschende Tendenz....".*

Auf dem Schwarzen Heimatkontinent der Menschheit weisen die ältesten datierbaren Schmuckstücke, Straußenei-Perlen aus Süd- und Ostafrika, ein Alter von 40.000 bis 37.000 Jahren auf. Frühe figürliche Darstellungen zieren bemalte Steinplatten aus der Apollo-II-Höhle in Namibia. Die wohl etwas jüngeren Siedlungsschichten darüber wurden zuverlässig auf 19.000 bis 26.000 Jahre datiert. Dargestellt ist unter anderem eine Katze mit menschlichen Beinen. Man ist hier geneigt, eine geistige Verwandtschaft mit frühen Figuren aus Mammut-Elfenbein aus Höhlen auf der Schwäbischen Alb, den Löwenmenschen, herzustellen.

Eine klimatisch bedingte Expansion machte es dem modernen Menschen schon bald nach seiner ersten Auswanderung aus Afrika möglich, relativ schnell nach Südostasien und dann nach Australien weiter zu wandern. Südostasien und Australien/Neuguinea waren ja in der Eiszeit mit einem relativ günstigen Klima gesegnet. Deshalb ist es nicht verwunderlich, dass sich ausgerechnet in dieser großen Ferne die Spuren einer sehr frühen Entwicklung finden. Hier stellen Felsgravierungen mit abstrakten Mustern – Spiralen, Kreise, Punkte – mit einem Alter von 45.000 Jahren die ältesten bekannten Kunstwerke der Menschheit dar und sie leiten eine ununterbrochene Kunsttradition in Australien ein. Die frühen Australier und Menschen von Neuguinea, das damals noch mit Australien zusammen hing, schufen auch einige der frühesten bekannten Steinwerkzeuge mit geschärften Kanten und vor 40.000 Jahren auch die ältesten Steinäxte mit Griff.

Auch im Nahen Osten begannen die Menschen vor 45.000 Jahren damit, kleinere Feuersteinklingen in Griffe aus Holz oder Knochen einzusetzen. In Afrika sind die ältesten bisher gefundenen mehrteiligen Werkzeuge etwa 5000 Jahre jünger.

In Europa häufen sich die Belege für einen kreativen Urknall. Besonders reich sind die ersten Funde aus Höhlen des Lonetals bei Ulm, des Tals der Ur-Donau. Die ersten bekannten Selbstdarstellungen des Menschen, die eine Reflexion über sich selbst zeigen, sind ein kleines Täfelchen aus Mammutelfenbein, in das der sog. Adorant, die Figur eines „Betenden", eingeritzt ist, und der schon erwähnte Mensch mit Löwenkopf, vielleicht ein Hinweis auf Praktiken von Schamanen. Ihr Alter wird auf 32.000 Jahre datiert. Weitere Kunstwerke aus dieser Zeit sind aus Elfenbein geschnitzte kleine Figuren von Jagdtieren und

–konkurrenten, wie Bär und Leopard. Am Beginn dieser Kunstperiode stehen auch Ritzzeichnungen in Felswänden mit einem Fruchtbarkeitssymbol, dem weiblichen Schoßdreieck. Das höchste Alter dieser Darstellungen wird mit 33.000 Jahren angenommen. Bemerkenswert ist, dass eben dieses Zeichen in der ersten Stufe der sehr viel späteren Entwicklung der sumerischen Keilschrift in Mesopotamien für „Frau" Verwendung fand. Von den Frühwerken gehören die Malereien in der Höhle von Chauvet an der Ardèche in Südfrankreich zu den spektakulärsten. Diese Höhle wurde im Laufe der Jahrtausende immer wieder betreten. Die ersten Zeichnungen werden schon auf 32.000 v.h. datiert, also lange vor einer Kunstperiode, in der so berühmte Höhlenmalereien wie in Lascaux in Südwestfrankreich oder in Altamira in Nordspanien entstanden.

Wie schon angeführt hat sich die Werkzeugkultur mit dem Auftreten des neuen Menschen schlagartig verändert. Außer Stein, aus dem in vielfältigen Formen feinere Geräte gehauen wurden, wie Klingen und Stichel, wurden nun auch Knochen und Elfenbein als Material für Werkzeuge eingesetzt, aus denen z.B. Ahlen und Nadeln hergestellt wurden. Insgesamt wurden über hundert Formen von Werkzeugen aus dieser Zeit gefunden. Die wichtigste Neuerung war der Stichel als Universalwerkzeug: mit ihm konnten andere Werkstoffe durchbohrt und geritzt werden. Zu den mehrteiligen Jagdgeräten und Waffen zählen Harpunen, Speerschleudern und später auch Pfeil und Bogen.

Die durch die Spontanmutation ausgelöste Veränderung des Menschen wirft auch ein Licht auf die Konfrontation der Menschen in Afrika mit dem Neandertaler im Vorhof von Afrika, der Levante, dem weiteren Raum von Palästina. Offensichtlich hatte der frühmoderne Mensch vor etwa 90.000 Jahren versucht, dort Afrika zu verlassen und war auf den Neandertaler gestoßen, der dort den europäischen eiszeitlichen Bedingungen ausgewichen war. Etwa 50.000 Jahre könnte die Konfrontation oder das Miteinander der beiden Menschentypen gedauert haben, ohne dass sich der frühmoderne Mensch aus Afrika hätte durchsetzen können. Aufeinander folgende Schichten in Wohnhöhlen bezeugen, dass diese mal von der einen Spezies und mal von der anderen genutzt wurden. Das Werkzeug-Repertoire der Frühmodernen ist aber oft selbst von Fachleuten kaum von dem der Neandertaler zu unterscheiden. Es bestand also eine ausgesprochene Pattsituation hinsichtlich der Leistungsfähigkeit dieser beiden Menschentypen. Das änderte sich dann aber schnell, als der moderne Homo sapiens auf die Bühne trat. Er kam zwar nicht auf dem gleichen Weg wie seine Vorfahren, sondern aus der Tiefe des Nahen Ostens. Aber auch für ihn blockierte der Neandertaler den Zugang zu Europa. Etwa um 42.000 v.h., ein Jahrtausend nach Beginn einer Zwischenerwärmungsperiode, ist der Neandertaler dann dort weitgehend verschwunden; seine letzten Spuren verlieren sich in Israel vor 35.000 Jahren.

Die „Eva-Mutation" hatte wohl den Grundstein für die spätere Entwicklung gelegt. Jedoch bescherte erst die „Adam-Mutation" dem modernen Menschen seinen entscheidenden Vorteil. Im Hinblick auf die langen Zeiträume der vormenschlichen und menschlichen Entwicklung muss diese letzte Mutation also den Menschen mit einem epochalen Fortschritt ausgestattet haben. Zuvor lebten Vormenschen und Menschen unterschiedlicher Entwicklungsstufen in Afrika selbst über Zeiträume von Hunderttausenden bis Millionen von Jahren nebeneinander. Nun aber sind in kurzer Zeit alle anderen Varianten des Menschen verschwunden und es gibt weltweit nur noch den modernen Homo sapiens in seinen verschiedenen regionalen Ausprägungen. Wir werden später sehen, dass sich diese Verdrängung auch an anderer Stelle wiederholt hat, in Europa, im großen ostasiatischen Raum und wahrscheinlich auch in Australien, als der moderne Homo sapiens dort auf seine früher ausgewanderten älteren Vettern traf.

Gehirnmutation als Kulturauslöser?

Anatomischen Vergleichen mit Menschenaffen-Gehirnen zufolge sind beim Menschen vor allem die relativ unspezifischen Stirn- und Schläfenlappen der Großhirnrinde überproportional angewachsen. Sie gehen mit Denken, Planen, Arbeitsgedächtnis und Sprachfähigkeit einher. Svante Pääbo, Leipzig, und Kollegen in Berlin, den Niederlanden und den USA untersuchten mit ihren Teams die Genaktivität und Eiweißausstattung in verschiedenen Gewebeproben von Menschen und Schimpansen sowie weiterer Primaten. Mensch und Schimpanse haben ein zu 98,8 Prozent identisches Erbgut. Seit sich Mensch und Schimpanse vor 5 bis 6 Millionen Jahren voneinander getrennt haben, haben sich Blut und Leber beider Arten etwa in gleicher Weise verändert. Im Gehirn des Menschen haben sich jedoch etwa viermal so viele Veränderungen angehäuft wie beim Schimpansen. In der Entwicklung zum Menschen scheint nicht nur eine Evolution der Anatomie des Gehirns hinsichtlich Größe und Struktur stattgefunden zu haben, sondern auch eine solche der Gehirnbenutzung.

Schon mehrere Wissenschaftler sind zu der Ansicht gekommen, dass die Triebfeder für die Veränderung und die Verbesserung der Funktion des Gehirns vor allem Klimaänderungen waren. Seit unsere affenähnlichen Vorfahren den Regenwald verlassen haben, waren sie in stärkerem Maße dem Wechsel des Klimas ausgesetzt, vor allem, seit sich der Eiszeitzyklus mit seinen extremen Klimaunterschieden eingestellt hat. Das forderte flexibles Verhalten. So entstand wohl ein evolutionärer Druck auf ein besseres Anpassungsvermögen durch Lernen, also auf eine vorteilhafte Nutzung des Gehirns.

Die Forscher rätseln aber noch über die entscheidende Veränderung, die zum kulturellen Urknall geführt hat. Gegenwärtig spricht am meisten dafür, dass diese Neuerung das Entstehen von Sprache im heutigen Sinne war. Zwar besaßen die Menschen schon seit einigen hunderttausend Jahren einen grundsätzlich modernen Stimmapparat. Sie scheinen ihn aber noch nicht zum

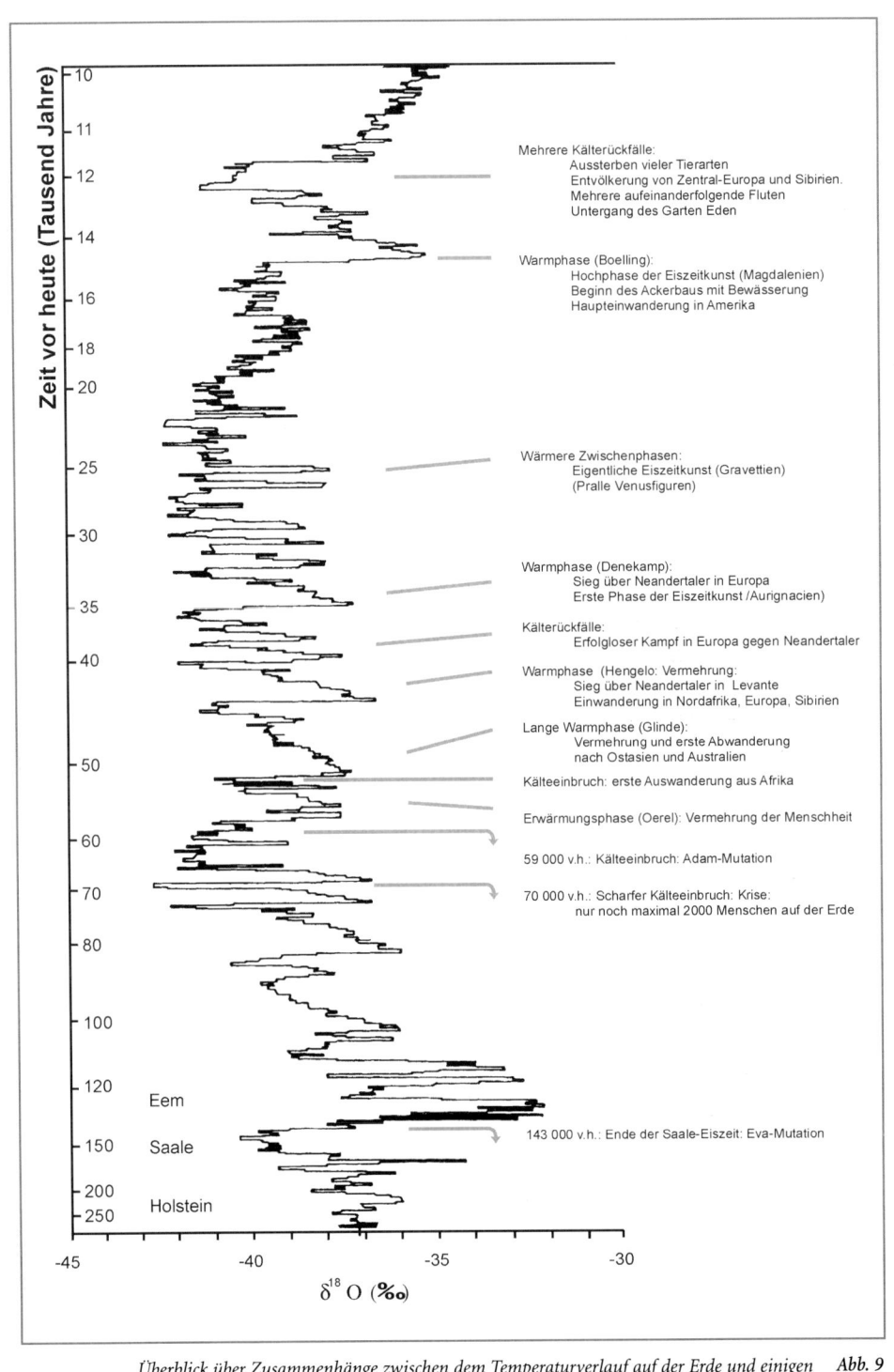

Überblick über Zusammenhänge zwischen dem Temperaturverlauf auf der Erde und einigen   *Abb. 9*
frühmenschlichen Entwicklungen

vollartikulierten Sprechen benutzt zu haben. Doch dann muss sich bei unseren Ahnen eine ausschlaggebende Veränderung ereignet haben, als der moderne Homo sapiens erschien. Untersuchungen von Svante Pääbo werfen ein interessantes Licht auf diesen Fragenkomplex. Er ging der Ursache von Sprachschwierigkeiten nach, welche in einer bestimmten englischen Familie vererbt werden. Es zeigte sich, dass diese auf den Defekt eines ganz bestimmten menschlichen Gens zurückzuführen sind. Im Genom des Schimpansen gibt es aber dieses Gen noch nicht! Also könnte es für die Kunst des Sprechens verantwortlich sein! Seine weitere Untersuchung liefert eine zusätzliche Bestätigung: dieses Gen ist noch recht jung und erst im Zeitraum zwischen 200.000 bis 10.000 Jahren vor heute entstanden. Damit kann vermutet werden, dass es eine Sprachfähigkeit der heutigen Art des Menschen erst seit der letzten Mutation zum modernen Homo sapiens gibt. Auch einige Sprachforscher glauben, dass Sprache im heutigen Sinne nicht älter als 50.000 Jahre sein kann.

Zusammenfassung der Entwicklung zum Menschen als Klimafolge

Wegen der großen Bedeutung von Klimaveränderungen für die Entwicklung der Menschheit sind wesentliche Klimaphasen und ihre Folgen für die Entwicklung des Menschen in einer Tabelle zusammen gefasst. Sie enthält auch Ereignisse, welche erst später beschrieben werden. Die jüngeren sind in *Abbildung 9 (S. 81)* auch neben der Kurve des Temperaturindikators Sauerstoffisotopen-Verhältnis aus *Abbildung 6 (S. 48)* dargestellt.

Vorgeschichtliche Entwicklungen als Klimafolge

Zeit (J. v. h.)	Ursachen	Folgen
5,5 Mill.	Kollision der Arab. Platte mit der Asiat. Platte schließt Mittelmeer ab. Eine warme Strömung wird unterbrochen. Der **antarktische Eisschild** entsteht. In Afrika wird es kühler und trockener.	Beginn der Entwicklung des **Australopithecus**
2,5 Mill.	Die mittelamerikanische Landbrücke hatte sich geschlossen und der Golfstrom entwickelt: es entsteht der **arktische Eisschild**. In Afrika wird es noch kühler und trockener.	Der erste Mensch (**Homo habilis**) entsteht.
1,8-1,9 Mill.	Der **erste Eiszeitzyklus** entsteht: je 20.000 Jahre kalt und warm	Weiterentwicklung des Menschen zum **Homo erectus** und erste Auswanderung aus Afrika
0,9-0,8 Mill.	Ein **verschärfter Eiszeitzyklus** entsteht: Dauer: ca. 100.000 Jahre, davon nur 10-20 % warm	Beginn der Entwicklung des **Homo sapiens**
143.000	**Saale-Eiszeit**: vorletzte Eiszeit	Kurz vor Beendigung: „Eva-Mutation" steigert menschliche Leistungsfähigkeit
70.000	Plötzlicher starker Temperatursturz auf Tiefstwert der letzten Eiszeit	**Evolutionärer Flaschenhals**: Menschheit stirbt fast aus
60.000	Seit 7000 Jahren tiefeiszeitliche Temperatur mit nur einem kurzen Interstadial	„**Adam-Mutation**": der moderne Homo sapiens entsteht
52.000	Kurze scharfe Abkühlung	Der moderne Homo sapiens verläßt erstmals Afrika
Nach 52.000	Langdauerndes relativ warmes **Glinde-Interstadial**	Bevölkerungswachstum und Expansion nach Südostasien und Australien
Nach 43.000	Langdauerndes relativ warmes **Hengelo-Interstadial**	Bevölkerungswachstum und Expansion nach Nordafrika, Europa und Sibirien
Nach 35.000	Langdauerndes relativ warmes **Denekamp-Interstadial** und 3 weitere Interstadiale	Bevölkerungswachstum. Neandertaler in Europa stirbt aus. 1. Periode der Eiszeitkunst (**Aurignacien**). Erste Menschen gelangen nach Amerika
Nach 26.000	Mehrere weniger ausgeprägte Interstadiale	2. Periode der Eiszeitkunst (**Gravettien**), von Kälterückfällen mitgeprägt (pralle Venusfiguren: eigentliche Eiszeitkunst)
Nach 15.000	Sehr warmes **Bölling-Interstadial**	Letzte Periode und Höhepunkt der Eiszeitkunst (**Magdalenien**). Haupteinwanderung nach Amerika über Beringstraße
8400-8000	Rückfall in eine „Kleine Eiszeit"	Erste bedeutende Siedlungen wie Jericho und Çatal Hüyük werden wieder aufgegeben
7900-6000	Warmes und feuchtes **Atlantikum**	Besiedlung von Mitteleuropa durch jungsteinzeitliche Bauern.

DER MODERNE MENSCH VERLÄSST AFRIKA UND EROBERT DIE ERDE

Nach seiner Entstehung durchlebte der moderne Homo sapiens in Afrika während etwa 5000 Jahren eine relativ günstige Periode mit mäßig hohen Temperaturen, das Oerel-Interstadial (siehe *Abbildung 6, S. 48*), welches seine Vermehrung begünstigt hat. Um 54.000 und vor allem um 52.000 v.h. gab es jedoch zwei scharfe Kälteeinbrüche, in deren Folge die Mitteltemperatur um mehrere Grad Celsius sank. Das Klima wurde nun wieder kühl und trocken. Nun müssen sich erneut Existenznöte eingestellt haben und es entstand Auswanderungsdruck.

Der logische Ort für eine Auswanderung nach Asien wäre die Landbrücke des Sinai gewesen, wo schon der vormoderne Mensch etwa 40.000 Jahre früher versucht hatte, nach Asien vorzudringen, aber dabei vom Neandertaler blockiert wurde. Die recht intensive archäologische Forschung in dieser Region konnte hierfür aber keine Anzeichen finden. Genetiker aus Pavia glauben hingegen rekonstruieren zu können, dass eine Auswanderung über das Rote Meer nach dem heutigen Jemen erfolgte. Ort der Auswanderung war vermutlich die Engstelle des Bab al Mandab am Golf von Aden zwischen Ostafrika und der Südspitze des Jemen. Die Menschen mussten hierzu einen schmalen Meeresarm überwinden, schmäler als heute, weil der Meeresspiegel zu dieser Zeit um etwa 30 Meter abgesenkt war (siehe *Abbildung 10, S. 86*). Ein Vergleich mit der geschichtlichen Zeit zeigt, dass diese Meerenge kein Hemmnis für Kontakte zwischen Afrika und Arabien dargestellt hat: die erst kürzlich entdeckte Sabir-Kultur im Jemen (2500 bis 1300 v.Chr.) weist eine Mischung aus arabischen und afrikanischen Elementen auf und ihre Keramik stammt aus Äthiopien. In den Jahrtausenden vor und nach der Zeitwende hatte ein arabisch-äthiopisches Reich sogar seine Hauptstadt zuerst in Saba im Jemen und später in Axum in Äthiopien.

Die Genetiker lesen sogar erstaunlich präzise Daten zur Zeit der Auswanderung aus dem „Geschichtsbuch des Genoms" heraus. Nach Brian Sykes von der Universität Oxford lag dieser Zeitpunkt um 52.000 v.h., d.h. eben im zweiten und schärferen klimatischen Minimum. Weiterhin nehmen Forscher aus dem Forschungsprogramm HUGO auf Grund der Enge des Genpools der Nachkommen dieser Auswanderer an, dass nur ein einziger Clan, der auf eine einzige Urmutter zurück ging und höchstens einige hundert Menschen umfasste, an dieser Auswanderung teilgenommen hat. Alle Menschen auf der Erde, ausgenommen die Ureinwohner Afrikas südlich der Sahara, gehen also auf

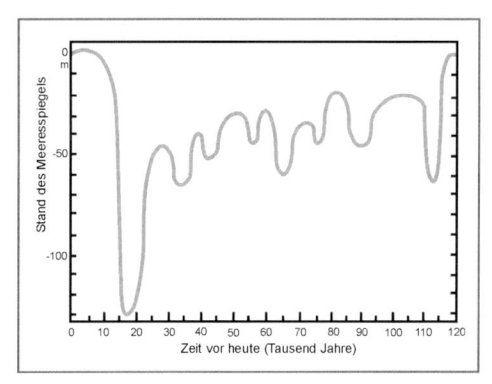

Abb. 10 Meeresspiegelkurve für die letzten 120.000 Jahre

diesen Clan zurück. Der Mut dieser Menschen, ihr Entdeckergeist und ihr Durchhaltevermögen waren die Voraussetzung dafür, dass wir heute existieren. Die Variabilität des Genoms der heutigen Afrikaner ist wesentlich größer als das aller Menschen auf der übrigen Welt, weil sich die meisten der Clans nicht an dieser Auswanderung beteiligt haben, sondern in Afrika verblieben sind.

Die Auswanderer haben Afrika sicher nicht leichten Herzens verlassen. Sie wurden durch Hunger als Folge eines plötzlichen Kälteeinbruchs zur Auswanderung veranlasst und hofften, auf der anderen Seite der Meerenge günstigere Verhältnisse antreffen zu können. Ihre ersten Erfahrungen auf asiatischem Boden müssen aber sehr enttäuschend gewesen sein: sowohl an der Westküste des Jemen als auch an seiner Südküste befindet sich eine sehr trockene Küstenebene vor einem schroff abweisenden Gebirge mit Höhen bis zu 3000 Metern. Wegen des damals niedrigeren Meeresspiegels war sie zur Zeit der Auswanderung sogar noch breiter als heute, aber auch heute erreicht das Wasser aus den Bergen in den meisten Fällen die Küste nicht, sondern versiegt unterwegs in den Wadis. Die Menschen dürften wohl an der Küste weiter gezogen sein. Für diesen Weg spricht auch ein anderer Grund: die Tierwelt des neuen Erdteils unterschied sich von der Afrikas und damit unterschieden sich auch die notwendigen Jagdmethoden, welche von den Menschen erst noch zu erlernen waren. Die Nahrung aus dem Meer war jedoch auf dieselbe Weise wie an den afrikanischen Heimatgestaden zu erlangen. Riesige Berge von Muschelschalen zeigen an, dass frühe Menschen an vielen Stellen der Erde von der Ausbeute der Meere gelebt haben. Am Meeressaum gab es reichlich Nahrung in Form von Fischen, Muscheln und anderem Meeresgetier. Trinkwasser muss allerdings oft ein Problem gewesen sein: die Niederschläge waren ja zusätzlich eiszeitlich vermindert. Die Suche nach einem besseren Land und der Zug nach Osten mussten also weiter gehen. Die Menschen dürften dieses unwirtliche und hier im Süden sehr unfruchtbare Land wohl rasch wieder verlassen haben. In der Tat ist das Innere des Jemen erst viele Jahrzehntausende später von Osten her besiedelt worden.

Vom weiteren Weg der Menschen nach Osten wurden bisher keine Spuren gefunden. Vermutlich sind sie an der Küste entlang gezogen, durch unwirtliche Landschaften, durch Wüsten, aber auch durch örtlich begrenzte fruchtbarere Abschnitte, in denen sich die Population wieder erholen konnte. Von allen Landschaften, welche die Menschen nach ihrem Auszug aus Afrika passiert haben, könnten zwei räumlich begrenzte Regionen im Oman, im heutigen Dhofar im Westteil des Oman und in der heutigen Batinah an der Südküste

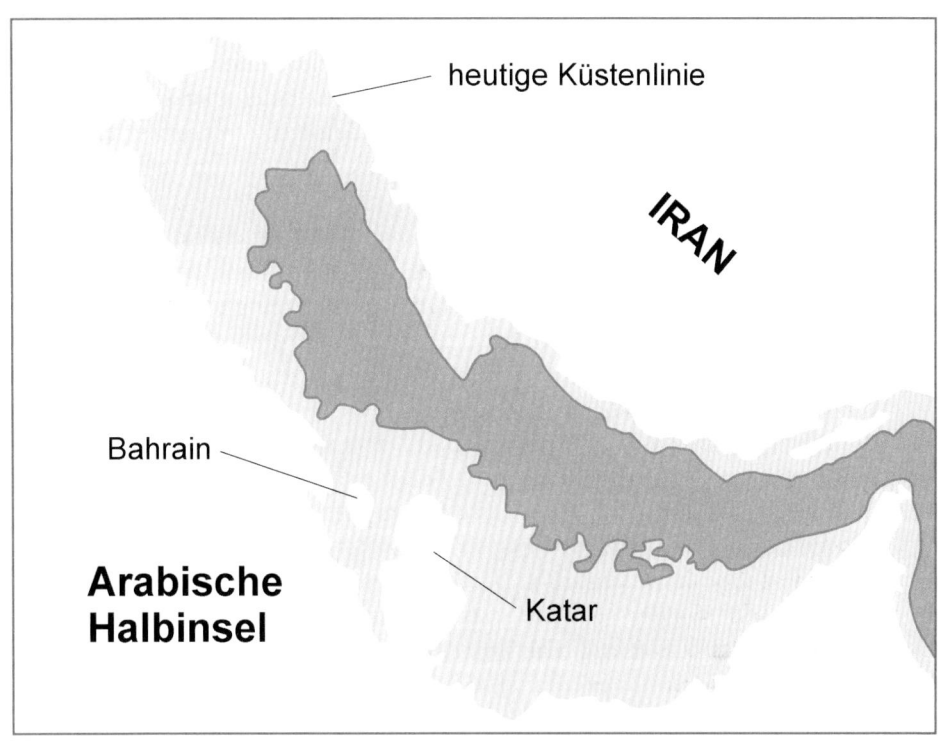

Ausdehnung des Meeres im heutigen Persischen Golf beim ersten Einzug **Abb. 11**
des modernen Menschen vor etwa 50.000 Jahren

vor dem Hadjar-Gebirge, noch am ehesten die Voraussetzungen für einen zeitweiligen Aufenthalt der Menschen geboten haben. Die Möglichkeiten waren aber sicherlich beschränkt, denn auch heute erreichen die höheren Niederschläge in der Batinah nur 100 bis 120 mm Wassersäule pro Jahr. Zumindest nach einer stärkeren Vermehrung mussten die Menschen weiter ziehen. Genforscher haben auch gezeigt, dass die Region der Randgebirge und der Küstenstreifen davor nicht zu den Gebieten zählen, aus denen die Bevölkerung stammt, welche sich dann etwas später nach Südostasien ausgebreitet hat.

So kamen die Menschen auf ihrem Zug nach Osten schließlich an die Nordspitze der Halbinsel Musandam. Sie ist ein abweisendes Gebirgsland mit steil hochragenden Bergen und tief ins Festland greifenden fjordartigen Einschnitten und konnte daher auf die Menschen nur abschreckend wirken. Sie passierten die etwa 90 Kilometer breite Pforte zwischen Musandam und den iranischen Bergen im Norden, den heutigen Golf von Hormuz, welcher jetzt das Meer des Persischen Golfs mit dem Arabischen Meer und dem Indischen Ozean verbindet. Über eine schmale Passage am steilen Gebirge gelangten sie entlang der Küste hinein in eine riesige Ebene, in die eine Meereszunge von 800 Kilometer Länge ragte. Da der Meeresspiegel im Vergleich zu heute um etwa 30 Meter abgesenkt war (s. *Abbildung 10*), lag etwa die Hälfte des heutigen Golfmeeres trocken. *Abbildung 11 (S. 87)* zeigt die Küsten beim Eintreffen der ersten modernen Menschen im Vergleich zum heutigen Küstenverlauf.

Die vorgeschichtliche Forschung in dieser Gegend des Nahen Ostens ist noch ziemlich jung. Die meisten Bereiche des Küstenrands, an dem sich die Menschen damals aufgehalten haben dürften, weil er ihnen die von der Wanderung her gewohnte Nahrung lieferte, sind heute durch das Meer überflutet und damit einer Untersuchung kaum mehr zugänglich. In einer Region jedoch, der Halbinsel Katar, welche damals als flacher Höhenrücken 170 Kilometer weit in die Golfebene hinein ragte (vgl. *Abbildung 11, S. 87*), ist die Anwesenheit des modernen Menschen seit mindestens 50.000 Jahren durch zahlreiche Funde nachgewiesen. An Felswänden nahe der Nord- und der Westküste finden sich sogar ganze Felder von Felszeichnungen.

Bis zur Mitte des 20. Jahrhunderts wurde an den arabischen Küsten des Persischen Golfs kaum archäologische Forschung betrieben. Für viele Muslime fing Geschichte ohnehin erst mit dem Propheten Mohammed an. Der neue Reichtum an Erdöl hat aber das arabische Selbstbewusstsein gestärkt und die notwendigen Forschungsgelder bereitgestellt. Im Jahre 1956 haben dänische Forscher mit archäologischen Untersuchungen auf der Halbinsel Katar und später auf der Insel Bahrain im Persischen Golf begonnen, Regionen, welche bei der Ankunft der ersten modernen Menschen als niedrige Anhöhen das Vorfeld der arabischen Halbinsel unweit der Meereszunge im Golf überragten. Mit diesen Untersuchungen lässt sich in Kombination mit den Erkenntnissen der Genforscher nachweisen, dass sich moderne Menschen praktisch seit ihrer Auswanderung aus Afrika am Persischen Golf aufgehalten haben, also sehr schnell in diesen Zentralraum des Vorderen Orients gekommen sind. Man hat auf Katar etwa 200 vorgeschichtliche Stätten gefunden, welche vier verschiedenen Kulturstufen zuzuordnen sind. Etwa 140 davon fallen in verschiedene Perioden der Steinzeit, wovon die ältesten mindestens 50.000 Jahre alt sind. Auf dem benachbarten Bahrain ist die Anwesenheit des Menschen seit 30.000 Jahren nachgewiesen. Von anderen verbliebenen Höhen und Inseln außer Katar und Bahrain sind bisher keine Untersuchungen bekannt. Die Funde an diesen beiden Stellen beweisen aber, dass die Golfregion schon kurz nach der Auswanderung des modernen Menschen aus Afrika erreicht wurde und dass sich dort auch über viele Jahrzehntausende hinweg bis in unsere Zeit kontinuierlich Menschen aufgehalten haben.

Wo fanden die Menschen die günstigsten Lebensbedingungen vor? Zunächst benötigten sie Süßwasser als Trinkwasser. Hier konnten sie auch Fischfang betreiben und viele Landtiere kamen an die Ufer zur Tränke, sodass sie leicht zu erjagen waren. Aber auch am Salzwasser, am Ufer des Meeres und in den zahlreichen Lagunen, war der Tisch reich gedeckt. Riesige oft Kilometer-lange Berge von Muschelschalen an den verschiedensten Küsten der Erde zeigen an, in welch reichem Maße frühe Menschen von der Ausbeute des Meeres gelebt haben. Sogar in Steinzeithöhlen fern der Küsten fand man Salzwasserfische dargestellt. Nicht versumpfte Mündungsgebiete von Zuflüssen zum Meer zählten also wohl zu den bevorzugten Plätzen der frühen Menschen.

An den Gestaden des Persischen Golfs haben sich später im Verlaufe von Jahrzehntausenden drei ethnische Hauptgruppen herausgebildet, welche durch Sprachfamilien gekennzeichnet sind. Verständlicherweise stellte hierbei die lange Meereszunge des Persischen Golfs die Trennungslinie dar:

- Im Norden des Golfmeers, im persischen Raum, befand sich nach Beendigung der Eiszeit eine drawidische Sprachgruppe, deren Sprachraum sich bis nach Indien ausdehnte. Die Tamilen auf Sri Lanka sprechen heute noch drawidisch. Einige drawidische Sprachinseln finden sich auch noch in einigen weniger zugänglichen Gegenden Indiens und Pakistans.
- Im Süden des Persischen Golfs, an den heutigen arabischen Küsten, wurde – wie auch heute noch – semitisch gesprochen.
- In einem relativ kleinen Raum dazwischen, im Nordwesten des Golfmeers bzw. im Süden von Mesopotamien, sprach man Sumerisch, eine sehr alte Sprache, welche heute ausgestorben ist. Man glaubt, Ähnlichkeiten dieser Sprache mit Idiomen zu finden, welche auf die Einwanderer zurückgehen, die vor etwa 40.000 Jahren Europa erstmals betreten haben. Gemeint sind die Basken und einige kleinere Völker im Nordkaukasus, aber wohl auch Iberer und Etrusker, deren Sprache ausgestorben ist. Es erscheint logisch, dass die Vorfahren der ersten modernen Europäer, welche nach Nordwesten abgezogen sind, auch aus dem Nordwesten des damaligen Siedlungsgebiets am Golfmeer abgewandert sind.

Alle diese Sprachgruppen bewahrten in ihren ältesten Mythen eine Erinnerung an eine früheste Vergangenheit sowohl am Salzwasser als auch am Süßwasser. Den semitischen Glaubenssystemen ist gemeinsam, dass die allererste Geschichte am Salzwasser, am Meer, begonnen hat. Zu Beginn wurden das Salzwasser über der Erde, das Meer, und der Süßwasser-Urozean unter der Erde, aus welchem sich alle Quellen und Flüsse speisen, voneinander geschieden. In der ägyptischen Mythologie erschafft sich der Gott Ra aus dem Ur-Ozean selbst und bringt sodann ein ganzes Pantheon von Göttern hervor.

Die Anschauung vom Süßwasser-Ozean im Untergrund könnte vor allem durch Beobachtungen auf der heutigen Insel Bahrain und ihrer Umgebung genährt worden sein. Bahrain verfügt heute noch über zahlreiche artesische Quellen, welche aber im Verlaufe einer langen Zeit schwächer geworden sind und irgendwann zu versiegen drohen. Das Alter des Wassers wurde an Hand gelöster Isotope bestimmt: es stammt noch aus der langen Feuchtphase vor etwa 35.000 bis 18.000 Jahren (vgl. *Abbildung 12, S. 90*), in der neben oberirdischen Seen auch riesige Wasserdepots unter der heutigen arabischen Wüste entstanden sind. Das Gelände der arabischen Halbinsel steigt aus der flachen Ebene am Golf nach Westen stetig an, weswegen das Süßwasser auf Bahrain

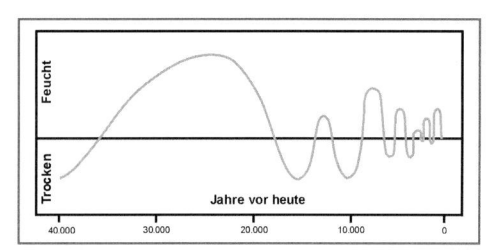

Abb. 12 Überblick über Phasen mit trockenerem und feuchterem Klima im südlichen Zentralarabien während der letzten 40.000 Jahre, zusammengestellt aus Untersuchungen verschiedener Forscher

dann unter statischem Druck austritt. Ein Teil dieses Süßwassers entweicht heute auch ins Meer. Als Bahrain noch keine Insel war, war deshalb ein wesentlich größeres Gebiet von imposanten artesischen Brunnen geprägt, aus denen Wasserfontänen empor stiegen.

Den Urgewässern hat man auch bei den Sumerern und ihren kulturellen Nachfolgern in Babylon göttliche Natur zugesprochen. In beiden theologischen Systemen war Tiamat, der Salzwasserabgrund, eine weibliche Gottheit, aus der alle Geschöpfe und auch die kommenden Generationen von Göttern hervor gehen sollten. Die entsprechende männliche Gottheit der ersten Generation, Apsu, hingegen verkörpert den unterirdischen Süßwasserozean. Er umgibt die Erde kreisförmig wie ein Fluss.

Das Christentum hat die Mythen zur Schöpfung und zum Paradies vom Judentum übernommen. Sie sind aber primär nicht semitisch-jüdischen Ursprungs, sondern entstammen persischem Gedankengut, in das sich aber wohl auch sumerische und babylonische Elemente gemischt haben können. Schon das Wort „Paradies" ist persisch. Es wurde vom Judentum entlehnt und an das Christentum weiter gegeben. Wie noch gezeigt wird, wurden diese Berichte von den Juden aus der Babylonischen Gefangenschaft mitgebracht, aus der sie von den Persern befreit worden waren. Die Bibel enthält gleich zwei Schöpfungsberichte, den sog. jahwistischen Bericht und den priesterlichen Bericht. Letztere Bezeichnung erklärt sich daraus, dass die Gesamtkomposition in hohem Maße von einem Geist geprägt ist, welcher an den der Priesterschaft aus den Anfängen des Judaismus nach der Babylonischen Gefangenschaft erinnert. In beiden Erzählungen – dem persischen und dem priesterlichen Bericht der Juden – verteilen sich die Schöpfungsakte auf sieben Tage und die Schöpfungsschritte der einzelnen Tage entsprechen sich auch an den meisten Tagen. Zudem spiegelt der Geist der Schilderung die Erhabenheit der persischen Lehre des Zarathustra.

Der persische Paradiesmythos weist eine überragende Bedeutung nicht nur deshalb auf, weil er die Hauptvorlage für den biblischen Paradiesbericht darstellt, sondern auch, weil er deutliche Schlüsse auf den Ort der Entstehung zulässt, uns also mehr als eine Vermutung gestattet, wo die Vorfahren der Perser einen Idealort von so großen Vorzügen gefunden haben, dass er sich als „Paradies" in ihr Gedächtnis und auch das der Menschheit einprägen konnte. Zum besseren Verständnis ist es aber notwendig, sich zunächst mit den geografischen Verhältnissen und den Flusssystemen am Persischen Golf zu befassen.

Der persische Golf (*Abbildung 11, S. 87 und Abbildung 13*) ist heute ein seichtes Meer mit einer mittleren Wassertiefe von 35 Metern. Er ist im Süden

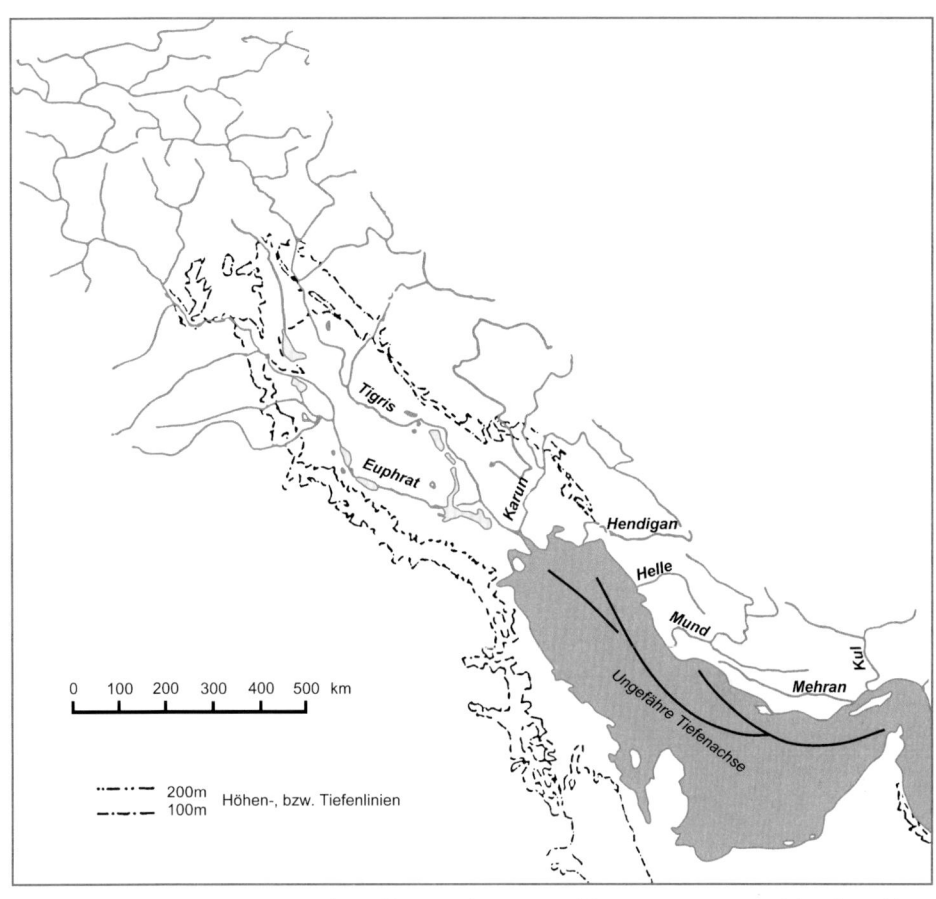

Persischer Golf in seiner heutigen Ausdehnung mit verzweigter Tiefenachse **Abb. 13**
sowie seinem Wassereinzugsgebiet

von der überwiegend flachen Arabischen Halbinsel begrenzt, die nach Osten hin allerdings im schroffen Hadjar-Gebirge und der zerklüfteten Halbinsel Musandam am Golf von Hormuz ausläuft. Dieser verbindet das Golfmeer mit dem Arabischen Meer, einem Teilmeer des Indischen Ozeans. Ungefähr in der Mitte dieses flachen Uferstreifens ragt die Halbinsel Katar etwa 170 Kilometer weit ins Golfmeer hinein. In ihrer westlichen Nachbarschaft befindet sich die Inselgruppe Bahrain. Auf der anderen Seite des Meers, im iranischen Norden, bildet das Zagros-Gebirge die Begrenzung, dessen Gebirgszüge parallel zur Küste verlaufen. Es ist Alpen-ähnlich und seine höchsten Gipfel steigen bis über 5000 Meter auf. Was sie aber von den Alpen wesentlich unterscheidet ist, dass einerseits die Überprägung der Landschaft durch Gletscher der Eiszeit fehlt und andererseits der lange Gebirgszug im Innern Persiens nicht wieder zu einem Tiefland abfällt, sondern sich hier das iranische Hochland mit etwa 1500 Meter Höhe anschließt. Am Nordwestende des Persischen Golfs, wo der

Schatt-al-Arab, der Zusammenfluss von Euphrat und Tigris sowie des Karun aus dem Zagros-Gebirge, mündet, schließt sich die mesopotamische Tiefebene an. Zur Andeutung dieser Tiefebene sind in der *Abbildung 13 (S. 91)* die Höhenlinien für 100 und 200 Meter eingetragen.

In unseren weiteren Überlegungen spielen die Zuflüsse zum Golfmeer eine wichtige Rolle: deswegen ist das Flusssystem, welches den Golf speist, in *Abbildung 13 (S. 91)* eingezeichnet. Die gesamte arabische Küste im Süden sowie der untere Euphrat sind heute ohne Zuflüsse, welche ganzjährig Wasser führen. Im äußersten Emirat Ras al Khaimah gibt es allerdings einen Zufluss aus dem Hadjar-Gebirge zum Golfmeer, welcher nach starkem Regen mit reißenden Fluten gefüllt ist, aber sonst trocken liegt. Das Bodenprofil sowohl an heutigem Land wie auch am Boden des Golfmeers zeigt aber an, dass in feuchteren Zeiten mehrere Flüsse aus dem arabischen Süden in den Golf mündeten.

Zunächst aber ein Blick auf die Flüsse, welche aus dem iranischen Norden ins Golfmeer austreten. Ähnlich wie die Bergketten des Zagros laufen auch die Flüsse in den Tälern auf langen Strecken parallel zu Golfküste und sie finden nur an wenigen Stellen eine Austrittsmöglichkeit zum Meer. Als Folge liegen die Flussmündungen meist viele Hunderte von Kilometern auseinander (vgl. *Abbildung 13, S. 91*) und dazwischen ist heiße trockene Küste:

- ganz am Nordende der heutigen iranischen Küste mündet der Hendigan und etwas weiter südöstlich beim heutigen Bushir der Helle ins Golfmeer
- im nördlichen Zentralbereich trägt der Mund seine Wasser aus einem weit verzweigten Einzugsgebiet im Zagros-Gebirge in den Persischen Golf ein
- in der sich anschließenden Osthälfte der iranischen Küste gibt es dann über eine Strecke von 500 Kilometern keinen nennenswerten Zufluss mehr zur Küste des Golfmeers. Diese Küste ist heute heiß und trocken
- Schließlich folgt im Osten die weite Bucht von Bandar Abbas, in der sich die Zuflüsse geradezu häufen. Dies ist eine Folge des Zusammentreffens von geologischen und meteorologischen Eigenheiten. Das Zagros-Gebirge verdankt seine Entstehung einer Kollision der Arabischen Platte mit der Eurasischen Platte. Hieraus ergaben sich die parallel zur Golfküste verlaufenden Gebirgszüge des Zagros. Weiter im Süden drückt die Indische Platte gegen das iranische Gebiet. Deswegen laufen die Gebirgszüge dort im rechten Winkel zum Zagros-Gebirge. Die Bucht von Bandar Abbas ist nun ein Zwischengebiet. Sie schneidet im Nordwesten ins Zagros-Gebirge ein, sodass hier die Flüsse ungehindert austreten können. Nach Südosten beginnt sich die Richtung der Gebirgsketten zu verändern mit der Folge, dass eine Reihe von Zuflüssen fast radial in diese Bucht mündet. Hinzu kommt, dass jenseits des Golfs von Hormuz das steile Hadjar-Gebirge die Luftströmung nach Norden gegen das Bergland, den Kuh-e-Biaban, leitet, sodass sich hier die Niederschläge häufen. Die Hauptwindrichtung im Golf kommt nämlich aus dem Nordwesten entlang der Golfachse. Die Folge ist einzigartig: während

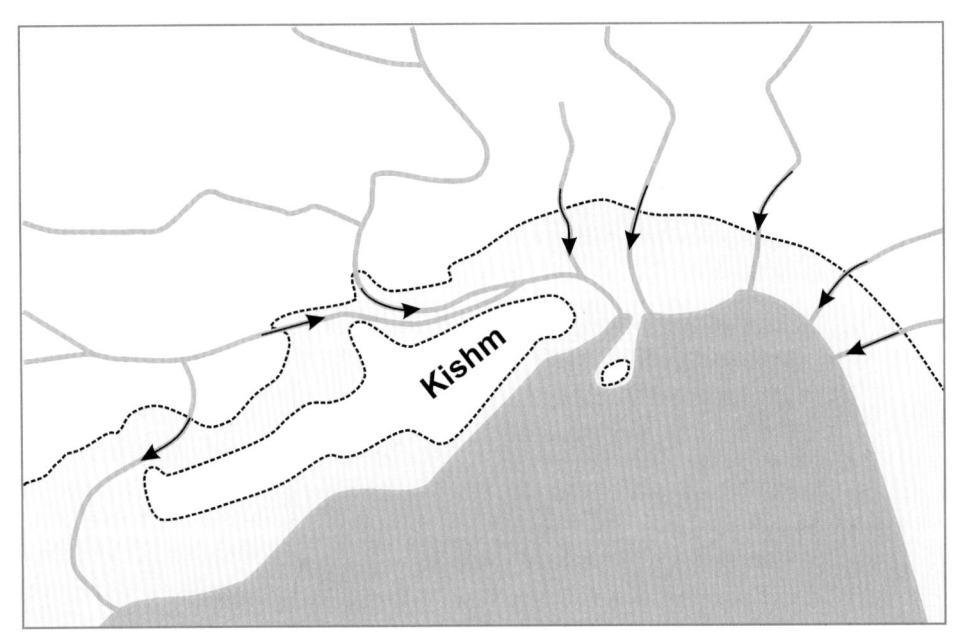

Geografische Situation am Persischen Golf in der heutigen Bucht von Bandar Abbas zur Zeit der Ankunft Abb. 14
des modernen Menschen. (Heutige Küsten von Festland und Inseln gestrichelt.)

vorher über die lange Strecke von 500 Kilometern kein nennenswerter Fluss mehr das Golfmeer erreicht, häufen sich in der Bucht von Bandar Abbas plötzlich die Zuflüsse und sie münden fast radial ins Meer.

Der persische Paradiesmythos

Für die frühen Menschen der Eiszeit muss diese Bucht von Bandar Abbas das beste Land gewesen sein, das sie weit und breit finden konnten. Hier gab es ja Süßwasser am Salzwasser im Überfluss und innerhalb des Golfgebietes war diese Bucht wohl die wärmste Gegend, nicht nur wegen ihrer südlichen Tieflage, sondern auch, weil sie gegen die kalten Nordwinde durch Gebirge geschützt war. *Abbildung 14* zeigt die geografischen Verhältnisse in der Bucht von Bandar Abbas beim Eintreffen des modernen Menschen. Ähnliche geografische Voraussetzungen stellten sich auch später noch zweimal ein, vor knapp 40.000 und zwischen 30.000 und 25.000 Jahren vor heute (vgl. *Abbildung 10, S. 86*). *Er*staunlich ist die hohe Konzentration an Flussläufen nordöstlich der heutigen großen Insel Kishm und nördlich der heutigen Insel Larak. Es ist durch das Bodenprofil aus Meereskarten gesichert, dass hier tatsächlich zwei Flüsse in engem Abstand parallel verliefen.

In den persischen Erinnerungen lag das frühere Paradies am Meer, dort „*wo alle Flüsse zusammen laufen*" und ins „*Vourukascha-Meer*" münden. Im persischen Awesta, dem Heiligen Buch der Anhänger des Propheten Zarathustra, wird dieses Land beschrieben. In der „*Mitte dieses Meeres*" wuchs der Saena-Baum, die „*Mutter aller Bäume*", der „*Ursprung aller Pflanzen*", auch als „*Baum jeder Heilung*" oder „*Baum allen Samens*" beschrieben. Das erste sterbliche Menschenpaar, Maschja und Maschjanag, welches zu den Vorfahren des gesamten Menschengeschlechts wurde, lebte hier am Ufer eines Flusses. Es war zur Erfüllung des Gesetzes und zu guten Taten aufgerufen und die Verehrung von Dämonen war ihm untersagt. Der Böse Geist Angra Mainyu (Ahriman) jedoch verführte die beiden und sie begingen die erste Sünde, denn sie bekannten, nicht Gott habe die Welt erschaffen, sondern Angra Mainyu. Fortan war die Welt verdorben: sie war nicht mehr von Frieden und Eintracht erfüllt sondern vom Bösen und von Verderbnis.

Die Bucht von Bandar Abbas am Persischen Golf mit der Insel Larak draußen im Meer, zur Zeit des Zuzugs der ersten modernen Menschen eine Halbinsel, die durch einen schmalen Isthmus mit dem Festland verbunden war, könnte also die Vorlage zur bekannten Paradies-Erzählung geliefert haben, denn man sucht im gesamten persischen Großraum vergeblich nach einem anderen passenden Ort. An wasserreichen Plätzen vor Gebirgen auf dem persischen Hochland fehlt vor allem ein Meer. Außerdem ist es völlig unwahrscheinlich, dass die frühen Menschen in der Eiszeit eine kalte hoch gelegene Gegend als Idealort empfunden haben.

Der altpersische Paradiesmythos enthält mehrere Elemente des jüdischen Berichts vom Paradies, vor allem Verführung, erste sündhafte Verstrickung und Verlust eines früheren Idealzustandes. Es fehlt aber der Bericht zum Verbotenen Baum. Hier könnte sich eine andere Erzählung aus Mesopotamien überlagert haben. Dort fand man ein Tontäfelchen, welches heute im Britischen Nationalmuseum aufbewahrt wird, dem man den Namen „Tafel der Versuchung" gegeben hat, weil es möglicherweise eine Geschichte erzählt, die allerdings bisher in Schriftform nirgends gefunden werden konnte. In der Mitte der Tafel ist ein Baum mit Früchten dargestellt, darunter eine Frau mit hoch gerecktem Arm, hinter ihr eine Schlange und vor ihr ein „Gott" mit gebieterisch ausgestrecktem Arm. Der Baum des Lebens, häufig mit einer Schlange, ebenfalls einem Sinnbild des Lebens, weil sie sich durch Häutung „verjüngt", ist im Orient und speziell in Mesopotamien allerdings ein sehr häufiges Motiv. Schlangen hat man schon vor 11.000 Jahren in Pfeiler auf dem Göbekli Tepe in Südostanatolien eingemeißelt. Und der Baum des Lebens versinnbildlicht in den östlichen Mythologien den Zusammenhang zwischen drei Welten, der himmlischen, der irdischen und der Unterwelt. Eine Geschichte vom ersten Sündenfall dürfte man in Mesopotamien allerdings vergeblich suchen, denn die Sumerer kannten den Begriff der Sünde nicht! Ihr kultureller Antrieb lag nicht in der Angst vor Sündenstrafen. Es gab zwei andere wesentliche Motive: das eine lag in der Pflicht zur täglichen Ernährung der Götter. Sie könnte das eigentliche Antriebselement zur Entwicklung einer Hochkultur an Euphrat und Tigris gewesen sein. Das zweite kulturelle Motiv lag im Bestreben der Menschen, ihre

Situation nach dem Tode zu verbessern. Das Dasein in der Unterwelt war nach der Vorstellung der Sumerer nämlich trist und grau; es ließ sich aber durch herausragende Leistungen im Diesseits verbessern.

In den persischen Paradiesmythos könnten auch Erinnerungen einer etwas späteren Zeit eingegangen sein. Es wird berichtet, dass vom Vourukascha-Meer zwei Ströme ausgegangen seien, einer nach Osten zum Ozean und der andere nach Westen. Hiermit könnte der Ur-Schatt beschrieben sein, welcher später von Mesopotamien aus durch eine Kette von riesigen Seen zum Arabischen Meer lief. Die beiden Ströme stellten nach dem persischen Mythos die Grenzen des bewohnten Landes dar. In der Tat dürfte es Kontakte über Seen und Strom hinweg kaum gegeben haben, denn sie bildeten später die Grenze zwischen der drawidisch sprechenden Bevölkerung im persischen Raum und der semitischen Bevölkerung auf der arabischen Seite.

Expansion des Menschengeschlechts über die Erde

Die erstmalige Verteilung des modernen Menschen über die Erde stützt die Annahme, dass sich die Menschen zunächst aus einem Zentralraum im südlichen Vorderen Orient ausgebreitet haben. Deshalb sollen diese Wanderbewegungen hier kurz skizziert werden. Gefördert oder auch erzwungen wurden sie durch die schon erwähnten großen eiszeitlichen Klimaschwankungen, die Interstadiale. In den relativ langen Warmperioden von jeweils mehreren Tausend Jahren konnte sich die Menschheit vermehren. So entstand Bevölkerungsdruck und die Menschen waren nun gezwungen, sich auf die Suche nach erweiterten Lebensräumen zu machen. Als Folge dieser Warmperioden begannen aber auch die Meere mit einer gewissen Verzögerung anzusteigen. Die Vertreibung von Menschen durch das Meer vor allem aus flachen Küstengebieten, wie dem Persischen Golf, traf also eine schon angewachsene Population und verstärkte damit den Abwanderungsdruck weiter. Nach Kälterückfällen kam dieser Prozess dann wieder zum Stillstand. Sicher sind dann die Populationen auch wieder geschrumpft. In Einzelfällen ließ sich dies auch nachweisen.

Glinde-Interstadial: Expansion nach Südostasien und Australien

Die Auswanderer hatten Afrika in einer ungünstigen Klimaphase verlassen. *Abbildung 6 (S. 48)* zeigt, dass diese Zeit aber schnell zu Ende ging: sehr rasch wurde es wieder relativ warm und blieb dies auch für eine lange Zeit. Das recht ausgeprägte Glinde-Interstadial bescherte über einen Zeitraum von weit mehr als 5.000 Jahren in dieser Region angenehme Temperaturen, wenn diese auch fallende Tendenz aufwiesen. Unter diesen verbesserten Voraussetzungen konnten sich die Nachkommen der Auswanderer aus Afrika nun vermehren. Nach

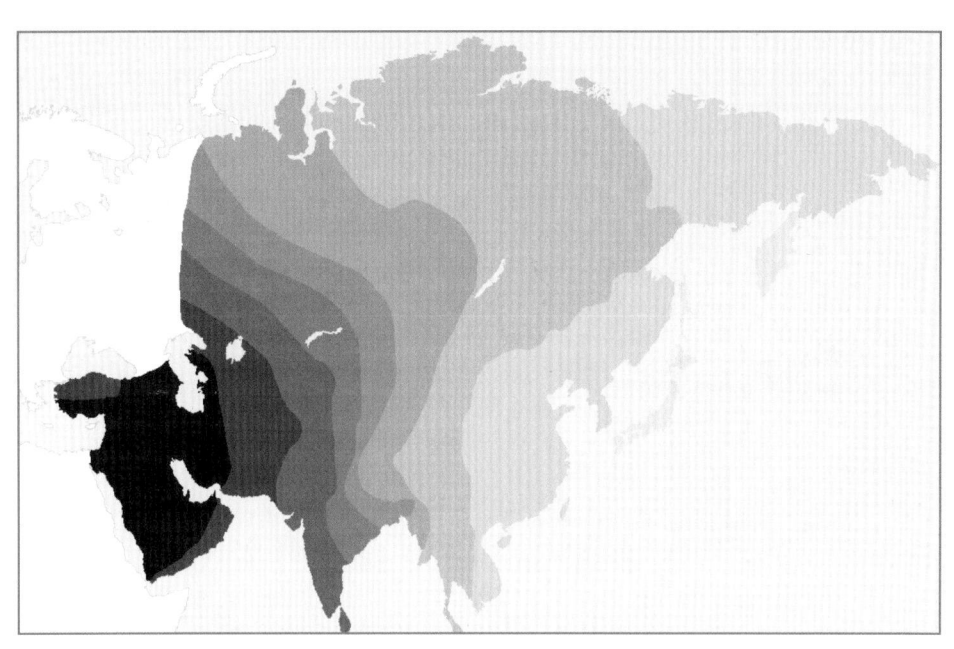

Abb. 15   Genetische Verwandschaft zwischen den asiatischen Völkern und Ursprung der asiatischen genetischen Expansion

Untersuchungen des Genforschers L.Cavalli-Sforza erfolgte in der Großregion des Vorderen Orients eine Reifung der Kulturen, ehe ein Teil der Menschen dann in mehreren Schüben weiter zog, um die Welt zu erobern. Afrika gilt als die „Wiege der Menschheit"; der Großraum des Vorderen Orients kann entsprechend als die „Kinderstube der Kulturen" betrachtet werden.

Diese Vermehrung der Bevölkerung musste zu Auswanderungsdruck führen. Die erste Expansion konnte logischerweise nur entlang der Küsten weiter gehen, nach Osten und Südosten, denn hier blieb es warm oder es wurde sogar noch wärmer. Mit dem Weg entlang der Küsten behielten die Menschen auch ihre gewohnte Umgebung bei, die sie mit der vertrauten Nahrung aus dem Meer versorgte.

L.Cavalli-Sforza hat eine Karte für die Ausbreitung des modernen Homo sapiens in Asien nach genetischen Merkmalen erstellt. Hierzu wurden typische Genabschnitte von fast 500 modernen asiatischen Populationen untersucht. Aus der geografischen Ausdünnung dieser Gene lässt sich grob auf die Expansionsrichtung schließen, während die Gegend der höchsten Konzentration das Ursprungsgebiet kennzeichnet. Eine Ausdünnung der typischen Gene mit zunehmender Entfernung vom Ausgangsgebiet kommt in diesem Falle nicht durch eine Vermischung mit Genen von Menschen zustande, die unterwegs angetroffen wurden, sondern – es handelte sich ja um die erste Einwanderung – durch eine mit der Zeit wachsende Anhäufung von Mutationen im menschlichen Genom. Auf Landkarten der Gene lassen sich die Auswirkungen dieser Wanderungen noch nach vielen Jahrtausenden feststellen.

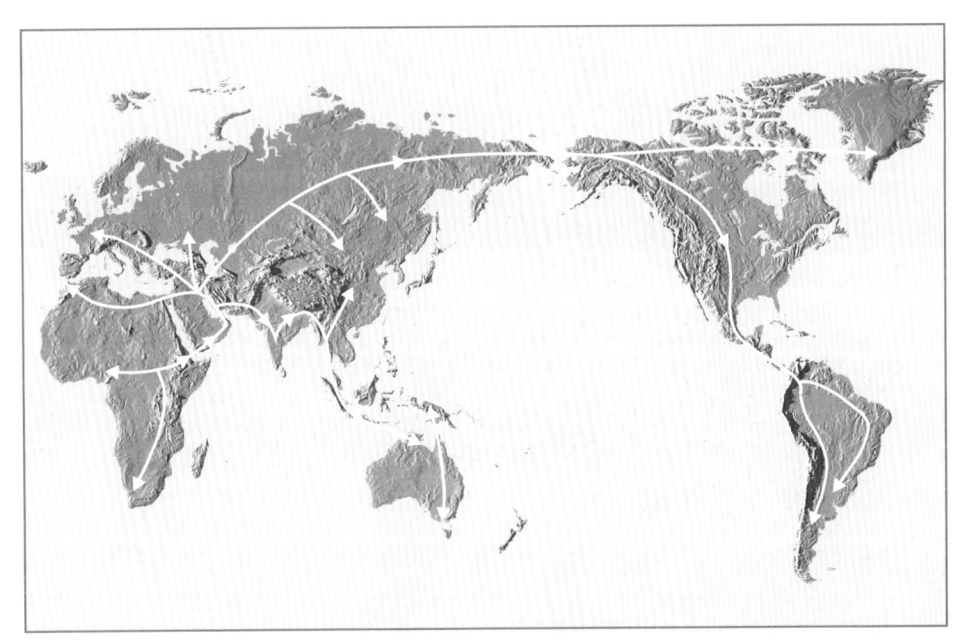

Mutmaßliche Ausbreitung des modernen Menschen über die Erde, ausgehend von   Abb. 16
Afrika und vom Vorderen Orient, seit 52.000 Jahren

Abbildung 15 zeigt die Ausbreitung der ersten typischen Genkomponenten der heutigen asiatischen Bevölkerung. Ein Gebiet, das sich um den Persischen Golf gruppiert, ist das Kerngebiet der asiatischen Expansion. Es umfasst die Arabische Halbinsel – den Südteil ab der trennenden Randgebirge ausgenommen – die Levante bis zum Sinai, das südliche und östliche Anatolien, Mesopotamien und den gesamten iranischen Raum einschließlich der Randgebiete des Kaspischen Meeres. Diese Karte kann natürlich keinen Aufschluss geben über die Zeit der Abwanderung und über einzelne Zwischenwanderbewegungen: es analysiert ja nur den Anfangs- und den Endzustand. Zur Zeit der Abwanderung muss auch noch nicht das gesamte schwarz gekennzeichnete Gebiet besetzt gewesen sein: seine ersten Einwanderer waren lediglich genetisch mit der Bevölkerung des echten Kerngebietes genügend identisch.

Abbildung 16 gibt Hinweise zu den wahrscheinlichen Wegen der ersten Ausbreitung des Menschen über die gesamte Erde.

Es hat die Forscher immer wieder überrascht, in wie kurzer Zeit die Menschen nach Südostasien und Australien gelangt sind. Die Bevölkerungsvermehrung des kurz nach der Auswanderung aus Afrika einsetzenden langen Glinde-Interstadials gibt dafür eine plausible Erklärung. Der heute recht heiße ostasiatische Raum wies in eiszeitlichen Zeiten auch ein günstiges Klima auf, weswegen sich die Menschen dort schnell und gleichförmig verbreiten konnten, wie die weit gestreuten Fundstätten heute bestätigen. Von diesen ersten Einwanderern gibt es in Ostasien noch geringe genetische Spuren. Auch in

Indien zeigt die älteste prädrawidische Bevölkerung noch eine gewisse Ähnlichkeit mit den seither wohl am wenigsten veränderten Nachfahren der Auswanderer, den Aborigines in Australien und vor allem den Papuas auf Neuguinea. Forscher aus Cambridge und Hamburg haben ermittelt, dass die Papuas den damals eingewanderten modernen Menschen genetisch am allermeisten nahe kommen. Neuguinea wurde erst sehr spät, zu Ende der Eiszeit, durch den ansteigenden Meeresspiegel von Australien abgetrennt und die Menschen entwickelten sich dort in großer Isolation weiter. Die südostasiatische Halbinsel reichte bei der Einwanderung bis Bali (vgl. *Abbildung 8, S. 61*). Dann mussten die Menschen auf ihrem Weg nach Australien acht Tiefseerinnen überqueren, die größte davon 80 Kilometer breit.

Bekanntlich ist ein früherer Mensch, der Homo erectus, vor 1,8 Millionen Jahren schon bis nach Java vorgedrungen. Nicht nur die Menschen in Afrika haben sich seither weiterentwickelt; die ostasiatischen Auswanderer hatten dasselbe genetische Potential. Deshalb entstanden bei den Paläoanthropologen zwei Lager, welche heftig miteinander stritten und zum Teil noch streiten: die einen vertreten die „Out of Africa-Theorie", derzufolge sich der moderne Homo sapiens nur in Afrika entwickelt habe, die anderen glauben, dass dieser Mensch zumindest an zwei Stellen etwa gleichzeitig entstanden sei („Multiregionale Theorie"). Genforscher beweisen nun aber, dass die Spontanmutation zum modernen Homo sapiens nur in Afrika stattgefunden hat. Das geht z.B. aus einer Untersuchung von Genetikern in Shanghai und Houston hervor: sie untersuchten mehrere Bereiche des Genoms von 12.000 Männern aus unterschiedlichen Regionen Asiens mit dem Ergebnis, dass sie bei allen Probanden eine Mutation fanden, welche vor 62.000 Jahren (Fehlerbreite 27.000 Jahre) in Afrika erfolgte. Damit wird einerseits das endgültige Entstehen unserer Art vor etwa 60.000 Jahren in Afrika bestätigt, aber anderseits auch gezeigt, dass der weiterentwickelte ältere Mensch in Ostasien nach dem Eindringen des modernen Homo sapiens aus seiner Heimat vollständig verschwunden ist.

Es ist schwierig, an Hand von Knochenfunden festzustellen, wann der moderne Mensch in Südostasien und auf dem Kontinent Australien/Neuguinea/Tasmanien erstmals erschienen ist. Die für die Altersbe-

---

Überraschenderweise informiert auch ein Bakterium, das über die Hälfte aller Menschen im Magen mit sich herum trägt, über die Wege, auf denen unsere Vorfahren die Erde besiedelt haben.

Forscher vom Max Planck-Institut für Infektionsbiologie in Berlin und vom Institut für Hygiene in Würzburg haben in 27 Menschengruppen unterschiedlicher ethnischer Zugehörigkeit und geografischer Herkunft den bakteriellen Krankheitserreger Heliobacter pylori untersucht und mit genetischen Methoden seine weltweite Populationsstruktur aufgeklärt.

Das Bakterium hat den Menschen schon in seiner Urheimat Afrika befallen. Es zeichnet sich durch eine sehr hohe genetische Diversität aus und ist deshalb gut geeignet, die Wanderwege des Menschen nachzuzeichnen.

stimmung üblicherweise verwendeten Radiokarbonmethode ist in diesem Altersbereich relativ ungenau. Fossilien des weiterentwickelten asiatischen Homo erectus lassen sich zudem kaum von denen des modernen Homo sapiens unterscheiden. Eben dies hat ja zum Disput geführt. Als wahrscheinlich gilt, dass die ersten modernen Einwanderer schon vor fast 50.000 Jahren in Ostasien auftauchten und sich auch bald in Richtung Australien aufmachten. Etwa 45.000 Jahre alt sind die schon erwähnten ersten Felsgravierungen mit abstrakten Mustern in Australien. Große Verwirrung stiftete in diesem Zusammenhang allerdings der Fund des sog. Mungo-Mann in Australien. Man hatte ihn zunächst auf ein Alter von 32.000 Jahren datiert, was auch gut ins Bild passte, sah sich aber später gezwungen, die Datierung auf 60.000 v.h. vorzuverlegen. So früh konnte der moderne Mensch nicht in Australien eingetroffen sein! Doch wieder konnten die Genetiker helfen: es gelang ihnen, Erbgutreste aus den fossilen Knochen zu analysieren und diese stimmten nicht mit dem modernen Homo sapiens überein. Offensichtlich ist auch der weiterentwickelte Homo erectus schon bis nach Australien gekommen und dann nach Eintreffen seines moderneren Vetters aus dem Nahen Osten wieder verschwunden – wie in Südostasien.

Als im 17. Jahrhundert n.Chr. die ersten Europäer in Australien eintrafen, fanden sie Jäger und Sammler vor, welche in ihrer Lebensweise noch tief in der Steinzeit verharrten. Die gleichzeitig mit den Ahnen der australischen Aborigines auf dem früheren Kontinent Australien/Neuguinea/Tasmanien eingetroffenen Bewohner von Neuguinea hingegen waren fortschrittlicher. Sie waren Ackerbauern und Schweinehirten, lebten in Stämmen innerhalb fester Dörfer, verwendeten Pfeil und Bogen und viele benutzten auch Töpferwaren und vielfältigere Gebrauchsgüter als die australischen Aborigines. Die Natur hatte ihnen in den mehr als zehntausend Jahren seit ihrer endgültigen Aufspaltung ein unterschiedliches Schicksal vorgegeben. Die Ureinwohner Australiens lebten überwiegend in einem sehr weiten, aber wenig fruchtbaren Land, welches ein Dasein als Jäger und Sammler erzwang. Ihre Population blieb deshalb dünn und damit fehlten ausreichende kulturelle Anregungen und ein Überfluss an wirtschaftlichen Ressourcen, der Raum für kulturelle Aktivitäten gelassen hätte. Die Ahnen dieser Menschen, die so früh so weit gewandert waren und dabei auch eine Reihe von Meeresstraßen überwunden hatten, mussten anderseits zu den wagemutigsten und möglicherweise auch innovativsten Menschen gehört haben. Dafür sprechen ihre sehr frühen abstrakten Felsgravierungen sowie die von ihnen geschaffenen neuartigen zweiteiligen Werkzeuge. Die Australier verloren aber ihren Vorsprung in Anpassung an die örtlichen Gegebenheiten. Die Menschen von Neuguinea hingegen fanden ein fruchtbares und vielfach gegliedertes Land vor, das die Entwicklung von Landwirtschaft begünstigte. Dies führte zu stärkerer Vermehrung, dichter Siedlungsweise, wirtschaftlichem Überfluss und kulturellen Anregungen. Wegen der räumlichen Begrenztheit günstiger Landschaften und Höhenlagen waren diese aber auch wieder recht beschränkt.

Hengelo-Interstadial: Expansion nach Europa, Nordafrika und Sibirien

Konfrontation mit dem Neandertaler in der Levante

Das Glinde-Interstadial lief mit seiner fallenden Temperaturtendenz schließlich in einer ausgesprochenen Kaltzeit von fast einem Jahrtausend Dauer aus. Dann setzte vor 43.000 Jahren mit einem plötzlichen Anstieg der Temperatur von mindestens 5°C erneut eine recht warme Zwischenphase ein, das Hengelo-Interstadial. Es dauerte mindestens 3000 Jahre, wobei sich auch jetzt eine fallende Temperaturtendenz zeigte. Während dieser langen Zeit konnte die Bevölkerung im Nahen Osten wieder kräftig anwachsen und so entstand erneut Auswanderungsdruck. Da der Süden schon besetzt war, zielte er jetzt nach dem Norden. Hier traf er zunächst den Neandertaler in der Levante: innerhalb weniger Jahrtausende verschwand dieser nun völlig aus der Region. 50.000 Jahre vorher war es dem vormodernen Menschen nicht gelungen, sich gegen diesen robusten Menschentyp durchzusetzen. Der neue moderne Mensch hatte aber nun offensichtlich das erforderliche intellektuelle Rüstzeug. Nun war auch der Weg nach Nordafrika für den modernen Homo sapiens frei. Er ist dort vor etwa 40.000 Jahren eingewandert. Seine Werkzeugkultur beweist es: sie hat große Ähnlichkeit mit der zeitgenössischen im Nahen Osten und auch mit jener, die dann in Europa auftauchte. Das Museum in Tunis zeigt interessante Grabfunde des modernen Menschen mit einem Alter von etwa 40.000 Jahren. Das Fundgebiet für die Hinterlassenschaften der frühen modernen Einwanderer nach Nordafrika reicht im Westen bis zur Atlantikküste und im Süden bis zum Tschadsee. Unter eiszeitlichen Bedingungen wurde die Regen bringende Westströmung ja weiter nach dem Süden gedrängt, sodass die heutige Sahara wesentlich mehr Niederschläge erhielt. Der neue Mensch macht sich bis heute sprachlich noch bemerkbar, denn man hat Parallelen zwischen heutigen Bersprachen und der weiterentwickelten europäischen Ursprache, dem Baskischen, gefunden.

Einwanderung nach Europa: 5000 Jahre Not!

Vor mehr als 40.000 Jahren setzte der moderne Mensch seinen Fuß erstmals auch auf europäischen Boden, wie Funde an der unteren Donau zeigen. Weitere Funde etwa desselben Alters in einer Höhle bei Ulm an der Donau deuten an, dass die mobilen Jäger und Sammler recht schnell entlang der Donau bis nach Mitteleuropa gekommen sind. Ihnen war aber ein düsteres Schicksal beschieden: zwar sind sie bei günstigen relativ warmen Temperaturen nach Europa aufgebrochen; doch dann gestaltete sich das Klima äußerst wechselhaft. In den nächsten 5000 Jahren wies die Temperatur eine fallende Gesamttendenz auf und es gab insgesamt viermal über längere Zeit einen Rückfall auf tiefeiszeitliche Werte! Dabei stand der moderne Mensch aus dem milderen Orient nun erneut in einer Konfrontation mit dem Neandertaler, der aber im Gegensatz zu den grazileren Eindringlingen an Terrain und kaltes Klima perfekt angepasst war.

Es ist verwunderlich, dass er diese ersten Jahrtausende von immer wiederkehrender Not, von Hunger und Bedrängnis in Europa überhaupt überstanden hat! Meist ging es wohl nur ums nackte Überleben: Zeit für Muße und Kunst war den Menschen deshalb nicht gegeben. Die erste Kunst der Eiszeit taucht deshalb auch erst später auf, als das Klima wieder günstiger geworden war.

Warmes Denekamp-Interstadial besiegelt das Schicksal des Neandertaler

Der Neandertaler ist die Variante des vormodernen Menschen, welche sich aus afrikanischen Wurzeln innerhalb eines Zeitraums von knapp einer Million Jahren in Europa in Anpassung an das überwiegend eiszeitlich kalte Klima entwickelt hat. Seine Vorgänger sind die schon erwähnten Menschen aus Atapuerco in Spanien, Mauer bei Heidelberg, Schöningen/Bilzingsleben in Thüringen und Steinheim an der Murr. Vom Menschen aus Schöningen/Bilzingsleben ist bekannt, dass er während einer wärmeren Periode in kleinen Gruppen halbsesshaft hauste und in der Lage war, Speere aus Fichtenholzstämmchen mit meisterhaften Flugeigenschaften anzufertigen. Sein Gehirn erlaubte damit schon die Koordination der erforderlichen Wurfbewegungen. Diese Fähigkeit hat der Neandertaler natürlich beibehalten: in Niedersachsen steckte im Gerippe eines Waldelefanten, welcher vor 120.000 Jahren gejagt wurde, ein Eibenholzspeer.

Die frühesten bisher gefundenen Neandertaler sind 120.000 Jahre alt. Dies entspricht der Anfangsphase des letzten Eiszeitzyklus (vgl. *Abbildung 6, S. 48*). Offensichtlich waren nur die robustesten Vertreter der Alteuropäer dem neuen kalten und rauen Klima gewachsen und alle anderen sind ausgestorben. Der Neandertaler wies einen gedrungenen muskulösen Körperbau mit schwerem Skelett auf, welcher einen günstigen Wärmehaushalt gestattete. Auch heute noch lässt sich feststellen, dass Extremitäten und hervor stehende Körperteile von Mensch und Tier desto kürzer werden und der Rumpf desto massiger, je kühler das umgebende Klima ist. Beim Menschen stellt sich in kalter Umgebung ein fassförmiger Körperbau ein. Schlanke Körper mit hoher Wärmeabgabe sind kalten Bedingungen offensichtlich auf die Dauer nicht gewachsen.

Dieser Körperbau hat dem Neandertaler allerdings einen schlechten Ruf eingetragen, als seine Knochen erstmals 1856 in einer mit Lehm gefüllten Höhle innerhalb eines Steinbruchs in Neandertal bei Düsseldorf entdeckt wurden. Die „Experten" erklärten sie einmal als Überreste eines mongolischen Kosaken aus einem russischen Armeekorps und ein anderes Mal als die eines Schwachsinnigen, wie dies der berühmte Berliner Anatomieprofessor R. von Virchow getan hat. Der örtliche Naturkundelehrer hatte den Wert des Fundes erkannt, aber gemeint, dass es sich um die Knochen eines Mannes handele, welcher vor der Sintflut Zuflucht in einer Höhle gesucht habe. In der Folge entstand dann das Bild einer rohen Kreatur, welche nur primitive Werkzeuge zu gebrauchen wusste. Der Neandertaler war dem modernen Menschen hinsichtlich seiner Technik zwar meist unterlegen. So fehlte es ihm an Nadeln, genähter

Kleidung und an warmen Behausungen. Aber es ist erstaunlich, dass er mancherorts sogar schon zweiteilige Wurfspeere mit Steinspitze verwendete. Solche zweiteiligen Geräte wurden lange Zeit nur dem modernen Homo sapiens zugebilligt. Der Neandertaler beschaffte sich das Rohmaterial für seine Steinwerkzeuge auch über weite Strecken. Er war also ein planender – und wie sich in der Konfrontation mit dem modernen Eindringling gezeigt hat – ein lernfähiger Mensch. Er teilte also in gewisser Hinsicht das Schicksal mit den australischen Aborigines, welche tief in der Steinzeit verhaftet blieben, obwohl sie von fortschrittlichen Ahnen abstammten. Er führte seinen Überlebenskampf in sehr kleinen Gruppen gegen eine oft übermächtige eiszeitliche Natur und für eine mögliche Entfaltung von Kultur und Kunst fehlten ihm einfach Zeit und Anregung. Die ganze Zeit des Neandertalers galt der Nahrungsbeschaffung und dem Überlebenskampf. Seine Bevölkerungsdichte wird auf 1 bis 2 Menschen auf 10 Quadratkilometer geschätzt. Das muss ein äußerst empfindliches ethnisches System gewesen sein: bei einer noch stärkeren Verdünnung, wie sie durch das Eindringen des modernen Menschen wohl bewirkt wurde, fehlten dann möglicherweise die Kontakte mit einer ausreichenden Zahl von Menschen für die Auffrischung des Genpools: der Neandertaler könnte schließlich sang- und klanglos durch Inzucht ausgestorben sein.

Erstaunlicherweise hat der Neandertaler im Mit- und Gegeneinander mit dem eingedrungenen modernen Menschen beachtliche Entwicklungsschritte mitgemacht. Diese Fortschritte fehlten in der früheren Konfrontation in der Levante, was als weiterer Hinweis darauf gelten kann, dass es sich beim damaligen Homo sapiens noch nicht um den mit der „Adam-Mutation" bereicherten Menschen gehandelt hat. Nach neueren Forschungen hätte der Neandertaler den vormodernen Menschen sogar relativ bald wieder verdrängt.

Der an die Eiszeit ideal angepasste Körperbau des Neandertalers verlor seinen Vorteil in der Konfrontation mit dem modernen Menschen, als es im Denekamp-Interstadial, um 35.000 v.h., plötzlich ziemlich warm wurde. Im Verlauf von zweieinhalb Tausend Jahren sank die Temperatur dann zwar wieder auf Eiszeitniveau ab, aber sie schwang sich während der nächsten 3000 Jahre bis nach 30.000 v.h. dreimal wieder auf ein mäßig warmes Niveau hoch. Diese Klimabedingungen begünstigten einseitig den modernen Menschen. Nun waren die geistig und wohl auch körperlich wendigeren neuen Menschen im Vorteil und für den Neandertaler bedeutete das sein Todesurteil. Der Neandertaler verschwand aus Mitteleuropa und seinen Mittelmeerzentren vor 33.000 Jahren und er wurde dann mehr und mehr in Randgebiete auf der iberischen Halbinsel, der Krim und dem Nordwesten Kroatiens abgedrängt, wo die letzten Reste noch bis 28.000 v.h. überlebten.

Die Frage, ob der Neandertaler ausgestorben ist oder eingemischt wurde, beschäftigte die Menschen in Europa, seit sich die Kenntnis durchgesetzt hat, dass die bei Neandertal gefundenen Knochen die Überreste des frühen europäischen Menschen sind. Es ist nun einer Forschergruppe um Svante Pääbo gelungen, aus den alten Knochen des „Ur-Neandertalers" noch brauchbare Reste des Erbguts zu analysieren. Das Ergebnis dieser Überprüfung ist: wir tragen wohl keine Neandertaler-DNS mehr in uns; der Neandertaler muss damit als ausgestorben gelten. Zum selben Ergebnis kommt auch eine neuere Studie von R.Klein von der Stanford-University in Kalifornien. Mittlerweile liegen mindestens 4 Genanalysen aus Fossilien verschiedener Neandertaler vor, welche überwiegend die These stützen, dass der Neandertaler ausgestorben sei, ohne uns sein Genmaterial zu hinterlassen.

Künstlerische Explosion in Europa in den wärmeren Eiszeitphasen

Unter den wärmeren Bedingungen des Denekamp-Interstadials nach 35.000 v.h. vermehrten sich die Menschen in Europa und die gegenseitigen Kontakte und Anregungen konnten zunehmen, eine unerlässliche Voraussetzung für den Austausch von Wissen und Erfahrung. Nun mussten die Menschen auch nicht mehr ihre ganze Zeit für die Sicherung des Lebensunterhalts aufwenden. Das waren, neben kreativer Begabung, die notwendigen Voraussetzungen für das Erwachen von Kunst in Europa – und die ersten Kunstwerke zeigten gleich einen großartigen Charakter!

Wieder bestimmte das Klima das Auf und Ab dieser Steinzeitkunst: es zeigte sich klar ein wellenförmiger Verlauf mit drei ausgeprägten Fundperioden, welche exakt wärmeren Klimaphasen entsprechen. Die Archäologen haben diesen Perioden nach den ersten Fundorten eigene Namen gegeben: Aurignacien, Gravettien und als krönender Abschluss das Magdalenien mit seiner fast explosionsartigen Kunstentfaltung. Dazwischen scheint das Kunstschaffen ganz oder fast zum Erliegen gekommen zu sein. Sicherlich hat sich nach Kälterückfällen in eiszeitliche Phasen die Zahl der Menschen wieder stark vermindert und ihre Zeit war dann wieder vollständig mit der Sicherung des Überlebens ausgefüllt.

Die erste Kunstperiode, das Aurignacien, wurde in Europa durch das Denekamp-Interstadial um 35.000 v.h. ausgelöst. Es war vor allem die Zeit von kunstvoll aus Mammutelfenbein geschnitzten Kleinfiguren. Zwischen 29.000 und 26.500 v.h. herrschten dann, wie *Abbildung 6 (S. 48)* zeigt, wieder tiefeiszeitliche Verhältnisse. Als Folge versiegte die frühe Eiszeitkunst wieder fast völlig.

Die zweite Kunstperiode, das Gravettien, ist durch mehrere kurze Warmphasen innerhalb eines sonst ziemlich kalten Klimas gekennzeichnet, welche den Zyklus Bevölkerungsvermehrung und Kunstschaffen wieder in Gang brachten. Entsprechend diesen wärmeren Abschnitten werden die Funde auch unterteilt in Früh-, Hoch- und Spätgravettien. Vor allem in Mittel- und Osteuropa breitete sich nun eine kleinfigürliche Kunst in einem weiten Raum aus. Er reichte über eine Strecke von 8000 Kilometern von Südwestfrankreich bis zum Baikalsee in Sibirien. Hier finden sich vor allem Darstellungen praller Weiblichkeit, kleine „Urmütter" mit überbetonten weiblichen Attributen aus den unterschiedlichsten Materialien. Es war „tragbare Kunst" der nomadischen Jäger und Sammler. Am bekanntesten ist die 23.000 Jahre alte „Venus von Willendorf" in der Wachau. Eine ähnliche Figur wurde 2.000 Kilometer entfernt am Don in Russland gefunden. Nachdem diese Kunstperiode von langen Kältephasen unterbrochen war kann es nicht verwundern, dass das weibliche Idealbild von einem prallen Typ mit großen Fettansätzen geprägt war, denn nur Fettreserven für Schwangerschaft und Stillzeit konnten in kalter Umgebung das Überleben der Familie sichern. Ein moderner Design-Grundsatz heißt: „Shape follows function". Offensichtlich hatte er auch schon in der Eiszeit Geltung.

Aus der Zeit des Höhepunkts der letzten Eiszeit, zwischen 21.000 und 17.000 v.h., kennt man kaum mehr figürliche Darstellungen. Die Anzahl der Menschen schrumpfte sicherlich wieder stark. Dann tauchte, nachdem es langsam etwas wärmer wurde, die „Kunst der Figurinen" wieder auf. Aber es war eine völlig andere Kunst: die Darstellung war nun einfacher und abstrakter und manchmal blieb sie ganz auf die weiblichen Geschlechtsmerkmale beschränkt. In Höhlenwände eingeritzt finden sich zahlreiche Frauen- und Vulvenzeichnungen, wieder recht einheitlich von Frankreich bis in die Ukraine. Aus dieser Frühperiode des Magdalenien stammen auch die ersten Bilder der berühmten Felsmalereien von Lascaux, einer der „Kathedralen der Steinzeit". Der Ort liegt im südwestfranzösischen Perigord, einer stark gegliederten Landschaft mit mildem Klima und einer Unzahl von riesigen Felsüberhängen und Höhlen im weichen Gestein, welche Schutz gegen die Witterung boten.

Das Ende der Eiszeit kündigte sich mit einem plötzlichen riesigen Temperatursprung von mindestens 6°C um 14.700 v.h. an, dem Boelling-Interstadial, welches fast ein Jahrtausend anhalten sollte. Die Bevölkerungszahl im betrachteten Raum ist in dieser Warmperiode, in der beinahe heutige Temperaturen erreicht wurden, auf ein Mehrfaches angestiegen. Es verwundert daher nicht, dass sich nun fast explosionsartig ein vielfältiges Kunstschaffen entwickelt hat: mehr als achtzig Prozent aller bisher bekannten Höhlenmalereien stammen aus der „klassischen Periode der Eiszeitkunst", dem Magdalenien zwischen 15.000 und 12.000 v.h.. Zu ihnen zählen auch die Höhlenbilder einer weiteren „Kathedrale der Eiszeit" in Altamira im Baskenland. Das weibliche Idealbild hat sich in dieser Warmzeit völlig verändert, denn Fettreserven waren jetzt nicht mehr vonnöten. Nun konnte man sich weibliche Schlankheit leisten!

Mit dem Rückfall in tiefsteiszeitliche Verhältnisse vor 12.000 Jahren (vgl. *Abbildung 6, S. 48*) erlosch die Kunst in diesen Räumen wieder völlig. Für die meisten Menschen ging es nur noch ums Überleben. Wie schon angeführt, starben in dieser Übergangszeit in Europa und Amerika – und auch in Südafrika – zahlreiche Tiere aus und Europa wurde wieder weitgehend entvölkert. Nur noch in wärmeren Rückzugsgebieten, wie in Südspanien und am Atlantik, fand diese Kunst in bescheidenem Maße ihre Fortsetzung, aber sie trägt die Zeichen des Niedergangs. In anderen Regionen Europas entwickelte sich auch nach der Erwärmung zu unserer Nacheiszeit über mehrere Jahrtausende keine vergleichbare Kunst mehr. Die Auswirkung der scharfen Temperaturwechsel muss also verheerend gewesen sein. Die CroMagnon-Menschen, denen diese Kunst zugeschrieben wird, sind aber nicht ganz ausgestorben. Sie haben sich aus ihren Rückzugsgebieten wieder ausgebreitet. Die Basken tragen ihr Erbe in reinster Form. Hinsichtlich der prozentualen Verteilung der Blutgruppen A/B/0 weichen sie von der übrigen europäischen Bevölkerung stark ab und sie sind erstaunlicherweise beinahe mit den Aborigines in Australien identisch, deren Ahnen ja schon sehr früh aus dem Vorderen Orient abgewandert sind.

In wärmeren Gegenden wurde das Kunstschaffen durch die extremen Kälteeinbrüche dieser Zeit nicht abgebrochen. So lebte die Tradition der Felsmalerei in Zentralindien auch nach der Eiszeit weiter. Auch im Vorderen Orient, in dem sich der Kälterückfall am Ende der Eiszeit gemildert ausgewirkt hat, wurde die künstlerische Betätigung nicht beendet. Auf dem Göbekli Tepe an der türkisch-syrischen Grenze wurde um 11.500 v.h. eine große Zeremonialanlage errichtet und in der großen „Bauernstadt" Mureybet am mittleren Euphrat wurden einige Jahrhunderte später Rinderschädel und Hörner in gemauerte Sitzbänke eingefügt und schematische weibliche Figuren in Kiesel eingeritzt, beides Symbolfiguren der Lebenskraft. In zahlreichen neolithischen Siedlungen des Vorderen Orients finden sich in der frühen Nacheiszeit Kleinplastiken, vor allem weibliche Fruchtbarkeitsidole, und kunstvolle Schalen und Gefäße aus Alabaster.

Einwanderung nach Amerika

Häufig begegnet man der Ansicht, die Nordasiaten stammten von den Südostasiaten ab, welche aus Südostasien nordwärts nach Sibirien weiter gewandert seien. Dagegen spricht, dass die Nordasiaten zur euroasiatischen Sprachfamilie gehören, welche sich bis zu den Nadene-Sprachen der nordamerikanischen Indianer fortsetzt. In Ostasien fand sich bei neueren Genanalysen auch eine klare genetische Differenzierung zwischen dem Norden und dem Süden, wobei die Grenze etwa nördlich von Korea liegt: die Nordostasiaten sind genetisch näher mit den Caucasoiden verwandt als mit den Südostasiaten. Zu den Caucasoiden zählen auch Europäer, Südwestasiaten und Iraner. Daher ist auch bei den Nordostasiaten eine Abwanderung aus dem früheren Gebiet der kulturellen Reifung, dem größeren Raum des Nahen Ostens, ohne einen Umweg über Südostasien, anzunehmen.

Im warmen Hengelo-Interstadial ab 43.000 v.h. sind moderne Menschen nicht nur nach Nordafrika und Europa, sondern auch nach Sibirien vorgedrungen. Westsibirien war wie Europa damals vom Neandertaler bewohnt. Im der nächsten warmen Zwischenphase, dem Denekamp-Interstadial, erhielten die Menschen in den sibirischen Weiten dann Verstärkung. Wie schon ausgeführt, fielen in Sibirien so geringe Niederschläge, dass es in tiefer gelegenen

Gebieten nicht zur Ausbildung von dauerhaften Eisdecken und Gletschern wie in Europa kam. Die eiszeitliche Abkühlung in Sibirien war im Vergleich zu Europa auch geringer, weil das sibirische Klima nicht noch zusätzlich vom zeitweiligen Ausfall des Golfstroms betroffen war. Deshalb herrschten dort oft Kältesteppen mit Großwild vor, wie dem Mammut. Der lange Zeitraum von 35.000 bis 25.000 v.h. bildete außerdem einen relativ warmen Abschnitt innerhalb der letzten Eiszeitperiode. Er wurde nach *Abbildung 6 (S. 48)* vom kräftigen Denekamp-Interstadial eingeleitet und anschließend stellten sich noch mehrere wärmere Zwischeneiszeiten ein. In diesem Zeitraum breiteten sich Großwildjäger in den riesigen Tundren Nordostsibiriens aus.

Die amerikanischen Ureinwohner gehören nach Cavalli-Sforza genetisch der gleichen Oberfamilie an wie die Nordostasiaten. Auch die in Amerika gefundenen ersten Steinwerkzeuge stehen in ihrer Tradition.

Die ersten Amerikaner sind aus Ostasien über die heute vom Meer bedeckte 80 Kilometer breite Beringstraße zwischen der ostsibirischen Halbinsel Chukchi und Alaska eingewandert. Sie ist jetzt an ihrer flachsten Stelle 46 Meter tief. Nach der Rekonstruktion des früheren Meeresspiegels (*Abbildung 10, S.86*) gab es eine schmale Landbrücke vor mehr als 40.000 Jahren und wieder zwischen 38.000 v.h und kurz vor 30.000 v.h. Auf breiter Front bestand eine solche Landverbindung nach der starken Absenkung des Meeresspiegels in der Schlussphase der Eiszeit etwa zwischen 23.000 und 11.000 v.h. Die Menschen aus Sibirien folgten auf ihrer Jagd wohl in kleinen Gruppen dem Wild ohne zu ahnen, dass sie ihren Fuß auf einen neuen Kontinent setzten, der sich nach dem Wiederanstieg des Meeresspiegels von Eurasien trennen sollte. Von Alaska aus führt dann der sog. Wisconsin-Pfad, der bei der Haupteinwanderung bis zur Endphase der letzten Eiszeit eisfrei blieb, zwischen dem Kordillieren-Eisschild und der Laurentischen Eismasse entlang Yukon- und Mackenzie-River nach dem Süden in den Mittleren Westen der heutigen USA. Später vereinigten sich die beiden Gletschermassen zu einer riesigen 3000 Meter hohen Eisbarriere quer durch Nordamerika, sodass die Menschen im Norden in arktischer Umgebung gefangen blieben. Ihnen blieb, soweit sie überlebt haben, nichts anderes übrig, als sich mit diesen Lebensbedingungen abzufinden.

In der Phase der Absenkung zwischen 38.000 und 30.000 v.h. lagen das warme Denekamp-Interstadial

> Damit eine Einwanderung über die Beringstraße nach Alaska möglich war, mussten zwei im Grund sich widersprechende Bedingungen erfüllt sein:
>
> - es musste genügend warm sein, damit die Menschen bis in den Nordosten von Ostsibirien vordringen konnten
> - es musste kalt genug sein, dass sich der Meeresspiegel ausreichend absenkte.

ab 35.000 v.h. und zwei weitere kürzere Zwischenwarmzeiten. War in diesen Zeiten aber nur ein schmaler Korridor nach Amerika frei, der allenfalls von Kleingruppen auf der Jagd nach Wild passiert wurde, so öffnete sich ab 23.000 v.h. gleich ein breites Tor. Allerdings standen nun keine Menschen davor, denn nun hatte die Hochphase der ganzen letzten Eiszeit eingesetzt und es blieb bis zum Beginn des Boelling-Interstadials auch recht kalt. Die Menschen haben sich in dieser langen Kaltzeit wieder weit in den Süden zurückgezogen. Dann aber dürfte sich mit dem Einsetzen des warmen Boelling-Interstadials vor 14.700 Jahren der sibirische Nordosten mit Tieren und Menschen gefüllt haben, welche schließlich auch nach Alaska kamen. Die amerikanische Urbevölkerung ist in erster Linie von dieser letzten Einwanderung geprägt. Die Kälteeinbrüche zu Ende des Boelling-Interstadials veranlassten die Menschen in Alaska dann sicher zu einer raschen Weiterwanderung nach dem Süden, solange der Wisconsin-Korridor noch passierbar war. Nach Cavalli-Sforza sind die Clovis-Jäger, benannt nach einer Ortschaft in Mexiko, etwa um 13.000 v.h. in den heutigen USA angekommen.

Das Zeitfenster für die Haupteinwanderung nach Amerika war also recht schmal: um 14.700 v.h. wurde es plötzlich warm, sodass Menschen nach Nordostsibirien drängten, welches dann über Beringia nach Alaska überleitete. Schon nach knapp einem Jahrtausend setzte aber wieder tiefe Kälte ein, sodass die Menschen diesen Raum wieder verlassen mussten. Jene aber, die wegen des Kälterückfalls nun von Alaska aus nach dem Süden drängten, fanden dann um 12.000 v.h. das Tor dorthin, nach den heutigen USA, verschlossen, als sich der Kordillieren-Eisschild und die Laurentische Eismasse zu einem unüberwindlichen Eisriegel quer durch Nordamerika vereinigt hatten.

Die frühen Fundstätten in Amerika sind sehr umstritten, was angesichts der langen Zeiträume und der zu erwartenden geringen Bevölkerungsdichte auch nicht verwunderlich ist. Cavalli-Sforza errechnet aus der genetischen Distanz zu den Nordostasiaten eine erste Ankunftszeit der Menschen in Amerika von 32.000 v.h., d.h. zu Ende des warmen Denekamp-Interstadials. Dies fügt sich gut in die Zusammenhänge. Auch eine linguistische Untersuchung stützt diese Folgerung. Greenberg stellte fest, dass die von den präkolumbischen Indianern gesprochenen Sprachen drei Familien angehören: er zählte 583 eigentliche Indianersprachen, 34 Nadene-Sprachen aus der Haupteinwanderung und 9 Eskimo-Idiome. In dieser Reihenfolge erfolgte auch die Einwanderung. Die starke Zersplitterung der frühen Indianersprachen und beträchtliche genetische Unterschiede deuten auf eine Einwanderung in vielen Kleingruppen hin.

Ein aktueller Fund lässt vermuten, dass Menschen sogar noch früher erstmals nach Amerika gekommen sind. Im Cerro Toluquilla bei Puebla südlich Mexiko-City fand man versteinerte menschliche Fußspuren in Vulkanasche, deren Alter man auf etwa 40.000 Jahre schätzt. Die ersten Menschen könnten damit die Beringstraße schon im warmen Hengelo-Interstadial vor mehr als 40.000 Jahren überquert haben, in dem sie auch in Europa und in Sibirien erstmals eingewandert sind. *Abbildung 10 (S. 86)* deutet an, dass es zu dieser Zeit für einige Jahrtausende eine schmale Passage zwischen der ostsibirischen Halbinsel Chukchi und Alaska gegeben haben muss. Wegen der mutmaßlich geringen Anzahl an Zuwanderern und der langen Zeiträume machen sich diese Menschen offensichtlich genetisch nicht mehr bemerkbar. Sie könnten mit den nächsten Einwanderern aus dem Denekamp-Interstadial genetisch weitgehend identisch gewesen sein.

Mythen und Religionen als vorgeschichtliche Quellen

Der eigentliche Kern dieses Kapitels sind Vorgänge, die sich in der außerordentlich turbulenten Übergangsphase von der letzten Eiszeit zur Nacheiszeit im Großraum des Vorderen Orients abgespielt haben. Das Klima fuhr in dieser Zeit förmlich Achterbahn und wir wissen, dass in mehreren geografischen Räumen zahlreiche Großtiere zu eben dieser Zeit ausgestorben sind. Daraus lässt sich erahnen, welchen Bedrängnissen damals auch die Menschen ausgesetzt waren. Zudem wurden sie, soweit sie in der Nähe von Meeresküsten gelebt haben, durch das mehrfache Ansteigen des Meeresspiegels aus ihrer gewohnten Umgebung vertrieben. Ihr Eindruck mag gewesen sein, ihre Heimat versinke nun im Meer. Wir können die damaligen geografischen Verhältnisse wie auch die Veränderungen des Meeresspiegels rekonstruieren und daraus Vermutungen für das Verhalten der Menschen ableiten. Geschichtliche Quellen für diese Zeit gibt es noch nicht. Wenn wir mehr über das Schicksal der betroffenen Menschen erfahren wollen, sind wir hier auf andere Informationen angewiesen. Solche traumatischen Ereignisse sind wohl in erster Linie geeignet, in die Mythen der Menschheit einzugehen und dann im mythologischen Kleid überliefert zu werden.

Viele Vorstellungen der Gegenwart sind ohne ihren mythologischen Hintergrund kaum zu verstehen. Nach Carl Gustav Jung sind Mythen Manifestationen eines kollektiv Unbewussten, in dem uralte Erfahrungen der Völker und der Menschheit zum Ausdruck kommen. Wir werden uns nun ausführlich mit Mythen des Vorderen Orients befassen, um zu versuchen, Aussagen zum Verhalten der Menschen für die Zeit des Übergangs von der letzten Eiszeit zur Nacheiszeit in dieser Region zu gewinnen.

Mythen sind uns häufig als Bestandteil religiöser Gebäude überliefert. So finden wir Schilderungen zur Erschaffung der Welt und des Menschen, zu Paradies und Vertreibung und zu einer großen Flut nicht nur in der Bibel, sondern auch innerhalb anderer religiöser Systeme des Nahen Ostens. Eine wichtige Frage ist nun, wie originalgetreu die Mythen unter den unterschiedlichen Umständen auf uns gekommen sind. Untersuchungen zur Entstehung und Entwicklung der Religionen können nun dazu beitragen, ältere ursprünglichere Mythen von den jüngeren veränderten zu unterscheiden. Überlegungen zu den jeweiligen Lebensbedingungen der Menschen und ihrer Gedankenwelt geben auch zu Vermutungen Anlass, mit welchen neuen Einfärbungen bei der Übernahme in ein anderes Glaubenssystem zu rechnen ist.

Mythen, welche schon sehr früh schriftlich fixiert wurden, z.B. auf mesopotamischen Tontäfelchen, und dann lange Jahrtausende unberührt im Boden lagen, weisen sicher eine höhere Originaltreue auf als solche, welche erst nach langer mündlicher Überlieferung schriftlich festgehalten wurden. So datiert man das Alter der ältesten Aufzeichnung des sumerischen Gilgamesch-Epos, welches auch einen Bericht zu einer früheren großen Flut enthält, auf etwa 2150 v.Chr.; eine andere Erzählung aus sumerischer Quelle, welche ebenfalls über eine große frühere Flut berichtet, das Epos des Athrahasis, ist wahrscheinlich um 1645 v.Chr. in Babylon niedergeschrieben worden. Wenn auch die Aufzeichnung hier schon sehr weit zurück liegt und diesen Erzählungen daher eine hohe Authentizität zuzubilligen ist, so darf doch nicht übersehen werden, dass dieser eine mündliche Tradition von mehreren Tausend Jahren voraus ging. Die Entstehung der frühen mesopotamischen Mythen dürfte in die Zeit vor oder während der ersten stärkeren Besiedelung der südmesopotamischen Ebene vor etwa 8000 Jahren zu verweisen sein. Auch die mündliche Überlieferung kann von unterschiedlicher Qualität sein: größere Veränderungen im Laufe der Zeit sind sicher dann zu erwarten, wenn die Berichte von Generation zu Generation ungeregelt mündlich weitergegeben wurden. Dagegen mussten die Gathas, der Hymnen der Religion des Zarathustra, von den Priestern Wort für Wort auswendig gelernt werden. Hier ist – trotz mündlicher Überlieferung – eine originalgetreue Wiedergabe über lange Zeit zu erwarten.

Fruchtbarkeitsidole und Muttergöttinnen der Frühzeit

Die Menschen kämpften in der Eiszeit in einer kalten und feindseligen Natur ums nackte Überleben. Der Erfolg der Jagd nach tierischer Nahrung und die Fruchtbarkeit und Lebenskraft der Frauen, welche die Kinder zu gebären und zu ernähren hatten, waren entscheidend für den Bestand von Familie und Sippe. Seit dem Auftreten des Cro-Magnon-Menschen in Europa bis hin zu den letzten Jahrtausenden vor unserer Zeitrechnung haben daher Europa wie auch die Länder des östlichen Mittelmeerraums ihre Gottheiten in weiblicher geschlechtsbetonter Weise dargestellt.

In den frühen neolithischen Dörfern des Vorderen Orients bis hin zum Indus wie auch bei den ersten europäischen Bauern der Bandkeramik-Kultur fanden sich noch zahlreiche Statuetten von nackten weiblichen Idolen. Bei den jungsteinzeit-

> Der Kult um eine „Erdmutter" hielt stellenweise bis in unsere Zeit an.
> Noch im 20. Jahrhundert verehrte man sie in zahlreichen europäischen Ländern, wie Schottland, Irland, Litauen, Ostpreußen und auf Malta.
> Am 15. August, der zu einem Marienfeiertag umfunktioniert worden ist, brachte man ihr Sträuße dar. Am Aralsee halten Menschen trotz des vorherrschenden Islam immer noch an der heidnischen Fruchtbarkeitsgöttin Anihita fest.

lichen Bauern tauchten dann auch Mutterfiguren mit Kind auf, erstmals in Rumänien um 7000 v.h. Diese wurden dann später in Ägypten und in christlichen Religionen zu einem beliebten Motiv.

Männliche Figuren sind in dieser Epoche selten. Es sind allenfalls schamanenhafte Wesen, wie der Löwenmensch von der Schwäbischen Alb oder der Katzenmensch aus der Apollo-II-Höhle in Südafrika. Schamanenhafte Bilddarstellungen fand man auch in Steinzeithöhlen, wie den „Wisentmensch" von Le Gabilou in der Dordogne oder den „Zauberer" aus der Höhle Les Trois Frere, ein Mischwesen aus Mensch, Pferd, Hirsch, Bär und Vogel. Erst sehr spät tauchen echte männliche Figuren auf, etwa in der südmesopotamischen Obed-Kultur die typischen „Beter"-Figuren vor weniger als 8000 Jahren oder in Szegvar-Tüzköves auf dem Balkan eine 7000 bis 6000 Jahre alte Figur eines Mannes mit Sichel. Kürzlich fand man auch bei Zschernitz in Sachsen in einer Siedlung der Bandkeramiker einen 7000 Jahre alten Torso einer üppigen männlichen Figur aus gebranntem Ton. Männliche Figuren scheinen also während der Eiszeit noch keine Rolle gespielt zu haben. Darf daraus geschlossen werden, dass es die Vorstellung eines männlichen Gottes noch nicht gab?

Männliche Götter der Bauern und Krieger.

Der Ackerbau ermöglichte das Anlegen von Vorräten und räumte so mit dem Schreckgespenst von Hunger und Unfruchtbarkeit auf. Eigentlich hätte dies den Niedergang der Bedeutung der Muttergöttin einläuten können. Sie hatte aber Bestand und wurde jetzt sogar zur Schutzherrin des Ackerbaus, d.h. sie war nun in anderer Weise für die Fruchtbarkeit zuständig. Man erkennt sie unter vielen vertrauten Namen, wie Ischtar, Astarte, Inanna, Kybele und Demeter, Hüterinnen der Liebe, der Jagd, von Erde und Ernte.

Es gibt aus der Eiszeit keinen einzigen Fund, der mit Sicherheit belegt, dass auch schon ein männlicher Gott verehrt wurde. Am wahrscheinlichsten ist, dass es die Vorstellung von einer männlichen Gottheit noch nicht gegeben hat. Es könnte natürlich auch sein, dass wir die Symbole einer männlichen Gottheit nicht gefunden haben oder nicht deuten können. Es wäre aber auch möglich, dass es schon damals, wie heute bei den Juden und im Islam, ein Tabu für die Darstellung eines obersten Gottes gegeben hat. Auch von An, dem höchsten Himmelsgott in einer sumerischen Göttertrias, hat man bisher keine Abbildung gefunden.

Gegen Ende der Eiszeit tauchen Figuren auf, welche eindeutig sowohl phallische männliche wie auch weibliche Geschlechtsmerkmale zeigen. Mit dem Aufkommen des Ackerbaus begann dann wohl die Zeit der männlichen Götter. Ackerbau bedeutete Sesshaftigkeit. Man war nun gezwungen, neben den Feldern zu wohnen, auch um zu vermeiden, dass andere die Früchte der eigenen Arbeit ernteten. Bei größeren Gemeinschaften wurde in Zeiten der äußeren Bedrängnis jetzt auch ein Anführer erforderlich: Gott Mars wurde geboren! Die weibliche Gottheit musste nun ihre Macht teilen.

Noch zwingender wurde eine männliche Gottheit für die Arier, welche aus den südrussischen Steppen einerseits nach dem Süden über den Iran und Afghanistan bis an den Indus und anderseits westwärts in drei Wellen nach Europa vordrangen.

Die Vorfahren der Arier waren Ackerbauern, die sich, aus dem Vorderen Orient kommend, während des warmen und feuchten Atlantikums – zwischen 7500 und 7000 v.h. – nach dem Norden, in die heutigen südrussischen Steppen, ausgebreitet hatten. Mit dem Ende dieser Feuchtperiode begann das Gebiet zu versteppen. Nun entwickelte sich das Weidenomadentum. Das Pferd, welches von diesen Menschen erstmals gezähmt wurde, wurde zu ihrer Lebensgrundlage, aber auch zur Basis einer Reihe von Eroberungszügen. Kerngebiet dieser Expansionen war nach genetischen Untersuchungen von Cavalli-Sforza die sog. Kurgan-Region in der Ukraine und in Südrussland, ein Gebiet nordöstlich von Krim und Asowschen Meer zwischen den Strömen Dnjepr im Westen und Don und Wolga im Osten. Ursache für die Auswanderungen war in allen Fällen die Austrocknung der Steppen.

Das auf Eroberung ausgerichtete Halbnomadentum der Arier setzte notgedrungen Konflikte mit anderen Stämmen voraus und führte zu einer halbmilitärischen Organisation. Der Krieger wurde in der arischen Gesellschaft die dominierende Heldenfigur. Dies übertrug sich auch auf das Gottesbild. In einer Heldengesellschaft schwand aber das Ansehen der Frau. Fortan sollte die Welt, vom Himmel oben bis zur Hölle, den Männern gehören.

Der Zeit der männlichen Götter könnte mit einem ersten Gott, also monotheistisch, begonnen haben. Einen Hinweis hierzu geben Legenden zum Zoroastrismus, der Religion des persischen Propheten Zarathustra. Dieser führte wahrscheinlich um 600 v.Chr., vielleicht auch schon viel früher, eine radikale Reform im überbordenden polytheistischen persischen Himmel durch und beließ nur noch einen einzigen Gott, Ahura Mazda, den *„Erhabenen weisen Herrn"*. Zarathustra betrachtete sich nicht als Religionsstifter, sondern als Erneuerer einer uralten Religion, welche es vor *„drei Spannen von jeweils dreitausend Jahren"* schon gegeben habe. Dieser Hinweis, so vage er auch sein mag, könnte für den Beginn des männlichen Monotheismus auf die Zeit des Übergangs von der Eiszeit zur Nacheiszeit hin deuten.

Bei der Gründung von Eridu im Süden Mesopotamiens vor knapp 8000 Jahren befanden sich die Götter schon in der vierten Generation. Ein Rückschluss auf die Zeit der ersten Generation ist allerdings leider nicht möglich, weil wir keine Kenntnis zur Dauer einer „Götter-Generation" haben. Den Anfang machten die schon erwähnten Tiamat und Apsu, der Salzwasserabgrund und das Süßwasser-Urmeer. In der zweiten Generation folgten Lachmu und Lachamu, über welche wir kaum etwas wissen. Dann kam ein drittes Paar, Anschar und Kischar, deren Namen „Gesamtheit des Himmels" und „Gesamtheit der Erde" bedeuten. Erst in der vierten Generation wurde die klassische Dreier-Einheit des Orients erreicht. Wir wissen zwar, dass die Menschen von Obed und Sumer eine Vielzahl von Göttern kannten. Sie verehrten aber drei Hauptgottheiten, An oder Anu, den alten Himmelsgott und Begründer, Ellil, seinen Sohn, und Enki oder Ea, den Gott des Reichs des Süßwassers unter der Erde. Er war aber auch der Gott der Weisheit und die Quelle allen geheimen magischen Wissens und damit gewissermaßen ein Vorläufer des christlichen Heiligen Geistes. In den Prologen der sumerischen großen Epen wird jeweils diese große göttliche Dreiheit angeführt. Die Idee einer göttlichen Dreier-Einheit, zum Teil als Zusammenfassung einer einzigen Gottheit, scheint im theologischen Empfinden des Vorderen Orients tief verwurzelt zu sein. Noch im frühen Christentum hat sie zu einem erbitterten Streit geführt, den Kaiser Konstantin 325 n.Chr. im Konzil zu Nicaea zu schlichten versuchte.

Polytheismus und Monotheismus in Israel

Nach üblicher Meinung hat das Volk Israel den Monotheismus hervorgebracht. Das heiligste Buch zahlreicher Menschen, die jüdische Bibel und das Alte Testament der christlichen Bibel, werden als Zeugnis dafür betrachtet. Im strengen Sinne ist die Bibel allerdings kein Buch, sondern eine Bibliothek von Schriften, welche zu unterschiedlichen Zeiten von unterschiedlichen Autoren geschrieben und erst später, unabhängig vom Alter der Schriften, in die historisch richtige Reihenfolge gebracht wurden, sodass sie, trotz einiger Mehrfachbeschreibungen, insgesamt geschlossen wirkt.

Der jüdische Monotheismus wird in der Bibel auf Abraham zurückgeführt, welcher um 1800 v.Chr. aus Ur in Chaldäa, also aus dem südlichen Mesopotamien, als Nomade ausgezogen sein soll. Abraham ist über seinen Sohn Isaak, den er mit seiner Frau Sarah gezeugt hat, Stammvater der Juden, gleichzeitig aber auch über seinen Sohn Ismael, der ihm von seiner ägyptischen Magd Hagar geboren wurde, Stammvater der Nordaraber. Nach der

> Die eigenständige erste Entwicklung des Monotheismus, des Glaubens an einen einzigen Gott, dürfte nicht die Leistung des hebräischen Volkes allein gewesen sein; es ist eine geistige Anregung aus dem persischen Raum zu vermuten.
>
> Dieser Ideenfluss aus Persien zeigt sich noch im Neuen Testament der Bibel: drei Magier aus dem Morgenland, aus Persien, nach heutigem Verständnis Priester der Religion Zarathustras, kamen an die Krippe des neugeborenen Jesuskinds, um ihm Geschenke darzubringen.
> Und für die folgende Erzählung, die Ermordung der Unschuldigen Kinder durch König Herodes, für die sich bisher keine geschichtliche Bestätigung finden ließ, gibt es ein persisches Pendant, das als Vorlage gedient haben könnte.

Bibel hat er mit Gott einen Bund geschlossen. Abraham hat also, offensichtlich in der sumerisch-chaldäischen Tradition eines bevorzugten Stadtgottes, für seine Sippe einen Schutzgott erwählt.

Abraham war semitischer Nomade, der sich mit seiner Herde in der Umgebung von Ur aufhielt. Rund um die sumerischen Städte schloss sich bewässertes Ackerland und dann unbewässertes Weideland an, das auch von Nomaden genutzt wurde. Diese lebten mit den Städten in einer gewissen Symbiose: sie waren ein Bestandteil des Versorgungssystems der Städte. Deshalb ist anzunehmen, dass Abraham, obgleich Nomade, mit den Grundzügen der schon alten sumerischen Kultur und auch ihrer Religion vertraut war. Kommunikationsprobleme gab es nicht, denn der semitische Bevölkerungsanteil in den Städten wurde immer größer und gegen Ende der Neosumerischen Periode, eben um die Zeit des Auszugs, wurde in den Städten nur noch semitisch gesprochen. Auch die letzten drei sumerischen Könige trugen schon semitische Namen. Das Sumerische wurde nun zur Sprache der Gelehrsamkeit, von Ritus und Kult, ähnlich wie in den beiden letzten Jahrtausenden das Latein in Europa.

In der Bibel begegnen uns zwei verschiedene Namen für Gott: Jahwe als jüngerer Begriff und der alte Name El (Eloha; Plural: Elohim). Der Name des Gottes, mit dem Abraham seinen Bund in Mesopotamien geschlossen hat, müsste aber An heißen. An war der Schöpfer- und Vatergott der Sumerer. El hingegen ist kein in Mesopotamien geläufiger Gott. Er stammt aus Ugarit, dem heutigen Ras Shamra in Syrien, etwa 400 Kilometer nördlich von Jerusalem, einer sehr alten und bedeutenden Hafenstadt. Wegen der Ähnlichkeit der Namen und der Göttergestalten von An und El könnte man an eine spätere Umbenennung denken. In alten Texten, welche in Ras Shamra ausgegraben wurden, wird El als der König der Götterwelt und Vater aller Götter bezeichnet. Er wurde als Ehrfurcht gebietender Mann mit langem Bart dargestellt, ähnlich wie der christliche Gott uns an der Decke der Sixtinischen Kapelle im Vatikan heute noch begegnet. Dass die Hebräer den ugaristischen El als ihr Oberhaupt erwählten liegt wohl daran, dass sie sich längere Zeit in Kanaan in der Gegend von Ugarit aufgehalten haben. Dies bestätigt auch ihre Sprache, die aus dieser Gegend stammt.

El und Jahwe hatten die gleiche Funktion, aber sie waren zwei verschiedene Göttergestalten. Jahwe war ursprünglich der Stadtgott von Jerusalem. Vieles spricht dafür, dass man in Israel polytheistische Wurzeln zu einer monotheistischen Einheit verflochten hat. Das jüdische Volk hat sich einem einzigen Gott verschrieben und dieser hat einen Bund mit diesem einzigen Volk geschlossen. Die Existenz weiterer Götter wurde aber nicht in Abrede gestellt. Die Götter der anderen Völker wurden jedoch verachtet, sie wurden als nichtig betrachtet. Jahwe hatte nicht gesagt: „Es gibt keine anderen Götter außer mir", sondern *„Du sollst keine fremden Götter neben mir haben!"*. Die Bibel enthält zahlreiche Hinweise darauf, dass vom jüdischen Volk zumindest zeitweise anderen Göttern gehuldigt wurde. Angefangen beim Buch der Richter bis zu den Propheten aus der Zeit nach dem Babylonischen Exil: die Bibel ist voll von Ermahnungen und Verwünschungen wegen der Vielfalt der Kulte, welche die Hebräer praktizierten. Sogar der Bruder des Moses, der Hohepriester Aaron, soll in Abwesenheit von Moses auf Verlangen des Volkes ein Goldenes Kalb als Götzenbild in Auftrag gegeben haben. Der große König Salomon war nicht nur Erbauer des ersten Tempels für Jahwe in Jerusalem; er ließ auch zwei kleinere Tempel für die Götter seiner nicht-jüdischen Frauen errichten, moabitische und ammonitische Götzen. Und sein Nachfolger Jerobeam stellte sogar an zwei heiligen Stätten Goldene Kälber auf. In der Bibel gibt es „*Elohimssöhne*" und die biblische Sintflut wird damit begründet, dass sich die „*Gottessöhne Frauen aus allen genommen haben, welche ihnen gefielen*". Diese Schilderung ließe sich lange fortsetzen.

Dem hebräischen Volk sollen nach der Bibel nach seinem Auszug aus Ägypten von Moses am Berge Sinai die bekannten Mosaischen Gesetze, die Zehn Gebote Gottes, übergeben worden sein, von Gott selbst in Stein geschrieben. Prof. Eduard Reuss, der an der Universität Strassburg lehrte, fiel schon im Jahre 1833 auf, dass die biblischen Propheten nach Moses trotz ihrer vielen Vorhaltungen und Verwünschungen das Mosaische Gesetz nie zitierten und überhaupt den Anschein erweckten, als würden sie es gar nicht kennen. Seine Folgerung, das Gesetz müsse aus einer späteren Zeit nach den Propheten stammen und könne folglich nicht in der Zeit des Moses schriftlich fixiert worden sein, getraute er sich allerdings erst nach 46 Jahren zu veröffentlichen. Einer seiner damaligen Studenten, Karl Graf, wies dann nach, dass die Mosaischen Gesetze wie die ersten fünf Bücher der Bibel, der Pentateuch, der auch die Schilderung von Schöpfung und Sintflut enthält, erst sehr viel später, nämlich nach der Babylonischen Gefangenschaft niedergeschrieben worden sind.

Der kleine jüdische Staat, zwischen dem mächtigen Staat der Babylonier und Ägypten eingequetscht, konnte seine Unabhängigkeit über lange Zeit bewahren. Als er sich aber nachhaltig weigerte, Babylon Tribut zu zahlen, wurde er von den Babyloniern angegriffen und besiegt. Die Stadtmauern von Jerusalem und der Tempel wurden zerstört und die Oberschicht der Juden, etwa 15.000 Menschen, wurde 597 und nach einem Aufstand 587 v.Chr. nach Babylon in die Gefangenschaft verschleppt. Die Babylonische Gefangenschaft hat die Denkweise und die Theologie der Juden ganz entscheidend geprägt. Die verschleppten Juden hatten ihre Heimat und ihren Staat verloren. Es bedurfte daher eines Mediums, um den Fortbestand der jüdischen Volks- und Religionsgemeinschaft zu sichern und eine Entwurzelung zu verhindern. Zunächst versuchten die Juden, ihre nationale und religiöse Identität durch eine besonders rigorose Beachtung von Vorschriften zu bewahren. In Babylon entstand auch die Synagoge als ein Ort des religiösen Treffs. Die Juden fühlten sich im babylonischen Exil völlig von Gott verlassen und sie führten das auf ein schuldhaftes Verhalten zurück. In einem Brief an den persischen König Darius nach der Gefangenschaft heißt es: „Da aber unsere Väter den Gott des Himmels zum Zorn reizten, übergab er sie der Gewalt des Chaldäers Nebukadnezar von

Babel". Diese Denkweise wurde auch in die Vergangenheit projiziert und ältere Texte und Erzählungen wurden entsprechend umformuliert. So erklärt sich wohl auch, warum in den jüdischen Berichten zur Sintflut der Grund für die Flut von dem ihrer Vorbilder abweicht: nicht Überpopulation, wie bei den Quellen, sondern die Verworfenheit der Menschen hatte zur Flut geführt! Ein anderer Antrieb lag in der Notwendigkeit, den späteren Rückkehrern aus Babylon und ihren dort entstandenen Institutionen Durchsetzungsvermögen zu verleihen: Angst vor weiteren göttlichen Strafen war eines der Mittel.

Die Juden wurden 538 v.Chr., durch den Sieg des persischen Achämenidenkönigs Cyrus II. (Kyros) über die Babylonier befreit, der ihnen dann auch die Rückkehr nach Palästina sowie den Wiederaufbau des Tempels in Jerusalem gestattete und ihnen den von Nebukadnezar geraubten Tempelschatz zurückgab. Kyros wie auch seine Nachfolger waren religiös tolerant. Sie gaben den unterjochten Völkern ihre Götterstatuen zurück und förderten auch deren Kulte, weil sie sich nicht nur den Segen des eigenen, sondern auch der fremden Götter sichern wollten. Mit der Erlaubnis zum Heimzug waren aber auch politische Absichten verbunden. Israel sollte im unruhigen Grenzgebiet zu Ägypten einen Puffer darstellen. Mit den liberalen Persern gab es dann über zwei Jahrhunderte eine vertrauensvolle Zusammenarbeit bis zum Zusammenbruch des achämenidischen persischen Reichs nach dem Einfall des Makedoniers Alexander des Großen. Kyros wurde vom Deutero-Jesaias genannten Propheten als Gesalbter Gottes begrüßt, der ihn vorher schon als kommenden Befreier geweissagt hatte. Er war mit Wahrscheinlichkeit ein Anhänger der monotheistischen Lehre des Zarathustra. Bei seinen Nachfolgern, mit denen die in Babylon verbliebenen Juden zusammen lebten, ist dies gesichert.

Reform des Zarathustra zum ersten Monotheismus

Das Pantheon der Völker im Orient nahm im Laufe der Zeit an Zahl der Götter zu und die Macht der Priester wuchs damit an. Eine gewisse Einschränkung ergab sich allerdings dadurch, dass sich jede der frühen Städte in Mesopotamien ihren eigenen obersten Stadtgott erkor. Mit der Erweiterung der Macht einzelner Städte auf eine ganze Region dehnte sich dann auch die Macht des bevorzugten Gottes aus und er wurde zum Gott einer Region oder eines Staates.

> Die religiöse Rigorosität steigerte sich in den Jahrhunderten nach der Babylonischen Gefangenschaft noch weiter: Für jede Verrichtung gab es eine Vorschrift und jede wurde theologisch untermauert. So entstand mit dem Pharisäismus eine Buchstabenfrömmigkeit, die Jesus von Nazareth später mit Worten heftig geißelte.
>
> Zu dem Trauma, das die Babylonische Gefangenschaft hinterlassen hatte, kamen nach dem Sieg Alexanders des Großen noch die Überflutung mit dem Hellenismus, der griechischen Kultur, und später die Unterwerfung durch die Römer.

Ein anderer Pfad zum Monotheismus führte über die Beschneidung der Macht der Priester, wenn das Pantheon zu umfangreich wurde und jeder Priester die Rechte und Feste seines Gottes einforderte. Da dies allmählich Unregierbarkeit bewirken musste, gab es im Vorderen Orient mehrmals religiöse Reformen, verbunden mit der Reduzierung der Zahl der Gottheiten. Im historischen Japan hatte man ein ähnliches Problem: das Kaiserhaus sah sich in der alten Hauptstadt Narra von den Mönchen so eingeengt, dass es kurzerhand die Hauptstadt nach Kyoto verlegte und den Mönchen verbot nachzuziehen. Eine ganz radikale Reform führte der Prophet Zarathustra in Persien durch, denn er beließ nur einen einzigen Gott, Ahura Mazda, den „Weisen Herrn". Er ist der reine Geist, Schöpfer und Herr aller Dinge. Er verkörpert das Gute, die Weisheit und das Wissen. Alle anderen Götter wurden zu Heiligen degradiert oder zu Dämonen herabgewürdigt. Ahura Mazda wird von sechs personifizierten ethischen Prinzipien unterstützt, die von ihm geschaffen sind. Sie sind am ehesten mit den jüdisch-christlichen Erzengeln vergleichbar. Zu ihnen zählen die Wahrheit, das Göttliche Recht und die Güte. Auch Schutzengel hat es schon gegeben. Ahura Mazda stand der Heilige Geist zu Diensten, welcher aber eine Rangstufe unter Ahura Mazda eingestuft war.

Die Lehre des Zarathustra hat einen besonderen Stellenwert wegen ihrer theologischen und ethischen Klarheit. Sie rief zu einem einfachen gottgefälligen Leben auf und untersagte die bisher üblichen Blutopfer und Orgien. Alle Menschen, ob reich oder arm, angesehen oder unscheinbar, sind nach der Lehre Zarathustras gleich und mit freiem Willen ausgestattet. Jeder ist zu guten Gedanken und Werken aufgerufen und jeder wird nach seinem Tode gerichtet und erwartet seine Belohnung oder Bestrafung. Das Paradies steht nicht nur Priestern und Personen von Rang offen. Der Mazdaismus kennt einen strengen Dualismus zwischen Gut und Böse, den es seit Anbeginn der Welt gibt. Ahura Mazda steht in dauerndem Kampf mit seinem Widersacher, dem Bösen Geist Angra Mainyu (Ahriman), dem Herrn der Unterwelt, welcher nicht von ihm geschaffen ist und auch nicht – wie im Christentum – einen gefallenen Engel darstellt. Bei ihm in der Unterwelt müssen die Seelen jener Menschen bis zum Jüngsten Gericht ausharren, bei welchen bei der Abwägung nach ihrem Tode böse Gedanken und Werke überwogen. Am Ende der Zeiten werden die Toten in ihren Leibern auferstehen, um dann endgültig gerichtet zu werden.

Angra Mainyu versucht unablässig, die Welt der Wahrheit zu zerstören und Mensch und Tier Schaden zuzufügen. Das Leben im Diesseits spiegelt den kosmischen Kampf zwischen Ahura Mazda und Angra Mainyu wider. Die Welt sei wesensmäßig zwar gut, aber gegenwärtig vom Bösen Geist verdorben. Es komme aber der Tag, an dem der Kampf mit dem Bösen seinen Höhepunkt erreicht. Am Ende aller Tage wird dann das Gute triumphieren.

Zarathustra betrachtete sich nicht als Religionsstifter, sondern als Reformer einer uralten Religion, die es vor *„dreimal dreitausend Jahren"* schon gegeben habe. Auch nach moderner Ansicht reichen die Wurzeln dieser Religion in eine unbekannte Vergangenheit zurück. Es ist nicht geklärt, wann Zarathustra gelebt hat. Die Urfassung des Avesta, des Heiligen Buchs der Anhänger Zarathustras, stammt aus der Zeit zwischen 1400 und 1200 v.Chr. Man datiert das eigentliche Wirken Zarathustras auf etwa 1000 v.Chr. und manche Wissenschaftler glauben, dass Zarathustra erst um 600 v.Chr. gelebt habe.

Die Avesta stellt ein Pendant zu Bibel und Koran dar. Von den ursprünglich 21 Bänden ist nur ein einziger erhalten geblieben; von anderen gibt es Fragmente, sodass insgesamt noch etwa ein Viertel existiert. Siebzehn Hymnen der Gathas, welche seine Offenbarung enthalten, könnten von Zarathustra selber stammen. Sie sind sprachlich mit der Rigveda, den alten indischen Hymnen, eng verwandt, die um 1700 v.Chr., noch vor dem Einfall der Indoarier, entstanden sind. Das verweist eher auf das früheste der genannten Daten zur Lebenszeit Zarathustras.

Um das Leben von Zarathustra ranken sich Mythen und Legenden, welche uns an bekannte spätere Mythen und Schilderungen denken lassen, wie an Romulus und Remus, die Gründer von Rom, aber auch an Jesus von Nazareth. Mythen wandern ja von Zeit zu Zeit und von Kultur zu Kultur. Zarathustra soll von einer Jungfrau in einer Grotte geboren, als Neugeborener in die Wildnis ausgesetzt, aber von einer Wölfin gerettet und von einem Mutterschaf gesäugt worden sein. Man betrachtet ihn als den siebten Sohn von Ahura Mazda, er war verheirateter Priester, erhielt mit 30 Jahren seine Berufung, wurde vom Teufel in der Wüste versucht und starb mit 77 Jahren eines gewaltsamen Todes. Nach seinem Tod stieg er zunächst in die Unterwelt ab, um nach 3 Tagen zum Himmel aufzufahren.

Die Lehre Zarathustras wurde lange abgelehnt und es dauerte zehn Jahre, bis Zarathustra seine ersten Anhänger gefunden hatte. Den Durchbruch kündigte der Übertritt eines kleinen Königreichs im Nordosten Persien zu seiner Lehre an. Sie setzte sich aber schließlich im gesamten Iran, in Pakistan und bis nach Afghanistan durch und hatte über einen Zeitraum von tausend Jahren im persischen Raum Geltung, wobei sie im Laufe der Zeit Veränderungen erfuhr. Bei den persischen Achämeniden, mit denen Juden nach ihrer Befreiung aus der Babylonischen Gefangenschaft noch achtzig Jahre in Babylon zusammen lebten, war die Lehre Zarathustras Staatsreligion.

Der persische Monotheismus der Juden

Nicht alle Juden kehrten mit dem ersten Zug nach Palästina heim und die ersten Heimkehrer, von denen man die Geltendmachung alter Besitzansprüche erwartete, fanden keine freudige Aufnahme in der alten Heimat. Jene Juden aber, welche noch drei Generationen lang, während der Herrschaft von drei weiteren persischen Königen, in Babylon und anderen persischen Orten verblieben waren, hatten wohl das bessere Los gewählt: sie errangen teilweise hohe

Stellungen. Erst achtzig Jahre später, unter der Herrschaft des Perserkönigs Artaxerxes, formierte sich ein zweiter Zug nach Palästina unter der Leitung des jüdischen Schriftgelehrten Esra. Der Jude Nehemia, der es in der damaligen Hauptstadt Susa bis zum Mundschenk des Königs Artaxerxes gebracht hatte, also eine ausgesprochene Vertrauensstellung einnahm, wurde als persischer Statthalter nach Jerusalem gesandt. König Artaxerxes wollte wieder die unruhige Grenze zu Ägypten stärken und niemand war hierfür geeigneter als die noch in Babylon verbliebenen Juden. Aber diese dünne Oberschicht – nur 5 bis 10 Prozent der Juden waren nach Babylon verschleppt worden und ein Teil ihrer Nachfahren war schon heim gezogen – musste sich gegenüber den in Jerusalem Verbliebenen auch durchsetzen können, um die persischen Interessen vertreten zu können. Daher wurden die Spätheimkehrer und ihr neues „Göttliches Gesetz" vom persischen König ausdrücklich legitimiert. Beide, Esra und Nehemia, waren hohe persische Beamte und ihr ausdrücklicher Auftrag lautete, vom Perserkönig legitimiertes geschriebenes Recht in Israel einzuführen. Beide begegnen uns in Büchern der Bibel, denn sie wurden die entscheidenden Führungspersönlichkeiten, Nehemia, wie erwähnt, als weltlicher Statthalter und Esra als der Hohepriester der Juden.

Dieser lange Aufenthalt von Juden von etwa 130 bis 140 Jahren in Babylon muss das jüdische Religionsgebäude nachhaltig beeinflusst haben. Vermutlich stieß die polytheistische Götterwelt des babylonischen Feindes in der Phase der Gefangenschaft auf völlige Ablehnung und begründete eine rigorose jüdische religiöse Abwehrhaltung. Ganz anders hingegen war dies während der liberalen Herrschaft der befreundeten Perser: diese hingen ja dem monotheistischen Glauben des Zarathustra an und sie standen damit den Juden in ihrem monotheistischen Streben sehr nahe. Achtzig Jahre freundschaftliches Zusammenleben: das konnte nicht ohne Einfluss auf die theologischen Systeme bleiben und die Schwelle für das Eindringen von persischem Glaubens- und Mythengut in das jüdische Religionsgebäude war sehr niedrig. Mit dem Sieg der Perser über Babylon setzte aber auch eine Renaissance ein, in der altes sumerisches Kulturgut reaktiviert wurde. Etwa ein Jahrhundert zuvor war es unter Assurbanipal für die Bibliothek in Niniveh gesammelt worden. Vermutlich hat sich in dieser langen Periode, in der die Verschleppung schließlich vier bis fünf Generationen zurück lag und man sie nur noch vom Hörensagen kannte, auch die Schranke gegenüber babylonischem Kulturgut abgesenkt.

Auch der zweite Zug der Israeliten nach Palästina unter Esra verlief in freundschaftlicher Abstimmung mit dem Perserkönig. In der Bibel heißt es hierzu: *„Dieser Esra zog von Babel herauf. Er war Schreiber, bewandert im Gesetz des Moses, das Jahwe, der Gott Israels, erlassen hatte......Denn Esra hatte seinen Sinn darauf gerichtet, das Gesetz Jahwes zu erforschen und zu erfüllen und in Israel Gesetz und Recht zu lehren".*

Die Zehn Gebote Gottes sind erst nach der Babylonischen Gefangenschaft in Israel bekannt geworden. Sie sind ein Teil des vom persischen König autorisierten neuen Rechts Israels, welches sich von Gott ableitet. Vermutlich war das Gesamtwerk der Pentateuch oder sein Vorläufer, welcher ja auch die Schilderung von Paradies, Sündenfall, Vertreibung und Sintflut enthält. Er wurde zur Keimzelle eines Kanons heiliger Schriften, welche man dann in frühchristlicher Zeit „Altes Testament" genannt hat. Der persische König hatte Esra eine dreifache Aufgabe übertragen, wie aus einem in Aramäisch abgefassten Erlass hervor geht: die Rückkehr der Juden in die Heimat fördern, für die ungehinderte Ausführung des Kults sorgen und das Gesetz Gottes als verbindliches staatliches Gesetz verkünden. Am Ende des Erlasses wird „*das Gesetz deines Gottes*" mit dem Gesetz des Königs gleich gesetzt. Damit erfolgte ein Bruch mit den Gesetzen der Daheimgebliebenen: in Zukunft galt nur noch das aus Persien mitgebrachte „*Göttliche Gesetz*".

Die Bibel gibt auch eine Bestätigung dafür, dass die Mosaischen Gesetze dem Volke Israel erstmals durch Esra zur Kenntnis gebracht wurden. Im Buche Nehemia wird unter der Überschrift „*Der Geburtstag des Judentums*" berichtet, dass der Schreiber und Priester Esra nach seiner Rückkehr vom Volk in Jerusalem aufgefordert wurde, das Gesetz des Moses vorzulesen. Es heißt: „*Esra las aus dem Gesetzbuch Moses vor, übersetzte es und legte den Sinn dar, sodass sie das Vorgelesene verstanden. ... Am folgenden Tag versammelten sich die Familienvorsteher des ganzen Volkes mit den Priestern und Leviten bei Esra, dem Schreiber, um Einsicht in die Worte des Gesetzes zu nehmen*". Esra hatte, wie oben angeführt, in Babylon „*seinen Sinn darauf gerichtet, das Gesetz Jahwes zu erforschen ...*". Die Zehn Gebote Gottes sind dem Kodex Hammurabi entnommen, der fast eineinhalbtausend Jahre vorher vom Amoriterkönig Hammurabi erlassen worden war. Man mag ihn in Israel für das Gesetz des Moses gehalten haben. Die Mittel zur besseren Durchsetzung blieben dieselben wie schon viel früher: *Abbildung 17 (S. 121)* zeigt, wie die neuen Gesetze dem König Hammurabi persönlich vom Sonnengott Shamash übergeben werden.

Die Babylonische Gefangenschaft, von den Juden bis heute als nationales Unglück beklagt, erwies sich ganz offensichtlich als kultureller Glücksfall für das Judentum und für die westlich geprägte Menschheit. Sie trug zur Festigung des jüdischen Monotheismus durch die „Mosaischen Gesetze" bei und brachte das Volk Israel in direkten Kontakt mit dem uralten Kulturgut der Perser, Sumerer und Babylonier. Ohne diesen von den Juden als schmerzlich empfundenen Einschnitt wäre Israel möglicherweise eine von vielen kleinen Ethnien des Vorderen Orients geblieben, welche allerdings wie andere Semiten schon früh im Schriftbesitz war. Der Monotheismus hätte sich möglicherweise nicht durchgesetzt und der Transport von Kultur bei seiner Ausbreitung wäre unterblieben. Die persische Variante des Zarathustra hat ja heute nur noch eine regionale Bedeutung

Weiterer persischer Einfluss: Essener und Mithras-Religion

Zumindest das werdende Christentum wurde durch zwei weitere persische Einflüsse geprägt, das Essenertum und die Mithras-Religion.

Die Essener haben in den letzten Jahrzehnten vor allem durch die berühmten Funde von Schriftrollen in Qumram am Toten Meer Aufmerksamkeit erhalten. Diese enthalten beträchtliche Teile des Alten Testaments, alle geschrieben in den drei Jahrhunderten vor der Zerstörung Jerusalems im Jahre 68 n.Chr. Qumram wird von den meisten Forschern als eine Siedlung der Essener betrachtet. Diese stellten keineswegs nur eine kleine Sekte innerhalb des Judentums dar, sondern sie waren um diese Zeit eine der bedeutenden Glaubensrichtungen, vergleichbar mit den Pharisäern, zu denen sie aber in Opposition standen. Bekannt ist die sehr kritische Haltung von Jesus von Nazareth zu den Pharisäern, die er einmal als „*Natterngezücht*" bezeichnet. In den Augen der Essener hatten die Pharisäer nämlich durch ihre Zusammenarbeit mit dem Hellenismus den Alten Bund mit Gott gebrochen. Die Essener kündigten daher wie Jesus einen Neuen Bund an. Andere Zeichen dafür, dass Jesus den Essenern zumindest nahe stand, sind die Johannestaufe, wie auch die Tatsache, dass Jesus das Passah-Mahl mit seinen Jüngern schon einen Abend früher als orthodoxe Juden feierte. Im ursprünglichen Judentum spielte auch der Teufel eine andere Rolle als in Persien. Wie das Buch Job zeigt, war er gewissermaßen ein Erfüllungsgehilfe Gottes, der „Mann fürs Gröbere". Er sitzt, als über die Prüfungen des Gerechten Job beraten wird, mit am himmlischen Konferenztisch und wird dann mit der Durchführung der Prüfungen Jobs beauftragt. In den christlichen Evangelien dagegen nehmen die Austreibungen von Teufel und Dämonen einen breiten Raum ein. Ein weiteres Indiz für den persischen Einfluss ist das Endzeitfieber, das die Essener befallen hatte und auch in den Worten Jesu anklingt. Es wurde natürlich durch politische Wirren – Unterwerfung durch Griechen und Römer und die Makkabäerkriege – angefacht, geht aber letztlich auf persische Vorstellungen zurück, die Erwartung von Weltende und Jüngstem Gericht.

Persien hat das spätere Christentum noch in anderer Weise beeinflusst, zumindest in seinen Riten, nämlich über den Mithraskult. Der alte Gott Mithras, von Zarathustra zu den Heiligen zurückgestuft, gewann während der Herr-

Der akkadische Sonnengott Shamash übergibt König Hammurabi die Gesetze Abb. 17

schaft des Perserkönigs Artaxerxes, unter dem der zweite Heimzug erfolgte, wieder an Einfluss. So entstand der Mithraskult, ein Kult der Krieger und Helden. Er wuchs im 2. Jahrhundert v.Chr. an und breitete sich während der Römerzeit im gesamten Mittelmeerraum und auch in eroberten Gebieten wie Germanien aus. Kurzzeitig wurde er sogar römische Staatsreligion. Der Gott dieser Religion war der Wohltäter aller Menschen, Beschützer der Ordnung und der Wahrheit und der Feind allen Übels. Sein Name bedeutete „Vertrag". Der Mithraskult stand in Konkurrenz zum jungen Christentum, aber er hatte in seinen Riten viele Ähnlichkeiten. Wie beim jungen Christentum feierte man in unterirdischen Tempeln Gottesdienst. Neben dem Eingang befand sich ein Gefäß mit geweihtem Wasser und im Raume selbst brannte das Ewige Licht. Bei der Mithras-Religion gab es sieben Initiationsstufen, deren wichtigste Taufe und Konfirmation waren sowie eine Zeremonie, welche in einzigartiger Weise an das Abendmahl erinnert: aus einem Becher wurde Wein getrunken, der das Blut von Mithras symbolisierte, und man brach das Brot, Sinnbild des Leibes. *„Wer nicht von meinem Leibe essen wird und nicht von meinem Blute trinken, sodass er sich mit mir vermischt und ich mit ihm, wird das Heil nicht haben"* ist nicht etwa eine archaische Formulierung der Worte Christi, sondern es sind die Heiligen Worte der Mithras-Verehrung! Hat Jesus beim Letzten Abendmahle die Worte des Mithras-Kults gesprochen und sich an die Stelle des persischen Gottes Mithras gesetzt? Ein solches rituelles Mahl mit Brotbrechen war wohl kein einmaliger Vorgang. Die Jünger von Emaus, mit denen Jesus nach Leiden und Tod gegangen ist und diskutiert und gespeist hat, erkannten ihn erst am Brotbrechen. Sie hatten nicht zu dem Zirkel gehört, mit denen Jesus das Letzte Abendmahl gefeiert hatte, denn nach diesem Ereignis kehrten sie nach Jerusalem zurück, wo sie „die Elf und ihre Gefährten" versammelt fanden.

Eines der Zentren des Mithras-Kults war Tarsus, die Heimatstadt des Apostels Paulus, des eigentlichen Gründers der christlichen Religionsgemeinschaft. Vermutlich war sein Denken hiervon beeinflusst. Frauen sollten nach seiner Empfehlung bei Versammlungen schweigen und daheim ihre Männer fragen. Frauen waren nämlich in den Heiligtümern des Mithras überhaupt nicht zugelassen. Außerdem bezeichnet er sie einmal als *„Leib ohne Kopf"*. Dass das Christentum schließlich obsiegt hat, liegt vermutlich an seiner demokratischeren Struktur und an der aktiven Beteiligung auch der Frauen in der jungen Kirche.

Der persische Einfluss auf abendländische Glaubensvorstellungen und Kultur ist offensichtlich viel größer als bisher angenommen wird. Das christlich-abendländische Gottesbild ist mehr von persischen Vorstellungen – Ahura Mazda und Mithras – einer erhabenen und menschenfreundlichen Gottheit geprägt als vom Bild eines eifernden und rachsüchtigen Jahwe, der ein einziges Volk bevorzugt und andere schlägt. Die erste Vorstellung der Menschen von einem männlichen Gott wurde wohl durch die unsäglichen Wirren der Übergangszeit von der Eiszeit zu unserer Nacheiszeit geprägt, von Klimastürzen, Hitze und Dürre, Fluten, Vertreibungen, Hungersnöten, Unfruchtbarkeit und vielfachem Tod, sodass Gott Furcht erregende Züge annehmen musste. Das Schicksal des Volkes Israel, Babylonische Gefangenschaft, Unterwerfung durch Griechen und Römer und Zerfleischung in den Makkabäerkriegen, war dann wohl nicht geeignet, das Antlitz von Jahwe aufzuhellen.

Wo und wann begann die Landwirtschaft?

Früher Ackerbau in den Mythen

Im jahwistischen Schöpfungsbericht der Bibel lesen wir: *„Am Tag, da Jahwe Gott Himmel und Erde schuf, gab es auf der Erde noch kein Gesträuch und wuchs noch keinerlei Kraut des Feldes. Denn Jahwe Gott hatte noch nicht auf die Erde regnen lassen und der Mensch war noch nicht da, um den Erdboden zu bebauen. Da stieg eine Flut von der Erde auf und tränkte die ganze Fläche des Erdbodens. Dann bildete Jahwe Gott den Menschen aus Staub von dem Erdboden und blies in seine Nase einen Lebenshauch. So wurde der Mensch ein lebendes Wesen"*.

Auch bei den frühen Völkern in Mesopotamien fing die geschichtliche Erinnerung gleich mit Landwirtschaft an. Dies geht aus einem der ältesten Schöpfungsepen der Menschheit hervor, dem babylonischen Epos des Atrahasis. Es spielt in einer Urzeit, als die Götter noch allein auf der Erde waren und alles, dessen sie bedurften, sich selbst beschaffen mussten. Sie waren deshalb, genau so wie später die Bewohner des Zweistromlandes, in zwei Klassen geteilt: die einen herrschten, während die übrigen Götter die für alle erforderliche Nahrung herbei schaffen mussten. Eines Tages aber wurden die Arbeitsgötter der Plackerei an Gräben und Deichen überdrüssig, sie streikten und verbrannten ihr Arbeitsgerät. Die höheren Götter gerieten darüber in Panik. Ea, der Gott der Weisheit, aber fand einen Ausweg: zur Arbeit für die Ernährung der Götter sollten Ersatzleute, Menschen, geschaffen werden. Diese wurden nun aus Lehm geformt, der mit dem Fleisch und Blut eines niederen Gottes vermischt wurde.

Nach Meinung des Schreibers des jahwistischen Schöpfungsberichts begannen Schöpfung, Menschwerdung und Bebauung des Bodens, also die Landwirtschaft, zur selben Zeit. Es ist auch die Zeit des Paradieses, denn der Bericht fährt fort: *„Jahwe Gott pflanzte einen Garten in Eden, im Osten …"*. Dieser Gedanke wird bei der Vertreibung des Menschen aus dem Paradies wieder aufgegriffen, wenn es heißt: *„Unter Mühsal sollst du dich von ihm (dem Erdboden) ernähren alle Tage deines Lebens. Dornen und Disteln soll er dir wachsen lassen. Das Kraut des Feldes musst du essen. Im Schweiße deines Angesichts sollst du dein Brot essen …"*. Die Zeit, über welche die Bibel hier berichtet, liegt noch weit vor der „Sintflut".

Wenn auch die Bibel kein Geschichtsbuch ist, so drängt sich doch die Frage auf: sollen wir den Bericht vielleicht so verstehen, dass Bebauung des Bodens und das theologische System des Monotheismus, welches uns die Information bringt, zur selben Zeit angefangen haben, in einer Frühzeit, welche der Sintflut voraus ging?

Zur Lage des Paradieses gibt uns die Bibel nur den Hinweis: „im Osten". Im Osten von was? Von Palästina, aus der die jüdische Bibel stammt? Palästina kann wohl kaum die Messschnur geliefert haben, denn der gesamte Pentateuch, der auch die Schöpfungsberichte enthält, wurde aus der Babylonischen Gefangenschaft mitgebracht. Dann östlich von Babylon? Vielleicht! Die Berichte dürften dort aber von den Persern übernommen worden sein, welche die Juden befreit haben. Dann stellt sich eine weitere Frage: im Osten des persischen Großraums oder des ersten Siedlungsraums der Vorfahren der Perser? Das ist am wahrscheinlichsten!

Wenn das gesuchte Gebiet in Niederungen am Meer lag und zu Ende der Eiszeit im Meer verschwunden ist, dann könnten mit dem Ort des Geschehens die weiten Schelfgebiete des Persischen Golfs oder des sich anschließenden Arabischen Meers gemeint sein. Die Vermutung stößt also wieder auf jene geheimnisvolle Großregion am „Vourukascha-Meer" aus dem persischen Paradies-Mythos.

Chancen des Nahen Ostens für die Entwicklung der Landwirtschaft

Eine der Vorbedingungen für Kultur ist eine ausreichende Sicherung des Lebensunterhalts. Landwirtschaft ist hierfür die geläufige aber keineswegs die einzige Möglichkeit. Es hat ja schon die Eiszeitkunst in Europa und in Westsibirien gegeben und sie stammte von Jägern und Sammlern, welche in klimatisch günstigeren Warmphasen eine so ergiebige Jagdbeute machen konnte, dass ihre Population zunahm, womit auch gegenseitige Kontakte gefördert wurden. In Japan gab es vor mehr als zehntausend Jahren auch schon die sesshafte Yomon-Kultur, welche sogar schon Keramik gebrauchte. Sie lebte von Jagen und Sammeln sowie Hochsee-Fischerei.

Die Kultur des Abendlandes begann mit der Agrikultur im Morgenland. Die Entwicklung der Landwirtschaft sicherte den Lebensunterhalt, ermöglichte Überschüsse, sodass Tauschgut bereit stand und Spezialisten miternährt werden konnten, welche selbst keine Nahrungsmittel erzeugten. Sie führte auch zu einer höheren Bevölkerungsdichte – etwa das Zehn- bis Tausendfache der Populationsdichte von Jägern und Sammlern – und die Menschen wohnten nun dicht zusammen und konnten damit leicht gegenseitige Anregungen geben und beziehen.

Der Übergang zur Landwirtschaft war ein fast unumkehrbarer Schritt, denn die angewachsene Bevölkerung konnte auf die alte Weise, durch Jagen und Sammeln, nicht mehr ernährt werden. Ein Rückgriff auf eine ältere Lebensweise, das Nomadentum, wie an den arabischen Küsten des Persischen Golfs um 1700 v.Chr. oder im persischen Elam um 1200 v.Chr., kennzeichnet deshalb Zeiten äußerster Not mit massivem Bevölkerungsschwund.

Landwirtschaft entwickelte sich auch zum Machtfaktor. Zum einen gab schon die größere Anzahl an Menschen Überlegenheit. Einen anderen Vorteil bei einer Expansion in fremdes Land bedeuteten aber die Krankheitserreger, welche aus der Domestizierung von Tieren stammten und von den Eindringlingen unbewusst mitgebracht wurden. Sie selbst hatten ja hiergegen zumindest eine Teilimmunität entwickelt. Wie am Beispiel der Ureinwohner Amerikas geschildert wurde, sicherte dies den spanischen Konquistadoren Durchsetzung und Überleben in Amerika. Auch bei der Ausdehnung der Landwirtschaft aus dem Nahen Osten in neue Areale Europas, Asiens und Afrikas dürfte dieser unbewusste Machtfaktor eine beträchtliche Rolle gespielt haben. Die vorhandene Bevölkerung hatte zwar den Vorteil der Ortskenntnis, aber sie wurde durch die neuen Kontakte zahlenmäßig geschwächt. Nach einer Wiedererholung hatte sie sich dann wohl mit den Zuwanderern arrangiert.

Nach Europa kam die Landwirtschaft aus dem Nahen Osten. Landwirtschaft wurde aber nicht nur im Nahen Osten entwickelt, sondern auch – wenn auch überwiegend etwas später – in einigen weiteren Gegenden der Welt. Dies sind Südostasien, Neuguinea, Westafrika südlich der Sahara sowie Mittelamerika und die südamerikanischen Anden. Vorderasien wies aber von diesen Gebieten die besten Voraussetzungen auf und seine landwirtschaftlichen Errungenschaften haben auch weltweit die größte Bedeutung erlangt.

Von rund 200.000 Wildpflanzen stehen nur wenige Tausend auf dem Speiseplan des Menschen und nur einige Hundert wurden mehr oder weniger domestiziert. Auf nur ein Dutzend Arten entfällt 80 Prozent der pflanzlichen Nahrung, welche heute erzeugt wird. Dazu zählen bei Getreide Weizen, Mais, Reis, Gerste, Roggen und Sorghum, bei Hülsenfrüchten Sojabohnen, Erbsen und Linsen, weiter die Wurzelknollen Kartoffeln, Maniok und Süßkartoffeln und die Zuckerpflanzen Zuckerrohr und Zuckerrüben sowie Bananen. Über die Hälfte des Kalorienbedarfs der Weltbevölkerung wird mit Getreide gedeckt.

Ein bedeutender Vorteil des Vorderen Orients für die Entwicklung von Landwirtschaft war, dass er mit einer ganzen Reihe domestizierbarer Wildpflanzen gesegnet war. Dies sind in erster Linie großsamige einjährige Gräser. Die Menschen konnten sich zunächst als Sammler über lange Zeit mit ihnen vertraut machen, d.h., die notwendigen Sammel-, Lagerungs- und Verarbeitungsmethoden erlernen. Sie hatten eine sehr genaue Kenntnis der Pflanzen, die sie umgaben. In Abu Hureyra I, einer sehr frühen Siedlung von Jägern und Sammlern am mittleren Euphrat im heutigen Syrien, fand man die Reste von über hundert verschiedenen Samen von Pflanzen, welche die Menschen gesammelt hatten. Es ist erwiesen, dass die Menschen im Nahen Osten schon mehrere Jahrtausende vor der Entwicklung von Landwirtschaft Wildgetreide sammelten und verarbeiteten. So fand man in der fruchtbaren Oase Ain Gev am See Genezareth Mörser und Mahlsteine, welche auf 18.000 v.h. datiert werden. Der früheste Nachweis für die Ernte von Wildgetreide mit einem Alter von 19.000 Jahren gelang in Ohalo, ebenso am See Genezareth. Dort konnte man sowohl in den Niederungen am See als auch auf den angrenzenden Golanhöhen Körner sammeln. Sowohl der Fund von Körnern und Mahlschalen und –steinen als auch anatomische Veränderungen an den Skeletten der Menschen durch die langjährige Ausübung des Mahlvorganges liefern an unterschiedlichen Stellen Beweise für diese Sammel- und Mahltätigkeit. Nach solchen jahrtausendelangen Vorübungen war dann der Übergang zum Pflanzenanbau nicht mehr sehr schwierig. Nachdem die Getreidegräser auch schon großsamig waren, bedurfte es zur Domestikation nur noch einer geringen Veränderung. Ein Vorteil des Nahen Ostens liegt, neben dem Vorkommen der Wildformen von Getreide, auch in seiner vielfältigen Topografie und den vielen unterschiedlichen Höhenlagen in geringer Entfernung, wie dies für den See Genezareth schon erwähnt wurde. Dies begünstigte einerseits die Vielfalt an Pflanzen innerhalb überschaubarer Habitate und für die Sammler von Wildpflanzensamen ergaben sich aus den unterschiedlichen Reifezeiten in unterschiedlichen Höhenlagen gestaffelte Erntezeiten, sodass sich die Erntezeit verlängerte und die geernteten Mengen vergrößerten.

Archäologische Spuren und Zeugnisse für einen frühen Ackerbau

In Südostasien und Amerika haben die Menschen Pflanzen an unterschiedlichen Orten domestiziert. Warum sollte es im Nahen Osten nur eine einzige Ursprungsregion des Ackerbaus geben? Die krassen Veränderungen der Natur in der Übergangszeit von der Eiszeit zur Nacheiszeit bedeuteten für die Menschen ja an einer Vielzahl von Orten riesige Zwänge und Herausforderungen; aus ihnen erwuchsen aber andererseits auch an zahlreichen Stellen neue Chancen. Da die Menschen weithin schon mit Getreide vertraut waren, war für sie der Übergang zum gezielten Anbau überall nur ein kleiner Schritt.

Lange Zeit hat man angenommen, dass die Domestizierung der ersten Nutzpflanzen und von Haustieren gleichzeitig erfolgt sei. Heute weiß man aber, dass der Ackerbau deutlich früher eingesetzt hat als die Viehzucht. Nachdem sich die Menschen wegen der Nahrungssicherung durch Pflanzenanbau stärker vermehren konnten, dürften die Wildtiere im erreichbaren Umkreis so dezimiert worden sein, dass ein Mangel an tierischem Eiweiß entstand. Das musste, sollte sich die Entwicklung nicht totlaufen, zwangsläufig zur Domestizierung von Tieren führen. Ansätze zur Bewirtschaftung des Angebots an Wildtieren kann man schon recht früh, vor mehr als 12.000 Jahren, in Abu Hureyra I erkennen. Man trieb die Gazellen, welche auf ihrem jahreszeitlichen Zug an den Euphrat kamen, vermutlich in Gatter, tötete aber nur junge Böcke. Die weiblichen Tiere ließ man offensichtlich wieder frei, um den Bestand für die Zukunft zu sichern. Bewirtschaftung des Wildbestandes ging also offensichtlich der Viehhaltung voraus.

Wenn nach Orten oder Regionen für den Beginn von Landwirtschaft gesucht wird, so ist also das Augenmerk zunächst dem Pflanzenanbau zuzuwenden und hier muss primär der geografische Bereich umrissen werden, wo die Wildformen der domestizierten Pflanzen anzutreffen waren, denn nur dort konnte der Pflanzenanbau entstehen. Hierbei geben aber die heutigen Verhältnisse einen Hinweis nur für die Zeit des Übergangs etwa nach 10.000 v.h., als sich die Temperaturen den heutigen angenähert hatten. In der vorausgehenden überwiegend kühleren Zeit waren die Vegetationszonen nach Süden verschoben, d.h. die Chancen für den Übergang zum Pflanzenanbau müssen weiter im Süden günstiger gewesen sein. Die zweizeilige Gerste gilt als die Mutter aller kultivierten Gerstensorten. Heute kommt sie in einer sehr weiten Region vor, die im Norden von der Levante und dem Südrand des Taurus-Gebirges in Anatolien über das gesamte Zagros-Gebirge hin bis nach Afghanistan reicht. Der wilde Emmer wächst entlang der Gebirgskette des Zagros sowie auf den nördlichen Randgebirgen des Iran, Elburs und Kopeth Dagh. Eine andere Wildform von Weizen, das Einkorn, ist an den Hängen des Taurus-Gebirges und des westlichen Zagros-Gebirges verbreitet.

Die ersten Nutzpflanzen, welche in fast allen frühen neolithischen Bauernsiedlungen angetroffen wurden, waren Gerste und Emmer. Die Wildgerste erweist sich allerdings auf der Suche nach dem Ort ihrer Domestizierung wegen ihres weiten Verbreitungsgebietes als wenig hilfreich. Anders ist dies bei Emmer: hier stehen nur die regenreichen Hänge der iranischen Randgebirge Zagros, Elburs und Kopeth Dagh unter Verdacht. Nachdem an den nördlichen Randgebirgen des inneren Iran der Ackerbau aber erst etwas später aufgetaucht ist, konzentriert sich der Verdacht auf die Hänge des Zagros-Gebirges.

Prof. R.Braidwood vom Oriental Institute in Chicago entwickelte die sog. Hügelflanken-Theorie, derzufolge der Ackerbau an eben diesen regenreicheren Gebirgshängen begonnen habe. Zur Untermauerung führte er Mitte der fünfziger Jahre des zwanzigsten Jahrhunderts eine Reihe von Ausgrabungen an den Westflanken des nördlichen Zagrosgebirges durch. Dabei wurde er in reichem Maße fündig. Die interessanteste Fundstätte ist Jarmo. Es liegt 800 Meter hoch und der Tell hat eine Fläche von 4 Hektar. Man fand dort rechteckige Häuser, die aus gestampftem Lehm auf Steinfundamenten errichtet und in kleinere Räume unterteilt waren. Auf den Feldern wurden zweizeilige Gerste, Weizen (Emmer und Einkorn) und mehrere Leguminosen angebaut. Die ersten Anfänge von Jarmo konnten auf 8750 v.h. datiert werden. Um 8000 v.h. wurde kultiviertes Getreide angebaut und es wurden Schafe, Ziegen und erstmals auch Schweine gezüchtet. Braidwood glaubte, in Jarmo die allerersten Anfänge von Landwirtschaft gefunden zu haben. Da in der Folge auch an anderen Stellen im Norden des Nahen Ostens frühe Stätten des Ackerbaus entdeckt wurden, entstand die Vorstellung, dass die Landwirtschaft im sog. „Fruchtbaren Halbmond" entstanden sei, einem sichelförmigen Bogen, der sich von der Levante über das südöstliche Anatolien bis an die Hänge des Zagros-Gebirges hinzieht.

Die Schlussfolgerung Braidwoods blieb nicht ohne Kritik. So wurde vermutet, dass die gefundene Konzentration an frühen Siedlungen nur mit dem großen Forschungsaufwand zusammen hänge und dass an anderen geeigneten Stellen ähnliche Fundstellen verborgen seien. Weiter wurde darauf verwiesen, dass der Pflanzenanbau in Jarmo nicht mehr der von Pionieren sei, denn es wurde schon ein großes Arsenal an Zuchtpflanzen angetroffen. Außerdem könnten drei völlige Neuheiten nicht gleichzeitig entwickelt worden sein: Sesshaftigkeit, Pflanzenkultivierung und Viehzucht. Die Menschen müssen daher mit diesen Kulturleistungen im Gepäck zugezogen sein und der Beginn der Landwirtschaft muss noch älter sein. Aber woher sind die neuen Bauern gekommen?

Etwas später wurde dann weiter südöstlich in dem Mesopotamien vorgelagerten Schwemmland der Flüsse aus dem Zagros-Gebirge mit Ali Khosh eine weitere sehr alte Siedlung gefunden, in der ebenfalls schon Ziegen und Schafe gezüchtet wurden. Die entscheidende Feldfrucht war der Emmer, der aber als Wildform hier nicht vorkommt. Man glaubte nun, mit Ali Khosh die südlichen Grenzen der Anfänge der Landwirtschaft abstecken zu können. Leider konnten wegen der zunehmenden Spannungen zwischen dem Irak und dem Iran, die dann zu einem achtjährigen blutigen Krieg geführt haben, die Ausgrabungen nicht abgeschlossen werden, sodass die untersten Schichten undatiert blieben. Mittlerweile ist aber gesichert, dass Ali Khosh mit einem Alter von 9500 Jahren älter als das nördlichere Jarmo ist. Damit ist die frühere Vermutung einer Ausbreitung des Ackerbaus an den Zagroshängen von Norden nach Süden zumindest in Frage gestellt.

Sensationelle Funde am mittleren Euphrat.

Das abgerundete Bild zum Entstehen des Ackerbaus hatte nicht lange Bestand. Nur wenige Jahrzehnte später machte man am mittleren Euphrat sensationelle Entdeckungen, welche die bisherige Meinung umkrempelten und dazu führten, dass die Zeit des Entstehens des Ackerbaus weit vorverlegt werden musste. Es soll hier exemplarisch nur die Entwicklung in Abu Hureyra geschildert werden.

Die schon erwähnte ältere Siedlung, Abu Hureyra I, wurde um 13.000 v.h. am Euphrat in strategisch günstiger Lage gegründet und sie bestand dann fast zweitausend Jahre lang bis 11.100 v.h. Es war nicht die allererste Siedlung der Jäger- und Sammler der sog. Natuf-Zeit. Die Sesshaftwerdung kleiner Gruppen in jahreszeitlichen Jagdsiedlungen begann bereits kurz nach 14.700 vh. als Folge des im Boelling-Interstadial plötzlich recht warm gewordenen Klimas (vgl. *Abbildung 6, S. 48*). Abu Hureyra blieb zunächst ein Jagdlager, welches nur jahreszeitlich von Jägern und Sammlern besucht wurde. Die Behausungen waren runde Hütten aus Ästen und Binsen, welche, wohl zum Schutz vor Kälte, in bestimmten Zeitabschnitten teilweise in den Boden eingelassen waren. Der Blick auf *Abbildung 6 (S. 48)* zeigt, dass es nach dem Boelling-Interstadial wieder recht kühl wurde, sodass ein solcher Schutz erforderlich wurde. Als aber dann die Temperatur wieder anstieg, konnte hierauf verzichtet werden und die nach wie vor runden oder ovalen Häuser standen nun auf ebenem Erdboden. Sie nahmen an Größe zu und wurden innen durch gerade Wände unterteilt. Ab etwa 12.300 v.h. finden sich dann Zeichen für einen beginnenden Pflanzenanbau. Der Grund hierfür war, dass sich nun nach einer langen Zeit der Trockenheit eine feuchte Klimaphase bei mäßig warmer Temperatur eingestellt hatte (s. *Abbildung 12, S. 90*). Sie geht wohl auf die Bildung des Baltischen Eissees zurück. Das günstigere Klima führte zunächst zu größeren Sammelmengen von Körnern wilder Getreidearten und zur Anlage von Depots. Schließlich ließen sich aber die größeren Mengen nicht mehr mittragen, sodass die Menschen bei ihren Vorräten bleiben mussten und so dauerhafte Sesshaftigkeit entstand. Funde auch an anderen Stellen des Nahen Ostens zeigen, dass sich die Menschen unter diesen milderen Klimabedingungen stärker vermehrt haben. In Abu Hureyra wurden nun Emmer und Einkorn sowie sechszeilige Gerste und Roggen angebaut. Die Jagd auf Gazellen und andere Tiere sowie der Fischfang gingen aber weiter. Tierhaltung gab es noch nicht.

Die feuchte Klimaphase war nicht von Dauer. Nach 12.000 v.h. wurde es sehr rasch trocken: der Baltische Eissee war plötzlich durchgebrochen und hatte sich in die Nordsee entleert. Bei den Ausgrabungen ließ sich verfolgen, wie die Nahrung immer knapper wurde und schließlich wuchs im Tal von Abu Hureyra überhaupt nichts mehr. Die Nahrung der Menschen bestand nur mehr aus Fischen und Muscheln. Das frühe landwirtschaftliche Experiment war gescheitert, zumindest an dieser Stelle! Künstliche Bewässerung kannte man offensichtlich noch nicht. Um 11.100 v.h., auf dem Höhepunkt der Austrocknung, war die Siedlung dann weitgehend aufgegeben.

Wie Abu Hureyra sind auch viele andere bäuerliche Siedlungen früherer Jäger und Sammler, die der Natuf-Periode zugerechnet werden, um diese Zeit in dieser Gegend erloschen. Ab 10.700 v.h. ist dann aber eine Ausbreitung der Landwirtschaft weiter nördlich, in den Vorbergen

> Anfangs der siebziger Jahre des 20. Jahrhunderts wurde am mittleren Euphrat, etwa 120 Kilometer östlich von Aleppo, der Assad-Staudamm gebaut und mehrere alte Tells, frühere Siedlungsstätten, sollten endgültig im Stausee verschwinden.
> Der herbei gerufene britische Archäologe Andrew Moore aus Oxford versuchte in einer Notgrabung während zweier Grabungsperioden 1972/73 noch zu retten, was zu retten war, wobei viel dokumentiertes Material erst später im Labor mit modernen Methoden analysiert wurde.
> Moore entschied sich für den größeren von zwei angebotenen Tells, Tell Abu Hureyra, acht Meter mächtig und zwölf Hektar groß. Natürlich konnte nur noch ein winziger Teil des Hügels mit Suchgräben erforscht werden. Moore entdeckte aber zur allgemeinen Überraschung gleich zwei vorgeschichtliche Siedlungen übereinander.

des Taurus-Gebirges in Südostanatolien feststellbar. Kulturelle Gemeinsamkeiten mit diesen neuen Siedlungen lassen vermuten, dass die von der Austrocknung vertriebenen Menschen dem Lauf des Euphrat und seiner Nebenflüsse folgend flussaufwärts dorthin gezogen sind, wo es wieder Regen gab. Man hat dort Fundstätten wie Nevali Cori, 40 Kilometer nördlich der südosttürkischen Grenzstadt Sanli Urfa in einem Seitental des Euphrat gelegen, und Canyönü bei Diarbakir entdeckt, welche schon ein bis zwei Jahrtausende später ein beachtliches Niveau hinsichtlich Architektur, Lagerhaltung und Werkzeug- sowie Schmuckherstellung erreichten.

Die Natuf-Menschen waren am mittleren Euphrat mit ihrer frühen Landwirtschaft in der austrocknenden Region offensichtlich deshalb gescheitert, weil sie die Bewässerungswirtschaft noch nicht kannten. Auf dem Höhepunkt der Trockenheit, um 10.400 v.h., zogen aber neue Leute in Abu Hureyra zu (= Abu Hureyra II), welche mit den trockenen Bedingungen offensichtlich zurechtkamen. Sie entwickelten hier nicht erst die Landwirtschaft, sondern sie brachten sie fertig mit, zusammen mit Samen von Kulturpflanzen, welche schon eine Veränderung hin zu höherer Leistungsfähigkeit erfahren hatten. Durch Zucht verändertes Getreide tritt hier also schon ein Jahrtausend früher auf als an den Zagros-Hängen. Die neue Kultur zeigte auch wesentlich fortschrittlichere Merkmale. Die Menschen bauten nun auf dem verlassenen Tell Häuser eines anderen Zuschnitts, nämlich von rechteckiger Form, und aus einem neuen Baumaterial, aus Lehmziegeln. Die dicht gedrängt stehenden Häuser waren in mehrere kleine Räume unterteilt. Die Fußböden bestanden aus gestampftem Lehm, oft mit poliertem Putz. Ein Hausbau aus vorgeformten getrockneten Ziegeln bedeutete einen großen Fortschritt: Die Bauwerke konnten nun ohne die Zwischentrocknung von aufeinander gesetzten feuchten Lehmschichten schnell errichtet werden. Die Menschen brachten auch neuartige Steinwerkzeuge mit. Auch hinsichtlich der Art des Begräbnisses unterschieden sie sich von den ersten Siedlern. Diese zweite Siedlung wuchs gegen 10.000 v.h. rasch auf die Größe von zwölf Hektar an, sodass sie mit Fug und Recht als „Bauernstadt" bezeichnet werden kann.

Die Entwicklung im Süden des Vorderen Orients

Woher waren die rätselhaften fortschrittlicheren Siedler der zweiten Besiedlungsperiode von Abu Hureyra gekommen? Wir wissen es nicht, aber wir können recht wahrscheinliche Schlüsse ziehen. Da die ersten Siedler vor der Trockenheit kapitulieren mussten, die Neuen aber prosperierten, müssen sie über Mittel und Wege verfügt haben, um mit der Trockenheit zurecht zu kommen: ihr Erfolg ist wohl kaum ohne die Anwendung von Bewässerungswirtschaft erklärbar. Das gibt dann auch einen Fingerzeig zu ihrer Herkunft, denn sie müssen mit Wasser schon vertraut gewesen sein. Ihre Kenntnisse könnten an

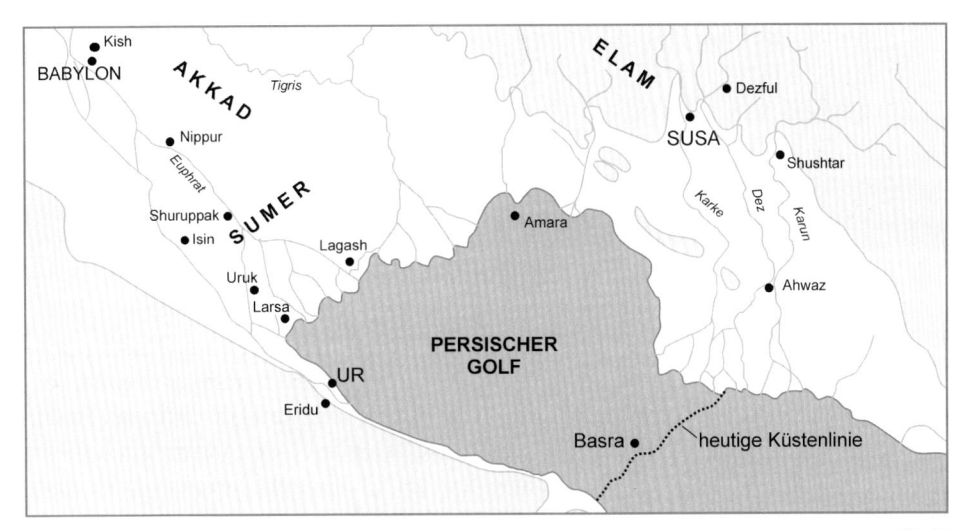

Rekonstruktion des Küstenverlaufs in Südmesopotamien während der Hammar-Transgression Abb. 18
zur Zeit des Höchststands des Meeresspiegels vor 5000 Jahren

einer anderen Stelle des Euphrat entstanden sein. Nachdem die Reste der früheren Siedler flussaufwärts abgezogen sind, konnten die Neuen wohl nur aus der Gegenrichtung, aus dem Süden, entlang des Euphrat zugezogen sein.

Ein anderer früher Fund weist ebenfalls in den Süden des Nahen Ostens. Auf Grund früherer Ausgrabungen hatte man lange angenommen, dass die Besiedelung der südlichen an den Persischen Golf angrenzenden Schwemmlandebene von Euphrat und Tigris, Südmesopotamien, mit der Gründung ihres frühen religiösen Zentrums Eridu und einiger weiterer Ortschaften wie Tell Obed vor 7900 Jahren begonnen habe. Man hat festgestellt, dass zu dieser Zeit neue Leute im Süden Mesopotamiens zugezogen sind. Nach ihrer typischen graugrünen Keramik mit schwarzer Bemalung, welche erstmals in Tell Obed gefunden wurde, bezeichnet man diese frühe Periode als Obed 1. Sie unterscheidet sich grundlegend von der zeitgenössischen Keramik des nördlichen Nahen Ostens, sodass unterschiedliche Kulturkreise anzunehmen sind. Französische Archäologen fanden gegen Ende des 20. Jahrhunderts in Tell Ueili bei Larsa eine noch ältere Siedlung mit einem schon ganz bemerkenswerten Entwicklungsstand. Hinsichtlich ihrer Keramik rechnet man auch diese Leute der kulturellen Entwicklung von Obed zu und bezeichnet diese Periode daher als Obed 0. Tell Ueili lag damals am Euphrat, der aber in der Zwischenzeit seinen Lauf verändert hat. Später, während der Transgression des Meeres zwischen 7000 und 3500 v.h., als der Wasserspiegel etwa 4 Meter höher als heute stand, war das Meer des Persischen Golfs dann bis nach Larsa vorgedrungen, sodass Tell Ueili fast zur Küstensiedlung wurde (vgl. hierzu *Abbildung 18*). Falls es also noch südlichere Plätze derselben Kulturstufe gegeben haben sollte, so wären diese heute von den Sedimenten bedeckt, welche der Euphrat während dreieinhalb Tausend Jahren hier eingetragen hat. Leider befinden sich die ältesten Schichten von Tell Ueili heute im Grundwasserbereich, sodass das wirkliche Alter der Siedlung nicht festgestellt werden kann. Das Alter der ältesten datierbaren Schicht wurde auf 8500 Jahre bestimmt, also 600 Jahre älter als Eridu. In Tell Ueili fand man mehrere Getreidespeicher, die aus Lehmziegeln gemauert und mehrfach rechtwinklig unterteilt waren. Man betrachtet dies als ein Zeugnis für eine schon gemeinschaftlich organisierte Gesellschaft, welche Ackerbau betrieb. Es fanden sich auch Hinweise auf einfache Bewässerungssysteme. Wohngebäude konnte man in dieser Schicht leider nicht finden. Aus Schichten, welche nur wenige Jahrhunderte jünger und ebenfalls noch Obed 0 zuzuordnen sind, stammen jedoch Häuser mit einer ganz bemerkenswerten Architektur. Es handelt sich um dreigegliederte Bauten mit Flachdach und einem großen zentralen Wohnraum mit zwei Reihen von Säulen in der Mitte sowie Pilastern an den Wänden, gesäumt von zwei kleineren Räumen. Aus einem Eckraum führte eine Treppe auf die Dachterrasse. Eine solche schon so hoch entwickelte Architektur setzt sicher eine längere vorherige Entwicklung voraus. Dasselbe gilt für Getreideanbau mit Bewässerung und für die vorgefundenen gemeinschaftlichen Strukturen der dörflichen Organisation. Diese Ackerbaukultur muss also, hier oder anderswo, schon eine längere Phase der kulturellen Entwicklung durchlaufen haben. Schade, dass die ältesten Schichten der Siedlung nicht untersucht werden konnten!

Es gibt noch weitere Indizien für einen frühen Ackerbau in der südlichen Großregion des Vorderen Orients. Auch wenn die vorgeschichtliche Forschung im Großraum des Iran noch recht spärlich ist – sie wurde durch die Iranische Revolution für längere Zeit unterbrochen – so steht doch fest, das sich im Zeitraum vor 10.000 bis 6000 Jahren im gesamten iranischen Raum, soweit er sich für Landwirtschaft eignete, eine bäuerliche Bevölkerung mit recht einheitlicher materieller Kultur verbreitete, sodass der selbe Ursprung anzunehmen ist. Naturgemäß sind die frühen Spuren dünn gesät. Um 7000 v.h. war dann der gesamte geeignete iranische Raum mit einem dichten Netz von neolithischen Bauerndörfern überzogen. Von dieser Welle der Landwirtschaft war auch der Südosten erfasst und die neue Wirtschaftsweise breitete sich auch nach Belutschistan und Pakistan aus. Die ersten bekannt gewordenen Ackerbaudörfer im nordwestlichen Hochland von Belutschistan, innerhalb des heutigen Pakistan, entstanden schon vor mehr als 8000 Jahren. Sie wurden auf Terrassenhängen in der Nähe von Gebirgsübergängen gegründet, welche eine günstige Verbindung zwischen dem iranischen Hochland und dem Industal bilden. Es wurde vor allem Gerste angebaut, aber auch schon Weizen, dessen Urform hier nicht heimisch war, sondern vermutlich von den westlichen Zagros-Hängen stammte. Mit anderen frühen Siedlungen des großen Kulturraums Vorderer Orient bestanden beträchtliche Ähnlichkeiten, nicht nur hinsichtlich der Bauten und der Feldfrüchte, sondern auch in Bezug auf aufgefundene Figuren. In Mehrgarh, das schon um 8700 v.h. gegründet wurde, fanden sich in Schichten

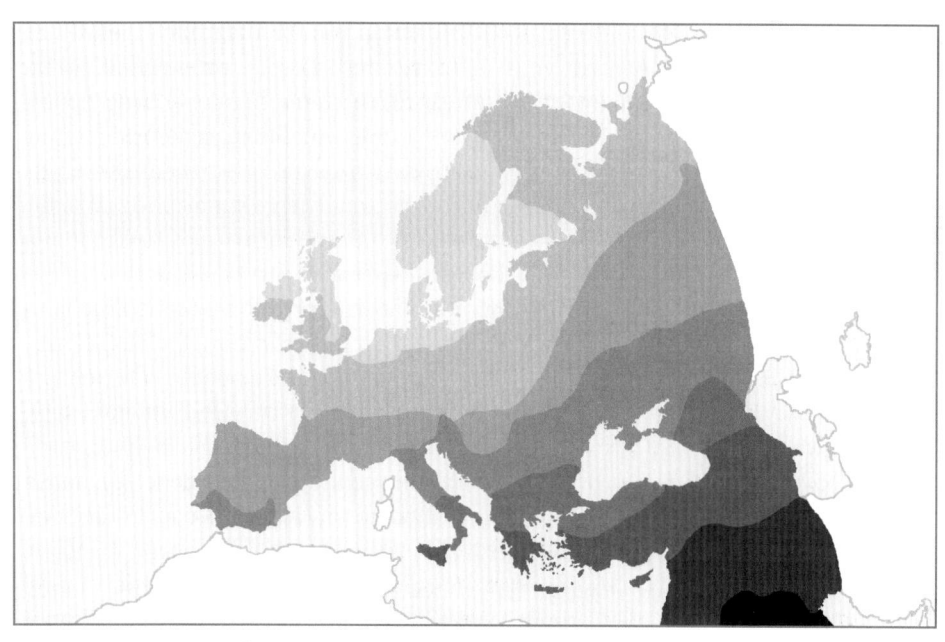

Expansion der Gene der neolithischen Ackerbauern aus dem Vorderen Orient nach Europa, **Abb. 19**
ermittelt aus der Verdünnung typischer Gene

mit einem Alter zwischen 8000 und 7000 Jahren Statuetten, welche jenen aus dem persischen Zagros-Gebirge ähnlich waren. Ein Hinweis auf möglicherweise identische kulturelle Wurzeln könnte auch ein in Mehrgarh gefundener zentraler gemeinschaftlicher Getreidespeicher sein, wie man ihn auch in Tell Ueili angetroffen hat. In Mehrgarh hat man auch Zeichen für weit reichende Handelsbeziehungen entdeckt: Schildpatt stammte von der Meeresküste, Lapislazuli dagegen aus dem Hindukusch.

Kann es sich hier um denselben landwirtschaftlichen Kulturkreis wie im Norden des Vorderen Orients, in der Levante handeln? Wohl kaum! Wenn die landwirtschaftliche Expansion vom syrischen Euphrat um 8700 v.h. einige Hundert Kilometer weiter östlich der Ebene an den Westhängen des Zagros-Gebirges, in Jarmo, angekommen wäre, kann sich dann derselbe Kulturkreis schon wesentlich früher jenseits der Zagros-Bergketten im Iran ausgebreitet haben? Und kann der Ackerbau aus der syrischen Ebene zur selben Zeit in Jarmo und in Mehrgarh eingetroffen sein, zweieinhalb Tausend Kilometer weiter im Osten, jenseits von hohen Gebirgen und riesigen Wüsten? Die Antwort kann nur ein „Nein" sein: in Persien und in Pakistan breitete sich wohl eine andere kulturelle Gruppierung aus. Vielleicht ist sie in Zusammenhang mit der landwirtschaftlichen Kulturgruppe aus Tell Ueili in Südmesopotamien zu bringen, wie dies der gemeinschaftliche Getreidespeicher andeutet?

Es gibt ein weiteres Indiz für ein Entstehen der Landwirtschaft im Süden des Vorderen Orients: L.Cavalli-Sforza ging der Frage nach, wo das Ursprungsgebiet der Gene der neolithischen Bauern liegt, welche aus dem Nahen Osten nach Europa gekommen sind und Ackerbau und Viehzucht mitgebracht haben. Hierzu hat er insgesamt 95 Schlüsselgene der modernen Europäer untersucht. Das Ergebnis ist in *Abbildung 19 (S. 135)* dargestellt. Sie zeigt die Verbreitung der ersten Hauptkomponente der europäischen Gene. Eine zunehmende Verdünnung kommt hier weniger durch die Anhäufung von Mutationen im Laufe der Zeit zustande als durch einen steigenden Grad einer Vermischung mit der angetroffenen Urbevölkerung. Überraschenderweise ist die europäische Urbevölkerung viele Jahrtausende nach der Einwanderung immer noch von dem Genmaterial aus dem Nahen Osten mitgeprägt. Die Karte zeigt viele Gemeinsamkeiten mit archäologischen Karten für die Ausbreitung der jungsteinzeitlichen Bauern in Europa, aber es besteht ein entscheidender Unterschied:

- Nach dem bisherigen Stand der archäologischen Forschung wird der nördliche Bereich des Nahen Ostens, der „Fruchtbare Halbmond" als Ursprungsgebiet des Ackerbaus betrachtet
- Die genetische Landkarte zeigt aber, dass dies bereits ein Expansionsgebiet ist, zumindest für die Gene der Ackerbauern. Die höchste Genkonzentration liegt weiter südlich vor. Allerdings kann diese Karte nur auf das Ursprungsgebiet der Gene der neolithischen Bauern verweisen, nicht aber darauf, wo diese den Ackerbau erfunden haben.

Andere genetische Karten desselben Forschers weisen weitere Expansionen aus dem Nahen Osten auf. Cavalli-Sforza schreibt hierzu: „Man könnte erwarten, dass sich der Ackerbau vom Mittleren Osten (Anmerkung: in der englischsprachigen Literatur wird der Nahe Osten als Middle East bezeichnet) in verschiedene Richtungen ausgebreitet habe. Die Expansionen aus dem Mittleren Osten in östlicher Richtung nach dem Iran und Indien wird durch die genetischen Landkarten von Asien klar belegt.

Damit deuten mehrere Zeiger für sehr frühen Ackerbau auf den Süden des Vorderen Orients. Manches weist auf den Großraum des heutigen Persischen Golfs hin, weil aus dieser Region möglicherweise Expansionen sowohl eines frühen Ackerbaus wie auch der Gene von Ackerbauern nach mehreren Richtungen hin erfolgt sind. Weizen, wie er in Mehrgarh angebaut worden ist, könnte an den Hängen des Zagros-Gebirges am Persischen Golf kultiviert worden sein.

Frühe Unterkünfte, Häuser und Stadtkulturen

Die Anfänge und das Haus von Çatal Hüyük

Der erste Hinweis auf einen künstlichen Witterungsschutz für den Menschen stammt aus Soleilhac in Frankreich. An einem sandigen Lagerplatz findet sich eine roh gearbeitete Mauer aus Natursteinen, welche vor fast 1 Million Jahren errichtet worden ist. Runde oder ovale Hütten zeltähnlicher Konstruktion, vermutlich aus Ästen und Zweigen, mit einem Alter von fast 400.000 Jahren ließen sich erstmals in Terra Amata am italienischen Mittelmeer wie auch in Bilzingsleben in Thüringen nachweisen. Vor 24.000 Jahren errichtete man in Dolni Vestonice in Mähren Hütten mit einem Schrägdach, das auf einer Seite auf einer Stützmauer aus Natursteinen mit Lehmbindung und auf der anderen auf Holzpfosten ruhte. Es war vermutlich mit Reisig und Häuten bedeckt. Im Orient fanden sich die ersten bekannten Winterlager in Ohalo am See Genezareth. Sie werden auf etwa 19.000 v.h. datiert. In einer etwas späteren Zeit, vor etwa 15.000 Jahren, bauten Menschen in der Ukraine große Hütten aus riesigen Mengen von Mammutknochen, welche vermutlich mit Häuten und Grassoden abgedeckt waren. In Mezhirich südlich Kiew entdeckte man ein Langhaus, welches aus 70 Tonnen Knochen von 200 Tieren bestand. In Nordamerika finden sich die ersten Zeichen für Behausungen aus der Zeit der Haupteinwanderung etwas vor 13.000 v.h.: es handelt sich um die Überreste von 10 Hütten, welche in 2 Reihen parallel zusammenhängend errichtet waren. Sie bestanden aus Holzgerüsten, die mit Tierhäuten abgedeckt wurden. Um dieselbe Zeit bauten Jäger und Sammler der Natuf-Kultur in der Levante einfache Rundhütten, vermutlich ebenfalls aus Ästen, abgefangen durch im Rund angelegte Steine und mit einer zentralen Stütze für das Dach. Je nach den damals stark wechselnden Temperaturen wurden sie zu flacher Erde oder in den Boden eingetieft errichtet. Wie schon berichtet, tauchte dann am mittleren Euphrat um 10.400 v.h. plötzlich eine ganz andere Hausform auf, kleine Häuser rechteckigen Zuschnitts mit Flachdach, welche aus Lehmziegeln gemauert waren. Sie stellten einen beträchtlichen Fortschritt gegenüber den bisher bekannten Arten und Formen von Unterkünften dar und wiesen der künftigen Architektur ihren Weg.

Die aufregendste Entdeckung zum frühen Haus- und Ortschaftsbau machte man in Çatal Hüyük auf der Konya-Ebene im südlichen Zentralanatolien. Diese Stadt-ähnliche Siedlung verdankte ihre frühe Bedeutung der Gewinnung des begehrten Obsidians, der schon damals über weite Strecken gehandelt wurde. So hat man Obsidian aus Çatal Hüyük u.a. in der frühen neolithischen Siedlung Ali Khosh auf der Schwemmlandebene des Karun im Westiran gefunden. Die erste Ortschaft von Çatal Hüyük, welche um 8200 v.h. wegen des damaligen Kälterückfalls wieder aufgegeben werden musste, war schon vor etwa 9000 Jahren errichtet worden. Der zweiten Siedlung war dann ein besseres Los beschieden: sie gedieh im 8. Jahrtausend v.h. im feucht-warmen Atlantikum. Die rechteckigen Häuser aus Lehmziegeln standen dicht gedrängt Seite an Seite (vgl. *Abbildung 20*), normalerweise ohne Abstand zueinander.

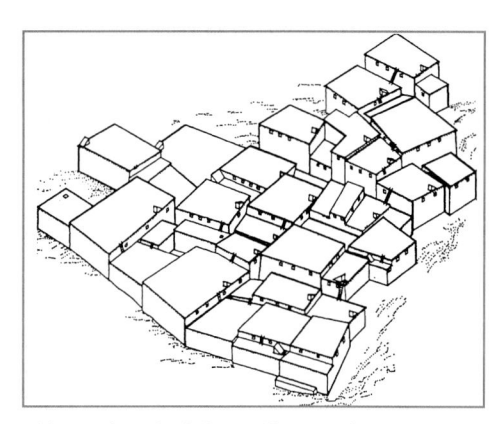

Abb. 20 Skizze der frühen Siedlung Catal Hüyük im südlichen Zentralanatolien

Sie wurden über das Flachdach betreten, ähnlich wie viele Jahrtausende später in den unter Felsüberhängen erbauten Pueblos amerikanischer Indianer. Straßen und Gassen fehlten noch; nur ganz vereinzelt gab es Höfe. Die Flachdächer bildeten also den Verkehrsraum der stadtähnlichen Ortschaft. Es ließ sich eine Funktionstrennung feststellen zwischen Räumen zum Wohnen, Lagern und für Kultzwecke. Die einzelnen Häuser wiesen Unterschiede auf hinsichtlich Größe, Ausstattung, Bemalung und vorgefundener Votivstatuen. Im Museum für Anatolische Zivilisationen in Ankara, üblicherweise mit „Hethiter-Museum" bezeichnet, ist ein solcher Raum aus dem 8. Jahrtausend v.h. nachgebaut. Er legt Zeugnis für den schon recht hohen architektonischen und künstlerischen Entwicklungsstand dieser Siedlung ab.

Häuser und Ortschaften dieses Typus, wenn auch weniger reich, finden sich an verschiedenen Stellen des Vorderen Orients, so auch in Amri, 3000 Kilometer weiter im Südosten, welches um 5500 v.h. an der Mündung des Indus in den Indischen Ozean gegründet wurde, heute aber wegen der zwischenzeitlichen Verlandung etwa 200 km landeinwärts liegt. Amri gilt als „Schlüsselsiedlung" für das Verständnis der Entwicklung der Architektur der Städte der späteren Induskultur. Die Häuser aus Lehmziegeln standen – wohl zum Schutz gegen Hochwasser – auf Plattformen und sie wurden, wie in Çatal Hüyük in Anatolien, über das Dach betreten. Man nimmt an, dass sich dieser Dacheinstieg dann später bei den Häusern der Indus-Kultur zum Innenhof mit Zugang zu den Räumen erweitert hat.

Çatal Hüyük, Amri und die erwähnten ähnlichen frühen Siedlungen des Orients geben gleich mehrere Rätsel auf: wo hat sich diese gedrängte Bauweise ohne gegenseitige Abstände mit dem merkwürdigen Einstieg durch das Dach entwickelt? Wie lange liegt seine Entwicklung angesichts des in Catal Hüyük angetroffenen hohen kulturellen Niveaus schon zurück?

Die gedrängte Bauweise, Haus an Haus, könnte ein Bauprinzip sein, welches noch aus einer kalten Zeit stammt: man baute die Häuser zum gegenseitigen

Schutz gegen Kälte direkt aneinander und stieg praktisch in künstliche wärmende Höhlen hinab. In der Frühzeit haben die Menschen ja häufig in Höhlen gehaust. Die eingangs schon geschilderten Unterkünfte waren wohl überwiegend nur jahreszeitliche Herbergen, z.B. für den sommerlichen Jagdaufenthalt. Das neue architektonische Prinzip, das auf dem Vorbild von Höhlen aufbaute, könnte in einer ebenen Landschaft entwickelt worden sein, in welcher es keine Höhlen, wohl aber Lehm als Baumaterial gab. Eine Flussniederung als Ursprungsgebiet wäre daher nahe liegend, auch deswegen, weil tiefe Lagen in kalter Zeit von den Menschen bevorzugt wurden. Die Verwendung von Lehmziegeln verweist, wie dies schon Abu Hureyra II und Tell Ueili andeuten, auf den Süden des Vorderen Orients als mögliche Ursprungsregion hin. Sollten Çatal Hüyük und Amri etwa die äußeren Grenzen des Ausbreitungsgebiets dieser Bauart markieren, so wäre ein ursprüngliches Zentrum wohl irgendwo in der Mitte zu suchen und hierfür würde sich der Raum von Südmesopotamien oder des Persischen Golfs anbieten.

Erste Städte schon kurz nach der Eiszeit?

Am 16. Januar 2002 gab ein indisches Regierungsmitglied bekannt, dass im Golf von Cambay vor der Küste des Bundesstaates Gujarat in Nordwestindien, gut 200 Kilometer nördlich von Bombay, die Grundrisse von zwei im Meer versunkenen Städten gefunden worden sind. Diese Städte, welche man durch Echolotung entdeckt hat, liegen etwa 40 Meter unter dem Meeresspiegel entlang alter Flussläufe. Eine davon ist mindestens neun Kilometer lang bei einer Breite bis zu zwei Kilometern. Die Entdeckung ist dem Indischen Nationalen Institut für Meerestechnik (NIOT) gelungen. In der Folge wurden etwa zweihundert Artefakte von der Fundstelle geborgen, Tongefäße, Perlen, Bruchstücke von Skulpturen, ein versteinerter Kieferknochen und Zähne. Das Alter eines gehobenen Holzstückes wurde vorläufig auf 9500 bis 8500 Jahre datiert. Wegen starker Meeresströmungen an dieser Stelle war Tauchern der Zugang allerdings bis zum Zeitpunkt des Berichts nicht möglich. Die Echogramme betrachtet man aber als eindeutig. Sie zeigen, dass die Städte aus zahlreichen rechteckigen Gebäuden bestanden, welche auf so starken Fundamenten errichtet wurden, dass sie den schweren Gezeitenströmungen über so viele Jahrtausende standgehalten haben. Nach einem vorliegenden Echogramm scheinen auch dort Straßen noch gefehlt zu haben – wie in Amri und in Çatal Hüyük. Es ist noch zu früh, um beurteilen zu können, warum die Städte untergegangen sind, ob in diesem tektonisch sehr aktiven Gebiet Senkungen zu ihrem Ende geführt haben oder ob die Städte beim letzten Anstieg des Meeres überflutet wurden.

Welche Menschen waren es, die schon so früh Städte errichtet haben und wovon hat sich eine so große Anzahl ernährt? Vor 10.000 Jahren sprach man im persischen Raum drawidisch und um diese Zeit soll eine Bevölkerungsexpansion aus dem persischen Raum auch schon das heutige Indien erreicht haben. Der Getreideanbau soll dann etwa vor 8000 Jahren dort eingetroffen sein. Allerdings beziehen sich unsere Kenntnisse auf Funde, welche in heute noch zugänglichem Land gemacht worden sind. Möglicherweise wurde aber der damalige Mündungsbereich der Flüsse von den Menschen noch früher in Besitz genommen. Es ist also zu vermuten, dass eine drawidisch sprechende Bevölkerung aus dem Westen zugewandert ist, welche die Kenntnis des Ackerbaus mitgebracht hat. Städte und Zivilisation sind dann später im Meer versunken, womit ein kultureller Rückschritt wohl unvermeidlich war. Uns bekannt gewordene frühe Siedlungen wie Amri könnten dann von Nachfahren der Überlebenden der untergegangenen Städte gegründet worden sein.

Es gibt im Orient zwei Mythen, welche von Städten vor einer großen Flut berichten. Aus Indien ist die Geschichte des Weisen Manu bekannt, welcher dem Bericht zufolge schon in einer städtischen Umgebung gelebt hat. Manu schenkte einem gefangenen Fisch Leben und Freiheit und aus Dankbarkeit warnte ihn dieser dann vor einer großen Überflutung, in der alle Geschöpfe umkommen sollten. Manu sollte deshalb ein Schiff bauen, welches ihn zu den Bergen des Nordens bringen könnte. Als die Flut dann später einsetzte, erschien der Fisch wieder. Manu befestigte das Tau seines Schiffes an einem Horn, welches der Fisch auf seinem Kopfe trug, und dieser schleppte ihn dann an das sichere Ufer. Manu war der einzige Überlebende der Flut: in der Erinnerung muss sie für die Berichterstatter also verheerend gewirkt haben. Tiere wurden in dieser Erzählung nicht gerettet, sondern diese mussten – ebenso wie die Gefährtin Manus – erst wieder neu erschaffen werden. Ist das als Hinweis darauf zu werten, dass diese Flut schon vor der Domestizierung von Tieren herein brach?

Die zweite Erzählung stammt aus Eridu, dem Süden Mesopotamiens. Diese Stadt ist nach archäologisch gesichertem Befund um 7900 v.h. zu Beginn von Obed 1 gegründet worden. Eridu war für die Sumerer eine heilige Stadt und sie führte ihre Existenz in ihren Mythen noch über die Zeit hinaus zurück, in der ihre Gründung in Südmesopotamien nachweisbar ist. In diesen Mythen wird von noch früheren Städten berichtet, welche aber bei einer großen Flut untergegangen seien. Auf sumerischen Tontäfelchen sind auch ihre Namen festgehalten: Eridu, Badtibira, Larak, Sippar und Schurupak, also Namen von später real existierenden Ortschaften der frühen Obed-Zeit. So stellt sich also die Frage: haben Vertriebene einer Flut wieder namensgleiche Städte gegründet, wie das bei Flüchtlingen und Auswanderern ja sehr häufig der Fall ist? In Eridu selbst hat sich eine solche „Sintflut" nicht zugetragen, denn alle Siedlungsschichten der Ortschaft wurden bis zur Basis einer Sanddüne untersucht, ohne dass man auf die Spur einer großen Flut gestoßen wäre.

In Südmesopotamien liegt es allerdings sehr nahe, auf der Suche nach dem Ort einer großen Flut seinen Blick auf den benachbarten Persischen Golf zu richten. Von dort gibt es auch zwei Hinweise auf versunkene Siedlungen. Stein berichtete 1937, dass nach alten arabischen Erzählungen Siraf, das heutige iranische Taheri, im Nordosten des Golfs an einem Steilufer gelegen, früher Handelsbeziehungen mit Gebieten unterhielt, welche heute unter Wasser liegen. Und Dennis glaubte 1957 auf Luftaufnahmen ehemalige Siedlungen im Golf unter dem Meeresspiegel erkennen zu können.

Die alten Mythen gehen noch weiter: man hat in Mesopotamien mehrere Königslisten auf Tontäfelchen gefunden mit Namen von Königen vor und nach der Sintflut. Vor der Sintflut hätte es – je nach Liste – schon acht oder zehn Urkönige gegeben, vergleichbar den zehn Patriarchen der Bibel vor der Sintflut, ebenfalls alle mit einem sehr langen Lebensalter gesegnet. In der Erinnerung der Menschen war diese Monarchie die „Gute alte Zeit", denn es wurde als glücklicher Fortschritt gepriesen, als nach einer langen Zeit der Priesterherrschaft in Mesopotamien dann *„das Königtum wieder vom Himmel herabgestiegen ist"*. Die Vorfahren der Obed-Leute haben nach einem anderen Bericht Ackerbau und Kultur nicht selbst entwickelt, sondern diese Errungenschaften seien ihnen von außen über das Meer gebracht worden. Zunächst hätten sie gelebt wie die wilden Tiere, hungernd und ohne Kultur. Doch dann seien *„sieben Weise aus dem Meer"* erschienen, welche sie die Kultur gelehrt haben. Waren dies Vertriebene einer anderen Überflutung auf der Suche nach neuem Land?

Die Mythen könnten aus derselben Zeit berichten, in der möglicherweise auch schon Verbindungen zwischen verschiedenen Siedlungszentren bestanden, vermutlich zur See. Die Menschen haben ja schon vor mehreren Zehntausenden von Jahren Seefahrzeuge zum Verlassen von Afrika benutzt und diese zwischenzeitlich vermutlich weiter entwickelt. Und die Zeichen für eine sehr frühe städtische Entwicklung sind recht konkret: vor Indien sind es die Grundrisse großer untergegangener Städte und im Süden Mesopotamiens ist es der neuartige Grundriss des herrschaftlichen dreiteiligen Hauses von Tell Ueili, welches seine Entecker in großes Erstaunen gesetzt hat.

Das dreiteilige Haus von Tell Ueili und die frühe Obed-Kultur

In Tell Ueili hat man, wie angeführt, in Schichten, welche Eridu 0 (8500 – 7900 v.h.) zugerechnet werden, eine überraschend hoch entwickelte Architektur gefunden und man weiß, dass die Siedlung noch älter als diese Häuser ist. Dieser Fund ist in mehrfacher Hinsicht bemerkenswert:

- Eine so hoch entwickelte Architektur war sensationell neu. Für sie fand sich bisher aus dieser Frühzeit auf der ganzen Welt kein vergleichbares Pendant
- Die südliche Kultur des frühen Obed war eigenständig und kein Abkömmling der nördlichen Kulturen Syriens und Palästinas.
- Die Ackerbau mit Bewässerung betreibende Träger-Kultur, welche offensichtlich schon eine gemeinschaftliche Organisation besaß, ließ sich aller-

dings bisher weder hinsichtlich ihres Beginns noch in ihrem territorialen Umfang einordnen.

Wie erwähnt, liegen die Anfänge der Bauten von Tell Ueili heute im Grundwasser, und Tell Ueili selbst befand sich später über dreieinhalb Tausend Jahre an der Küste des Meers im Persischen Golf (s. *Abbildung 18, S. 133*). Falls ihre Position den damaligen Nordrand des Kulturraums von Obed 0 gekennzeichnet haben sollte, so wären alle anderen Siedlungen dieser Kultur heute von den Sedimenten bedeckt, welche die Flüsse später in einer 3500 Jahre dauernden Transgressionsphase des Meeres eingetragen haben. Es gibt eine ganze Reihe von Tells, deren Reste heute aus den südmesopotamischen Sümpfen ragen. Aus Sedimentuntersuchungen bei Fao im Südirak in der Nähe der heutigen Küste des Persischen Golfs wurde nun der Stand des Meeresspiegels in den letzten zehntausend Jahren rekonstruiert (*Abbildung 21, S. 143*). Zur fraglichen Zeit, vor mehr als 8000 Jahren, stand das Meer noch etwa 20 Meter tiefer als heute. Nach 8000 v.h. erfolgte aber ein rascher Anstieg des Meeresspiegels, der zu einer Überflutung der Gebiete innerhalb des heutigen Golfmeeres geführt hat. Wegen des geringen Gefälles der Ströme Euphrat und Tigris in dieser Region von nur 11 Metern pro hundert Kilometer dürfte die frühere Küste nahezu 200 Kilometer südlicher als heute gelegen haben. Dieses heute vom Meer bedeckte Gebiet einschließlich des heutigen Landes südlich von Larsa könnte nun die frühere Region der „Kultur der dreiteiligen Häuser" oder des frühen Obed 0 gewesen sein. *Abbildung 21 (S. 143)* zeigt auch die Transgression des Meeresspiegels zwischen 7000 und 3500 v.h. um etwa 4 Meter, welche zur Überflutung des südlichen Mesopotamiens während 3500 Jahren geführt hat.

Kulturelle Entwicklungen in der Feuchtphase des Atlantikums

DIE OBED-KULTUR IN MESOPOTAMIEN

In den Jahrhunderten ab 7.900 v.h. zogen in Südmesopotamien neue Leute zu, deren Herkunftsort bisher unbekannt ist. Zunächst wurden nur wenige Ortschaften neu gegründet. Zu diesen zählen Eridu, die „heilige Stadt" der Menschen der Obed-Kultur und auch der späteren Sumerer, und El Obed, das dieser Periode den Namen gab. In den folgenden Jahrhunderten füllte sich dann die südliche Ebene mit Siedlungen. Die Menschen gehörten offensichtlich dem bisherigen Kulturkreis an, denn nicht nur die Bauart der dreiteiligen Häuser blieb gewahrt, sondern auch ihre nun verfeinerte Keramik (Obed 1) steht in der Tradition jener Keramik, die in Tell Ueili erstmals gefunden wurde (Obed 0).

Ab etwa 7500 v.h. breitete sich diese Keramik und damit wohl auch die Kultur des Südens nach Norden und nach Osten aus, nach Nordmesopotamien und in die Susiana, die Schwemmlandebene der Flüsse aus dem Zagros, welche

Mesopotamien im Osten vorgelagert ist. In der Obed 2-Periode (7400 – 6300 v.h.) findet man in ganz Mesopotamien dreiteilige Lehmziegelhäuser entweder derselben Konfiguration oder mit T-förmigem Grundriss. Ab 7300 v.h. registriert man auch einen gesellschaftlichen Wandel. Nun wurden sehr große dreigegliederte Gebäude gebaut, deren Monumentalität noch durch die Errichtung auf künstlichen Terrassen unterstrichen wird. Erstmals hat man sie wieder im Süden, in Eridu, gefunden. Sie wurden mehrmals neu auf immer wieder erhöhten Terrassen erbaut, aber ihre Dreigliederung wurde beibehalten: ein großer Mittelsaal war umgeben von zahlreichen kleineren Räumen. An anderen Orten entstanden später ähnliche Bauten und diese Bauweise wurde auch von Nordmesopotamien übernommen. Zu Ende der Obed-Periode hatten sich dann in Mesopotamien die ersten Städte gebildet.

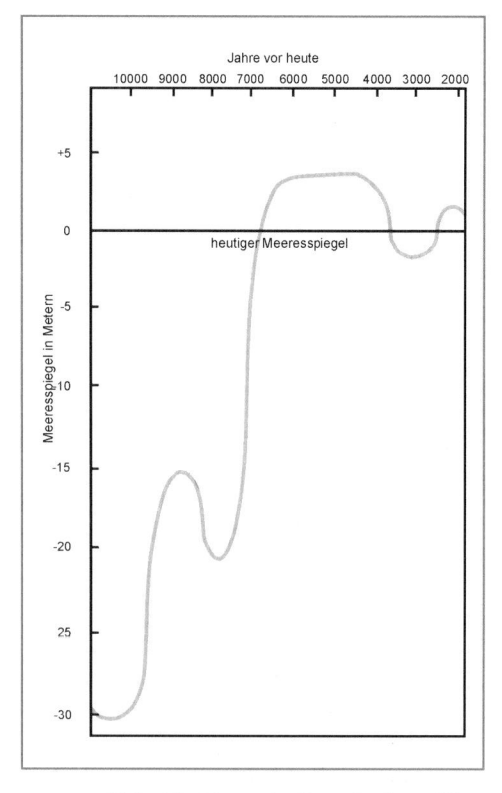

Verlauf der Meeresspiegelkurve für den Nordwestteil des Persischen Golfs   Abb. 21

Das südliche Mesopotamien war die Keimzelle dieser frühen kulturellen Entwicklung, aber der gesamte Nahe Osten erlebte, dem Impuls aus dem Süden folgend, dieselbe Entwicklung. Sie reichte schließlich bis nach Anatolien. Im Süden leitete sie über in die Uruk-Periode (ab 5700 v.h.) mit ihren großen Städten, aus denen schließlich Stadtstaaten und Staaten wurden.

Betrachtet man die *Abbildung 21*, so verbleibt eigentlich kein Rätsel mehr, woher die neue Bevölkerung, welche dem selben Kulturkreis wie die Menschen von Tell Ueili und Eridu angehörten, in den Jahrhunderten ab 7900 v.h. gekommen sein muss: das ansteigende Meer im benachbarten Persischen Golf hat sie aus ihren früheren Siedlungsräumen vertrieben und sie suchten nun weiter nördlich wieder neues Bauernland, in dem sie den gewohnten Bewässerungslandbau weiter betreiben konnten. Der Anstieg des Meeresspiegels als Folge der plötzlichen Hitze zu Beginn des Atlantikums hat sie zwar aus ihrer früheren Heimat vertrieben und möglicherweise eine schon bestehende hohe Kultur zerstört. Die folgende lange Feuchtphase des Klimas ermöglichte dann aber eine Wiedervermehrung der Bevölkerung und eine kulturelle Wiedererholung, in der die Hochkultur der sumerischen Periode vorbereitet wurde.

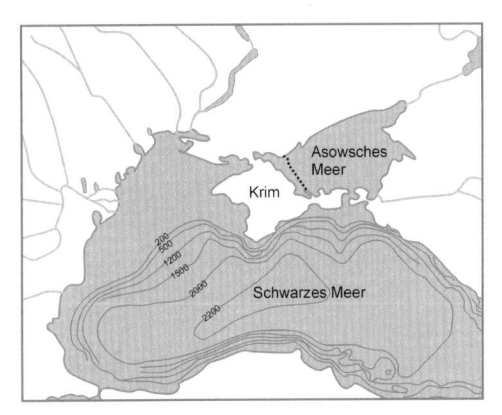

Abb. 22 Topografie des Meeresbodens des Schwarzen Meers

Mehrgarh am Übergang vom iranischen Raum zum Indus

Die bemerkenswerteste frühe Siedlung am Übergang vom iranischen Raum zum Einzugsgebiet des Indus-Flusses ist Mehrgarh. In dieser Siedlung, auf einer natürlichen Terrasse oberhalb des Flusses Bolan in Pakistan gelegen, wurde schon zu Beginn des 9. Jahrtausends v.h. Getreide angebaut. Schon auf dem Höhepunkt des feuchtwarmen Atlantikums erreichte Mergarh eine Ausdehnung von etwa 70 Hektar. Der Vergleich mit den berühmten Städten in der mesopotamischen Ebene ist beeindruckend: etwa ein Jahrtausend später wiesen diese erst ein durchschnittliches Stadtareal von 10 bis 20 Hektar auf! Und die Ortschaft zeigte ganz eindeutig schon eine städtische Struktur. Im Ortskern befanden sich, wie später die Schrannenhäuser des Mittelalters, Getreidespeicher, welche in Mehrgarh sogar belüftet waren. Sie waren in mehrere kleinere Räume unterteilt, die teilweise als Lagerräume und teilweise als Werkstätten dienten. Dieses Charakteristikum begegnet uns später wieder in den großen Städten der Indus-Kultur. Auch der hohe Entwicklungsstand bei der Herstellung von Schmuckgegenständen und die Bearbeitungstechniken für Schmucksteine, wie sie später in den großen Indus-Städten angetroffen wurden, finden sich bereits in Mehrgarh.

Frühkultur in Südost-Europa: die Alteuropäische Donauzivilisation

Mehrgarh, wo sich im Atlantikum schon eine städtische Kultur entwickelt hat, liegt etwa eineinhalb Tausend Kilometer östlich von Südmesopotamien. Fast in Gegenrichtung, gut zweitausend Kilometer im Nordwesten von Mesopotamien, begann sich zur selben Zeit ein ähnlicher kultureller Aufschwung abzuzeichnen. Diese Entwicklung hat – zumindest hinsichtlich ihrer Ursachen – eine große Ähnlichkeit mit jener im Süden von Mesopotamien.

Zweifellos waren in eiszeitlichen Kaltzeiten die Lebensbedingungen im südlicher gelegenen Nahen Osten viel günstiger als in Europa, sodass die kulturelle Entwicklung dort einen Vorsprung gewinnen konnte. Aber galt dies auch noch in der Nacheiszeit, als es wieder warm geworden war? Und vor allem im Atlantikum, in dem es deutlich wärmer als heute war? Konnten die höheren Temperaturen des Orients nun nicht sogar einen Nachteil bedeuten? Fanden die Auswanderer aus dem Nahen Osten, welche schon bis nach Südosteuropa gelangt waren, nun nicht dort über die lange Zeitspanne von zwei Jahrtausenden sogar die günstigeren Lebensbedingungen vor?

Die erste Besiedelungswelle Europas mit jungsteinzeitlichen Bauern erfolgte über das Mittelmeer. Zwischen 9000 und 8500 v.h. kamen die ersten Bauern nach Zypern, dessen geringste Entfernung zu Syrien nur etwa 60 Kilometer beträgt. Dann weitete sich die neolithische Expansion auf die die ägäischen Inseln und anschließend nach Griechenland, den Süden Italiens, Südfrankreich und den südwestlichen Küstensaum der iberischen Halbinsel aus. Eine zweite Welle über das Meer einer recht fortschrittlichen Kultur erfasste vor mehr als 6000 Jahren Teile von Anatolien, Griechenland und Süditalien. Die Menschen brachten bemalte Keramik mit, welche sich von der Obed-Keramik aus Südmesopotamien ableitet.

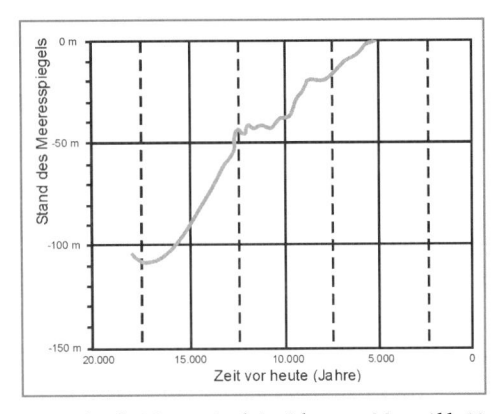

Anstieg des Wasserspiegels im Schwarzen Meer bei Beendigung der Eiszeit in 4 Phasen Abb. 23

Die frühen Siedler Europas müssen gute Seefahrer gewesen sein. Auch das könnte ein Hinweis darauf sein, dass ihre Ahnen lange am Gestade eines Meeres gelebt haben und ihnen dieses Talent in die Wiege gelegt war. In der Seine und im See von Bracciano hat man ihre Schiffe entdeckt.

Eine Besiedelungswelle über Land führte über Anatolien auf den Balkan. Sie dehnte sich auch auf den Nord- und Westrand des Schwarzen Meers aus, wobei die Menschen hier über den Westrand des Kaukasus zugewandert sind. Die damaligen geografischen Verhältnisse am Schwarzen Meer unterschieden sich stark von den heutigen. *Abbildung 22* zeigt, dass das Schwarze Meer aus zwei recht unterschiedlichen topografischen Bereichen besteht, einem maximal 2444 Meter tiefen Zentralbecken sowie riesigen flachen Schelfbereichen mit einem Steilabbruch bei 130 bis 150 Meter Tiefe. Am flachsten ist mit einer maximalen Tiefe von 13,5 Metern das Asowsche Meer östlich der Halbinsel Krim. Im Nordwesten zwischen Krim und Rumänien liegt ein ausgedehntes Flachwassergebiet, welches sich dann schmäler werdend vor Bulgarien fortsetzt. Es war damals von vielen Deltaarmen der Flüsse Donau, Dnjestr, Bug und Dnjepr durchzogen und stellte damit fruchtbarstes Bauernland dar. Überdies war das Schwarze Meer zu dieser Zeit noch nicht versalzt: den ersten Siedlern bot sich hier ein riesiger Süßwassersee.

Der russische Meeresgeologe Serebryanni hat Untersuchungen zum früheren Wasserspiegel des Schwarzen Meeres durchgeführt, welche in *Abbildung 23* gezeigt sind. Zur Zeit der Zuwanderung der Menschen stand der Wasserspiegel, genau wie am Persischen Golf, rund 20 Meter tiefer als heute. Das gesamte Asowsche Meer war eine trockene Tiefebene. Und zwischen der Krim und dem heutigen Bulgarien lagen riesige Flächen einer von vielen Wasserarmen durchzogenen Ebene. Hier nun war, wie auch auf der Krim, eine neue Bauernbevölkerung zugezogen. Vor allem auf der Krim hat man ihre frühen mikrolithischen Steinwerkzeuge gefunden, welche auf ein Alter von etwa 8000 Jahren datiert wurden. Den Menschen war allerdings zunächst eine harte

Prüfung auferlegt: zwischen 8.400 und 8.000 v.h. gab es einen kräftigen Kälterückfall (vgl. *Abbildung 1, S. 18*), eine ausgeprägte „Kleine Eiszeit". Wir kennen den Grund: die Laurentische Eismasse in Kanada war nach langer Erwärmung kollabiert und riesige Mengen von Eis und Schmelzwasser wurden in die Hudson-Bay eingeschwemmt, sodass der Golfstrom nachhaltig geschwächt wurde. Wir haben erfahren, dass selbst südlicher gelegene Siedlungen wie Çatal Hüyük und Jericho zu dieser Zeit wieder aufgegeben wurden. Die Population der Menschen in den Niederungen am Schwarzen Meer ist in diesen 400 kühlen Jahren während 15 Generationen sicher wieder stark geschrumpft.

Nach 8000 v.h. liefen am Schwarzen Meer dieselben Ereignisse ab, wie sie für den Süden Mesopotamiens schon geschildert wurden. Zunächst wurde es wieder warm (vgl. *Abbildung 1, S. 18*): die Temperatur stieg in ganz kurzer Zeit auf Werte an, welche ein bis zwei Grad Celsius über den heutigen lagen. Das feuchtwarme und sehr fruchtbare Atlantikum hatte eingesetzt. Dies musste natürlich zu einer kräftigen Vermehrung der Bevölkerung führen. Doch zunächst musste diese sich erst wieder vom Schrumpfprozess der Kaltzeit erholen, bis dann Bevölkerungsdruck entstehen konnte. Inzwischen aber begann, wie in Mesopotamien, ein Anstieg des Meeres, welcher die Menschen dann nach und nach aus den Niederungen vertrieb und an die heutigen Küsten zurück drängte. Insgesamt verlief dieser Anstieg etwas langsamer als am Persischen Golf: vermutlich wirkten die Meerengen von Gibraltar, der Dardanellen und des Bosporus bremsend und der Wasserspiegel des östlichen Mittelmeers liegt wegen starker Verdunstung ohnehin unter jenem des Atlantik. Vor 7500 Jahren begann dann der riesige Süßwassersee Schwarzes Meer zu versalzen.

Die Vertreibung von Millionen Menschen aus ihrer Heimat zu Ende des zweiten Weltkriegs war eine der Ursachen dafür, dass – trotz weitgehender Zerstörung Deutschlands – innerhalb relativ kurzer Zeit ein „Wirtschaftswunder" entstehen konnte. Die Menschen mit ihren unterschiedlichen Fähigkeiten wurden durchmischt, die Zuwanderer brachten neue Kenntnisse und Erfahrungen mit und sie mussten sich wieder eine Lebensgrundlage erarbeiten. Ein ähnlicher Prozess muss sich nun am Schwarzen Meer abgespielt haben. Das fruchtbare Klima führte überall zur Vermehrung der Bevölkerung und die vom Meer Vertriebenen drängten in die schon besetzten Räume. Archäologisch lässt sich nun eine große Unruhe mit zahlreichen teils auch kleinräumigen Migrationen feststellen. Dann aber begann auf dem Balkan eine europäische Frühkultur aufzublühen. Wie bei allen Zivilisationen der Alten Welt lag das Zentrum der nun entstehenden Kultur auch hier in einem Flusstal. Was der Nil für Ägypten, Euphrat und Tigris für Mesopotamien und der Indus für die die dortige Stadtkultur bedeuten sollte, diese Rolle kam nun in Europa der Donau zu. Die ersten Anfänge dieser Kultur um 7500 v.h. fand man bisher in Vinča südlich von Belgrad. Es ist genau dieselbe Zeit, in der in Südmesopotamien das unruhige Obed 1 endete und die Kulturentwicklung von Obed 2 begann. Bald zeigten sich an der Donau Zeichen für eine Hochkultur, denn man fand Hinweise für einen Schriftgebrauch, wenn auch offensichtlich eingeschränkt auf kultische Zwecke. Hochwertige Keramik ist bei der Donauzivilisation schon früh hergestellt worden und mit der Verbesserung der Brennöfen verfeinerte sich die Keramik. Parallel verliefen Fortschritte in der Metallverarbeitung. Sie ist an der Donau ebenso alt wie im Orient. In Ostanatolien hatte sie sie mit dem Hämmern von gediegen vorkommendem Kupfer begonnen. Einige Schmelztechniken scheinen auf dem Balkan sogar älter als im Nahen Osten zu sein und Gold wurde hier offensichtlich sogar früher verarbeitet. Die ältesten bisher bekannten Objekte aus Gold aus der Zeit um 6500 v.h. stammen aus Varna am Schwarzen Meer und sie zeigen bereits einen meisterlichen Umgang mit diesem Metall.

In weiten Bereichen Südosteuropas hatte sich nun der Ackerbau durchgesetzt und die Alteuropäische Donauzivilisation weitete sich allmählich über große Teile der Balkanregion und in die südliche Ukraine aus. Etwa aus derselben Zeit, die in Mesopotamien zur späten Obed-Zeit mit der Bildung größerer Städten überleitete, d.h. gegen Ende des Atlantikums, fand man in der südlichen Ukraine urbane Siedlungen mit 1500 bis 2000 Häusern, in denen bis zu 7000 bis 10.000 Menschen gelebt haben dürften.

Viele dieser Funde sind schon seit längerer Zeit bekannt, aber sie waren bisher einer späteren Zeit zugeordnet. Erst eine neuere dendrochronologische Überprüfung der Datierungen versetzt sie in diese Frühzeit. Dies ist kulturhistorisch brisant, weil diese Kulturentwicklung parallel zum kulturellen Aufschwung der Obed-Zeit in Mesopotamien liegt und deutlich vor den bekannten Hochkulturen der Sumerer, Ägypter und der Indus-Städte. Vieles spricht dafür, dass diese Donaukultur auch einer der Ideengeber war für viel spätere Entwicklungen in Südost-Europa und der Ägäis bis hin zur minoischen Kultur und der klassischen griechischen Antike.

Bronzezeitliche Stadtkulturen an Indus, Persischem Golf und im persischen Grenzraum

Abbildung 1 (S. 18) weist eine ausgeprägte Wärmewelle zwischen 5000 und 4000 v.h. (3000 bis 2000 v.Chr.) auf, die sich noch in das zweite vorchristliche Jahrtausend hinein zog. Vor allem in der zweiten Hälfte des dritten vorchristlichen Jahrtausends war das Klima auch recht feucht. Diese Klimabedingungen führten zum Aufblühen von Kulturen in unterschiedlichen Regionen des Nahen Ostens. Mit der Austrocknung verfielen die meisten dieser Kulturen wieder.

Im Jahr 1921 machte man in Nordwestindien eine ganz sensationelle Entdeckung: man fand Zeugnisse einer bisher völlig unbekannten Kultur mit sehr fortschrittlichen Merkmalen. Sie wurde „Indus-Kultur" oder auch „Harappa-Kultur" benannt. Diese Kultur nahm ihren Aufschwung in der warmen Feucht-

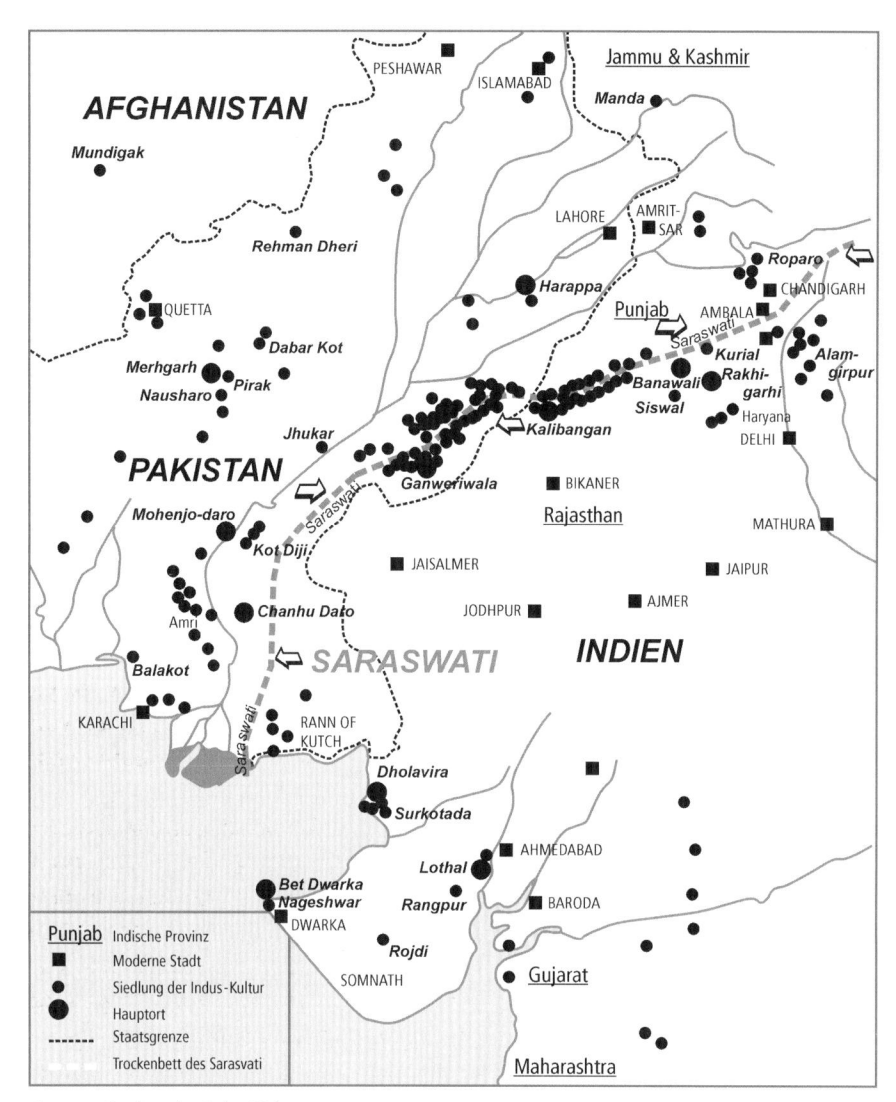

Abb. 24 Lage von Städten der Indus-Kultur

phase vor 5000 bis 4000 Jahren und verfiel mit der Austrocknung bis 3600 v.h. wieder. Mittlerweile sind ihre territorialen Grenzen abgesteckt (siehe *Abbildung 24*): sie nahm eine Fläche von schätzungsweise 1,5 Millionen Quadratkilometer ein, größer als ganz Europa – und damit natürlich unvergleichlich größer als der frühere mesopotamische oder auch ägyptische Kulturraum. Nach jüngster Zählung wurden bisher 1400 Siedlungen der Indus-Kultur gefunden, davon 917 in Indien und 481 in Pakistan. Die bekanntesten Orte, Mohenjo Daro und Harappa, sind zum Teil gut erforscht. Es gibt aber andere, die ihnen an Größe und Bedeutung gleich kommen, wie Rakhigari im indischen Bundesstaat Haryana und Ganweriwala im pakistanischen Punjab. Offensichtlich konzentrierte sich die Bevölkerung nicht nur auf das Indus-Tal; es gibt auch eine starke Ballung entlang des indischen Flusses Ghaggar (pakistanischer Name: Hakra), fast parallel zum Indus. Insofern besteht eine Ähnlichkeit mit dem Zweistromland Mesopotamien mit den beiden Flüssen Euphrat und Tigris. Eine weitere bestand darin, dass die Frühjahrschneeschmelze im Himalaja, ähnlich wie im Taurusgebirge für die mesopotamischen Flüsse, auch hier alljährliche Überschwemmungen bescherte. Heute ist das Flusssystem des Ghaggar bzw. Hakra weitgehend ausgetrocknet. Man glaubt, dass es mit einem ehedem großen Fluss namens Saraswati gleichzusetzen ist, von dem die vedische Rigveda berichtet. Er galt als heiliger Fluss, *„mächtiger als alle Ströme, größer als ein Meer"*. So könnte sich die hohe Konzentration früherer Siedlungen in einer südöstlichen Parallele zum Indus erklären. In späten vedischen Liedern wird der Fluss dann allerdings nicht mehr als groß bezeichnet. Möglicherweise war er damals schon am Austrocknen. Landeinwärts von der Bucht von Cambay hat man in Lothal ein mächtiges altes Hafenbecken gefunden, das vielleicht Rückschlüsse auf die Größe der früher ankernden Schiffe geben kann. Es war 200 Meter lang und bis zu 4 Meter tief. Welche Städte hatten hier ihren Zugang zum Meer? Satellitenaufnahmen lassen nun vermuten, dass der schon erwähnte Saraswati Fluss damals nach einer langen Parallelstrecke zum Indus (s. *Abbildung 24*) einen Knick nach dem Südosten machte und dann in den Golf von Cambay mündete. Der große Hafen von Lothal erschloss also offensichtlich den Wasserweg zu den Städten am Saraswati.

    Mohenjo Daro und Harappa scheinen geplante Städte zu sein, Brasilias des 5. Jahrtausends vor heute, und die beiden Orte machen, obgleich 650 Kilometer voneinander entfernt, den Eindruck von Zwillingsstädten. Harappa kann allerdings nicht mehr im Detail erforscht werden: beim Bau der Bahnstrecke Lahore-Multan im Jahre 1857 wurde diese frühgeschichtliche Ruinenstadt von den Engländern als Steinbruch benutzt und die gewonnenen gebrannten Ziegel wurden als Schotterunterlage verbaut. Man schätzt die ehemalige Einwohnerzahl jeder dieser Städte auf 35.000 bis 40.000. Ihre Bauzeit wird auf nur 50 Jahre veranschlagt. Für Bau und Unterhalt solcher Riesenstädte bedurfte es einer großen Gemeinschaftsleistung und ihre Errichtung setzte wohl eine längere Phase der Entwicklung der Planungs- und Bautechniken voraus. Die Städte waren gegen den Fluss durch starke Dämme geschützt und die Bauwerke standen gegen Hochwasser gesichert auf massiven Aufschüttungen. Jede Stadt der Indus-Kultur scheint nach demselben Grundschema angelegt worden zu sein: eine nach Westen weisende Zitadelle, umgeben von Wohnquartieren, die durch kerzengerade Hauptstraßen in Nord-Süd- sowie in Ost-West-Richtung schachbrettartig unterteilt waren. Die zweistöckigen aus Ziegeln gemauerten Wohnbauten waren zur Straße fensterlos, öffneten sich jedoch zu einem Innenhof. Bemerkenswert ist, dass die Städte schon kanalisiert waren und die Wohnhäuser auch ein Badezimmer mit geneigtem Boden sowie eine Spültoilette aufwiesen. Das System der getrennten Wasserversorgung und –entsorgung war mustergültig gelöst. So ließ sich das Hygienerisiko einer Vermischung der Ströme vermeiden.

Die Basis der Indus-Kultur waren Landwirtschaft, Gewerbe und Handel. Neben anderen Nutzpflanzen wurden Gerste und Weizen, wie im Nahen Osten, angepflanzt. Besonders ausgeprägt war bei der Indus-Kultur ein umfangreiches Schmuckgewerbe, das ein breites Sortiment, vom hochwertigen Schmuck bis zum billigen Tand, fertigte.

Die Anfänge der Indus-Städte ließen sich an Ort und Stelle bis ins 6. Jahrtausend v.h. zurückverfolgen. Woher ist diese Kultur gekommen? Wie hat sie sich entwickelt? Baute sie auf Erinnerungen aus den Städten auf, die wohl einige Jahrtausende vorher im Golf von Cambay im Meer versunken sind? Waren solche Erinnerungen behilflich, dass in einer neuen günstigen Klimaphase wieder eine große Zivilisation aufblühen konnte?

Der Saraswati ist allmählich ausgetrocknet und der Antransport von Sedimenten wurde damit abgebrochen. Deshalb dürfte die Fundlage im Golf von Cambay heute unvergleichlich besser sein als in den Meeresregionen, wo der Indus seither riesige Sedimentmengen eingetragen und frühere Siedlungen, die auch dort zu vermuten sind, mit einer dicken Schicht Schlamm zugedeckt hat. Amri, früher ein Hafen am Meer, liegt heute 200 Kilometer landeinwärts am Indus. Dieser blieb ja im Gegensatz zum Saraswati ein aktiver Strom.

Die Indus-Städte standen in regem Handelskontakt mit einer Frühkultur am arabischen Ufer des Persischen Golfs, welche ihr Zentrum auf der heutigen arabischen Insel Bahrain hatte, sich aber auch über den nördlichen arabischen Uferstreifen bis hin nach Kuwait erstreckte. Diese Kultur blühte zur selben Zeit auf und wohl aus dem gleichen Grund. Ursache war auch hier die feuchte Warmphase vor 5000 bis 4000 Jahren. Außer von lebhaftem Seehandel war diese Kultur auch von Landwirtschaft getragen. Ackerbau wurde an der arabischen Golfküste schon recht früh betrieben: ab etwa 7000 v.h. findet man an der inneren heute saudiarabischen Golfküste und auf Katar Belege für Ackerbau wie auch zahlreiche Funde der Obed-Keramik. In der Feuchtphase der Bronzezeit hat sich der Ackerbau dann über die

> Bemerkenswerterweise betrachtete man die saubere Trennung von Frischwasser und Abwasser in Europa als eine Errungenschaft der Neuzeit. Erst im 19. Jahrhundert wurden in vielen europäischen Städten vergleichbare Infrastrukturen geschaffen. Vorher hatte eine große Sorglosigkeit die großen Seuchenzüge des Mittelalters begünstigt.
> Beim Wiederaufbau eines Stadtviertels in Hamburg, das 1842 durch einen Großbrand vernichtet worden war, wurden Wasserversorgung und Kanalisation eingerichtet. Eine Cholera-Epidemie griff dann 1892 in diesem Stadtviertel wesentlich weniger um sich als in der übrigen Stadt. Prof. Hermann Hipp von der Universität Hamburg schrieb hierauf: *„Es brachte in einem großen Zivilisationssprung Hamburg alle Errungenschaften der modernen Technik"*.
> Erst einige Jahrzehnte später entdeckte man am Indus Städte, welche diese Errungenschaften schon vier Jahrtausende früher besaßen!

Abdrücke von Stempelsiegeln. Links: Siegel aus Bahrain **Abb. 25**
mit Gazellenköpfen. Rechts: Siegel der Indus-Kultur mit Nashorn und Schriftzeichen

ganze Golfküste bis hin zum Hadjar-Gebirge ausgedehnt. Die Verbindung dieser frühen semitischen Kultur mit der Indus-Kultur war offensichtlich recht eng, denn es wurden sogar dieselben Gewichtseinheiten benutzt. An beiden Stellen verwendete man auch Stempelsiegel für Eigentumskennzeichnung und „Unterschrift", am Indus groß und quadratisch, in Bahrain kleiner und rund. *Abbildung 25* zeigt Beispiele für solche Siegel. Der Niedergang der Kulturen von Bahrain und der Indus-Städte nach 4000 v.h. erfolgte zur selben Zeit und wohl aus dem selben Grund, einer Austrocknungsperiode, welche ihren Höhepunkt vor knapp 3500 Jahren erreichte.

Im iranischen Raum waren während des feuchtwarmen Atlantikums zahlreiche Dörfer entstanden. Als es dann trockener wurde, wurden viele Dörfer in diesem weiten Raum wieder aufgegeben und die Bevölkerung konzentrierte sich dort, wo es noch Wasser gab. Das waren bevorzugt Randlagen der iranischen Region, am Fuße der nördlichen Randgebirge Elburs und Kopeth Dagh, im östlichen Raum des Helmand-Flusses aus dem Hindukusch oder auch am wasserreichen westlichen Fuß des Zagros-Gebirges vor Mesopotamien. Ungünstiger gelegene Siedlungen mussten schon vor etwa 5000 Jahren nach einer längeren kühleren Trockenphase wieder aufgegeben werden. Andere Siedlungen hingegen blühten in der sich anschließenden Feuchtphase der Bronzezeit auf und wurden zu bedeutenden Städten, wie Mundigag am Hindukusch und Schachr-i-Sochta am Helmand, die Hauptstadt des frühgeschichtlichen Sistan, eine der bedeutendsten Städte der Zeit, merkwürdigerweise wieder eine „Doppelstadt" zu Mundigag. Diese und andere Städte schrumpften mit der Austrocknung um 4000 v.h. wieder auf ein dörfliches Maß zurück, um dann auf dem Höhepunkt der Austrocknung völlig von der Landkarte zu verschwinden. Diese Austrocknung hat sich also im Orient wesentlich schlimmer ausgewirkt als jene zu Ende des Atlantikums: damals wurden an wasserreichen Orten noch neue Siedlungen gegründet; jetzt mussten viele wieder aufgegeben werden. Ganz offensichtlich trocknet auch der Orient, ähnlich wie die Sahara, welche vor 8000 Jahren noch grün war, unabhängig vom Auf und Ab des Klimas immer mehr aus.

Der lange Weg zu Schrift und Alphabet

Die Keilschrift auf Tontäfelchen der Sumerer in Mesopotamien ist das älteste bekannte Schriftsystem der Welt, mit dem Sprache vollständig wiedergegeben werden kann. Sie hat den seither ununterbrochenen Gebrauch von Schrift eingeleitet. Diese Schrift entstand aber nicht plötzlich auf Grund einer genialen Eingebung, sondern sie baute ganz offensichtlich auf einem langen Vorlauf auf.

Der Beginn von Registratur und Schrift reicht bis in die graue Vorzeiten zurück. In mehreren Kulturen sind seit langem Kerbhölzer bekannt, d.h. es wurden Striche in Holzstäbe oder Knochen geritzt, welche vermutlich Angaben zu Zahlen bedeuteten. So hat der Homo erectus schon vor 300.000 Jahren und der Neandertaler vor 100.000 Jahren Linienbündel in Stöcke und Knochen eingekratzt. Auch vom modernen Homo sapiens sind solche Linien schon aus der Zeit vor 35.000 Jahren bekannt. Auch wenn der Beweis hierfür noch fehlt, so ist doch anzunehmen, dass es sich hierbei um eine Art von Registratur handelt. In der Bilderhöhle von Chauvet an der Ardèche in Südfrankreich, in der die ersten Bilder schon vor 30.000 Jahren entstanden, fand man nicht nur großartige Tierdarstellungen, sondern daneben auch abstrakt-geometrische Symbole, wie Punktreihen und Strichkonfigurationen. Es wurde auch schon darauf verwiesen, dass schon vor mehr als 30.000 Jahren ein Symbol in Felswände geritzt wurde, das weibliche Schoßdreieck, welches später bei den Sumerern zum Schriftzeichen für „Frau" wurde. Auch in der letzten Periode der Eiszeitkunst, dem Magdalénien, trifft man dieses Piktogramm häufig an. Im Vorderen Orient finden sich aus der anschließenden Zeit, um 11.000 v.h., Zeichen, welche offensichtlich sogar schon standardisiert waren. Leider kann man ihren Sinn bisher nicht deuten. Im Grenzgebiet von Syrien und der Türkei, bei Sanli-Urfa, gräbt man auf dem Göbekli Tepe megalithische Monumentalbauten aus, in deren mächtige Pfeiler aus Kalkstein neben naturalistisch dargestellten Tieren der Gegend auch verschiedene abstrakte Zeichen eingeschlagen sind. Sie wurden auch zu unterschiedlichen Sequenzen verbunden, sodass es nahe liegt, hierin die Anfänge eines frühen Notationssystems zu vermuten. Dieselben Piktogramme entdeckte man an drei anderen Fundstellen der weiteren Umgebung auf kleinen runden münzenartigen Steinen, deren Zweck man ebenfalls nicht kennt. Diese Zeichen wurden offensichtlich in einem größeren Raum des Nahen Ostens über längere Zeit verwendet, denn bei einigen sieht man Ähnlichkeiten mit den abstrakten Dekorelementen, welche sich drei Jahrtausende später auf der Keramik der Obed-Zeit wieder finden.

Ein auf dem Göbekli Tepe gefundenes Schlangenmotiv tauchte mehr als 5000 Jahre später in Südmesopotamien wieder auf. Dies alles lässt einerseits auf kulturelle Verbindungen des Nordens und des Südens des Vorderen Orients schließen, andererseits aber auch auf sehr frühe Ansätze zu einem Notationssystem.

Die Schrift der Indus-Kultur und ihre Vorläufer

Auf den Stempelsiegeln der Indus-Kultur sind neben einheimischen Tieren auch Zeichen dargestellt, welche als Schriftzeichen betrachtet werden (vgl. *Abbildung 25, S. 151*). Sie finden häufig eine Ergänzung durch Zusatzzeichen, wie Punkte und Striche. Wegen der Kürze der Sequenzen und des Fehlens von zweisprachigen Texten ist eine vollständige Entzifferung dieser Schrift bisher noch nicht gelungen. Der Höhepunkt der Indus-Kultur lag zwischen 4600 und 3900 v.h. (2600 – 1900 v.Chr.). Deshalb scheint diese Schrift jünger zu sein als die mesopotamische oder die ägyptische. Man hat aber Hinweise gefunden, die auf eine Schriftentwicklung in diesem Raume schon im 6. Jahrtausend v.h. hindeuten. Und unter den Fundstücken vom Boden des Golfs von Cambay, welche, wie erwähnt, vorläufig auf ein Alter von 9500 bis 8500 Jahren datiert wurden, befindet sich auch ein Stein mit einer kreisförmig eingravierten „Schrift", wobei einige der Zeichen jenen ähneln, welche sich auf möglicherweise vier Jahrtausende jüngeren Siegeln der Indus-Kultur von Mohenjo Daro und Harappa finden. Kann auch hier die Schriftentwicklung schon so früh begonnen haben? Es scheint, dass die Geschichte der Schreibkunst noch nicht zu Ende geschrieben ist!

Frühe Schriftentwicklung bei der Alteuropäischen Donau-zivilisation

Bei der Alteuropäischen Donauzivilisation befanden sich auf vielen Gegenständen, besonders solchen für den kultischen Gebrauch, Zeichen, welchen man mehr und mehr die Eigenschaft „Schriftzeichen" zubilligt. Ganz offensichtlich wurden sie nur von Priestern benutzt. Sie weisen eine beträchtliche Ähnlichkeit mit Schriftzeichen vom Indus auf, nicht nur hinsichtlich ihrer Form, sondern

> Wir wissen nicht, mit welchem Schriftsystem die Zeichen aus Alteuropa in Vergleich gesetzt werden dürfen.
> Trotzdem seien zwei Vergleiche gewagt:
>
> In Japan verwendet man insgesamt etwa 5000 Kanjis; mit einer Auswahl von lediglich 400 jedoch kann man eine Zeitung drucken, welche der deutschen Bild-Zeitung ähnlich ist.
> Vor etwa einem halben Jahrhundert hat man in England eine Untersuchung zum täglichen Sprachgebrauch verschiedener Bevölkerungsschichten durchgeführt und man fand zwei Schichten, welche nur 400 bis 500 Wörter einsetzten: es waren dies die ungelernten Hilfsarbeiter und der Hochadel!

auch in der Kürze der „Texte" und in der Variation der Basiszeichen durch Zusätze, wie Punkte, Striche und Winkel. Es finden sich aber auch Anklänge an die Frühform der Schrift der Sumerer, welche sich später zur Keilschrift weiter entwickelte. Haben Auswanderer aus dem Nahen Osten die Anfänge dieser Schrift in entgegen gesetzte Richtungen mitgenommen, nach Südosteuropa wie auch an den Indus? Als Ursprunggebiet wäre wieder jenes Gebiet zu vermuten, aus dem offensichtlich auch die Gene der Menschen stammen, welche den Ackerbau nach Europa und nach Pakistan und Nordindien gebracht haben, der Großraum am Persischen Golf.

Die alteuropäische Schrift tauchte vor 7500 Jahren erstmals im Norden des Siedlungsraums auf und sie verbreitete sich dann nach dem Süden. Kam sie aus den weiten Schelfgebieten des Schwarzen Meers, welche zu dieser Zeit überflutet wurden? Bis heute kennt man etwa 230 standardisierte Einzelzeichen, verglichen mit den 26 Zeichen des Alphabets eine hohe Zahl und im Vergleich zu den 600 sumerischen Wort- und Silbenzeichen nach ihrer späteren Standardisierung keine geringe Anzahl. Ein kleiner Teil davon trägt naturalistisches Gepräge; die meisten hingegen sind abstrakt. Am bekanntesten sind die „Schrifttafeln von Tartaria" in Bulgarien geworden, welche man – allerdings mit einiger Unsicherheit – auf etwa 7300 v.h. datiert. Die meisten Funde stammen aus der zweiten Hälfte des 7. Jahrtausends v.h., d.h. aus der Endphase des Atlantikums. Bis heute sind etwa 35 Fundorte für solche Zeichen bekannt.

Die Kultur der Donauzivilisation wurde um 5500 v.h. (3500 v.Chr.) durch jene der nach Südosteuropa eindringenden Indoeuropäer überlagert und um 3200 v.Chr. schwindet der Schriftgebrauch wieder. Eine Anregung blieb aber offensichtlich bestehen, denn die Hälfte der Zeichenformen der frühen kretischen Silbenschrift „Linear A" kann auf die alteuropäische Schrift zurückgeführt werden.

Siegel, Zählsteine und der Weg zur Keilschrift

Auch die Keilschrift Mesopotamiens und die parallel entwickelte Keilschrift im östlich benachbarten elamitischen Raum sind nicht plötzlich entstanden, sondern sie bauen auf älteren Vorläufern auf, deren Anfänge zumindest teilweise noch im Dunkeln liegen, Siegeln und Zählsteinen. Siegel zur Kennzeichnung von Eigentum und Waren und für eine Art von Unterschrift auf Verträgen fanden sich an vielen Stellen im Vorderen Orient. In vielen frühen neolithischen Dörfern entdeckte man Steine und gebrannte Tonklumpen mit einem einfachen Dekor auf einer Stirnseite, welche offensichtlich als Siegel dienten. Dieses Dekor wurde wie später die Schrift in Ton eingeprägt: damit war das Schreibmaterial Ton schon entwickelt! Das zunächst geläufige Siegel war das Stempelsiegel, bei dem nur eine Stirnseite graviert war. Diese Art von Siegel war in einem riesigen geografischen Raum verbreitet: im Norden wie im Süden des

Abb. 26 Abdruck eines sumerischen Rollsiegels aus der Uruk-Zeit

Nahen Ostens, auf den westlichen Zagroshängen, auf dem iranischen Hochland, am Indus und auf der arabischen Seite des Persischen Golfs und auf den Bahrain-Inseln. Es liefert damit einen Hinweis auf enge Kontakte dieser Regionen, vielleicht aber auch auf dieselben kulturellen Wurzeln. Im Norden in der Umgebung von Göbekli Tepe fand man auf Siegeln etwa achteinhalb Tausend Jahre alte Tierdarstellungen, welche an die Glyptik auf den Steinpfeilern der dortigen Monumentalbauten erinnern. Am Indus hatten die Siegel recht große Ausmaße und sie waren mit der unterschiedlichen Tierwelt Indiens dekoriert. Ist dies alles ein Hinweis auf identische Wurzeln, aber eine längere Zeit der Auseinanderentwicklung?

Vor mehr als 5000 Jahren genügte die begrenzte Stirnfläche der Stempelsiegel offensichtlich in Sumer und Elam den steigenden Ansprüchen an Information und Dekoration nicht mehr: nun wurde das Rollsiegel erfunden, vermutlich im elamitischen Raum. Jetzt wurde nicht mehr die Stirnseite, sondern der größere zylindrische Umfang graviert. Wenn das Siegel auf einer Tonoberfläche abgerollt wird, entstehen so recht umfangreiche Bilder und Dekors, wie dies in *Abbildung 26* gezeigt wird. In der Tat gehören Rollsiegel zu den besten geschichtlichen Quellen der Gegend und Zeit. Sie informieren über die Lebensverhältnisse, über Glauben und Mythen, aber auch über die Grausamkeit der Kriege, welche später zwischen den mesopotamischen Stadtstaaten losbrachen. Diese Rollsiegel waren meist der Länge nach durchbohrt, sodass sie an einer Schnur am Hals getragen werden konnten. Ganz offensichtlich stellten sie auch ein Prestigeobjekt für Persönlichkeiten von Rang dar, wie heute die Kette eines Bürgermeisters. So hat man Siegel aus kostbaren Materialien gefunden, wie Gold und Lapislazuli mit eingelegtem Jaspis, in äußerst kunstfertiger Ausarbeitung. In der späten neosumerischen Periode war es Vorschrift, den Verlust eines Rollsiegels ähnlich dem einer Kreditkarte nach bestimmten Regeln bekannt zu machen.

An der Wiege der Keilschrift der Sumerer und Elamiter stand noch eine weitere frühe Entwicklung, die sog. Zählsteine. Einige sind in *Abbildung 27* gezeigt. Gemeint sind kleine einfache Figuren aus Ton, deren Form einen Ge-

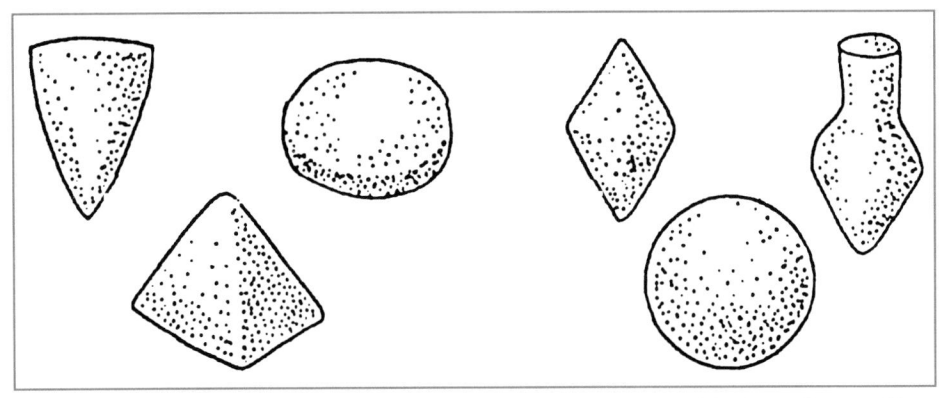

Verschiedene Formen von Zählsteinen aus frühen neolithischen Siedlungen Abb. 27

genstand, wie ein Schaf oder eine Ziege, bedeuten konnte. Man hat sie im Vorderen Orient schon in vielen vorkeramischen neolithischen Dörfern gefunden und es ist anzunehmen, dass sie ein gemeinsames Kulturgut der frühen neolithischen Siedler waren, welches sie möglicherweise schon aus einer gemeinsamen Urheimat mitgebracht haben. Von D. Schmandt-Besserath, der sie bei Ausgrabungen aufgefallen sind, stammt die Vermutung, dass sie zunächst der häuslichen Registratur dienten, dann aber auch eine solche Funktion für den Handel und für die Lagerung in größeren Kommunen übernahmen. Mit der Funktion von „Warenbegleitpapieren" wurden sie später in Tonhüllen eingeschlossen, sodass der Empfänger oder Lagerverwalter nach Aufbrechen der Hülle die Vollständigkeit der Lieferung überprüfen konnte. Vermutlich sind diese Tonkugeln die Vorläufer späterer „Bullae" mit versiegelten Nachrichten. Die Anzahl der Artikel wurde zunächst durch die Anzahl der eingeschlossenen Figürchen wiedergegeben. Später wurde für jede Spezies nur eine einzige Figur verpackt, in deren Oberfläche aber dann die Anzahl eingekratzt wurde.

Leider ließen sich bei mehreren Sendungen oder Lagerartikeln Verwechslungen der Tonhüllen nicht vermeiden. Deshalb wurde es notwendig, die Konturen der Figürchen auch außen in die Tonhüllen einzuprägen. Da diese aber nun schon die volle Information enthielten, wurde ihr Inhalt entbehrlich. Damit konnte der Informationsträger schließlich auch flach gemacht werden: das Tontäfelchen als Informationsträger war erfunden! So entstanden also

> Mehr und mehr tauchten dann aber auch historische und literarische Texte auf. Hierzu war aber die Wiedergabe auch von abstrakten Begriffen erforderlich. Ein klanggleiches abstraktes Wort wurde nun einfach mit dem gleichen Symbol wie ein Gegenstand wiedergegeben.
> Das scheint zu einer berühmt gewordenen Verwechslung geführt zu haben:
> Nach der Bibel hat Gott dem Adam eine Rippe entnommen, um ihm daraus die Gefährtin, Eva, zu formen. Im Sumerischen bedeutete die Silbe „ti" nun sowohl „Rippe" als auch „Leben": Gott dürfte dem Adam während des Schlafes also Leben für die Gefährtin entnommen haben!

Jahre vor heute					Bedeutung
5200	5000	4500	3800	2700	
✳	✳	✳	✳	✢	Himmel/Gott
⌒⌒⌒					Gebirge
					Kopf
					Mund
≈					Wasser
					Vogel
					Fisch
					Rind

Abb. 28 Beispiele für die Entwicklung der sumerischen Keilschrift aus einfachen Bildsymbolen

Tontäfelchen, zunächst geprägt und später beschriftet. Aufgefundene Übergangsformen bestätigen diese Entwicklung. Die Einprägung in Ton hinterließ nun aber leider keine scharfen Konturen. Deshalb ging man dann dazu über, die gewünschten Formen mit einem gespitzten Binsenrohr einzuritzen. Nun konnten die Piktogramme auch naturalistischer werden: der Kopf eines Vogels, eine Pflanze oder auch eine Wellenlinie für Wasser. Es lässt sich zeigen, dass einige der bisherigen „Zählzeichen" unmittelbar als Schriftzeichen übernommen wurden. Nachdem das Schreibgerät beim Ritzen leider verschmutzen konnte, womit die Konturen unscharf wurden, wurden diese später nicht mehr eingeritzt, sondern mit einem schräg angeschnittenen Griffel aus Binsenrohr keilförmig in Ton eingedrückt, wobei geschwungene Linien in mehrere Einprägungen aufgelöst werden mussten. Damit entstand die eigentliche Keilschrift. *Abbildung 28* zeigt die Entwicklung einiger Zeichen: zunächst wurde aus praktischen Gründen die Schreibrichtung geändert, dann wurde die Ritzung durch Einprägungen ersetzt und schließlich wurden die Piktogramme immer abstrakter. Im Laufe der Zeit entstanden so etwa 1800 Symbole, welche später im Rahmen der schon erwähnten Rationalisierung wieder auf 600 reduziert wurden. Obwohl die meisten Tontäfelchen als Informationsträger nur an der Sonne getrocknet und nur wenige gebrannt wurden, haben sie dennoch – dank des trockenen Klimas – Jahrtausende überdauert.

Die Schrift entstand parallel in Mesopotamien und in Elam also als eine Verbesserung der ursprünglichen Registriermittel Siegel und Zählzeichen. Von den älteren Täfelchen tragen achtzig Prozent Wirtschaftsinformationen. Für andere Wörter oder Begriffe mussten neue Zeichen erfunden werden. Um daraus entstehende Fehldeutungen zu vermeiden wurden stumme Zeichen, sog. Determinative, hinzugefügt. So ergab sich dann eine Mischschrift aus drei verschiedenen Elementen, mit der nun ein gesprochener Text vollständig schriftlich wiedergegeben werden konnte. Auf dieser Basis konnten dann erstmals große Menschheitsepen über Jahrtausende überliefert werden, wie das berühmte Gilgamesch–Epos mit der Schilderung einer früheren verheerenden Flut. Ein anderes mehrfach überliefertes Werk ist die schon erwähnte Königsliste mit einer Aufzählung der Könige vor und nach der Sintflut. Weiterhin fand man Lexika und wissenschaftliche, astronomische und mathematische Abhandlungen. Auch der sog. „Satz des Pythagoras" ist auf diese Weise schon festgehalten.

Für die schriftliche Fixierung war auch ein brauchbares Zahlensystem notwendig. Die Sumerer benutzten gleichzeitig zwei Zahlensysteme, das Sechziger- und das Dezimalsystem. Das erstere verwenden wir noch heute für die Zeitmessung (Minuten und Sekunden) und zur Einteilung von Winkeln. Auch das Dutzend geht auf die Sumerer zurück: Tag und Nacht unterteilten sie in jeweils 12 Stunden und das Jahr in 12 Mondmonate. Wegen der Phasenunterschiede zum Sonnenjahr wurden dann ganze Schaltmonate eingefügt. Auch Kreisumfang und –durchmesser konnten die Sumerer schon berechnen. Sie kannten Bruchzahlen, Multiplikation, Division, Wurzelziehen von Zahlen und die geometrische Berechnung von Flächen.

Die sumerische Keilschrift steht am Beginn einer seither ununterbrochenen Aufzeichnung der Menschheit. Sie wurde mehr als drei Jahrtausende lang bis zum ersten Jahrhundert n.Chr. benutzt und auch semitische Dialekte wurden mit ihrer Hilfe geschrieben. Als die sumerische Sprache schon erloschen war, bediente sich ihrer noch lange die Diplomatie. Am längsten hielt sich die Keilschrift bei den babylonischen Astronomen. Auch die babylonische Priesterschaft hielt noch lange an der Keilschrift fest, als sie außerhalb der Tempel schon durch die aramäische Buchstabenschrift ersetzt war. Alles ist schon einmal da gewesen: auch heute tragen Religionsgemeinschaften noch Riten und Gebräuche weiter, welche im profanen Leben schon verschwunden sind.

Die Entwicklung einer überlegenen verbalen Kommunikationsfähigkeit dürfte dem modernen Homo sapiens vor etwa 60.000 Jahren seinen entscheidenden Vorteil für seine Durchsetzung verliehen haben. Die Schrift, also die Weitergabe von Informationen ohne persönlichen Kontakt und ohne örtliche, zeitliche und mengenmäßige Begrenzung der Informierten war der nächste wichtige kulturelle Schritt. Die weiteren kulturellen Sprünge kamen dann von Johannes Gutenberg mit der Buchdruckkunst und von der elektronischen Informationstechnologie des zwanzigsten Jahrhunderts.

Die Entwicklung des Alphabets

Wegen der großen Bedeutung der Schrift soll ihre Weiterentwicklung kurz skizziert werden. Es gibt heute drei Strategien für die Schrift: Zeichen für Wörter, für Silben und für Laute. Wort- und Silbenschriften wurden mehrfach und an verschiedenen Orten zu verschiedenen Zeiten erfunden. Der höchste Grad der intellektuellen Abstraktion liegt bei der Alphabetschrift vor, bei der die Wörter in die kleinsten Lautteilchen, die Phoneme, zerlegt und hieraus wieder zusammen gefügt werden. Die hierfür notwendige geistige Leistung wurde nur ein einziges Mal auf der Welt erbracht. Allerdings herrscht auch bei der Alphabetschrift keine klare Konsequenz: so werden beispielsweise die 40 Phoneme der englischen Sprache mit nur 26 Buchstaben dargestellt. Auch im Deutschen besitzen die sog. Umlaute, im Prinzip eigenständige Vokale, kein eigenes Zeichen, sondern sie werden als Buchstaben mit Zusätzen oder als eine Buchstabenkombination wiedergegeben. Dafür herrscht Überfluss bei Konsonanten: so genügte für „F" und „V" und für „K" und „Q" jeweils ein Buchstabe. Auch das „X" wäre entbehrlich: im Türkischen wird es mit „KS" geschrieben. Zusätzlich zu den Buchstaben werden Logogramme benutzt, z.B. für „Prozent", „Paragraph" oder „Euro". Die zweite Strategie verwendet nur Logogramme, d.h. Zeichen für ein ganzes Wort. Hierzu zählten die ägyptischen Hieroglyphen und die Schriftzeichen der Mayas in Mexiko. Noch heute benutzt man diese Strategie bei den japanischen Kanjis und überwiegend auch bei den chinesischen Schriftzeichen. Bei der dritten Strategie steht ein Zeichen für jeweils eine Silbe. Die sumerische Keilschrift war sowohl Wortschrift als auch Silbenschrift, denn die sumerischen Wörter waren meist einsilbig.

Die Alphabetschrift nahm ihren Anfang in Ägypten, aber sie hat sich dort nicht selbständig durchgesetzt. Neben der bekannten Hieroglyphenschrift für Wörter und auch zahlreiche Silben entstand in Ägypten ein praktisch komplettes Arsenal von Zeichen für alle Konsonanten zur Umschreibung von Fremdwörtern. In einer Schlucht zwischen Theben und Abydos, Teil einer früheren Militärroute, fand man solche alphabetischen Zeichen aus dem 19. Jahrhundert v.Chr. in eine Felswand gehauen. Die Ägypter machten aber nie den logischen nächsten Schritt und gaben die Vielzahl ihrer anderen Zeichen auf, um Sprache nur noch mit den Zeichen für die Konsonanten auszudrücken. Diese Pioniertat erfolgte dann im semitischen Raum zwischen dem heutigen Libanon und Syrien und Palästina. Ab etwa 1700 v.Chr. haben Semiten dort mit solchen Experimenten begonnen. Das erste bekannte Zeugnis stammt aus Byblos, 40 Kilometer von Beirut entfernt. Es enthielt allerdings 114 Zeichen. Das dann Richtung weisende Alphabet fand sich in der alten Stadt Ugarit in Syrien, dem Brückenkopf zur Insel Zypern. In vielen modernen Alphabeten ist sogar die ursprüngliche Reihenfolge beibehalten worden. Vokale fehlten allerdings noch. Man hat sie durch Zusatzzeichen, Determinative, angedeutet. Insofern bestand eine gewisse systematische Ähnlichkeit mit der von Gabelsberger im 19. Jahrhundert erfundenen Kurzschrift, wo die Vokale durch Stellung und Fettschrift der Konsonanten erkennbar gemacht werden. Die Vokale wurden in die Alphabetschrift erst im 8. Jahrhundert v.Chr. von den Griechen eingefügt, allerdings wohl auf Grund eines Missverständnisses: um sich die Reihenfolge der Buchstaben besser einprägen zu können, hatten die Semiten feste Begriffe aneinander gefügt: „Alpha, Beta, Gamma", übersetzt: „Ochs, Haus, Kamel". Die Griechen übernahmen nun die Merkbegriffe und ihre Reihenfolge. Da sie aber die semitischen konsonantischen Anlaute vor den Vokalen nicht kannten, nahmen sie an ihrer Stelle die jeweils folgenden fünf Vokale. Und bei diesen fünf Vokalzeichen ist es dann auch geblieben, obgleich viele Sprachen weitaus mehr Vokale benutzen. Im gleichen Jahrhundert noch übernahmen die Etrusker dieses Alphabet und etwa ein Jahrhundert später die Römer. Von dort aus hat sich dieses Kulturgut dann in die gesamte abendländisch geprägte Welt ausgebreitet.

Folgerungen zum Ort einer frühkulturellen Entwicklung

Vor knapp 60.000 Jahren hat die Entwicklung zum modernen Menschen mit einer letzten entscheidenden Mutation das heutige intellektuelle Niveau erreicht. Nach einigen Jahrtausenden mit günstigeren wärmeren Temperaturen innerhalb der Eiszeit, welche zur Vermehrung der neuen Menschen führen mussten, zwang dann ein scharfer Kälterückfall um 52.000 v.h. einen kleinen Clan zur erstmaligen Auswanderung aus Afrika. Sie erfolgte über den Golf von Aden nach Asien. Die Menschen wählten die südliche Wanderroute, welche sie dann schnell in die Region des heutigen Persischen Golfs führte. Der nördliche Pfad über die Sinai-Halbinsel war noch durch den Neandertaler blockiert. Der Vordere Orient wurde nun zur ersten Region eines Daueraufenthalts. Hierbei muss der wärmere Süden der damaligen Tiefebene im heutigen Persischen Golf eine zentrale Rolle gespielt haben. Sie war größer als heute, weil der Meeresspiegel um etwa 30 Meter abgesenkt war, womit sich die Wasserfläche des Meeres im Golf auf etwa die Hälfte verminderte. In dieser in der Eiszeit überwiegend warmen Tiefebene mit ihren weiten Ufern, Lagunen und einigen Süßwasserzuflüssen fanden die Menschen den Tisch reich gedeckt. Zahlreiche archäologische Funde auf der Halbinsel Katar, welche heute tief in das Golfmeer hinein ragt, beweisen die Anwesenheit des modernen Menschen in der Golfregion seit mindestens 50.000 Jahren. Sie stammen aus vier Perioden der Steinzeit und deuten auf einen kontinuierlichen Aufenthalt des Menschen in diesem Raume hin. In dieser Großregion fand vor der Verteilung des Menschen über die ganze Erde eine Vermehrung in klimatisch günstigen Phasen und eine kulturelle Reifung statt. Afrika gilt zu Recht als die „Wiege der Menschheit". Der Vordere Orient kann mit gleichem Recht als die „Kinderstube der Kulturen" betrachtet werden.

Aus dem persischen Paradies-Mythos lässt sich die Vermutung ableiten, dass sich ein in der Erinnerung als Idealort empfundener Platz im heutigen Persischen Golf, in der Bucht von Bandar Abbas, befunden haben dürfte, dort, *„wo alle Flüsse zusammen fließen"*,. Diese Region war einzigartig: ihre tiefe Lage und der Schutz der Berge gegen die kalten Nordwinde sicherten ein in der Eiszeit warmes Klima. Der Reichtum an Süßwasser am Salzwasser bot ein üppiges natürliches Milieu und die Menschen konnten hier gleichzeitig von der Ausbeute der Flüsse und des Meeres leben. Wild und Früchte muss es in reichem Maße gegeben haben. Nach dem Mythos kam es hier auch zum ersten Sündenfall und seither war nach persischer Ansicht die Welt verdorben.

Nach semitischer Vorstellung wurde die Welt aus dem Urchaos geschaffen. Allen semitischen Glaubenssystemen ist gemeinsam, dass die allererste Geschichte am Salzwasser, am Meer, begonnen hat. Zu allererst wurden das Salzwasser und der Urozean unter der Erde, aus welchem alle Quellen und Flüsse stammen, voneinander geschieden. Am Beginn der mythischen Erinnerung der Semiten dürften ihre Ahnen daher nicht im Landesinneren, sondern am Meer gelebt haben. Auch bei den späteren Sumerern in Südmesopotamien fing die Weltschöpfung mit der Trennung von Süß- und Salzwasser an, denen man göttliche Eigenschaften zusprach. Die vorgeschichtliche Erinnerung der Völker im Vorderen Orient beginnt also am Salzwasser.

Leider fehlen uns für diese Frühzeit geschichtliche Quellen, weswegen wir hier auf andere Zeugnisse angewiesen sind. Dazu zählen vor allem alte Mythen. In ihnen dürften sich frühe Erfahrungen der Menschheit widerspiegeln. Einige fanden sich auf mesopotamischen Tontäfelchen. So blieb ihre Botschaft, welche bei der Niederschrift allerdings schon eine mündliche Tradition von mehreren Tausend Jahren hinter sich hatte, über die weiteren Jahrtausende unverändert. Andere sind über Religionssysteme auf uns gekommen. Da Mythen von Kultur zu Kultur und von Religionssystem zu Religionssystem wandern können und dabei dem neuen Denken und Empfinden angepasst werden war es erforderlich, auch einige Überlegungen zu den Transportmedien der Mythen, den betreffenden Religionssystemen, selbst anzustellen.

Funde menschlicher Figuren aus der Eiszeit und der frühen Nacheiszeit lassen vermuten, dass die heutigen durch ein männliches Gottesbild geprägten Religionen erst mit dem Beginn von Sesshaftigkeit und Ackerbau ihren Anfang genommen haben. Vorher fand man nur weibliche „Muttergöttinnen", die als Fruchtbarkeitsidole gedeutet werden. Aus der Frühzeit tauchten allenfalls schamanenhafte Mischwesen aus Tier und Mensch auf. Erst in der Nacheiszeit mehren sich allmählich echte männliche Darstellungen. Auch aus Hinweisen zur Entstehung der monotheistischen Religion des Propheten Zarathustra in Persien, welche nicht als neue Religion, sondern als Wiederherstellung einer früheren Ur-Religion bezeichnet wurde, wäre zu folgern, dass deren mo-

> Es kann als erwiesen gelten, dass der biblische Paradiesmythos von den Juden aus der Babylonischen Gefangenschaft nach der Befreiung durch die Perser mitgebracht worden ist. Ein persischer Ursprung liegt damit nahe.
> Die Juden waren durch die Babylonier besiegt und ihre Oberschicht in die Babylonische Verbannung verschleppt worden. Nach ihrer Befreiung zog ein Teil der Gefangenen heim nach Jerusalem. Andere hingegen blieben freiwillig noch 80 Jahre bei den Persern und errangen dort zum Teil hohe Stellungen. Schließlich wurden sie aber zur Festigung der unruhigen Grenze zu Ägypten heim gesandt mit dem Auftrag, vom Perserkönig autorisiertes geschriebenes Göttliches Recht in Israel durchzusetzen. Der Gesetzeskodex enthielt wohl auch den Paradiesbericht. Bei den Persern war der Monotheismus des Zarathustra Staatsreligion. Dies trug sicherlich auch zur Festigung der jüdischen monotheistischen Religion bei.

notheistischer Vorläufer mit einer einzigen Gottheit etwa zu Ende der Eiszeit entstanden sein könnte.

Die Götter vermehrten sich in der Vorstellung der Menschen wie sie und aus dem angenommenen monotheistischen Beginn erwuchs der Polytheismus. Im Vorderen Orient gab es wiederholt Reformen zur Reduzierung der Anzahl der Götter. Die radikalste Reform führte der persische Reformator Zarathustra durch. Er verbreitete mit seinem Monotheismus eine sehr klare und erhabene Lehre. Zahlreiche Glaubensinhalte der jüdischen und der christlichen Lehren begegnen uns hier schon, wie ein einziger Gott, der Heilige Geist, Engel und Teufel, Paradies und Unterwelt, Gericht nach dem Tode und Weltengericht am Ende der Zeiten mit der Auferstehung der Toten.

Das ausgeprägte wärmere Glinde-Interstadial, welches kurz nach der Auswanderung aus Afrika einsetzte, führte zur Vermehrung der Menschen. So wird es verständlich, dass schon nach relativ kurzer Zeit eine erste Abwanderung von Menschen nach Süd- und Südostasien sowie nach Australien erfolgen konnte. Eine weitere Vermehrung leitete das Hengelo-Interstadial vor 43.000 Jahren ein. Nun breiteten sich die Menschen auch nach dem Norden aus. Zunächst wurden die Neandertaler in der Levante verdrängt, womit der Weg nach Nordafrika und nach Europa frei war. Diese Warmphase führte Menschen auch nach Sibirien und möglicherweise schon nach Amerika. Das folgende Denekamp-Interstadial und kleinere Zwischenwarmzeiten ermöglichten Kleingruppen den Übertritt aus Sibirien über eine schmale Landbrücke an der Beringstraße nach Alaska. Die Haupteinwanderung nach Amerika erfolgte aber erst im sehr warmen Boelling-Interstadial nach 14.700 v.h., in dem ein breiter Landstreifen zwischen den Kontinenten trocken lag und die Temperatur fast das heutige Niveau erreichte.

Unsere heutige abendländische Kultur begann mit der Agrikultur des Nahen Ostens. Der Pflanzenanbau eilte hierbei der Domestizierung von Tieren deutlich voraus. Er kann an verschiedenen Stellen unabhängig entstanden sein, denn der Übergang von der Eiszeit zur Nacheiszeit brachte für die Menschen überall harte Zwänge, die ihre bisherige Lebensweise in Frage stellten, aber auch neue Chancen. Ein archäologisch nachgewiesenes Zentrum des frühen Pflanzenanbaus liegt im Norden des Nahen Ostens. Im Süden muss es ein weiteres Zentrum gegeben haben, dessen Kerngebiet aber noch unbekannt ist. Das Stammgebiet der Gene der ersten europäischen Ackerbauern, welche sich noch heute bei der europäischen Bevölkerung nachweisen lassen, liegt nämlich südlich der erwähnten nördlichen Zentren des frühen Ackerbaus im Nahen Osten.

Im südlichen Mesopotamien fand man aus der Zeit von Obed 0, also noch vor mehr als 7900 Jahren, eindeutige Zeichen für Ackerbau mit Bewässerungswirtschaft, aber auch eine unerwartet hoch entwickelte Hausarchitektur, das dreiteilige Haus von Tell Ueili. Große mehrfach unterteilte Getreidespeicher weisen auch auf eine gemeinschaftliche Organisation hin. Der angetroffene hohe kulturelle Stand ist nicht ohne einen längeren Vorlauf vorstellbar.

Nach frühen mesopotamischen Mythen hatte eine vom Meer vertriebene Vorgängerkultur der Obed-Leute schon vor mehr als 7900 Jahren Städte errichtet, die von Königen regiert worden seien. Der Fund von fast gleich alten Grundrissen großer Städte im flachen Meer vor Westindien verleiht diesen mythischen Berichten Glaubwürdigkeit. In der vedischen Rigveda Indiens gibt es auch Berichte zu einer alten im Meer versunkenen Zivilisation. Was bisher im Bereich der Mythen angesiedelt war, könnte zur historischen Wirklichkeit werden. Zudem gibt es auch für den Persischen Golf Hinweise auf frühe Siedlungen, die heute vom Meer bedeckt sind.

Der Ackerbau breitete sich ab etwa 10.000 v.h. allmählich auch im iranischen Raum und von dort nach Osten bis nach Nordwest-Indien aus. Zu Ende des feuchtwarmen achten Jahrtausends v.h. war der gesamte iranische Großraum, soweit er sich für Ackerbau eignete, mit einem dichten Netz von Ackerbaudörfern übersät. Am Indus soll der Ackerbau schon vor 8000 Jahren angekommen sein. Die Bevölkerungsexpansion nach dem Osten wird durch zahlreiche Forschungsbefunde bestätigt: archäologische Funde, Ausbreitung der drawidischen Sprache und der frühen religiösen Anschauungen wie auch der Gene der Menschen. Das „Gründerpaket" an Getreide, Gerste und Emmer, welches die ersten Bauern vielerorts mitbrachten, dürfte von den Westhängen des Zagros-Gebirges stammen, denn dort kommen beide Wildformen vor.

Nach Europa kam der Ackerbau in mehreren Wellen sowohl über das Meer als auch über Land. Zwei Wellen der Ausbreitung nach Südeuropa erfolgten per Schiff. Die neolithischen Bauern müssen also auch geschickte Seefahrer gewesen sein. Haben ihre Ahnen einst lange an einem Meer gelebt, sodass ihnen diese Fähigkeit in die Wiege gelegt war?

In der berühmten neolithischen Siedlung Çatal Hüyük im südlichen Zentralanatolien wie auch in einer Reihe anderer früher Siedlungen begegnet uns ein eigenartiges, in Çatal Hüyük aber schon recht hoch entwickeltes Bauprinzip für Häuser und Siedlungen: die rechteckigen Bauten aus Lehmziegeln stehen ohne gegenseitige Abstände und Straßen dicht an dicht und werden über die Flachdächer betreten, welche den Verkehrsraum der Siedlungen darstellen. Es wird vermutet, dass es sich hier um eine Entwicklung noch aus der Kaltzeit handelt aus einer Gegend mit reichlichem Lehmvorkommen, aber ohne natürliche Höhlen, in denen die Menschen sonst Schutz gesucht hätten. In Çatal Hüyük stieg man also in künstliche wärmende Höhlen hinab. Diese Bauweise war von Anatolien bis an den Indus verbreitet. Als ihr Ursprungsgebiet bietet sich eine Flussniederung irgendwo dazwischen an, in der es reichlich Lehm gab.

Im feuchtwarmen Atlantikum, das zu einer Erholung der Bevölkerungszahl nach dem nochmaligen Einbruch einer „Kleinen Eiszeit" zwischen 8400 und 8000 v.h. führte, bildeten sich in verschiedenen recht weit voneinander entfernten Regionen allmählich stadtähnliche Ortschaften und echte Städte heraus: im südlichen Mesopotamien, aber auch weit im Nordosten in der südlichen

Ukraine und in entgegen gesetzter Richtung in Mehrgarh am Übergang des persischen Raums zum Flusssystem des Indus. Vermutet man einen Ursprungsraum für diese städtische Entwicklung wieder in der Mitte, so fiele dieser wieder in die Region des südlichen Vorderen Orients. Zwischen vielen frühen Kulturräumen, zentrales und südöstliches Anatolien, Mesopotamien, Persien, Bahrain im Persischen Golf und der große Indus-Kultur, bestanden wechselseitige Handelskontakte. Ist das ein Hinweis auf eine gemeinsame Herkunft?

Auch eine Analyse der frühesten Entwicklungen, welche zur Schrift führten, lenkt den Blick in den Süden des Nahen Ostens. Die seither ununterbrochene Aufzeichnung der Menschheit begann einige Jahrhunderte vor 5000 v.h. mit den Anfängen der sumerischen Schrift, aus der sich dann die Keilschrift entwickelte. Aber aus schon viel früherer Zeit finden sich Zeichen, welche nur als Schriftzeichen gedeutet werden können, wieder ziemlich weit entfernt vom vermuteten Zentralraum der vorkulturellen Entwicklung und wieder in den beiden entgegen gesetzten Regionen, nämlich auf dem Balkan bei der Alteuropäischen Donauzivilisation, beginnend um 7500 v.h., und vor Nordwest-Indien. Erstaunlicherweise zeigen die beiden „Schriften", trotz der großen Entfernung, eine beträchtliche Ähnlichkeit auf. Zwar sind die auf den Siegeln der Indus-Kultur gefundenen Zeichen jünger – sie stammen überwiegend aus dem 5. Jahrtausend v.h. – aber es fanden sich Hinweise auf eine Entwicklung dieser Schrift schon im Jahrtausend davor und ein vom Meeresboden der versunkenen Städten im Golf von Gujarat gehobener Stein trägt schon einige ähnliche Zeichen. Bei einer Reihe von Zeichen der Alteuropäischen Donauzivilisation hat man auch Ähnlichkeiten mit der frühesten Entwicklungsstufe jener Schrift gefunden, welche dann nach weiteren Entwicklungsschritten zur sumerischen Keilschrift führte. Das verstärkt die Vermutung zum allerersten Ursprung der Schriftsysteme in der südlichen Region des Nahen Ostens. Auf Steinpfeilern des neu entdeckten megalithischen Heiligtums Göbekli Tepe bei Sanli-Urfa an der türkischen Grenze zu Syrien, errichtet ab 11.500 v.h., wie auch auf münzenähnlichen Steinen in Siedlungen der Umgebung fand man verschiedene identische Zeichen, welche offensichtlich eine Botschaft vermitteln sollten. Sie finden sich mehrere Jahrtausende später wieder im Dekor der Keramik der Obed-Kultur im Süden Mesopotamiens.

Die Keilschriften der Sumerer und der Elamiter im angrenzenden persischen Raum hatten weitere Vorläufer, Siegel und Zählsteine. Beide weisen in eine ferne noch unbekannte Vergangenheit zurück. Das spätere riesige Verbreitungsgebiet von Stempelsiegeln reichte vom Norden des Nahen Ostens, dem iranischen und pakistanischen Raum bis an den Indus und umfasste auch das heutige arabische Ufer des Persischen Golfs. Diese Siegel deuten eine gewisse kulturelle Einheit dieses gesamten Großraums an und sie könnten ein Vermächtnis aus einer gemeinsamen Urheimat sein. Auch so genannte Zählsteine hat man in einem weiten Raum in vielen frühen neolithischen Dörfern der vorkeramischen Zeit gefunden. Einige wurden als Schriftzeichen bei der ersten Stufe der späteren mesopotamischen Keilschrift übernommen. Sie könnten ebenfalls ein gemeinsames Kulturgut aus einer früheren Heimat der Menschen darstellen.

Viele dieser Hinweise deuten auf die Region des heutigen Meeres im Persischen Golf und die angrenzenden Gebiete hin: Expansion der Menschen, welche den Ackerbau nach Europa und Indien brachten, Eigenarten des frühen Hausbaus mit Lehmziegeln, Entwicklung früher Zeichen- und Schriftsysteme wie auch religiöse Mythen. Es ist wissenschaftlich gesichert, dass sich die Menschen seit ihrer ersten Auswanderung aus Afrika in dieser Region ununterbrochen aufgehalten haben. Geografisch stellt sie einen Mittelpunkt dar zwischen dem Mittelmeerraum mit Nordafrika und Südeuropa als Anrainer sowie den russischen Weiten im Norden und Südwestasien im Südosten. Beide Räume waren vom Zentralraum aus gut zugänglich: nach dem Nordwesten lenken die Ströme Euphrat und Tigris mit ihrer weiten Schwemmlandebene und nach dem Südosten überwiegend flache Meeresküsten und weite Schelfgebiete.

Diesen Vermutungen wollen wir nachgehen. Wir wollen versuchen festzustellen, wie es in der Eiszeit und der uns hier vor allem interessierenden Übergangszeit von der Eiszeit zur Nacheiszeit im Bereich des heutigen Persischen Golfs ausgesehen hat. Welche Veränderungen hat diese Landschaft in der Übergangszeit erfahren und welche Folgen haben sich daraus für die beteiligten Menschen ergeben?

Ein Garten Eden taucht aus dem Meer auf

Vor 25.000 Jahren gab es die letzte mäßig warme Zwischeneiszeit und um 22.000 v.h. flackerte eine geringe Zwischenerwärmung noch kurz zweimal auf (s. *Abbildung 6, S. 48*). Dann senkte sich die Temperatur zum Tiefpunkt der letzten Eiszeitperiode ab, der Würm-Eiszeit. Nun blieb es mehrere Tausend Jahre lang sehr kalt. Wir haben schon erfahren, dass in dieser Zeit die künstlerische Tätigkeit der Menschen in Europa und Sibirien weitgehend erloschen zu sein scheint. Als Folge der langen Kälteperiode sank auch der Meeresspiegel kontinuierlich ab, da immer mehr Wasser in Gletschereis gebunden wurde. Auf dem Höhepunkt dieser Eiszeitphase betrugen die Eismassen auf der Erde insgesamt etwa 50 Millionen km^3; auf der Nordhalbkugel beliefen sie sich im Vergleich zu heute auf das Dreizehnfache! *Abbildung 10 (S. 86)* zeigt, dass der Meeresspiegel vor 17.000 Jahren bis auf ein Minimum von etwa –130 Meter gegenüber heute abgesunken ist.

Das Meer zog sich nun allmählich aus dem Persischen Golf zurück. Ein Blick auf *Abbildung 29 (S. 168)* lässt ahnen, dass dabei eine sehr interessante Landschaft entstehen musste. Dargestellt sind einige Tiefenlinien in diesem seichten Meer. Sie zeigen zwei recht große Becken, das West-Becken und das Zentral-Becken, einige kleinere Becken sowie eine tiefe Rinne durch den Golf von Hormuz zum Oman-Golf im Arabischen Meer. Als nun der Meeresspiegel kontinuierlich absank, bildete sich innerhalb des Golfs von Hormuz allmählich eine riesige fast 1100 km lange Tiefebene im Anschluss an Mesopotamien, die vom Ur-Schatt aus dem Nordwesten durchflossen war. Auch aus dem Zagros-Gebirge mündeten einige Flüsse in das Gewässersystem. In den Becken verblieben Seen. Das Salzwasser wurde durch das Süßwasser der Flüsse allmählich ausgeschwemmt und die verbliebenen Gewässer wurden zu Süßwasserseen. Außerhalb des Golfs von Hormuz fand die Tiefebene auf einer Strecke von mehr als hundert Kilometern bis zur Mündung des Ur-Schatt in das Arabische Meer ihre Fortsetzung. Die Schwemmlandebene von Mesopotamien und der heutige Meeresboden des Golfs bildeten nun eine einheitliche trockene Tiefebene mit einem gleichmäßigen Gefälle von 11 bis 12 Metern auf 100 Kilometer. Der heutige Persische Golf stellt damit ein riesiges Stück später wieder ertrunkenes Land einer Tiefebene dar, in dessen Bodengestalt die damals durch Wind und Flüsse mitgeformte Landschaft noch gut erkennbar ist.

Die ehemaligen geografischen Verhältnisse lassen sich rekonstruieren. Für unsere eigene Rekonstruktion (*Abbildung 30, S. 169*) aus den Tiefenlinien diente eine detaillierte Seekarte, die von Prof. Eugen Seibold, damals Universität Kiel,

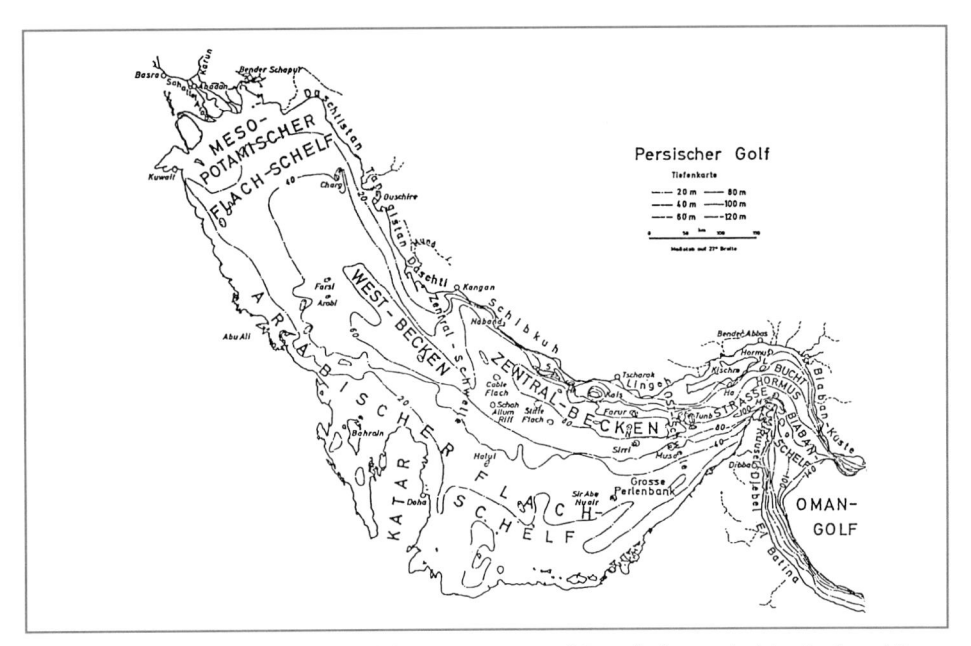

Abb. 29 Persischer Golf mit Tiefenlinien und der Lage von West- und Zentralbecken, sowie einiger Inseln und Orte

veröffentlicht worden ist. Sie wurde aus Marinekarten verschiedener Staaten, Karten der Iranian Gulf Oil sowie seinen eigenen Messwerten bei der Forschungsfahrt des deutschen Forschungsschiffs Meteor zusammengestellt. Aus ihr geht hervor, dass der Ur-Schatt auf seinem Lauf durch die Golfebene nun zu insgesamt vier großen Seen gestaut wurde. Im Westbecken und im Zentralbecken entstanden zwei riesige Seen von jeweils etwa 250 Kilometern Länge, weiterhin ein kleinerer Ost-See mit bizarren Formen von etwa 60 Kilometer Länge sowie ein über hundert Kilometer langer schmaler verhältnismäßig tiefer See, der sich um die Spitze der Halbinsel Musandam am Golf von Hormuz schmiegte. Der australische Geologie-Professor Lambeck von der National University of Canberra hat die Seen auf andere Weise rekonstruiert, nämlich durch die Untersuchung von Sedimenten, die bei der Forschungsfahrt des Schiffs „Atlantis II" 1977 aus dem Boden der Becken gezogen wurden (*Abbildung 34, S. 200*). Dadurch wird bestätigt, dass West-See, Zentral-See und Hormuz-See zur fraglichen Zeit etwa die angegebene Größe aufgewiesen haben. Für den Ost-See ergäbe sich nach den Sedimentuntersuchungen mit knapp 50 Kilometern Länge eine etwas geringere Ausdehnung.

Für die Rekonstruktion des damaligen Geländereliefs in *Abbildung 30* wurde nicht die stärkste Absenkung des Meeresspiegels von 130 Metern angenommen, sondern eine solche von 120 Metern, wie sie über einen Zeitraum von mehreren Tausend Jahren geherrscht hat. Die –120 Meter-Linie der Karte von Seibold stellt damit die Nulllinie unserer Karte dar. Die heutigen Küstenlinien der ara-

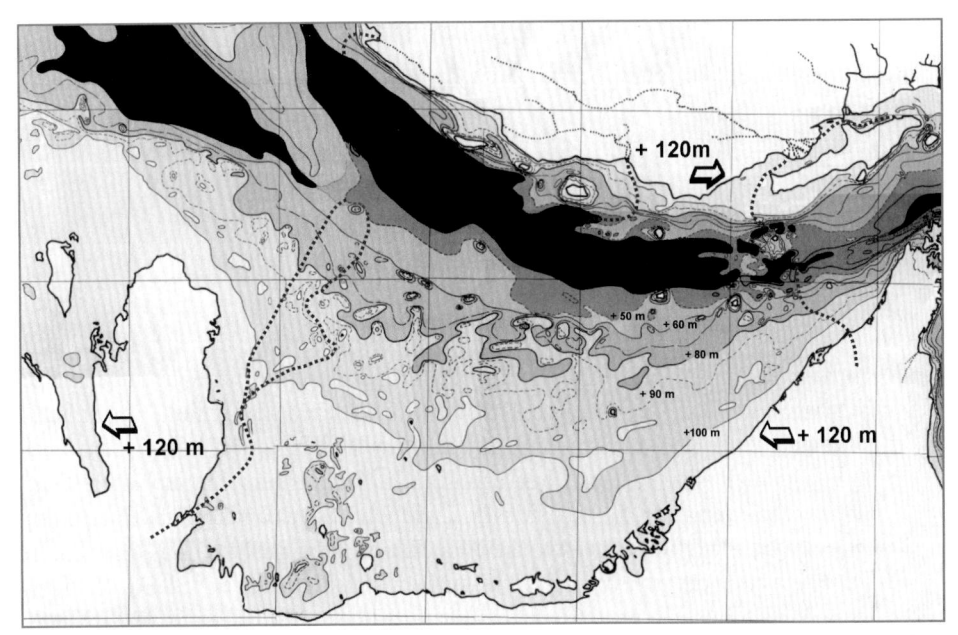

Geografische Situation im Persischen Golf vor etwa 20.000 bis 15.000 Jahren, nach einer Absen- **Abb. 30**
kung des Meeresspiegels um 120 Meter im Vergleich zu heute. Dargestellt sind der West-See (+55 m), der Zentral-See (+43m), der Ost-See (+35m) und der See am Golf von Hormuz (+14m), welche vom Ur-Schatt durchflossen waren. Die fett gezeichnete Höhenlinie (+120m) stellt die heutige Küstenlinie des Golfs dar.

bischen, irakischen und iranischen Anrainerländer sind durch die fett gezeichnete Höhenlinie bei +120 Metern gegeben. Diese Karte soll als Orientierung für die geografischen Verhältnisse dienen, wie sie sich für die Menschen über einen Zeitraum von fast zehn Jahrtausenden darstellten. Dabei ist zu beachten:

- Für den Wasserspiegel der Seen wurde eine Überlaufhöhe von 1 Meter über der jeweiligen Schwelle angenommen
- Da außer am Auslass des Westbeckens Detailinformationen zum Gelände zwischen den jeweiligen 10-Meter-Tiefenlinien fehlen, konnte nur ein wahrscheinlicher Verlauf der damaligen Küstenlinien der Seen und des Ur-Schatt unter Einbeziehung der Gegebenheiten des Geländes skizziert werden
- Fast das gesamte Gebiet des Persischen Golfs ist seit mehreren Millionen Jahren ein Senkungsgebiet, weil sich die Arabische Platte unter die eurasische schiebt. Die Kollisionslinie verläuft entlang des mittleren Zagros-Gebirges und zieht sich im Norden in einem Bogen nach Westen inmitten des Taurus-Gebirges in der heutigen Türkei. Dieses Gebiet ist bis heute sehr Erdbeben-aktiv. Die Beckengestalt des Golfs selbst scheint aber aus geologischer Sicht seit langer Zeit recht stabil zu sein. Auf der iranischen Seite des Golfs gibt es aber noch örtliche Hebungen: so finden sich auf den Inseln Kischm und Hormuz herausgehobene Korallenbänke in über 40 Metern Höhe über dem Meeresspiegel.

- Der Senkung wirkt die Sedimentation entgegen. Die beiden Vorgänge scheinen sich seit langer Zeit weitgehend auszugleichen, sodass sich die Beckengestalt des Persischen Golfs insgesamt wenig ändert.
- In der Osthälfte des Golfs, nördlich und östlich der Halbinsel Katar, finden sich zahlreiche Anhöhen, die überwiegend als Salzstöcke gedeutet werden. Sie haben damals als niedrige Berge die Ebene überragt und bilden heute meist Untiefen im Meer, vereinzelt aber auch Inseln. Ihre Höhe kann sich seither geringfügig verändert haben, sofern sie noch aufsteigen

Eine gesonderte Betrachtung ist zur Höhe der Überlaufschwellen der beiden großen Becken erforderlich, weil sie die Höhe der Aufstauungen und damit die Größe der Seen bestimmen. Das Westbecken weist etwa beim 52. Längengrad eine enge Auslassrinne auf, die gegenwärtig bis −67 Meter unter dem Meeresspiegel aufragt. Der Überlauf der Ostschwelle des Zentralbeckens liegt beim Längengrad 55,1 und endet bei −77 Meter unter dem gegenwärtigen Meeresspiegel. Diese Schwelle erwies sich bei Schallortungen als schallhart. Damit ist sie nicht, wie die Schwelle des West-beckens, aus angeschwemmtem Lockersediment aufgebaut, deren Höhe sich leicht zeitlich verändern könnte. Auf Grund der Sedimentuntersuchungen von Lambeck scheint dieser Zustand aber schon recht lange zu existieren. Eine gewisse Unsicherheit zur Höhe des Wasserspiegels im Ostbecken ergibt sich allenfalls aus der Frage, ob hier nicht noch ein weiterer nicht gefundener Überlauf besteht und weiterhin, ob sich die Höhe der Schwelle durch Hebungen oder Senkungen zwischenzeitlich verändert haben kann.

Wie *Abbildung 29 (S. 168)* zeigt, gibt es heute eine Anzahl von Inseln im Golfmeer. Mit dem Absinken des Meeresspiegels hat sich ihre Fläche zunächst vergrößert und neue Inseln sind aufgetaucht. Schon vor 25.000 Jahren wuchsen im östlichen Teil des Persischen Golfs die heutigen kleinen Inseln Groß-Tumb und Klein-Tumb an und aus dem Meer erschien ein merkwürdiges Stück Land, ein bizarres Gebilde mit Landzungen und Ausbuchtungen und mit einer Anzahl einzelner Höhen, welche aus dem Gelände unvermittelt aufragten. Das ganze Gebiet war von einem größeren lang gestreckten Höhenzug geprägt.

> Salzstöcke, welche häufig eine pilzförmige Kontur aufweisen, entstehen aus Salzlagerstätten im Untergrund.
>
> Das Steinsalz wird primär in meist linsenförmigen Lagerstätten im Meer abgelagert. Bei einer Überlagerung mit weiteren Sedimenten und Rückzug des Meers neigt das Steinsalz zum Auftrieb, da es im Vergleich zum umgebenden Gestein eine wesentlich geringere Dichte aufweist. Dieser Aufstieg verläuft in mehr oder weniger festem Zustand. Dabei werden überlagernde Schichten oft aufgewölbt.
>
> An der Oberfläche können Salzstöcke dann an sog. „Salzdomen" erkannt werden, die sich oft etliche Zehnermeter bis wenige hundert Meter kuppelförmig über die Landschaft erheben. Sie sind z.B. in der norddeutschen Landschaft anzutreffen.

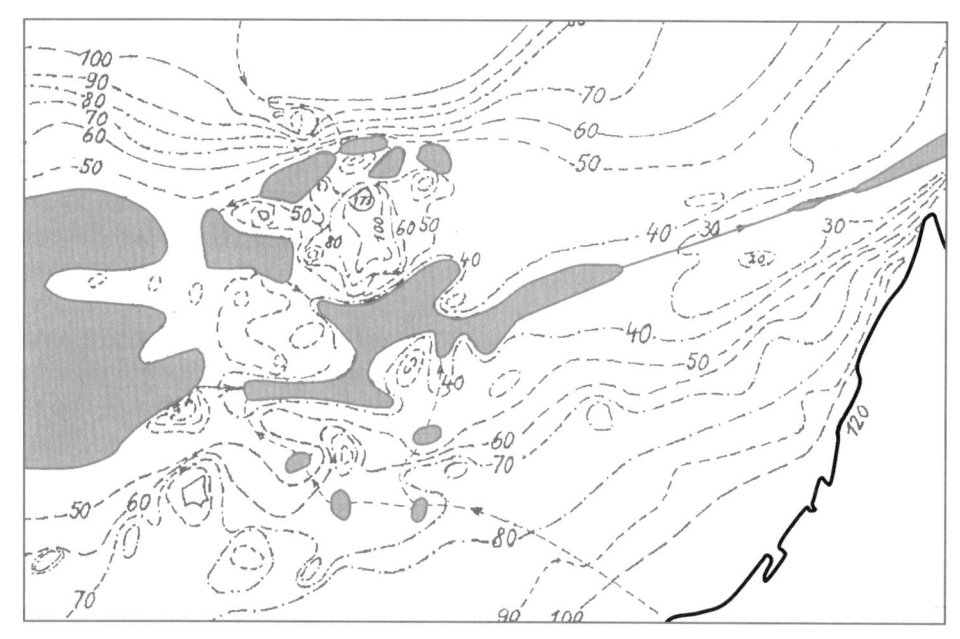

Ausschnitt aus Abbildung 30: Position des "Garten Eden" zwischen Zentral-See und Ost-See, **Abb. 31**
mit "Großem Salzstock-Massiv" nördlich des Ost-Sees.

Dieser selbst wurde an seiner Nordspitze von einem Berg, der heutigen Insel Groß-Tumb, überragt. (Tumb = iranisch: der Berg). *Abbildung 30 (S. 169)* zeigt dieses Gebiet sowie seine Umgebung. In *Abbildung 31* ist es vergrößert dargestellt. Es war von zwei großen Seen begrenzt, dem Ostende des Zentral-Sees und dem Südwestende des Ost-Sees, des „Flügelsees". Dieser See mit zwei langen Flügeln in etwa Ost-West-Erstreckung hatte mehrere weitere Ausbuchtungen. Im Norden liegen mehrere kleinere Becken, die mit Wasser gefüllt gewesen sein dürften, sodass der zentrale Bergstock auf drei Seiten von Seen umgeben war. Das heutige Bodenprofil lässt den Schluss zu, dass ein Arm des hinter dem Westteil der Insel Kischm mündenden Flusses Kul diese westwärts umflossen hat und in eines dieser Becken mündete. In *Abbildung 31* sind die wahrscheinlichen Flussverbindungen der einzelnen Seenbecken angedeutet, wie sie sich aus der Gestalt der Becken und dem Bodenprofil des Geländes vermuten lassen. Von der heute arabischen Südseite floss aus dem Hadjar-Gebirge und dem heutigen Emirat Ras al Khaimah ein jetzt nur noch jahreszeitlich aktiver Fluss in eine oder zwei südliche Ausbuchtungen des Ost-Sees.

In *Abbildung 32 (S. 172)* ist versucht, das Gebiet aus der Vogelschau zu zeigen. Es war zweigegliedert: im Westen lag eine ovale Handteller-artige, fast vollständig von Wasser umgebene Halbinsel. Die Länge dieses „Handtellergebiets" längs der Beckenachse betrug mehr als 30 Kilometer und seine Breite maximal 20 Kilometer. Insgesamt belief sich die Fläche dieses Gebiets auf über 400 Quadratkilometer und sie lag damit im Größenbereich der Kanareninsel Lanzarote. Zwei davon ausgehende Halbinseln ragten fingerartig in den Westsee

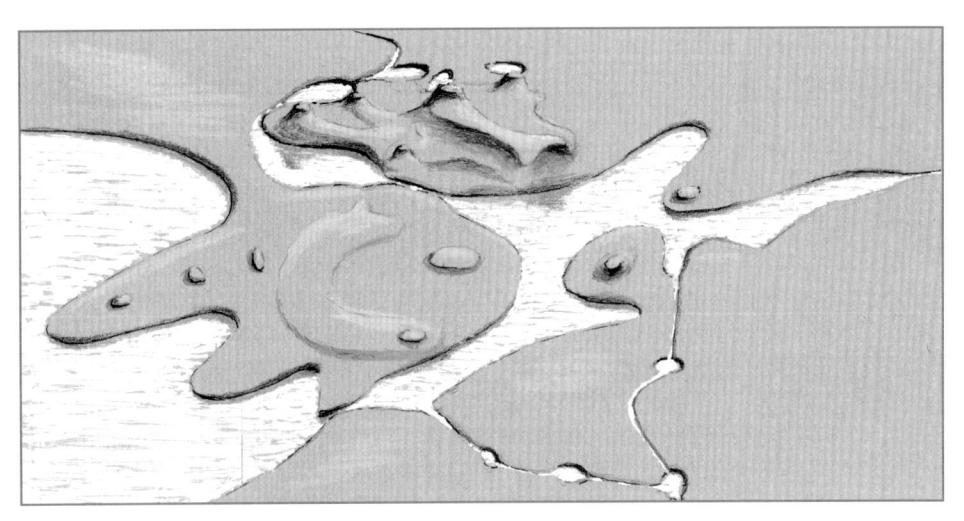

Abb. 32 Darstellung des Gebiets zwischen Zentral-See und Ost-See ("Garten Eden") mit "Großem Salzstock-Massiv" entsprechend Abbildung 31 aus der Vogelschau (überhöht)

hinein, der längste Finger etwa 20 Kilometer und der kurze etwa halb so weit. In dem Areal verstreut befanden sich mehrere flache runde bis ovale Anhöhen mit typischen Erhebungen von etwa 10 Metern über der Umgebung. Alleine im Bereich des „großen Fingers" der Landzunge gab es drei dieser Hügel im Abstand von jeweils etwa 5 Kilometern. Weitere solche Anhöhen lagen auf Halbinseln im Ost-See. Im Nordosten des „Handteller-Gebietes" schloss sich jenseits der vermuteten Flussverbindungen zu den nördlichen Becken ein fast ebenso großes Areal an. Dieses umfasste den schon erwähnten zentralen flachen Bergstock („Großes Salzstockmassiv") mit mehreren Ausläufern und einem Gipfel am nördlichen Ende, der die Ebene um etwa 130 Meter und den Höhenrücken um 70 bis 80 Meter überragte. Dieser Bergstock ist, wie erwähnt, die heutige Insel Groß-Tumb. Der lange, recht ebene Rücken dieser Anhöhe lag etwa 60 Meter über dem Niveau der Seen. Seine größte Länge betrug etwa 17 km und seine maximale Breite 6 km. Die Fläche des Höhenrückens einschließlich des Gipfels belief sich auf ungefähr 70 Quadratkilometer. Im Abstand von 13 Kilometern in westlicher Richtung ragte eine weitere Spitze über der Ebene steil auf, die heutige Insel Klein-Tumb. In der Umgebung gab es noch drei weitere ähnliche, aber kleinere Erhebungen.

Diese Landschaft zwischen den Seen war einzigartig. Schon die Lage im Abwind eines etwa 250 Kilometer langen Süßwassersees sorgte dafür, dass dieses Gebiet – unabhängig vom Klima der umgebenden Region – ausreichend Feuchtigkeit erhielt. Die vorherrschende Windrichtung der Golfregion folgt der Golfachse und kommt hier aus Nordwest. In dieser Richtung erstreckten sich auch die Seen. Nach Norden hin, in Richtung der iranischen Berge, steigt das Gelände aus der flachen Ebene an. Das sorgte für einen Stau der Wolken und für Niederschläge. Zudem wird der Wind durch das steile Hadjar-Gebirge mit der hoch aufragenden Halbinsel Musandam an der Nordspitze gegen die Berge auf der iranischen Seite gelenkt. Die reichlicheren Regenfälle im Stau der Berge des Golfs von Hormuz werden durch die schon angeführte große Anzahl von Zuflüssen in der Bucht von Bandar Abbas belegt. Ihr Verlauf zeichnet sich bis heute deutlich ausgeprägt auch im Meeresboden ab. Die geringe Tiefe der Seen – West-See maximal 8 Meter und Zentral-See bis 28 Meter – begünstigte die Erwärmung und Verdunstung des Wassers. Auf den Landzungen, Halbinseln und Landbrücken zwischen den Seen muss ein ganz besonders mildes und ausgeglichenes und je nach Klimaphase gemäßigtes bis mediterranes Klima geherrscht haben.

Bei aller Faszination für dieses Gebiet darf nicht übersehen werden, dass dies nicht das einzige günstige Land war. Auch am Ostende des „Flügelsees" gab es auf der Nord- und Südseite insgesamt drei Halbinseln, die im feuchten Abwind lagen und deshalb sehr fruchtbar gewesen sein müssen. Auf zweien davon befand sich eine ovale Erhebung. Am Nordufer des Zentral-Sees lag nach den Ermittlungen von Lambeck eine Halbinsel zwischen den heutigen Inseln Forur und Nabiju Forur, die für die Menschen als Siedlungsplatz sehr interessant gewesen sein könnte. Aber auch zahlreiche weitere Uferzonen der Nordseite des Zentralsees dürften recht fruchtbar gewesen sein, denn sie befanden sich im seitlichen Abwind des Sees und im Stau der dahinter liegenden Berge. Besondere Beachtung verdienen hier ausgedehnte fruchtbare Auen, die in den See hineinragten. Dahinter lagen Anhöhen, die gegen Überschwemmung geschützt waren. Es bot sich also eine ganze Reihe von weiteren recht günstigen Plätzen und eine lange überwiegend fruchtbare Uferzone, die eine große Attraktivität für die damaligen Menschen gehabt haben müssen und auch für eine große Anzahl von Menschen Platz boten.

Auf der Südseite des Zentralsees dürfte sich jedoch, zumindest in trockenen Zeiten, die Fruchtbarkeit auf einen schmalen Küstensaum beschränkt haben. Diese lag – ausgenommen eines in den See hineinragenden Gebietes um einen Salzstock, der heutigen Insel Sirri – mehr im Abwind der üblichen Windströmung. Bei der Insel Sirri war jedoch mit einer größeren Grünzone zu rechnen und der Ort bot sich auch für geschützte Behausungen an. Die heutige Insel Abu Musa befand sich etwas abseits vom Wasser. Da sie aber – zumindest heute – über Süßwasserquellen verfügt, dürfte auch sie für die Menschen interessant gewesen sein. Die Ufer des Ur-Schatt, welche den West- und den Zentral-See verbanden, waren zumindest in trockenen Zeiten nur von einem schmalen Grüngürtel gesäumt. Da mit Sicherheit anzunehmen ist, dass die Menschen die Schifffahrt beherrschten, gehörten die damaligen Inseln im See sicherlich zu den bewohnten oder besuchten Gebieten.

An der heute arabischen Südseite im äußeren Golf mündet heute aus dem Emirat Ras al Khaimah ein nur jahreszeitlich aktiver Fluss ins Golfmeer. In feuchteren Phasen, in denen er ganzjährig Wasser geführt hat, ging sein Lauf durch zumindest zwei kleinere Seenbecken in ein Seitenbecken des Ost-Sees, vermutlich aber nach Teilung in 2 Mündungsarme durch 4 Seenbecken (vgl. *Abbildung 31, S. 171*). Auch dieses Gebiet dürfte für die frühen Menschen recht interessant gewesen sein.

Aus einer Bucht an der heutigen Grenze zwischen Katar und Saudi-Arabien mündete ein weiterer Fluss, der zunächst parallel zur heutigen Küste nach Norden lief und sich – wieder entsprechend den Informationen aus dem Bodenprofil – in 2 Arme teilte, welche dann beidseits des Schah Allum Riffs in den Ur-Schatt mündeten (s. *Abbildung 30, S. 169*). Da auf Katar die Anwesenheit der Menschen praktisch seit ihrem Auszug aus Afrika nachgewiesen ist, muss diese Flusslandschaft zumindest in feuchteren Zeiten zu den dauerhaft bewohnten Gebieten gehört haben. Die Anhöhe des Schah Allum Riffs dürfte wegen ihrer einzigartigen Lage – zwischen drei Flüssen – für die damaligen Menschen eine herausragende Rolle gespielt haben.

Der über hundert Kilometer lange schmale See im Osten, der sich um das Kap von Musandam im Golf von Hormuz schmiegte, könnte ebenfalls ein bevorzugter Aufenthaltsort für Menschen gewesen sein. Überdies mündeten hier einige Flüsse aus dem Gebirge im Norden. Die ungeschützt gegen den Nordwestwind im heutigen Persischen Golf liegende Hälfte dieses langgestreckten Sees erlebte sicherlich häufig stürmische Zeiten, denn das bis zur Nordspitze von Musandam sehr schroffe Gebirge lenkt den Westwind in diese Gegend. Als Entgelt dafür erhielt sie wohl reichliche Niederschläge. Der im heutigen Arabischen Meer liegende äußere Teil des Hormuz-Sees bekam aber wohl nur aus dem Süden Niederschläge.

Für den West-See sind weniger günstige Bedingungen anzunehmen. Die größere Entfernung zu einem stauenden Gebirge dürfte dort zu einem trockeneren Klima geführt haben. Zumindest die direkte Uferzone des West-Sees dürfte aber auch hier grün und fruchtbar gewesen sein. Wegen seiner flachen Lage dürften viele Uferzonen allerdings versumpft und mit Schilf bewachsen gewesen sein.

Die übrige weite Ebene im Golf war wohl noch über einige Jahrtausende nach dem Auftauchen dieser Landschaft aus dem Meer genügend feucht und damit eine fruchtbare Savanne. Erst gegen 17.000 v.h. wurde es trockener und vor 15.000 Jahren stellte sich ein Maximum der Trockenheit ein (vgl. *Abbildung 13, S. 91*). Diese Trockenperiode hielt über mehrere Jahrtausende an. Orte in der Nähe des Süßwassers bekamen für die Menschen nun eine ganz überragende Bedeutung, denn das übrige Land am Golf trocknete aus. Es entstanden Steppen oder Wüsten, die allenfalls von Jägern und Sammlern durchstreift wurden.

In einer ausgeprägten Kaltzeit, wie sie sich jetzt eingestellt hatte, lag die mittlere Temperatur mindestens 8°C niedriger als heute. Aus den jetzigen Mittelwerten der Temperatur, die für fünf Orte rund um den Golf ermittelt wurden, errechnet sich für heute als mittlere Wintertemperatur ein Wert von 20°C und für den Sommer ein Mittelwert von 38°C. Damit ergäbe sich für den damaligen Zeitabschnitt eine mittlere Temperatur für den Winter von 12°C und für den Sommer von 30°C. Im direkten Bereich der Seen war die Temperatur sicher ausgeglichener, d.h. die Wintertemperatur höher und die Sommertemperatur erniedrigt. Zur lokalen Klimabeeinflussung durch Seen sei auf die Erfahrungen mit den neuen Stauseen am oberen Euphrat und Tigris in Ostanatolien verwiesen: die relative Feuchtigkeit in der Gegend ist – bevor die Aufstauungen beendet waren – um rund 10 Prozent gestiegen und die mittlere Sommertemperatur um 2°C gefallen.

Dieses Gebiet war wirklich außergewöhnlich: in einer Umgebung, welche wegen zunehmender Trockenheit des Klimas versteppte und dann auf großen Flächen zur Wüste wurde, fand sich eine Seenkette mit Süßwasser, so lange wie die Entfernung von Frankfurt am Main bis nach Wien! Zwei dieser Seen hatten die Länge der Entfernung München-Stuttgart! Der kleinste der Seen, der Ost-See, erreichte „nur" etwa die Ausmaße des Bodensees. Während der langen Trockenperiode ab 17.000 v.h. muss diese Gegend eine große Anziehungskraft auf die Menschen auch in weiter Ferne gehabt haben. Ihr Ruf dürfte sich in Zeiten zunehmender Not weithin verbreitet haben. Die Menschen müssen diese Landschaften als wahren Garten Eden empfunden haben. Relativ warme Temperaturen in diesen weit südlich gelegenen Niederungen auch noch in extremen Kaltzeiten, wie sie gegen Ende der letzten Eiszeit herrschten, und eine ausreichende Feuchtigkeit ergaben eine üppige Vegetation. Auf den zahlreichen Landzungen, Halbinseln und Landbrücken zwischen den Seen dürfte ein besonders mildes, ausgeglichenes und fruchtbares Klima geherrscht haben, sodass das Angebot an Wildfrüchten üppig war. In neuem Land besteht immer eine besonders große Artenvielfalt der Pflanzenwelt, bis sie durch Verdrängung durch dominante Pflanzen mit idealen Standortvoraussetzungen eingeschränkt wird. Weiterhin war sicherlich ein großer Reichtum an Fischen, Schalentieren, Wasservögeln und Wild geboten. Das Wild aus der umgebenden Ebene kam zum Trinken an die Ufer der Seen und Zuflüsse, wo es von Menschen leicht gejagt werden konnte. Trockene Anhöhen für Behausungen boten günstige Voraussetzungen für Sicherheit und Verteidigung. Die Erhebungen am Ende von Ausläufern der zentralen Anhöhe sind strategisch günstig positioniert wie mittelalterliche Burgen.

Eine Sesshaftwerdung der Menschen war damit vorprogrammiert, denn weite Wege zur Nahrungssuche erübrigten sich. Sesshaftigkeit ist ja nicht an Landwirtschaft gebunden, sondern allein an die Sicherung des Lebensunterhalts ohne zu weite Wege. Landwirtschaft ist nur das übliche Mittel hierzu. Die frühen Menschen bevorzugten parkartige Landschaften in Wassernähe, aber mit geschützten hochwassersicheren Plätzen. Natürliche Anhöhen könnten durch menschliche Siedlungstätigkeit ausgebaut und erhöht worden sein und niedrigere etwa im Zehnmeter-Höhenbereich, die sich kreisrund oder oval an bevorzugten Stellen auf dem Meeresboden abzeichnen, so entstanden sein. Diese prächtige Landschaft glich einer riesigen Oase. Die vier großen Seen boten allein wohl an die zweitausend Kilometer Küstenzonen am Süßwasser. Hinzu kamen noch die kleineren Seenbecken, Lagunen, Buchten und die Grünzonen an den Flüssen.

PARADIES DER SUMERER IM PERSISCHEN GOLF?

Ein Land mit üppiger Fruchtbarkeit, einzigartig in seiner Umgebung, welches aus dem Meer auftaucht und später wieder darin verschwindet, ist sicherlich ein erstrangiger Kandidat für eine Mythenbildung. Seine Oasenlage inmitten einer kargen Landschaft, sein Reichtum an Süßwasser und sein in Eiszeiten günstiges Klima entsprechen ganz und gar den mythischen Überlieferungen.

> Auch die durch den griechischen Philosophen Plato überlieferte Atlantis-Sage enthält Elemente des Garten Eden: der im Meer versunkene große Kontinent besaß üppigen Reichtum, wertvolle Hölzer, edle Metalle und kostbare Steine wie auch eine Fülle von Obstbäumen, Gemüse und Kräutern. Hohe Berge boten Schutz vor den Nordwinden und viele wilde und zahme Tiere strichen über Wiesen und durch Flüsse und Seen. Auf einem Berge stand ein Königspalast und in dessen Mitte ein Tempel. Nach Plato würde dies 9000 Jahre zurück liegen. Plato berichtete weiter, ein Priester Unterägyptens habe diese Geschichte vor 200 Jahren dem Athener Solon erzählt. Ihm selbst war sie mündlich zugetragen worden. Atlantis sei *„jenseits der Meerenge"* gelegen gewesen, worunter viele die Meerenge von Gibraltar und manche auch die Pforte der Dardanellen verstanden haben.
> Die geografischen Kenntnisse der Ägypter waren aber auf die unmittelbar angrenzenden Länder Libyen, die Küsten des Roten Meers, Mesopotamien, Phönizien und Syrien beschränkt. Nach altägyptischer Vorstellung waren diese Gebiete vom Ozean umgeben, der für sie das Ende der Welt bildete. Falls es Atlantis tatsächlich gegeben haben sollte, wäre es eher am Rande dieser Region zu suchen.

Wie schon erwähnt, dürfte der persische Paradiesmythos allerdings nicht von diesem Land zwischen den Seen stammen, sondern aus der benachbarten ebenso wasserreichen Bucht des heutigen Bandar Abbas, welche damals wegen des abgesenkten Meeresspiegels aber weiter ins Golfmeer verschoben war. Da der Ackerbau hier noch nicht vorkommt, ist anzunehmen, dass dieser Mythos älter ist. Könnte sich aber ein sumerischer Paradiesmythos von der Gegend zwischen den Seen ableiten?

In der Genesis wird beschrieben, wie Gott den Garten Eden schuf, eine üppige Idylle, reich an Wasser, Pflanzen, fruchttragenden Bäumen und Tieren, über die Gott den ersten Menschen die Verfügungsgewalt erteilt hatte. Solche Visionen irdischer Paradiese, wohl archaische Erinnerungen, finden sich auch in den Mythen anderer Kulturen. Stärksten Einfluss auf die christliche Darstellung des Paradieses hatten neben der Bibel auch die Dichter der Antike. Homer beschrieb im 8. Jahrhundert v.Chr. einen Ort namens Elysium, der am Ende der Welt liegen sollte, wo weder Schnee fällt noch der Wind weht, nur eine *„milde erfrischende Brise vom Ozean"*. Hesiod besang ein längst vergangenes Goldenes Zeitalter, in dem die Menschen glücklich und zufrieden lebten, frei von Mühsal waren und sich von den Früchten des Feldes ernähren konnten. Der Ort dafür sollten Inseln sein, die *„am Ende der Welt"* lagen.

Der Garten Eden, den die ersten Menschen schließlich verlassen mussten, hat Sumerer, Perser, Juden, Christen und Muslime, Theologen, Schriftsteller und Künstler seit jeher fasziniert. Gelehrte, Dichter und Maler haben häufig ein reiches Bild des Gartens gezeichnet. Die Sumerer in Mesopotamien lokalisierten das Paradies an einem Ort im Osten, dort *„wo die Sonne aufgeht"*, auf Dilmun. Ihr mythischer *„Garten der Götter auf einem Berge"* lag jenseits des *„Meeres der aufgehenden Sonne"*, wie der Persische Golf von ihnen genannt wurde. War der zentrale Höhenrücken mit seiner steilen Erhebung an seinem Nordende, die heutige Insel Groß-Tumb, der von den Sumerern beschriebene Garten der Götter auf einem Berge?

Dilmun war für die Sumerer ein mystischer Idealort mit Eigenschaften, wie sie dem biblischen Paradies zugeschrieben werden. So heißt es auf alten Keilschrifttafeln:

„Auf der Erde, die rein ist, ruft ihn (Enki)
... in der Welt von Dilmun, die rein ist,
in der Welt von Dilmun, ruft ihn, ihn!
... in der Welt von Dilmun, die jungfräulich ist,
... in der Welt von Dilmun, die hell ist..."
„In Dilmun krächzen die Raben nicht,
der wilde Vogel stößt seinen Schrei nicht aus,
der Löwe tötet nicht,
der Wolf reißt nicht das Lamm,
unbekannt ist der wilde Hund, der das Zicklein verschlingt,
unbekannt ist das Wildschwein, das das Korn frisst.
Das Getreide, das die Witwe auf dem Dach ausbreitet –
die Vögel picken es nicht auf.
Die Taube lässt den Kopf nicht hängen.
Der Augenkranke sagt nicht: ich bin krank.
Die alte Frau sagt nicht: Ich bin alt..."

Mit Dilmun verknüpften sich also bei den Menschen in Südmesopotamien offensichtlich alte Erinnerungen an einen Idealort, an ein verlorenes Paradies, in dem es weder Krankheit noch Alter gegeben haben soll. Es lag nicht in Mesopotamien, sondern irgendwo im Osten, jenseits des Meeres. Mesopotamien hätte hierfür auch nicht die notwendigen Voraussetzungen geboten: der Boden im Schwemmland der Ströme ist zwar sehr fruchtbar, aber diese

Fruchtbarkeit konnte erst durch große Kulturleistungen nutzbar gemacht werden. Hierzu waren die regelmäßigen Überschwemmungen des Euphrat im Frühjahr nach der Schneeschmelze in Anatolien erst zu bändigen; beim Tigris und seinen Nebenflüssen kommen unregelmäßige heftige Hochwässer nach Unwettern im Zagros-Gebirge hinzu.

Dänische Forscher glaubten, Dilmun mit dem heutigen Bahrain gleichsetzen zu können, obgleich Bahrain nicht im Osten, sondern mehr im Süden von Mesopotamien liegt. Gewiss, Bahrain war eine fruchtbare Insel im Persischen Golf, die reich an Süßwasserquellen und artesischen Brunnen war, welche auf die Menschen sicher eine große Faszination ausgeübt haben. Man meint, dass deshalb die Vorstellung vom Süßwassermeer im Untergrund und von der Unterwelt in Bahrain ihren Ursprung genommen haben könnte. Für die Semiten war Bahrain offensichtlich auch ein heiliger Ort, denn er war übersät mit Tumuli-förmigen Grabstätten – 50.000 bis 150.000, meist mit Mehrfachbestattungen, hat man gezählt – viel mehr Gräber und Tote, als für die Inselbevölkerung der Belegungszeit an Einwohnern anzunehmen ist. Es scheint also hier schon eine frühe Parallele zum heutigen Nadschaf im Südirak mit seinem schier endlosen Friedhof gegeben zu haben, wo sich gläubige Schiiten in der Nähe ihres Heiligen, Iman Ali, des Gründers der schiitischen Richtung des Islam, beerdigen lassen, um am Tage der Auferstehung unter den Auserwählten zu sein. Vielleicht hat man auch damals schon Verstorbene vom Festland auf die „Heilige Insel" zur Bestattung gebracht? Zwei Gründe aber machen es zunächst fraglich, dass es sich bei Bahrain um das sumerische Dilmun handeln kann: Bahrain war zwar ein Handelspartner der Sumerer, aber ganz offensichtlich kannten sie diesen Ort kaum. Bisher hat man nämlich dort keine einzige sumerische Bestattung gefunden. Und die Tumuli wurden erst vor etwas mehr als 4000 Jahren errichtet. Der sumerische Paradiesmythos hingegen muss viel älter sein!

Nach sumerischer Vorstellung ist Gott Enki, der Gott des Süßwassers, der Weisheit und allen magischen Wissens, übers Meer nach Eridu gekommen. Auf Tontäfelchen ist beschrieben, dass er *„von Dilmun, der Fernen"* her kommend am Rande des Persischen Golfs erschienen sei. In Eridu stand sein Tempel dann über dem Abgrund, dem *„Apsu"*. Es ist archäologisch nachgewiesen, dass hier ein erster kleiner Tempel des Enki schon beim Eintreffen der Obed 1-Menschen vor 7900 Jahren errichtet wurde und dass dieser dann immer wieder erneuert wurde. Eridu war von Anfang an das Heiligtum des Enki. In dieser frühen Zeit dürfte also der sumerische Dilmun-Mythos entstanden oder mitgebracht worden sein. Wir kennen eine schöne Schilderung der Ankunft des Enki über das Meer:

„Als der Himmel von der Erde entfernt wurde,
als die Erde vom Himmel getrennt wurde,
als die Menschheit gesät ward,

als der Himmelsgott den Himmel errichtet hatte,
als Enlil die Erde gegründet hatte,
als die Göttin Ereschkigal die Hölle als Anteil erhalten hatte,
zur Zeit, da er segelte, da er segelte,
zur Zeit, da der Vater zur Welt hin segelte,
zur Zeit, da Enki zur Welt hin segelte...
Für den Herrn verschlang der Bug des Schiffes
Wie ein Wolf beständig das Wasser!
Für Enki schlug das Heck des Schiffes
Wie ein Löwe heftig das Wasser...
In jener Zeit war nur ein einziger Baum da!
Es gab nur einen einzigen Baum.
Der Johannisbrotbaum war der einzige Baum,
auf die heiligen Ufer des Euphrat gepflanzt,
trank er vom Euphrat
und der Südwind brach sich an seinem Stamm, rauschte in seinem Laub.

Am konkretesten ist die Lage des paradiesischen Idealorts Dilmun im sumerischen Gilgamesch-Epos beschrieben. König Gilgamesch, nach vielen Abenteuern niedergeschlagen über den Verlust seines Gefährten und voller Angst vor dem eigenen Tod, will auf der Suche nach dem ewigen Leben Utnapischtim aufsuchen, welcher als einziger zusammen mit seiner Frau eine frühere Sintflut überlebt hat und dann vergöttlicht und in den Wohnort der Götter aufgenommen worden ist. Er soll nämlich das Geheimnis des ewigen Lebens kennen. Zu Utnapischtim heißt es zunächst:

„*Ein Menschenkind war zuvor Utnapischtim;*
uns Göttern gleiche fortan Utnapischtim und sein Weib!
Wohnen soll Utnapischtim fern an der Ströme Mündung!
Da nahmen sie mich und ließen mich fern an der Ströme Mündung wohnen"

Die Reise zu Utnapischtim steckt voller Gefahren. Gilgamesch erkundigt sich zunächst nach dem Weg, der zu Utnapischtim führt:

„*Wohin ich gehen soll, weise mir,*
wenn es möglich ist, will ich das Meer überschreiten"

Die Antwort war, dass seit undenklichen Zeiten niemand mehr außer dem Sonnengott Schamasch das Meer überquert habe:

„*Mühe schafft der Übergangsort, mühselig ist der Weg dahin,*
und dazwischen liegt das Gewässer des Todes, das unzugänglich ist"

Schließlich bringt ihn aber doch ein Fährmann über die „*Wasser des Todes*". An anderer Stelle des Epos muss Gilgamesch auf der Suche nach Utnapischtim durch ein Tor am steil aufragenden Berg Maschu hindurch, das von Skorpionmenschen bewacht wird. Auf dem weiteren Weg folgt lange Finsternis. Plötzlich tritt Gilgamesch dann in gleißendes Sonnenlicht und findet sich in einem Garten mit Edelsteinbäumen wieder. Aus der Ferne blinkt das Meer herauf.

Das sumerische Gilgamesch-Epos ist das älteste bekannte Epos der Menschheit. Es ist im Süden Mesopotamiens entstanden. Gilgamesch, zur Zeit der Niederschrift des Epos schon eine mythische Figur, „*zu einem Drittel Mensch, zu zwei Drittel Gott*", wird als dritter König der Stadt Uruk nach der Sintflut bezeichnet. Daraus ist aber keineswegs abzuleiten, dass sich die Sintflut erst kurze Zeit vor Gilgamesch ereignet hätte. In der Obed-Zeit und in der frühen sumerischen Zeit gab es nämlich in Mesopotamien nur eine Priesterherrschaft. Das Königtum ist dann erst spät entstanden. Mit dem Begriff „*fern an der Ströme Mündung*" kann auch kaum die zur Zeit der Abfassung aktuell bestehende Mündung von Euphrat und Tigris gemeint sein, denn diese lag ja nicht sehr ferne. Es könnte eine frühere aber zur Zeit der Niederschrift des Epos ferne Mündung gewesen sein. Die Formulierung „*Fern an der Ströme Mündung*" hatte für die Sumerer im Übrigen eine mythische Bedeutung: es war eine magische Formel und viele Beschwörungen fingen so an.

Die ältesten bekannten Fragmente des Gilgamesch-Epos werden auf 2150 v.Chr. (4150 v.h.) datiert. Wenn wir annehmen, dass im Epos Vorgänge beschrieben werden, welche sich vor vielleicht 8000 Jahren ereignet haben, dann sind diese zumindest dreieinhalb Tausend Jahre lang mündlich überliefert worden, ehe sie dann erstmals schriftlich festgehalten wurden. Der Held des Epos, Gilgamesch, der sagenumwobene frühere König von Uruk, einer damals großen sumerischen Stadt, soll um 2650 v.Chr. (4650 v.h.) gelebt haben. Den ersten Schreiber des Epos trennte vom Helden damit eine Zeit, so lange wie sie für uns seit der Entdeckung Amerikas vergangen ist. Gilgamesch befindet sich also im Grenzbereich zwischen sumerischer Geschichtlichkeit und Mythologie. Seine Abenteuer lagen nach der Erzählung ein halbes Jahrtausend zurück und die Geschichte des Utnapischtim weist noch viel weiter zurück, in eine Zeit vor mehreren Tausenden von Jahren. In das phantasievolle Gedankengebäude der Abenteuer des Gilgamesch ist auf der letzten Tafel die Erinnerung an eine große Flut vor lang vergangener Zeit eingefügt.

Zurück zum „*Garten der Götter*". Er soll also auf einer Insel, auf Dilmun, gewesen sein. Kann Bahrain dies sein, wie dänische Forscher glauben? Zwei Argumente dagegen wurden schon angeführt und zwei weitere kommen hinzu: Bahrain lag nie „*fern an der Ströme Mündung*", sondern immer weit ab vom Laufe des Ur-Schatt. Und Bahrain ist vermutlich erst nach dem Entstehen des Mythos zur Insel geworden! Aber kann die Beschreibung als Insel dann auf den „*Großen Salzstock*" zutreffen? Es wird später noch gezeigt werden, dass das Gelände im Persischen Golf zwischen Zentral-, Ost- und Hormuz-See überflutet wurde, als das Meer später wieder anstieg. Vor etwa 12 000 Jahren wurde der lange Höhenrücken des „Großen Salzstock-Massivs" mit seiner Erhebung „Groß-Tumb" so zu einer langgestreckten Insel, welche dann etwa viertausend Jahre lang Bestand hatte. Erst nach 8000 v.h., zu eben der Zeit, als nach sumerischer Erinnerung Gott Enki im Süden Mesopotamiens, in Eridu, eintraf, ist auch diese große Insel untergegangen, sodass nur noch der Berg Groß-Tumb verblieben ist.

„Garten der Götter" inmitten der „Wasser des Todes"

Gilgamesch musste die *„Wasser des Todes"* überwinden, ehe er in den *„Garten der Götter"* gelangen konnte. Ist diese Schilderung ein dichterisches Mittel der Überhöhung von Gegensätzen zur Steigerung der Spannung? Oder verbirgt sich dahinter eine alte menschliche Erfahrung? Die große Insel muss vor ihrem Untergang vielen Menschen Platz geboten haben. Ein Blick auf die *Abbildungen 31 und 32 (S. 171 u. 172)* zeigt, dass sie teilweise recht steile Flanken aufwies, welche knickartig in eine fast ebene Hochfläche übergingen, die heute weniger als 20 Meter unter dem Wasserspiegel liegt. Kann dies eine natürliche Form sein? Salzstöcke sind ja durch gerundete Rücken gekennzeichnet. Ist dieses Profil vielleicht erst durch Aufdeichung entstanden? Die Menschen haben wohl, als der Meeresspiegel nach 8000 v.h. zu steigen begann (vgl. *Abbildung 21, S. 143*), Deiche errichtet und diese dann bei weiter steigendem Meeresspiegel erhöht. Schließlich aber dürfte eine Sturmflut dem Wettlauf zwischen den Menschen und dem ansteigenden Meeresspiegel ein Ende gesetzt haben: die Deiche sind geborsten und über die Menschen dahinter brach eine Katastrophe herein. Das Meer wurde für eine vermutlich recht zahlreiche Bevölkerung zum *„Wasser des Todes"*!

Wir wollen den späteren Flutberichten nicht vorgreifen. Es soll lediglich festgestellt werden, dass mehrere Indizien dafür sprechen, dass sich die Flut aus dem Gilgamesch-Epos nicht im südlichen Mesopotamien, aus dem ihr Bericht stammt, sondern im persischen Vorland ereignet haben dürfte. Das „Große Salzstock-Massiv" im „Garten Eden", welcher im Vorland Persiens lag, ist damit schon aus geografischen Gründen ein erstrangiger Kandidat für diese Katastrophe.

Wie kommt nun eine persische Erfahrung in das sumerische Gilgamesch-Epos, einen Bericht aus dem Zweistromland von Euphrat und Tigris? Die Beziehungen zwischen Mesopotamien und dem benachbarten persischen Großraum waren vielfältig. Schon der Name des Flusses „Tigris" in Mesopotamien verweist hierauf: Tigris ist persisch und bedeutet „Pfeil". Mehrere Handelswege führten durch die beiden Regionen bis in den Hindukusch, an den Indus im Südosten und an die heutige Seidenstraße im Nordosten. Im Westen gingen diese Wege weiter nach Ägypten. Besonders eng waren die Berührungen mit dem ersten

Staat auf persischen Boden, dem Reich von Elam. Eine seiner beiden Hauptstädte, Susa, lag auf der an Mesopotamien grenzenden Schwemmlandebene der Flüsse aus dem Zagros-Gebirge, welche einen östlichen Fortsatz der mesopotamischen Ebene bildete. Mitte des 6. Jahrtausends v.h. erfolgte auch eine größere Einwanderung in das bisher von der Obed-Kultur geprägte südliche Mesopotamien. Man nennt die Zuwanderer „Sumerer" (= Kulturbringer). Untersuchungen in der Gegend der Stadt Uruk haben gezeigt, dass nach langen Jahren einer spärlichen Siedlungstätigkeit plötzlich Hunderte von Siedlungen unterschiedlicher Größe entstanden, welche die Ebene dann mit einem engmaschigen Netz überzogen. Der Zeitraum des Zuzugs fällt nach *Abbildung 1 (S. 18)* genau in das Maximum der damaligen Trockenphase. In Persien wurden zu dieser Zeit wegen der Austrocknung weiträumig Dörfer aufgegeben, welche vorher schon Bewässerungssysteme und auch städtische Strukturen entwickelt hatten, und die Menschen konzentrierten sich nun dort, wo es noch Wasser gab. Vermutlich hat die folgende Landsuche dann nicht an den heutigen iranischen Grenzen Halt gemacht, sondern sich auch noch in die mesopotamische Ebene ausgeweitet.

Auch die Bibel enthält eine Botschaft zum Zuzug der Sumerer. Sie berichtet: *„Die ganze Welt hatte nur eine Sprache und gebrauchte die selben Worte. Als sie von Osten aufbrachen, fanden sie eine Ebene im Lande Sinear (= Sumer) und ließen sich dort nieder. Sie sprachen zueinander: „Wohlan, wir wollen Ziegel formen und sie brennen". Die Ziegel dienten ihnen als Bausteine und das Erdpech als Mörtel. Dann sagten sie: „Wohlan, wir wollen uns eine Stadt bauen und einen Turm, dessen Spitze bis zum Himmel reicht! Wir wollen uns einen Namen machen, damit wir uns nicht über die Erde verstreuen". Da stieg Jahwe herab, um die Stadt und den Turm anzusehen. Und Jahwe sprach: „Siehe, sie sind ein Volk und sprechen eine Sprache. Das ist erst der Anfang ihres Tuns. Fortan wird für sie nichts mehr undurchführbar sein, was immer sie ersinnen. Wohlan, wir wollen hinab steigen und ihre Sprache verwirren!"*

Die Bibel erwähnt also zunächst einen Zuzug aus dem Osten. Dort lag der persische Raum. *„Die ganze Erde hatte nur eine Sprache und gebrauchte die selben Worte"* ist ein weiterer überzeugender Hinweis auf eine Herkunft aus dem riesigen persischen Kulturraum, der ja von den nördlichen Randgebirgen Elburs und Kopeth Dagh nach Süden bis zum Gebiet des Indus im heutigen Pakistan reichte und in dem bis zum späteren Einfall der Indoarier einheitlich Drawidisch gesprochen wurde. Im Zweistromland trafen sie nun Sumerisch als vorherrschende Sprache sowie semitische Dialekte an. Sie brachten einen kulturellen Fortschritt mit – so entstand in der Folge gleichzeitig in Mesopotamien und im angrenzenden persischen Elam die Keilschrift – gaben aber wohl ihre eigene Sprache zu Gunsten des vorherrschenden Sumerisch auf. Das war wohl die berühmte „Babylonische Sprachverwirrung"!

Auch in der späteren Jemdad-Nasr-Zeit dürften wieder Menschen aus dem persischen Raum in die mesopotamische Ebene eingewandert sein. In dieser

Zeit nahm hier die Metallverarbeitung sprunghaft zu. Es ließ sich nämlich feststellen, dass die Metallurgie auf dem persischen Hochland zu dieser Zeit im Vergleich zur Zweistromebene schon weiter fortgeschritten war.

Die Bibel beschreibt im „Priesterlichen Bericht" einen ähnlichen Flutablauf, wie wir ihn vom Gilgamesch-Epos her kennen und einer Gegend im persischen Vorland zuordnen. Dieser „Priesterliche Sintflut-Bericht" ist Bestandteil des Pentateuch, welchen die Juden aus Babylon nach einem Zusammenleben von 80 Jahren Dauer mit den Persern mitgebracht haben. Es ist also anzunehmen, dass die sagenumwobene Insel Dilmun mit dem „Garten der Götter auf einem Berge", aber umgeben von den „Wassern des Todes" in der Nähe von Persien zu finden war, denn dort hat sich die mythische Erinnerung in zwei unterschiedlichen Schilderungen erhalten, welche die selben landschaftlichen Gegebenheiten und den selben Ablauf der Flut beschreiben. Ist es also abwegig, den Ort Dilmun mit dem Garten der Götter auf einem Berge auf dem „Großen Salzstockmassiv" zu vermuten? Dieses muss ja wegen seiner Lage innerhalb der Region des „Garten Eden" auch schon vor der Flut eine herausragende Rolle gespielt haben. Die schon angeführte Gegend der „versunkenen Städte" vor Nordwestindien konnte nicht gemeint sein, denn dort fehlten sowohl die zentrale Anhöhe wie auch die „schützenden Berge im Norden"

Natürlich hat es schon zahlreiche Versuche gegeben, den Garten Eden geografisch festzulegen. Etwa achtzig solcher Oevres sind bekannt geworden. So hat Ernst Haeckel das Paradies nach „Lemurien" verlegt, einen „verschwundenen Kontinent", den er im Indischen Ozean zwischen Ostafrika und Asien vermutete. Die Bibel erweckt den Eindruck, das Paradies habe sich in Mesopotamien befunden. Zunächst gibt sie aber nur eine Richtung an, wenn sie sagt: *„Gott pflanzte einen Garten Eden, im Osten"*. Nach christlicher Anschauung soll auch Jesus am Jüngsten Tag von dort kommen, wo die Sonne aufgeht. Daher sind christliche Gräber und Kirchen nach Osten ausgerichtet. Als weiterer geografischer Anhaltspunkt aus der Bibel wurde gesehen, dass ein Strom den Garten bewässerte, der sich in vier Hauptflüsse teilte: Euphrat, Tigris, Pischon und Gibon. Die beiden ersten Namen veranlassten nun dazu, den Garten Eden in Mesopotamien zu suchen; Pischon und Gibon wurden allerdings nirgendwo gefunden, wenn auch versucht wurde, dort einen Fluss anderen Namens aus dem Osten und ein ausgetrocknetes Flussbett aus Arabien mit diesen Namen zu belegen. Das Gebiet am Großen Salzstock wurde vom Ur-Schatt durchflossen. Zusätzlich zu seinem Zu- und Abfluss zählt man einen dort mündenden Arm des Kul aus dem Norden und den heute nur zeitweise gefüllten Zufluss aus dem Hadjar-Gebirge im Süden, möglicherweise mit zwei Mündungsarmen (s. *Abbildung 31 und 32, S. 171 u. 172*).

Tempel auf dem Berg: eine archaische Erinnerung?

Nach allen Schilderungen war der Garten Eden ein wasserreicher Ort. Oft wird er auch als umschlossen dargestellt, vielleicht weil das griechische Wort Paradeisos, aus dem Persischen abgeleitet, ein Stück umschlossenes Land bedeutet. Auf das in den *Abbildungen 31 und 32 (S. 171 u . 172)* gezeigte Gebiet im Persischen Golf treffen viele Kriterien der schon erwähnten Beschreibungen zu: es war reich an Wasser, lag nur so weit ab vom Meer, dass es noch von einer „frischen Meeresbrise" erreicht werden konnte, und war gegen die Nordwinde durch die Berge des Zagros-Gebirges geschützt. Es muss sehr fruchtbar gewesen sein und einen großen Reichtum an Tieren besessen haben. Der Bergstock im Norden des langen Höhenrückens war sicher auch prädestiniert als Ort imperialer und sakraler Bauten. Aber ist es denn überhaupt realistisch anzunehmen, dass in dieser Frühzeit schon solche Bauwerke entstanden sind? Um auf diese Frage eine Antwort zu erhalten, sollten wir unseren Blick zweitausend Kilometer weit den Euphrat aufwärts richten. Im hügeligen Grenzbereich der heutigen Staaten Türkei und Syrien graben in der Nähe des Oberlaufs des Euphrat seit 1996 das Deutsche Archäologische Institut, Berlin, und das Museum von Sanli-Urfa auf dem schon angeführten Göbekli Tepe megalithische Bauwerke aus, fast dreimal so alt wie Stonehenge, welche nicht etwa von einer sesshaften Bauernbevölkerung, sondern schon von Jägern und Sammlern errichtet worden sind. Sie liegen auch nicht, wie die späteren Siedlungen der neolithischen Bauern, im Tal in der Nähe des Flusses, sondern auf der höchsten Kuppe eines die Landschaft dominierenden Höhenzuges. Ganz offensichtlich handelt es sich um sakrale Bauten. In die Mauern des zunächst ausgegrabenen runden bis ovalen Bauwerks waren monolithische T-förmige Pfeiler eingefügt und im Zentralbereich befanden sich zwei weitere Pfeiler, vier Meter hoch und bis zu fünfzig Tonnen schwer. Es bedurfte wohl einer großen Gemeinschaftsleistung, um sie vom Steinbruch etwa 100 bis 500 Meter weit zu transportieren und sie aufzurichten. Aus vielen Pfeilern treten im Relief Abbildungen von Tieren der Gegend, aber auch, wie schon angeführt, schriftartige Zeichen hervor. Der Bau der Anlage begann schon vor 11.500 Jahren. In der vorausgehenden Feuchtphase des Klimas (vgl. *Abbildung 12, S. 90*), welche auf die Bildung des Baltischen Eissees zurückgeführt wird, hatten sich die Menschen im Nahen Osten stark vermehrt, sodass sie zu einer solchen Gemeinschaftsleistung fähig wurden.

In der damaligen Ebene des trocken gefallenen Persischen Golfs herrschten ähnliche Bedingungen schon viel früher. Das Gebiet liegt ja nicht nur 2000 Kilometer weiter südlich, sondern auch mehrere Hundertmeter tiefer. Und unabhängig vom Großklima, das bis vor etwa 17.000 Jahren noch recht feucht war, sorgten hier ja die großen Seen und der Stau des Hadjar-Gebirges und der iranischen Berge für Feuchtigkeit. Damit waren die äußeren Voraussetzungen gegeben, um mit Göbekli Tepe vergleichbare Bauleistungen hier schon früher erbringen zu können.

185

Berge und Bergkuppen spielen in Religionen und Mythologie eine große Rolle. Liegt es nun im menschlichen Wesen begründet, dass man auf Bergspitzen den Göttern nahe sein will, oder folgt man hier archaischen Erinnerungen aus einer früheren Heimat der Ahnen, wie dem „Garten Eden"? Die schon erwähnte spätere persische Religion des Zarathustra war zunächst ein Kult der Bergkuppen. Der berühmte Grieche Herodot schrieb einmal, dass die persischen Magier, Priester des Zarathustra, das Himmelgewölbe als ihren Gott verehren würden: *„dem Zeus bringen sie, auf die höchsten Berge hinauf steigend, Opfer dar"*. Später errichtete man dort Feuertempel. Die Minoer auf Kreta hatten neben Stadttempeln Heiligtümer auf Bergkuppen und die Griechen bauten dort ihre Akropolis. In der Südosttürkei wurde vor etwa zweitausend Jahren auf der Spitze des hohen Berges Nemrud Dagh das Grabmal eines Gaukönigs einer griechisch-persischen Mischkultur innerhalb einer Pyramide errichtet, flankiert und bewacht von kolossalen aus Stein gehauenen Götterfiguren, von denen heute nur noch riesige Köpfe von faszinierender Schönheit übrig geblieben sind. Im frühen Südmesopotamien wurden ebenso wie an einigen Orten des persischen Raums Tempel nicht zu ebener Erde errichtet, sondern auf hohen, die Stadt überragenden künstlichen Plattformen. Sie behielten die schon erwähnte dreiteilige Architektur bei, welche uns in Tell Ueili schon vor mehr als acht Jahrtausenden erstmals entgegen getreten ist. Aus den Tempeln auf der Hochterrasse entwickelte sich dann sowohl im persischen Elam wie auch in Mesopotamien die berühmte Zikkurat, der mächtige Stufentempel, am besten bekannt als Turm von Babylon. *Abbildung 33* zeigt eine zeichnerische Rekonstruktion. Die Weiterentwicklung des Tempels auf der Terrasse zur schier in den Himmel ragenden Zikkurat könnte von Menschen inspiriert worden sein, deren Ahnen eine Erinnerung aus dem untergegangenen „Garten Eden" mitgebracht hatten. Die riesigen Zikkurats scheinen in der Tat nichts weiter als eine Nachahmung von Bergen in der Ebene gewesen zu sein. Viele trugen auch den Namen „Berg" des jeweiligen Schutzgottes und ihre Hauptfunktion war offensichtlich nur die Beherbergung eines vergleichsweise kleinen Tempels auf ihrer Kuppe.

Die erste Zikkurat in Südmesopotamien wurde um 2100 v.Chr. in der Stadt Ur errichtet. Es war aber nicht die allererste Stufenpyramide. Schon um 2650 v.Chr. wurde vom ägyptischen König Djoser in Sakkara eine Stufenpyramide erbaut und Stufenpyramiden wurden zu verschiedenen Zeiten an verschiedenen Orten der Welt errichtet, auf den kanarischen Inseln, aber vor allem in Mittelamerika und in den südamerikanischen Anden. Auch hier sind Tempel auf Terrassen die Vorläufer. An der peruanischen Küste hat man schon zu Beginn des 3.Jahrtausends v.Chr. bis zu zehn Meter hohe Tempelplattformen errichtet und die Olmeken schufen im Tiefland von Mexiko um 1200 v.Chr. eine riesige Erdpyramide als Basis für Ritualgebäude. Eine richtige erste Stufenpyramide, eigenartigerweise ebenfalls siebenstufig wie in Babylon, errichteten die Mayas dann etwa 400 Jahre v.Chr. Die Moche-Kultur in Peru erbaute im ersten Jahrhundert n.Chr. ihre berühmten Sonnen- und Mond-Pyramiden und kurz danach wurde auch in Mexiko eine Sonnen-Pyramide aufgerichtet.

Wie kam es, dass auch in Amerika Stufentempel entstanden? Ist die Erinnerung an einen bedeutenden Tempel auf dem Salzstock im Golf schon so alt, dass sie schon im geistigen Gepäck der Menschen mitreisen konnte, welche im Jahrtausend nach 14 700 v.h. den Weg von Sibirien über die Beringstraße nach Amerika fanden? Das Gebiet an den Seen im Golf wurde ja schon vor etwa 23.000 Jahren vom Meer frei gegeben. In den eiskalten Jahrtausenden vor der amerikanischen Haupteinwanderung, dem Höhepunkt der letzten Eiszeit, musste sich die Bevölkerung in Sibirien weit in den Süden zurückziehen, was einen Kontakt und geistigen Austausch mit Trägern der Tradition vom Golf sicher erleichtert haben könnte. Jäger und Sammler hatten ja nachweislich kulturelle Kontakte über Strecken von vielen Tausenden von Kilometern hinweg. Die Träger der amerikanischen Frühkultur gehörten auch derselben Sprachoberfamilie wie die Menschen im Nahen Osten an, was für weiter anhaltende Kontakte der Kulturen sprechen könnte.

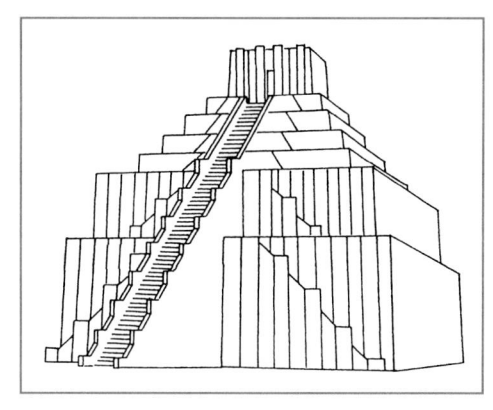

Rekonstruktion der Zikkurat von Babylon **Abb. 33**

Ist es vermessen, einen so frühen Beginn der Baukultur im Persischen Golf zu vermuten? Wie vermessen hätte es doch noch vor einem einzigen Jahrzehnt geklungen, wenn es jemand ernsthaft gewagt hätte, architektonische und künstlerische Leistungen, wie sie zwischenzeitlich auf dem Göbekli Tepe angetroffen wurden, schon mehr als fünf Jahrtausende vor der sumerischen Hochkultur für realistisch zu betrachten?

ÜBERGANG ZUR NACHEISZEIT: PLÖTZLICHE HITZE

Wie ein Blitz aus heiterem Himmel stellte sich nach vielen Jahrtausenden ununterbrochener Kaltzeit vor 14.700 Jahren mit dem Boelling-Interstadial plötzlich eine Hitzeperiode ein (*s. Abbildung 6, S. 48*). Die Temperatur stieg vielerorts um bis zu 8°C und in einigen Gegenden noch weitaus stärker an: der Golfstrom war wieder angesprungen! Innerhalb von nur einem einzigen Jahrzehnt wurden die Kaltluftmassen über Grönland von warmer und feuchter Luft verdrängt. Die Parameter der solaren Einstrahlung hatten zwar schon seit einigen Jahrtausenden auf eine warme Zwischeneiszeit hingedeutet und auf der Südhalbkugel der Erde hatte die Erwärmung auch schon allmählich eingesetzt. Die Nordhälfte war jedoch in der Entwicklung noch verzögert. Nachdem aber der Golfstrom nun wieder Wärme aus dem Süden in den Norden pumpte, holte sie stürmisch auf.

Für Europa bedeutete diese Erwärmung ein jähes Erwachen aus dem Dämmerzustand der Eiszeit. Die Gletscher begannen abzuschmelzen, große Landmassen wurden vom Eis befreit und eine üppige Vegetation begann zu sprießen. Auch für die Vermehrung der Menschen verbesserten sich die Voraussetzungen, denn nun gab es genügend Nahrung. Der Höhepunkt der sog. „Eiszeitkunst", die Kunst des Magdalenien, brach mit elementarer Gewalt hervor und es entstanden „Sixtinische Kapellen der Eiszeit", wie z.B. in Altamira. Auch der Norden des Nahen Ostens profitierte noch von der Erwärmung: die Menschen konnten nun ihre Wohnhöhlen verlassen und zumindest zeitweilige Jagdsiedlungen auf freiem Feld errichten. Andere Menschen konnten aus dem Süden in die nun angenehm warm gewordenen nördlicheren Regionen zuziehen. Auf 14.500 v.h. datiert man im Norden des Nahen Ostens den Beginn einer neuen Kultur von Jägern und Sammlern, der sog. Natuf-Kultur. Die Menschen bauten sich nun Rundhütten auf einer Basis von Natursteinen, vermutlich mit Holzaufbauten, und die Sammlung und Nutzung von Wildgetreide nahm zu.

> Im heißen Ausnahmesommer 2003 war der Mittelwert der Temperatur zwei Monate lang in Deutschland um etwa 2 Grad Celsius erhöht.
> Im Spätherbst normalisierten sich die Temperaturen nach riesigen Sonneneruptionen wieder. Als Folge wurde im nächsten Jahr eine Zunahme der Waldschäden um rund 50 Prozent registriert.

Im Süden des Nahen Ostens, im heutigen Persischen Golf, müssen die Folgen jedoch anders gewesen sein. Das Gebiet lag ja fast zweitausend Kilometer weiter südlich und mehrere Hundert Höhenmeter tiefer. Deswegen war es dort schon vorher recht warm, wenn auch sehr trocken. Nun aber wurde es plötzlich außerordentlich heiß – und die hohe Trockenheit hielt an! Viele Pflanzen mussten nun unter dem Stress der jäh einsetzenden ungewohnten Hitze verdorren: sie waren einfach nicht mehr standortgerecht! Im Golf konnten wegen der riesigen raschen Veränderung geeignete Pflanzen nicht in der Nähe sein, zumindest für eine gewisse Zeit. Da auch die Nahrung der Tiere letztlich vom Pflanzenwachstum abhängt, kamen auch sie, Pflanzen- und Fleischfresser, in Bedrängnis. Den Menschen aber, der sich von Pflanzen und Tieren ernährt, musste dies alles doppelt treffen. Nun könnten die Menschen gezwungen gewesen sein, den Pflanzenanbau zu erlernen. Seit ungefähr 5000 Jahren sammelten und verwerteten sie ja schon Getreidekörner. Dabei war ihnen sicherlich schon oft aufgefallen, dass Körner, welche unterwegs verloren gingen, keimten und heranwuchsen, wenn sie auf fruchtbaren Boden fielen und Wasser erhielten. Solange aber Sammeln und Jagen die Menschen ernähren konnten, bestand für sie kein Anlass, die mühsame Bodenbearbeitung gegen das bisherige freie Leben einzutauschen. Auch in der Bibel wird ja die Ackerbautätigkeit bei der Vertreibung aus dem Paradies als Fluch und Strafe dargestellt. Sumerische und babylonische Mythen beschreiben die landwirtschaftlichen Aufgaben an Gräben und Deichen ebenso als Mühsal und Plackerei: die Menschen wurden ja als Ersatz geschaffen, weil die niederen Götter diese schweren Arbeiten schließlich verweigerten.

Wegen der langen Trockenperiode von mehreren Jahrtausenden Dauer ab etwa 17.000 v.h. sahen sich die Menschen schon lange vor der Hitzewelle gezwungen, sich nach Gegenden zu umzusehen, wo es noch Wasser gab. Die Hitze verstärkte diese Notwendigkeit noch. Immer mehr Menschen dürften sich deshalb an den Ufern der Seen und Flüsse im heutigen Persischen Golf konzentriert haben. Schon vor fast hundert Jahren hat der Geologe Raphael Pumpelly die Bedeutung einer Süßwasseroase in trockener Umgebung für den kulturellen Umbruch der Menschheit erkannt. Er hatte sich lange Zeit in China und der Mongolei aufgehalten. Östlich vom Kaspischen Meer entdeckte er bei einer heutigen Oase Anzeichen für einen recht frühen Ackerbau. Er fragte sich, ob sich steinzeitliche Jäger und Sammler in Dürreperioden um noch verbleibende Wasserstellen geschart haben und ob diese Konzentrierung dann zum Anfang von Ackerbau und Viehzucht geführt haben könnte. Pumpelly formulierte aus dieser Überlegung heraus, was dann später vom Archäologen Gordon V. Childe, von dem auch der Begriff der „Neolithischen Revolution" für den Beginn des Ackerbaus stammt, als „Oasentheorie des Ackerbaus" wieder aufgegriffen und bekannt gemacht wurde. Pumpelly hatte zwar den Ort eines frühen Ackerbaus gefunden, nicht aber seinen Ursprung.

Fast ein Jahrtausend hielt diese Hitzewelle an, wenn sich auch die Temperaturen langsam wieder etwas absenkten. Doch dann stürzte die Temperatur

– vor etwa 13.800 Jahren – ebenso plötzlich für kurze Zeit wieder auf tiefstes eiszeitliches Niveau ab. Die Ursache ist uns schon bekannt: riesige Mengen von Schmelzwasser der Gletschermassen hatten sich in Nordamerika plötzlich den Weg zum Golf von Mexiko gebahnt und dort das Salzwasser so verdünnt und abgekühlt, dass die Wärmepumpe Golfstrom schlagartig wieder zusammen brach.

Im Persischen Golf muss sich zwischenzeitlich eine hitzetolerante Vegetation heraus gebildet haben; urplötzlich war aber auch diese nicht mehr standortgerecht. Die Konsequenzen für Flora und Fauna und die Menschen waren wieder dieselben wie zu Beginn der Hitzewelle. Es war immer noch sehr trocken, wenn auch die Trockenheit allmählich etwas nachließ, und die Vegetation war nach wie vor eingeschränkt. Sollte der Ackerbau noch nicht erfunden gewesen sein, so stellte sich erneut ein Zwang hierfür als Strategie für das Überleben der Menschen ein! Spätere Ausführungen werden zeigen, dass Mythen aus Persien den Schluss nahe legen, dass der Pflanzenanbau im Golf in der Tat schon so früh begonnen haben könnte.

Als Folge der nach 19.000 v.h. ganz allmählich einsetzenden Erwärmungstendenz begann Gletschereis abzuschmelzen und der Meeresspiegel fing zu steigen an, ganz langsam zunächst und fast unmerklich. Die schlagartige Erwärmung des Boelling-Interstadials aber beschleunigte diesen Vorgang und sintflutartige Überflutungen kündigten sich an.

Die Gletscher schmelzen: weltweit zahlreiche Sintfluten

Die Ebene im heutigen Persischen Golf wurde in den Jahrtausenden der Beendigung der letzten Eiszeit wieder vom Meer überflutet und die kulturellen Hinterlassenschaften der Menschen, die in dieser Ebene gelebt haben, sind im Meer verschwunden. Der Untergang erfolgte in mehreren Fluten. Sie zogen sich über einen Zeitraum von fast zehntausend Jahren hin und der Meeresspiegel hob sich dabei um insgesamt etwa 130 Meter an. Das Land wurde also nach und nach vom Meer überflutet, bis dieses die heutigen Küsten erreicht bzw. dann für einige Jahrtausende sogar überschritten hatte, um sich schließlich wieder auf seine heutige Begrenzung zurück zu ziehen. Hie-

> Der Mythos von der Sintflut hat die Menschheit über Jahrtausende hinweg beschäftigt und es gibt hierzu eine umfangreiche Literatur.
>
> Wie schon gezeigt wurde, hat selbst die geologische Disziplin bis vor gar nicht langer Zeit viele Naturerscheinungen noch mit der Sintflut zu erklären versucht.
>
> Nach einem Bericht in „Der Spiegel" haben sich an die 80.000 Publikationen in 72 Sprachen dieser Erzählung mit religiösem Eifer oder wissenschaftlichem Ernst gewidmet.

raus leiten sich Flutmythen ab, welche bis heute bekannt sind. Sind diese in den Bericht zur biblischen Flut eingegangen?

Bevor wir versuchen darauf eine Antwort zu finden, sollten wir erst einen gründlichen Blick auf einige Autoren richten, welche glauben, die biblische Sintflut schon an anderen Orten der Erde beschreiben zu können. Mehr als 1300 Mythen, Erzählungen und Legenden aus aller Welt berichten von einer vernichtenden Überflutung. R.Andree hat 85 verschiedene Flutsagen aus der ganzen Welt zusammengestellt. Meist wurden bei den geschilderten Fluten einige wenige Menschen am geografisch nächstgelegenen Berg gerettet. Auch im fernen Australien und in Neuseeland erzählen die Aborigines und die Maoris eine Sintflutlegende. Bei den Ureinwohnern Nordamerikas gibt es ebenfalls eine ganze Reihe von Flutlegenden. Ihr Ursprungsraum fällt genau in jene Zone südlich der großen Gletschermassen, in denen sich riesige Gletscherseen gebildet haben, welche sich dann mehrfach in einer plötzlichen Flut in den Golf von Mexiko oder in die St.Lorenz-Bucht entleert haben. Dies ist ein deutlicher Hinweis darauf, dass wohl viele Sintflutberichte auf Ereignisse zurückgehen, welche sich in der Übergangszeit von der Eiszeit zur Nacheiszeit ereignet haben. Die Sintflut muss also ein weltumspannendes Ereignis gewesen sein, so dramatisch, dass es sich bis heute in das Gedächtnis zahlreicher Völker unauslöschlich eingegraben hat. 1883 ist in Südostasien die Vulkaninsel Krakatao explodiert. Dies führte zu einer gewaltigen Flutkatastrophe, welche 40 000 Menschen das Leben kostete. Im Jahre 1930 hat eine riesige Überschwemmung des Jangtsekiang in China 200 000 Todesopfer gefordert und weitere 30 Millionen Menschen in Mitleidenschaft gezogen. Von keinem dieser tragischen Ereignisse ist jedoch ein bleibender traumatischer Mythos geblieben. Die Sintflut muss sich demnach weitaus dramatischer ausgewirkt haben.

Nach Meinung der Autoren der Bibel ist mit der Sintflut eine frühere Welt untergegangen und mit dem Überleben eines Gerechten samt seiner Sippe hat eine neue Welt begonnen. Gott hatte gesprochen: „Das Ende allen Fleisches ist bei mir beschlossen, denn die Erde ist voller Gewalttat wegen der Menschen. So will ich sie denn von der Erde vertilgen". Auch nach dem indischen Mythos „Manus Flut" erfuhr die Schöpfung mit der Flut einen Neubeginn. Manu war der einzige Überlebende und seine Gefährtin sowie alle Tiere mussten erst wieder neu geschaffen werden.

Eine logische Schlussfolgerung ist, dass eine vor der Flut schon bestehende Zivilisation untergegangen ist und die wenigen überlebenden Menschen hierbei einen so großen kulturellen Rückfall erlitten haben, dass sie ihr isoliertes Weiterbestehen als Neuanfang empfinden mussten.

Unter allen Berichten über eine urzeitliche Riesenflut, bei der nur ein Urvater gerettet wurde, sind zwei besonders bekannt, der Bericht der Bibel über den Patriarchen Noah und der sumerisch-babylonische Bericht über den geretteten Ziusudra bzw. Utnapischtim aus dem berühmten Gilgamesch-Epos. Quelle des biblischen Berichts ist der Pentateuch, welcher von den Juden aus der Babylonischen Gefangenschaft mitgebracht worden ist und auf persische Wurzeln zurückgehen dürfte. Bis vor etwa 130 Jahren stand die Flutsage von Noah fast alleine. Es war lediglich in Fragmenten eine weitere ähnliche Erzählung bekannt, die von dem babylonischen Mönch und Geschichtsschreiber Berossos in seinem groß angelegten Geschichtswerk „Babylonica" im 3. Jahrhundert v.Chr. auf der Insel Kos in Griechisch verfasst worden ist. Berossos war ein gründlicher Historiker: er bemühte sich, bis zu den frühesten sumerischen Quellen vorzudringen. Im Jahre 1872 änderte sich die Situation schlagartig: der Angestellte des Britischen Museums George Smith entdeckte auf mesopotamischen Tontäfelchen, die aus der königlichen Bibliothek in Niniveh stammten, Teile des sumerischen Gilgamesh-Epos, welche schon erste Hinweise auf eine Sintflut enthielten. Es war weitgehend dieselbe Erzählung wie in der Bibel: das war natürlich eine Weltsensation! Sie übertraf den Bericht der Bibel sogar, denn dem überlebenden Helden und seiner Frau wurde Unsterblichkeit verliehen, in einer fernen Gegend, dort wo die Sonne aufgeht, fern an der Ströme Mündung.

Eine andere hier schon angeführte Erzählung ist in Babylon über Atrahasis niedergeschrieben worden. Üblicherweise betrachtet man Atrahasis als das babylonische Pendant der anderen Urväter. Die geschilderten Umstände, welche später geschildert werden, weisen aber darauf hin, dass es sich bei diesem Bericht um ein eigenständiges Flutereignis handelt.

Ein die gesamte Menschheit über Jahrtausende bewegendes Ereignis musste natürlich eine ganze Reihe von Forschern und Grüblern finden, welche versuchten, Ort und Zeit der Sintflut herausfinden zu können. Wir wollen uns hier nur mit jenen Sintflut-Hypothesen auseinander setzen, welche in der Presse in neuerer Zeit eine besonders große Resonanz gefunden haben.

Sintflut in Ur in Südmesopotamien?

Im Jahre 1922 begannen das Britische Museum und die Universität von Pennsylvania unter Leitung des weltbekannt gewordenen Ausgräbers Sir Leonard Wooley mit Ausgrabungen in der alten sumerischen Stadt Ur, wo der berühmte Königsfriedhof mit reichen Grabbeigaben gefunden wurde. Sir Wooley interessierte sich auch für die Schichten unter den sumerischen Hinterlassenschaften und er fand eine dicke Lage von angeschwemmtem Lehm, 3,5 Meter mächtig, welche völlig frei von jeglichen Kulturspuren war. Aber darunter gab es sie wieder, wenn sie auch einer anderen Kulturstufe zugehörten, nämlich jener der älteren Obed-Kultur. Der Bericht von Wooley verbreitete sich wie ein Lauffeuer in der Welt, denn man glaubte, dass nun eine Spur der Biblischen Sintflut gefunden sei! Analysen der Lehmschicht zeigten dann, dass das Material vom mittleren Euphrat stammte. Es handelte sich also um eine Anschwemmung dieses Flusses. Kritische Stimmen wiesen darauf hin, dass die Schwemmschicht örtlich sehr begrenzt sei und es fanden sich im Laufe der Zeit auch an einigen anderen Stellen ähnliche Ablagerungen von begrenzter

Ausdehnung und aus unterschiedlichen Zeiten. Von lokalen Überschwemmungen, wie sie in Mesopotamien häufig waren, konnte sich aber wohl kaum der Mythos einer alles vernichtenden Flut ableiten. Noch 1954 hat der Tigris 5600 Quadratkilometer Land unter Wasser gesetzt. Erst durch die neueren Aufstauungen in der Türkei, in Syrien und im Irak sinkt die Überflutungsgefahr. In der Obed-Zeit lag der Wasserspiegel des Persischen Golfs zusätzlich rund vier Meter höher als heute (siehe *Abbildung 21, S. 143*). Das führte zu Rückstau und zur Verlagerung von Flussläufen. Als sich dann der Meeresspiegel wieder auf das heutige Niveau absenkte, steigerte sich die Strömungsgeschwindigkeit, der Fluss grub sich tiefer ein und Seitenarme trockneten aus.

Sintflut nach Meteoriteneinschlag?

Von H.P.Koch wurde 1998 postuliert, dass vor 10.000 Jahren ein Komet, der in sieben große und zahlreiche kleinere Stücke zerbrochen war, in verschiedene Ozeane eingeschlagen sei und dabei eine große weltweite Flutwelle ausgelöst habe. Der Geologe Tollmann, Wien, und seine Frau legten das Datum ganz genau auf das Jahr 9545 v.h. fest. Bei den erheblichen globalen Auswirkungen, die solche Einschläge haben, hätten große Krater entstehen müssen, welche, da geologisch noch sehr jung, noch gut erhalten sein müssten. Tollmann erklärt ihr Fehlen damit, dass alle Meteoritenbruchstücke in Ozeane eingeschlagen seien. In Ozeanen entstehen jedoch am Meeresboden dieselben Kraterstrukturen wie an Land: da Kometen mit einer Geschwindigkeit von 10 bis 30 km/sec auf die Erde zurasen, stellt für sie die Wassersäule eines Ozeans kein besonderes Hindernis dar, auch nicht bei Tiefen von mehreren Tausend Metern. An Ozeanböden sind auch durchaus Impaktkrater bekannt. Beim heutigen Stand der Meeresbodenforschung ist auszuschließen, dass diese sieben großen und noch recht jungen Krater noch nicht gefunden worden wären. Tollmann bezieht sich bei seiner Altersangabe auf eine Datierung so genannter Tektite, die u.a. in Australien und Indonesien gefunden werden konnten. Diese entstehen bei großen Impakt-Ereignissen – Einschlägen von Asteroiden – aus verdampftem Gestein, wobei sie Hunderte bis Tausende von Kilometern um den Einschlagkrater verstreut liegen können. Neuere Datierungen dieser Tektite zeigen nun, dass sie ein Alter von etwa 700.000 Jahren aufweisen. Dieser Zeitraum liegt außerhalb unserer Erwägungen, da es damals den modernen Menschen noch nicht gegeben hat.

Sintflut in Ostasien ?

S.Oppenheimer sieht den Ort der Sintflut und damit des Untergangs des Garten Eden in Südostasien. Er beschreibt in seinem Buch „Eden in the East" eine Reihe asiatischer Sintflutmythen, die auf die Überflutung großer Landstriche dieser Region bei der Beendigung der letzten Eiszeit zurückzuführen sein dürften. Unstrittig ist, dass in Südostasien in dieser Zeit riesige Schelfbereiche im Meer verschwunden sind, die während der Eiszeit bei tiefem

Meeresspiegel trocken lagen (vgl. *Abbildung 8, S. 61*). Auf dem Höhepunkt der Eiszeit waren viele der heutigen indonesischen Inseln noch durch Festland miteinander verbunden. Dieses erstreckte sich von Indochina bis nach Bali. Da die Menschen die Nähe des Wassers bevorzugten und in der Eiszeit in diesen Breiten auch ein angenehmes Klima herrschte, ist anzunehmen, dass diese Regionen relativ dicht von Menschen besetzt waren. Möglicherweise wurde dort auch schon der Grundstein für den südostasiatischen Pflanzenanbau gelegt. Sicherlich haben sich bei den Überflutungen dann zahlreiche Tragödien ereignet, die in Schreckensberichte der Nachkommen eingegangen sind. Die Frage ist aber, ob es sich hierbei um die Sintflut des sumerischen Gilgamesch-Epos und der jüdischen Bibel handeln kann, denn es lassen sich keine überzeugenden Wege zeigen, wie diese Geschehnisse in Südostasien in Berichte und Mythen des Nahen Ostens gelangt sein könnten. Es gibt auch keine archäologischen Hinweise, dass eine Kultur, die sich in Südostasien entwickelt hat, Kontakte in den Nahen Osten hatte. Der südostasiatische Reisanbau ist nur bis Südindien vorgedrungen; ab Nordindien dominiert der Getreideanbau aus dem Nahen Osten. Auch die schon erwähnten genetischen Untersuchungen von Cavalli-Sforza sprechen gegen eine wesentliche Expansion der Bevölkerung aus dem südostasiatischen Raum nach dem Vorderen Orient.

Sintflut im Schwarzen Meer?

Sehr aktuell sind die Untersuchungen der amerikanischen Geologen Walter Pitman und William Ryan vom Lamont-Doherty Earth Observatory der Columbia University, New York, die den Ort der Sintflut in den während der Eiszeit trocken gefallenen Schelfgebieten des Schwarzen Meers sehen. Dies hat weltweit großes Interesse ausgelöst. Der amerikanische Geologe Ballard, der durch seine Untersuchungen u.a. an der gesunkenen Titanic mit dem Forschungsschiff „Northern Horizon" und einem unbemannten ferngesteuerten Tauchroboter bekannt geworden ist, hat Forschungsfahrten auf diesem Meer durchgeführt, die von der nordamerikanischen wissenschaftlichen Gesellschaft National Geographic begleitet wurden. An Bord des Forschungsschiffes „Atlantis II" befanden sich Wissenschaftler mehrerer amerikanischer Universitäten und Forschungsinstitute sowie ein Vertreter des türkischen Denkmalamtes. Im Juni 2002 trafen sich dann im Forschungszentrum von Bogliasco bei Genua Wissenschaftler aus Europa, Amerika und Australien zu einer ersten Fachkonferenz über die „Schwarzmeerkatastrophe" und sie vereinbarten eine interdisziplinäre Kooperation unter Einschluss weiterer wissenschaftlicher Fachgebiete.

Das Schwarze Meer war in der letzten Eiszeit ein abgeschlossener riesiger Süßwassersee, dessen Wasserspiegel mehr als hundert Meter unter dem heutigen lag (*Abbildung 23, S. 145*). Zwei Schwellen am Bosporus und an den Dardanellen trennten das Süßwasserbecken vom Mittelmeer. Zu Ende der Eiszeit wurde im Schwarzen Meer dann ein Küstensaum von rund 100.000 Quadratkilometern überflutet, hauptsächlich vor den heutigen Küsten der Ukraine, von Rumänien und Bulgarien (vgl. *Abbildung 22, S. 144*).

Die Aufmerksamkeit der Fachleute wurde durch mehrere Funde auf das Schwarze Meer gelenkt. So hat Petko Dimitrov vom Ozeanischen Institut der Bulgarischen Akademie der Wissenschaften, Varna, im Sand des Meeresbodens eine Steinschale gefunden, deren Alter auf 9000 Jahre geschätzt wurde und die als „Noahs Teller" in der Tagespresse Schlagzeilen machte. Im Jahre 1993 hat das russische Forschungsschiff „Aquanaut" unter Beteiligung von Pitman und Ryan vor der Krim aus heutigen Wassertiefen von 150 bis 70 Metern fossile Schnecken- und Muschelschalen aus dem Sediment gezogen, bei denen es sich im unteren Bereich um Süßwasserarten handelte. In 70 Meter Tiefe fand man Übergangstypen, die auftreten, wenn ein See versalzt, und darüber lagen Salzwasserarten. Dieser Umschlag wurde als Hinweis auf eine plötzliche Flutung des großen Süßwassersees Schwarzes Meer durch Salzwasser gewertet. Die Übergangszeit, d.h. die Zeit der Versalzung, wurde auf etwa 7500 v.h. datiert.

Die Thesen von Ryan und Pitman aus ihrem 1998 erschienenen Buch „Noah´s Flood" (deutsche Ausgabe: „Sintflut" – 2001) lauten kurz zusammen gefasst: um 10.000 v.h. war der Spiegel des Schwarzen Meers unter die Höhe der Überlaufschwelle am Bosporus gesunken. Der Kanal zwischen Schwarzem Meer und Marmarameer füllte sich nun allmählich mit Sedimenten von seitlichen Zuflüssen, welche eine Barriere zum Mittelmeer aufbauten. Erst um 7500 v.h., nachdem das Mittelmeer schon wesentlich höher stand als das Schwarze Meer, wurde die durch diesen Pfropfen aus Sedimenten blockierte Schwelle zwischen Bosporus und dem Schwarzem Meer durchbrochen und ein Wasserfall von der zweihundertfachen Wucht der Niagara-Fälle stürzte dann in das Binnenbecken des Schwarzen Meers und fegte fast alles hinweg. Die Kunde von dieser Sintflut sei dann über Handelswege und eine Rückwanderung von Menschen bis ins ferne Mesopotamien gelangt, wo sie über das sumerische Gilgamesch-Epos Eingang in die jüdische Bibel gefunden hätte. Nachdem zur gleichen Zeit – etwa 7500 Jahre v.h. – die Bandkeramiker als erste Bauern über die Donaupassage nach Mitteleuropa vorgedrungen sind, werden in ihnen Flüchtlinge aus dem Schwarzen Meer gesehen, die dort schon Ackerbau betrieben hatten.

Die schon erwähnten Untersuchungen des russischen Wissenschaftlers Serebrianny zur Höhe des Wasserspiegels im Schwarzen Meer während der Übergangszeit von der letzten Eiszeit zur heutigen Nacheiszeit geben jedoch ein völlig anderes Bild (siehe *Abbildung 23, S. 145*). Das Niveau des Schwarzen Meers hatte sich auf dem Höhepunkt der Würm-Eiszeit bis auf –110 Meter abgesenkt. Als nach Beginn des Abschmelzens der Gletschermassen die zufließenden Wassermengen zunahmen, erreichte der Spiegel des Schwarzen Meers schon kurz nach 13.000 v.h. eine Höhe von –45 bis –40 Meter, bei der er etwa 2000 Jahre lang verharrte. Dieser Stillstand ist vermutlich auf die Bildung des Baltischen Eissees zurückzuführen, der dann später in die Nordsee ausgelaufen ist. Dann nahm der Zufluss wieder zu, womit der Meeresspiegel des Schwarzen Meers etwas nach 11.000 v.h. wieder zu steigen begann. Er erreichte kurz vor 10.000 v.h. das Niveau der Schwelle am Bosporus (−37 Meter). Der ebenfalls ansteigende Spiegel des Mittelmeers lag während einer langen Zeitspanne im Schnitt noch 20 Meter tiefer. Als nun vor 10.000 Jahren das Niveau der Schwelle erreicht war, begann Wasser aus dem Schwarzen Meer über den Kanal des Bosporus ins Mittelmeer auszufließen.

Der Bosporus, eine etwa 32 km lange Meerenge mit einer Breite von 600 bis 3000 Meter, ist heute als riesiger Strom mit einer maximalen Fliessgeschwindigkeit an der Oberfläche von 2,5 Meter pro Sekunde zu betrachten, der sich vom Schwarzen Meer ins Marmarameer ergießt. Sein Wasserüberschuss beträgt 155 km^3/Jahr; das sind zwei Drittel der Wassermenge, welche die Donau dem Meer zuführt. Die Fliessverhältnisse im Bosporus sind recht kompliziert. Die dortigen Fischer wissen seit Menschengedenken, dass ihre Netze, wenn sie an der Oberfläche fischen, vom Schwarzen Meer weg in Richtung Marmarameer abgetrieben werden. Fischen sie jedoch in der Tiefe, so treiben ihre Netze in Richtung Schwarzes Meer. Die Ursache hierfür liegt in zwei unterschiedlichen Strömungen, einem Ausstrom von salzarmem Oberflächenwasser (1,8 % Salz; 348 km^3/Jahr) aus dem Schwarzen Meer und einem salzreichen Unterstrom aus dem Mittelmeer (3,8 % Salz; 193 km^3/Jahr) zum Schwarzen Meer. Die Schiffer haben sich diese Unterströmung früher zunutze gemacht, indem sie Körbe mit Steinen an langen Seilen hinab ließen, um sich von der Unterströmung gegen die Oberströmung treiben zu lassen. Der Antrieb dieses Unterstroms liegt in geringen Dichteunterschieden des salzreichen Mittelmeerwassers zum salzarmen Wasser des Schwarzen Meers: das dichtere salzreiche Wasser sinkt ab und gleitet am Boden entlang eines Gefälles der Rinne in Richtung Schwarzes Meer. Die Oberströmung reicht heute 15 Meter tief. Erst darunter kann sich der Gegenstrom ausbilden. Geht man von diesem Wert aus, so konnte sich nach *Abbildung 23 (S. 145)* erst nach dem letzten Anstieg des Meeresspiegels im Mittelmeer um 7.500 v.h. bei Niveaugleichheit von Mittelmeer und Schwarzem Meer der Unterstrom und damit eine allmähliche Versalzung des großen Süßwassersees Schwarzes Meer entwickeln, nachdem nämlich der Meeresspiegel die Schwelle um mehr als 15 Meter überschritten hatte. Der von Ryan und Pitman für eben diese Zeit festgestellte beginnende Umschlag von Süßwassermuscheln zu Salzwasserarten findet damit eine andere glaubhafte Erklärung.

Wer hat nun Recht, Serebryanni oder Brian und Pitman? Ende des Jahres 2002 lieferte der kanadische Geologe A. Aksu zusammen mit einer Reihe von Kollegen aus Kanada, den USA, Großbritannien und der Türkei den Beweis dafür, dass entsprechend den Untersuchungen von Serebryanni der Spiegel des Schwarzen Meers unter Einfluss seiner Zuflüsse schon früher angestiegen ist als das Mittelmeer. Sie fanden ein Delta, das sich vor 10.000 bis 9.000 Jahren am Ausgang des Bosporus gebildet hat. Dieses Delta baute sich aber nicht etwa in das Schwarze Meer vor, sondern es schob sich vom Schwarzen Meer ausgehend vom Bosporus in Richtung Dardanellen. Das spricht eindeutig dafür, dass sich zu Ende der Eiszeit das Schwarze Meer früher aufgefüllt hat als das Mittelmeer. Die Sintfluttheorie von Ryan und Pitman, der ja eine entgegen gesetzter Wassereinbruch zu Grunde liegt, ist damit widerlegt: einen plötzlichen Einbruch des Mittelmeers ins Schwarze Meer hat es nicht gegeben!

Nach Serebryanni (s. *Abbildung 23, S. 145*) hat sich der Spiegel des Schwarzen Meeres nach einem langen Stillstand bei −20 Meter zwischen 8000 und 7500 v.h. als Folge des letzten Pulses der Weltmeere angehoben, sodass dann große Schelfgebiete überflutet wurden. Das dürfte zu zwei schon beschriebenen Entwicklungen beigetragen haben: um 7500 v.h. sind die ersten europäischen Bauern, die Bandkeramiker, aus dem ungarischen Becken im Karpathenbogen sehr rasch nach Mitteleuropa gezogen. Zur selben Zeit tauchte an der Donau südlich von Belgrad erstmals die schon beschriebene Alteuropäische Donauzivilisation auf. In beiden Fällen dürfte die Vertreibung von Menschen aus den süßwasserreichen fruchtbaren Niederungen des Schwarzen Meers einen Beitrag zu den Ursachen geleistet haben.

Wenn sich aus der Überflutung des Schwarzen Meers ein Sintflutbericht abgeleitet haben sollte, dann hätte dieser wohl im Raum der Vertriebenen, in Ost-, Südost- und Mitteleuropa, entstehen müssen. Die mesopotamischen und biblischen Flutsagen dürften also aus anderen Quellen stammen.

Vier Fluten im Persischen Golf

Professor K. Lambeck aus Canberra hat nicht nur eine Rekonstruktion der Position der vier großen Seen im Persischen Golf vorgenommen (s. *Abbildung 34, S. 200*), sondern auch einige Phasen ihrer Überflutung in der Übergangszeit von der Eiszeit zur Nacheiszeit bestimmt. Für den letzten Anstiegspuls des Meeresspiegels, der vor allem den Süden von Mesopotamien beeinflusste, gibt es, wie gezeigt, zusätzlich sehr genaue Überprüfungen aus Sedimenten bei der südirakischen Halbinsel Fao (s. *Abbildung 21, S. 143*). In *Abbildung 38 (S. 202)* sind nun die Werte beider Quellen in einer einzigen Darstellung zusammengefasst. Gleichzeitig ist auch der Verlauf der Temperatur aufgetragen wie auch die Feuchtigkeit bzw. Trockenheit des Klimas aus *Abbildung 12 (S. 90)*, dargestellt nach McClure. Die Grundlage für die Temperaturangaben bilden die Informationen aus dem Summit-Eisbohrkern aus Grönland (*Abbildung 6, S. 48*). Ergänzend sind aber auch Informationen aus dem Eisbohrkern DYE 3 sowie aus den Sedimenten des Gerzen-Sees eingearbeitet. *Abbildung 38 (S. 202)* gibt damit einen Überblick über die wesentlichen Veränderungen in der Golfregion während der gesamten Übergangsphase von der letzten Eiszeit zu unserer Nacheiszeit. In Verbindung mit den Höhenlinien der *Abbildungen 30* und *31 (S. 169 u. 171)* und einigen weiteren Diagrammen von Lambeck lässt sich so der Verlauf der Überflutungen an den vier großen Seen im Golf rekonstruieren. Damit können auch Rückschlüsse auf das wahrscheinliche Verhalten der Menschen angestellt werden, welche den klimatischen Zwängen ausgesetzt waren und vom ansteigenden Wasser aus ihren Territorien vertrieben wurden.

Eine Tabellarische Übersicht über die Vorgänge bei der Überflutung der Ebene im Persischen Golf findet sich auf der hinteren Klappe des Buchdeckels.

Weitere Informationen zu den damaligen Vorgängen sind, wie schon angedeutet, bei richtiger Interpretation auch aus frühen Mythen der Gegend zu gewinnen. Heute sind mindestens elf Versionen von Sintflutsagen aus dem Nahen Osten bekannt, die Berichte der Bibel und von Berossos eingeschlossen, davon 2 sumerische Versionen, 3 babylonische

18.000 Jahre v.h.

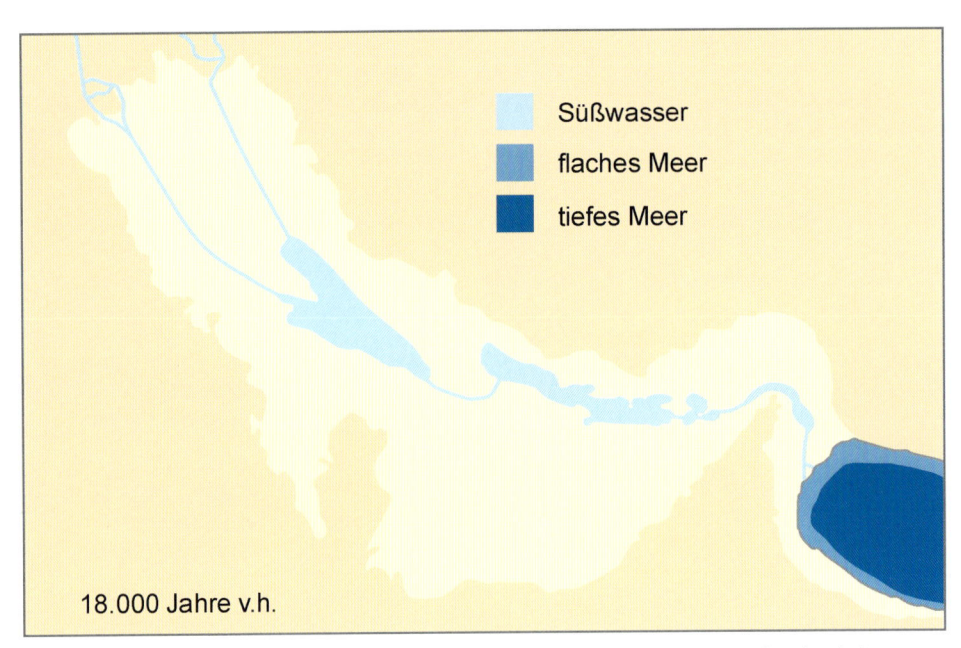

Abb. 34 Geografische Situation im Persischen Golf vor etwa 20.000 bis 15.000 Jahren, ermittelt auf Basis der Untersuchung maritimer Sedimente

12.000 Jahre v.h.

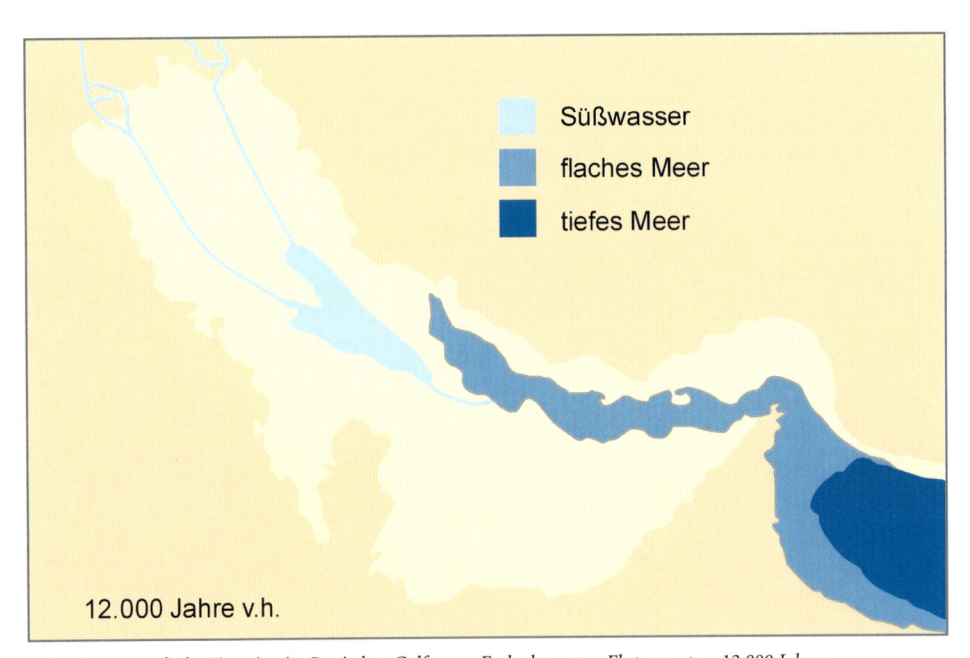

Abb. 35 Geografische Situation im Persischen Golf gegen Ende der ersten Flut, vor etwa 12.000 Jahren

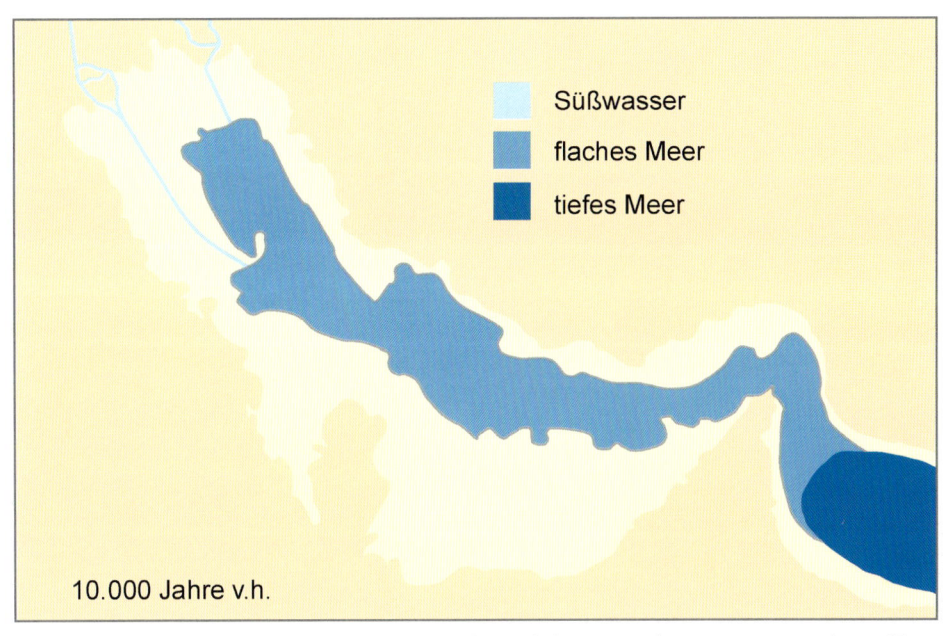

Süßwasser
flaches Meer
tiefes Meer

10.000 Jahre v.h.

Geografische Situation im Persischen Golf zu Ende der zweiten Flut, vor etwa 10.000 Jahren **Abb. 36**

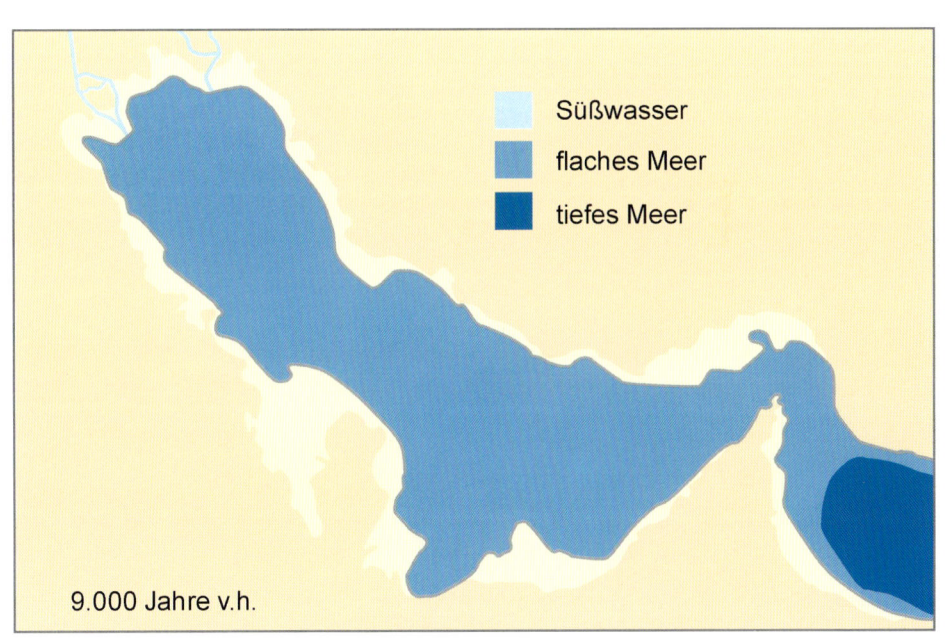

Süßwasser
flaches Meer
tiefes Meer

9.000 Jahre v.h.

Geografische Situation im Persischen Golf nach Ende der dritten Flut, vor 9000 Jahren **Abb. 37**

und 4 assyrische. Das Gilgamesch-Epos wurde auch ins Elamitische und ins Hethitische übersetzt. Alle diese Schilderungen sind älter als der Priesterliche Bericht der Bibel und sie stehen damit dem ursprünglichen Geschehen näher. In den verschiedenen Versionen wechselt auch der Name des Helden: sumerisch: Ziusudra; frühsemitisch: Utnapischtim; jüdisch: Noah. Der babylonische Mönch und Geschichtsschreiber Berossos hat in seinem Bemühen, sich an den Originalbericht zu halten, wieder den ältesten Namen benutzt, allerdings in griechischer Form: Xisuthros.

Informationen zu den Abläufen im Nahen Osten in der Übergangszeit von der letzten Eiszeit zur Nacheiszeit liefern aber nicht nur die Mythen aus Sumer und Babylon, sondern auch solche aus dem persischen und vermutlich auch aus dem indischen Raum. Persische Mythen geben – wie sich zeigen wird –, wenn sie von ihrem mythologischen Mantel befreit werden, beinahe präzise geschichtliche Informationen für jene Ereignisse, welche die Vorfahren der Menschen, die später den persischen Raum besiedelt haben, bei ihrer Vertreibung aus der Ebene des Persischen Golfs durchmachen mussten.

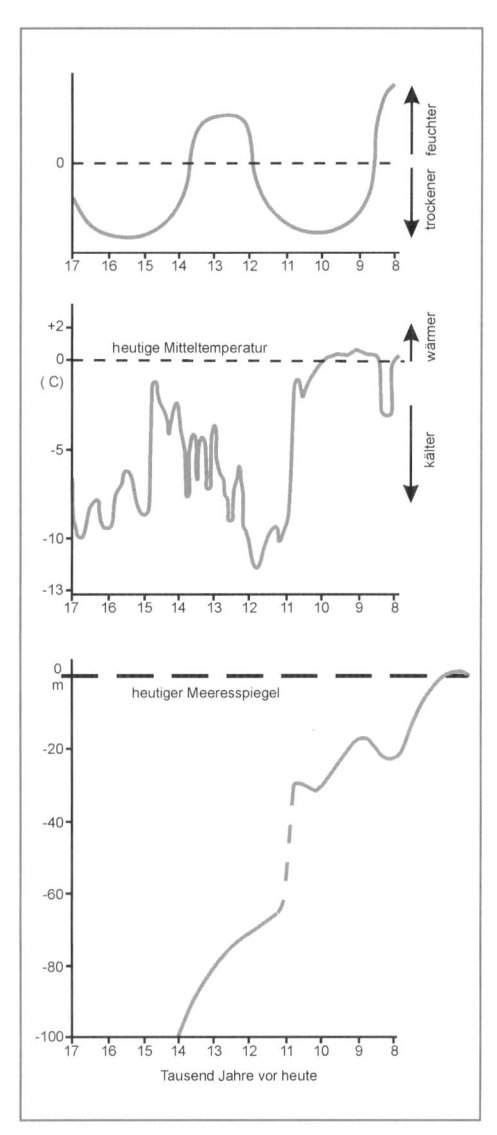

Abb. 38 Oben: Feuchtigkeit des Klimas im südlichen Zentralarabien; Mitte: mittlere Temperatur auf der Nordhälfte der Erde; Unten: Stand des Meeresspiegels im Persischen Golf.
Durchgezogen: Messungen liegen vor, Gestrichelt: ergänzt.

Die erste Flut

Die letzte Eiszeit erreichte ihren Höhepunkt erst gegen ihr Ende, als es über einen Zeitraum von mehreren tausend Jahren hinweg keine wärmere Zwischenphase mehr gab. Als Folge davon ist der Meeresspiegel zunächst bis auf ein Minimum von –130 Metern im Vergleich zu heute abgefallen. Vor 19.000 Jahren begann die Temperatur dann wieder ganz langsam anzusteigen. Deswegen setzte vor etwa 17.000 Jahren ein allmählicher Wiederanstieg des Meeresspiegels ein. Wie schon für den globalen

Anstieg des Meeres festgestellt, hob sich auch der Spiegel des Meeres im Persischen Golf dann nicht stetig bis zum heutigen Niveau an, sondern in vier einzelnen Pulsen von unterschiedlicher Intensität. Die erste Flut, während der der Meeresspiegel um insgesamt 65 Meter anstieg, zog sich dabei über einen sehr langen Zeitraum von fünf bis sechs Jahrtausenden hin, sodass der Flutverlauf, von örtlichen Besonderheiten abgesehen, insgesamt vermutlich wenig dramatisch war (vgl. *Abbildung 38, S. 202*). Die Veränderungen innerhalb einer menschlichen Lebensspanne blieben wohl gering.

Untergang des Flussdeltas und Versalzung des Hormuz-Sees

Zunächst wirkte sich der Anstieg des Meeres auf das Delta des Ur-Schatt außerhalb des Golfs von Hormuz im heutigen Arabischen Meer aus. Nach 3000 Jahren, um 14.000 v.h., war das Meer dann bis zum Hormuz-See vorgedrungen und er begann zu versalzen. Viele Menschen, welche bisher in einer reichen Umgebung – Salzwasser des Meeres und Süßwasser des Deltas, des Ur-Schatt und des Sees und der aus den nördlichen Bergen dorthin führenden Flüsse – gelebt hatten, verloren nun im Verlauf dieser Jahrtausende ihre bisherige Existenzgrundlage. Während dieser langen Zeit war das Klima durchgehend sehr trocken, sodass ein Aufenthalt am Süßwasser unerlässlich war. Der Ausweg konnte – das heiße Jahrtausend nach 14.700 ausgenommen – wohl kaum auf die kühleren Berge oder in den kühleren Norden führen. Sinnvoll hingegen war die Suche nach einem anderen wasserreichen Land entlang der Küsten. Es ist wahrscheinlich, dass sich die Menschen irgendwann auf die Suche nach einem ähnlich fruchtbaren Deltagebiet begeben haben. Sie könnte auch zu Wasser erfolgt sein, denn die Schifffahrt war den Menschen ja wohl geläufig. Ihre Wohngegend und die Tatsache, dass ihre Ahnen schon vor Jahrzehntausenden Afrika mit Wasserfahrzeugen verlassen haben, sprechen dafür. Nachdem sie schon außerhalb des Golfs von Hormuz gelebt haben, könnten die Menschen vom nördlichen Ufer der nun entstandenen Meereszunge aus einfach entlang der Küste nach Osten weiter gezogen sein, wo sie in einer Entfernung von etwa tausend Kilometern auf das große Flusssystem des Indus und nicht sehr weit dahinter auf jenes des damals vermutlich sehr großen Flusses Saraswati im Golf von Cambay gestoßen sind.

Verdrängung nach dem Oman.

Die in den Persischen Golf eindringende Meereszunge trennte nun die Menschen, welche sich auf den beiden Seiten des Flusses und Hormuz-Sees aufgehalten hatten, mehr und mehr. Die Menschen südlich des neuen Meeresarms wurden gegen das schroffe und abweisende Gebirge der Halbinsel Musandam am Golf von Hormuz gedrängt. In dieser unwirtlichen Gegend konnten sie aber nicht bleiben. Weiter südlich jedoch, im heutigen Oman, an der Küste der heute fruchtbaren oasenartigen Batinah zwischen Meer und Hadjar-Gebirge, haben die Menschen ihre frühen Spuren – Feuerstellen und Steinwerkzeuge mit einem Alter von mehr als 11.000 Jahren – hinterlassen. Sie befinden sich auf einem Riff in genügender Höhe über dem Meeresspiegel, sodass sie vom weiter steigenden Meer nicht überflutet werden konnten. Möglicherweise noch frühere, die näher am Meer lagen, sind wohl vom Meer bedeckt. Bei Ras al Hamra in der Nähe der heutigen Hauptstadt Muscat wird die älteste von sieben Siedlungsschichten auf 9000 v.h. datiert.

Überflutung der Niederungen des „Garten Eden".

Das Wasser der ersten Flut stieg weiter an. Gegen 13.000 v.h. hatte sich die Meereszunge bis zum Ost-See vorgeschoben. Nun begann auch er zu versalzen und er trat mehr und mehr über seine Ufer. Das Meer drang also in den „Garten Eden" ein, dessen tiefer gelegene Areale überflutet wurden. Fünfhundert Jahre später, um 12.500 v.h., war das Meer dann bis zum Zentral-See vorgedrungen. Da die Überflutung des „Garten Eden" in der beginnenden Auslaufphase der ersten Flut erfolgte, in der das Wasser immer langsamer anstieg, zog sich dieser Überflutungsvorgang über eine relativ lange Zeit hin. Viele Gebiete um das „Große Salzstockmassiv" im „Garten Eden" gingen nun unter. Das markanteste Kennzeichen des „Garten Eden", das große Salzstockmassiv mit seiner Bergspitze im Norden, blieb aber – zunächst als Halbinsel und später als Insel – noch über mehrere Jahrtausende hinweg erhalten. Die Flut kam gegen 12.000 v.h. fast zum Stillstand und um 11.000 v.h. war sie dann endgültig ausgelaufen. *Abbildung 35 (S. 200)* zeigt die geografischen Verhältnisse in der Golfebene, wie sie sich nach der ersten Flut eingestellt hatten.

Der „Garten Eden" ist also im Verlaufe eines Jahrtausends mit Ausnahme einiger Anhöhen untergegangen und die Erinnerung an ihn lebte nur noch in den Erzählungen der Nachfahren der überlebenden Menschen weiter. Sie wurden allmählich zu Sagen und zu Mythen. Der langsame Untergang in der Auslaufphase der Flut entbehrte allerdings der Dramatik. In der Bibel wird zur Vertreibung der ersten Menschen aus dem Paradies schlicht berichtet: *„Darum entfernte ihn (den Menschen) Gott aus dem Garten Eden...".*

Als der Hormuz-See nach 14.000 v.h. versalzte, ging das heiße Boelling-Interstadial mit einem jähen Temperatursturz von mehreren Grad Celsius zu Ende. Dann schwang sich die Temperatur wieder um einige Grad Celsius nach oben und es folgten mehrere Temperaturfluktuationen. Die Trockenheit ließ nun allmählich nach und vor mehr als 13.000 Jahren hatte sich dann eine ausgeprägte Feuchtphase eingestellt. Der Grund ist schon bekannt: das Schmelzwasser des Nordischen Inlandseises in Europa bildete einen immer größer werdenden Baltischen Eissee, der sich fast bis zur Nordsee hinzog. Es geschah also in einer feuchten und überwiegend warmen Klimaphase, dass die Menschen aus dem „Garten Eden" allmählich vertrieben wurden. Da aus dem nördlichen Bergland Kuh-e-Biaban und der Bucht von Bandar Abbas mehrere Flüsse in den westlichen Teil des Hormuz-Sees und den Ost-See mündeten (siehe *Abbildung 30, S. 169*) und die Ebene hier auch recht breit ist, dürften deshalb die Menschen zunächst noch an den Flüssen im Tiefland verblieben sein.

Während des Unterganges des „Garten Eden" war das Klima zwar feucht und überwiegend warm, aber die Temperatur vollführte in diesem Jahrtausend große Sprünge (vgl. *Abbildung 38, S. 202*). Mehrmals fiel die Temperatur für kürzere oder längere Zeit um einige Grad Celsius ab, um sich bald wieder zu erholen. Die Menschen wurden während dieser unruhigen Zeit mit starken Temperaturfluktuationen nach und nach aus dem „Garten Eden" vertrieben. Als es dann aber vor etwas mehr als 12.000 Jahren länger als ein Jahrtausend sehr kalt geworden war, hatten sie wegen der niedrigen Temperaturen keinen Grund, den Rest der noch milderen Niederungen zu verlassen. Am Ende dieser äußerst wechselvollen Phase sind wohl nur noch geringe Reste der einstigen Bevölkerung vor Ort gewesen. Überdies wurde es nach 12.000 v.h. rasch trocken, denn der Baltische Eissee war plötzlich in die Nordsee durchgebrochen. Um 11.000 v.h. hatte die Trockenheit dann fast ihr Maximum erreicht, als es ganz plötzlich wieder außerordentlich heiß wurde. Nun herrschten wieder ähnliche Bedingungen wie zu Beginn des trockenheißen Bölling-Interstadials um 14.700 v.h.. Die Nachfahren der Menschen aus dem „Garten Eden" aber hatten ihre Lebensgrundlage, die fruchtbare Heimat an den Seen, verloren.

Diese plötzliche Erwärmung dürfte die wenigen noch verbliebenen Menschen, welche von den versalzten Seen an die Zuflüsse aus dem Norden gedrängt worden waren, bewogen haben, nun kühlere Höhenlagen zu suchen. Jene Menschen, welche in das Bergland des Kuh-e-Biaban im Osten der Bucht des heutigen Bandar Abbas eindrangen, wurden dann jenseits der Wasserscheide durch die Flüsse in das Tal von Bam geleitet, wo sich Zuflüsse aus unterschiedlichen Richtungen in einem Salzsee treffen. Es ist archäologisch nachgewiesen, dass sich hier der Ackerbau südlich der großen Sandwüste während mehrerer Jahrtausende in einer Parallele zur Küste in Richtung Indus ausgedehnt hat. Für andere Menschen dürften die Flüsse Mehran und Kul, welche heute hinter der Insel Kischm in das Golfmeer münden, zu Leitpfaden in den iranischen Raum geworden sein. Sie waren über eine lange Strecke hinweg der einzige sinnvolle Zugang zum Gebirge, denn nach dem Nordwesten hin gibt es am Golfufer über eine Distanz von 500 Kilometern keinen einzigen Fluss von Bedeutung mehr, nur heiße sandige Küste mit Sandsteinbergen dahinter. Der Mehran aus dem ersten ziemlich abgeschlossenen langen Zagrostal könnte für die Weiterentwicklung der Menschen allerdings eine Sackgasse dargestellt haben. Der Kul hingegen mit seinem reicheren Wassereinzugsgebiet aus mehreren Zagros-Tälern führt weiter nach Norden. Hier laufen die Ketten des Gebirges auch nicht mehr parallel zur Küste des Golfmeers, sondern senkrecht, sodass ein schnelles Eindringen in den iranischen Raum begünstigt wurde. Gute Pfade führen dann weiter in das iranisch-afghanische Grenzgebiet bis ins wasserreiche Tal des Helmand aus dem afghanischen Hindukusch. Da dies auch die Handelswege des blauen Schmucksteins Lapislazuli waren, könnten die Menschen schon von diesem wasserreichen Gebiet gewusst haben und deshalb ziemlich schnell dorthin gezogen sein. Im Tal des Helmand ist jedenfalls schon um 10.000 v.h. die Domestizierung von Schafen und Ziegen nachgewiesen. Von hier führte auch ein zweiter Pfad der neolithischen Expansion nördlich der Großen Sandwüste an den Indus und auch ein späterer Handelsweg zwischen Elam und dem Indus-Gebiet lief über diese Route. An den Zuflüssen des Indus, wie im Tal des Zhob, sind auch die Spuren einer sehr alten Besiedelung gefunden worden. Die Bedeutung der alten Siedlung Mehrgarh am Bolan-Fluss, welche schon vor 8750 Jahren gegründet wurde, ist schon geschildert worden.

Ein „Goldenes Zeitalter" und die Flut des persischen Yima.

Am Zentral-See lagen fruchtbare Gebiete, besonders an seiner Ost- und langen Nordseite. Solange der See noch Süßwasser enthielt und die klimatischen Verhältnisse günstig waren, müssen dort viele Menschen eine fruchtbare Heimat gefunden haben. Besonders günstig dürften die Bedingungen im Zeitraum von etwa 13.700 v.h. bis zur Versalzung des Sees nach 12.500 v.h. gewesen sein. Es herrschten überwiegend mittlere Temperaturen, welche in dieser Gegend ein angenehmes Klima bedeuteten, das nun zudem noch recht feucht war. Wie schon angeführt gab es allerdings in dieser Zeitspanne mehrere kurze scharfe Kälteeinbrüche (s. *Abbildung 38, S. 202*). Schließlich aber wurde diese gute Phase etwas vor 12.000 v.h. durch einen Rückfall in tiefsteiszeitliche Kälte beendet, der mehr als tausend Jahre dauern sollte.

Diese Zeit tritt uns offensichtlich in persischen Mythen entgegen. Im Buche Avesta, dem heiligen Buche der Anhänger Zarathustras, werden Ereignisse beschrieben, in denen man unschwer die Klimaabläufe jener Zeit mythologisch verbrämt wiedererkennen kann, wie sie sich wissenschaftlich rekonstruieren ließen. Es wird zunächst von einem „Goldenen Zeitalter" berichtet. Yima, im persischen Mythos der prototypische Held und Gesetzgeber, konnte zunächst mit Hilfe des Schöpfergottes Ahura Mazda die Größe der Erde in Intervallen von jeweils dreihundert Jahren dreimal erweitern. Dann aber wurde er von Gott gewarnt, dass die Erde in einen tiefen Winter mit viel Schnee fallen und dies das Ende vieler Kreaturen bedeuten sollte. Zur Fortdauer der Schöpfung sollte er deshalb eine „Vara" schaffen, eine schützende und wärmende Hülle, um fruchtbaren Samen von Mensch, Tieren und Pflanzen für lange Zeit zu bewahren.

Das „Goldene Zeitalter", in dem der Held Yima die Größe der Erde dreimal erweitern konnte, könnte die Zeit mittlerer Temperaturen nach der großen Hitze des Boelling-Interstadials, zwischen 13.700 und 12.700 v.h., gewesen sein, in welcher sich eine hohe Feuchtigkeit einstellte. Diese Zeit war allerdings von 2 Kälterückfällen unterbrochen, welche die Zeitspanne in drei warme Phasen von etwa der genannten Dauer unterteilten. Während dieser feuchten Warmphasen dürften sich die Menschen stark vermehrt haben, sodass es notwendig wurde, das landwirtschaftlich genutzte Land mehrmals zu vergrößern. Diese Leistung hat man später Yima zugeschrieben. Der Mythos, welcher genau zu den wissenschaftlich feststellbaren Klimaabläufen passt, legt also die Folgerung nahe, dass in dieser Region der Ackerbau in der Tat schon spätestens zu Ende des heißen Boelling-Interstadials entwickelt worden sein dürfte. Golden war das Zeitalter deshalb, weil die neue Landwirtschaft den früheren Hunger beseitigte und zu einem beträchtlichen Bevölkerungswachstum führte, der dann auch die mehrfache Vergrößerung der landwirtschaftlichen Nutzflächen erforderlich machte. Der Mythos findet allerdings eine andere Erklärung: das Land musste erweitert werden, weil die Menschen im „Goldenen Zeitalter" nicht mehr starben und ihre Zahl deshalb stark anwuchs. Wegen der Sicherung der Ernährung unter günstigen klimatischen Voraussetzungen dürfte allerdings auch das Lebensalter der Menschen ungewohnt angestiegen sein. Wir erleben in unserem aktuellen Klimaoptimum eine ähnliche Phase.

War dies das „Goldene Zeitalter", von dem Hesiod berichtet? Eine Zeit, in der die Menschen glücklich und zufrieden lebten und sich von den Früchten der Felder ernähren konnten?

Das „Goldene Zeitalter" wurde dem Mythos zufolge durch einen *„tiefen Winter mit viel Schnee"* abgebrochen, der das Ende vieler Kreaturen bedeuten sollte: zwischen 12.900 und 12.500 stürzte die Temperatur in 3 Schritten ab und sie erreichte nach einer kurzen Zwischenerholung nach 12.000 v.h. schließlich tiefsteiszeitliches Niveau. Nachdem es anfangs noch recht feucht war, dürfte es zumindest in höheren Lagen auch viel Schnee gegeben haben. Von Europa und Amerika haben wir schon erfahren, dass in dieser turbulenten Übergangszeit zahlreiche Tiere ausgestorben sind und weite Landstriche entvölkert wurden. In Amerika waren es insgesamt 35 Arten von Großtieren, wobei 9 Arten erst nach 12.000 v.h. ihr Schicksal ereilte. Wenn auch die Veränderungen in Amerika offensichtlich am dramatischsten verliefen: 29 dieser Arten gibt es auch auf der übrigen Welt nicht mehr. Der persische Mythos des Yima lässt nun erkennen, dass es im Nahen Osten nicht viel besser war. Wenn sich auch dort die extremen Klimaschwankungen wegen der südlicheren Lage etwas gemäßigter ausgewirkt haben, so musste dies doch auch dort das *„Ende vieler Kreaturen"* bedeuten.

Um 12.500 v.h. hatte der Anstieg des Meeres den Zentral-See erreicht. Nachdem die erste Flut nun in ihre Auslaufphase gekommen war, stieg der Meeresspiegel im nächsten Jahrtausend nur noch um wenige Meter an. Überflutung und Versalzung des Zentral-Sees waren also ein recht langsamer Vorgang. Auch dies hat ganz offensichtlich Eingang in einen persischen Mythos gefunden. In der Schöpfungsgeschichte Bundahis führt der Engel Tistar mit dem Widersacher des großen Gottes Ahura Mazda, dem Bösen Geist Angra Mainyu, Krieg, weil sein Gift den See versalzen ließ. Er schickte über vierzig Tage lang Regen, bis der Böse Geist ertränkt und die Erde wieder gereinigt war. Allerdings wurde sie dabei mannshoch mit Wasser bedeckt.

Hier finden sich also die wissenschaftlich feststellbaren Fakten der Versalzung des Sees und einer Überflutung von geringer Höhe, bedingt durch die Auslaufphase der Flut. Ein langer Dauerregen auf dem Höhepunkt der Feuchtphase im Stau der Gebirge könnte durchaus Realität gewesen sein.

Die zweite Flut oder die Flut des akkadischen Atrahasis.

Aus Babylon ist die Flut des Atrahasis, eines akkadischen Noah, bekannt geworden. Das Epos wurde 1969 erstmals in seiner heutigen Form publiziert. Vorher kannte man nur einzelne Bruchstücke. Die Vorlage zu diesem Bericht stammt aus dem südlichen Mesopotamien, aus Eridu. Wie noch ausgeführt wird, dürften Menschen durch die nächste Flut sowohl in den Iran als auch an den Schatt-al-Arab vertrieben worden und so später nach Mesopotamien gelangt sein. Der Mythos des Atrahasis beginnt schon sehr früh, nämlich mit den Anfängen des Ackerbaus, und er umfasst auch noch die Zeit der nächsten zweiten Flut nach Kälterückfall und plötzlicher Wiedererwärmung.

Die niederen Götter mussten zunächst 3600 Jahre lang selbst für den Unterhalt aller Götter an Bewässerungsgräben und Deichen schuften (3600 = 60 mal 60 entspricht im sumerischen Empfinden unserer Tausend und bedeutet einen sehr langen Zeitraum). Da sie der Plackerei überdrüssig wurden, erhoben sie sich gegen die herrschenden Götter, verbrannten ihre Arbeitsgeräte und griffen zu den Waffen. Als Lösung des Problems wurden nun Ersatzleute für diese schwere Arbeit geschaffen, welche fortan die Götter mit Nahrung zu versorgen hatten, sieben Männer und sieben Frauen. Aus dieser kleinen Gruppe entwickelte sich dann im Laufe der Zeit eine große Bevölkerung. Für Gott Ellil wurden es zu viele Menschen, denn im Mythos heißt es:

„*Sechshundert Jahre, weniger denn sechshundert vergingen,*
das Land wurde zu weitläufig, zu zahlreich das Volk.
Das Land lärmte wie ein schnaubender Stier.
Der Gott wurde ruhelos wegen dieses Getöses,
Ellil musste ihr Lärmen anhören.
Er wandte sich an die großen Götter:
„Das Lärmen der Menschheit ist zu groß geworden,
ich verliere Schlaf über ihrem Getöse.“

In den Vorstellungen der frühen Völker in Mesopotamien scheinen die Götter überhaupt sehr lärmempfindlich gewesen zu sein, nicht nur gegenüber dem Krach der Menschen, sondern auch für das Lärmen ihres eigenen Götternachwuchses. Im berühmten akkadischen Schöpfungsepos Enuna Elisch, das alljährlich zum Neujahrsfest feierlich vorgetragen wurde, ist zur ersten (Apsu und Tiamat) und zur zweiten Göttergeneration zu lesen:

> *"Apsu tat seinen Mund auf.*
> *Mit lauter Stimme sprach er zu Tiamat:*
> *"Unerträglich ist mir ihr Verhalten.*
> *Tagsüber kann ich nicht ruhen, nachts kann ich nicht schlafen.*
> *Ich will sie vernichten, um ihrem Treiben ein Ende zu machen.*
> *Stille soll herrschen, damit wir endlich schlafen können!"*

Aber weiter zu den Folgen des Lärmens der Menschen: die Götter beschlossen um ihrer guten Ruhe willen das Menschengeschlecht zu dezimieren. Deshalb sandten sie, nachdem sich die Menschen 600 Jahre lang vermehrt hatten und den Göttern zu laut geworden waren, eine Seuche. Sie ging aber vorüber und die Menschen vermehrten sich wieder 600 Jahre lang. Nun wiederholten sich die Klagen der Götter. Als Reaktion darauf schickten sie nun eine Reihe von bedrohlichen Dürre- und Hungerperioden. Sie werden wie folgt beschrieben:

> *"Das dunkle Weideland war gebleicht, die Weiten des Landes mit Alkali gefüllt.....Ihre Gesichter waren mit Schorf bedeckt.....Die Gebärmutter war zu eng, um gebären zu können....Sie aßen die Tochter als Mahl, nahmen den Sohn als Nahrung.....".*

Das alles sind Hinweise auf ganz extreme Hungersnöte, die zu Unfruchtbarkeit der Frauen und sogar zu Kannibalismus geführt haben.

Die Zeit der starken Vermehrung der Menschen wäre wohl wieder in der Feuchtphase zwischen 13.500 und 12.000 v.h. nach der angenommenen Erfindung des Ackerbaus zu sehen. Der Mythos verweist nicht nur auf eine sehr frühe Landwirtschaft, sondern auch auf Bewässerungswirtschaft, deretwegen die Menschen ja geschaffen wurden. Die erwähnte Seuche könnte durch einen der Kälterückfälle verursacht worden sein. Die Menschen wohnten nun erstmals in größerer Anzahl dicht zusammen und waren deshalb für Seuchen besonders anfällig. Es ist historisch erwiesen, dass Seuchen häufige Begleiter von Kälteperioden sind, welche zu Hunger und Unterernährung führen. Die Bevölkerungszahl erholte sich dann wieder; doch dann erfolgte um 12.000 v.h. ein noch tieferer Temperatursturz auf eiszeitliches Tiefstniveau und über ein gutes Jahrtausend blieb es auch extrem kalt. Zudem wurde das Klima rasch immer trockener. In dieser Phase begannen auch noch die Seen zu versalzen, der große Zentral-See um 12.500 v.h., zur Zeit eines kräftigen Kälterückfalls. Die Menschen, welche nun sehr auf den Ertrag der Landwirtschaft angewiesen gewesen wären, haben das Wasser der Seen wohl zunächst noch für die Bewässerung von Gärten und Feldern benutzt. Die Versalzung verlief in der Auslaufphase der ersten Flut ja schleichend. Deshalb versalzten die landwirtschaftlichen Nutzflächen allmählich und sie wurden unfruchtbar: *"das Land bedeckte sich mit Alkali"* und die in den Mythen beschriebenen extremen Hungererscheinungen suchten die Menschen heim. Vermutlich haben, wie in Europa und

Nordamerika, nur wenige überlebt. Nach dem Mythos des Yima bedeutete der dann folgende „*lange Winter*" ja das Ende vieler Kreaturen.

Als dann nach 11.000 v.h. das Klima ganz plötzlich wieder heiss wurde und sich die Lebensverhältnisse eigentlich verbessern sollten, herrschte eine starke Trockenheit, welche sich in der Folgezeit sogar noch steigerte. Auch die nächsten zwei Jahrtausende waren von Hunger und Entbehrungen für die Menschen geprägt. Sie haben wohl ihren Niederschlag im Bericht von äußerstem Hunger gefunden, verbunden mit durch Unterernährung bedingter Unfruchtbarkeit und sogar Kannibalismus. Die Bevölkerungszahl ist unter diesen katastrophalen Voraussetzungen sicher wieder stark geschrumpft.

Inmitten dieser Nöte waren die Menschen nach ihrer eigenen Ansicht zu schwach, um die ihnen von den Göttern zugedachten Arbeiten noch verrichten zu können. Ellil beschloss daher, da sie ja nun unnütz waren, die Menschen durch eine große Flut endgültig zu vernichten. Enki aber, der Weise, der befürchtete, dass dann die Götter wieder zu eigener Arbeit an Kanälen und Deichen gezwungen seien, warnte einen Menschen, Atrahasis, heimlich vor einer kommenden Flut: er solle ein großes Schiff bauen, um ihr zu entgehen.

Kurz nach 11.000 v.h. setzte dann als Reaktion auf die jähe starke Erwärmung urplötzlich eine zweite Flut von verheerendem Ausmaß ein (s. *Abbildung 38, S. 202*). Im Mythos des Atrahasis, der an dieser Stelle allerdings sehr lückenhaft ist, heißt es dazu:

„Die Flut brüllte wie ein Stier,
wie der Schrei des Wildesels war das Heulen der Stürme,
Dunkelheit war überall, es gab keine Sonne."

In einem einzigen Jahrhundert hob sich der Meeresspiegel um 40 Meter an, sodass er am Ende der Flut nur noch knapp 30 Meter unter dem heutigen Niveau stand. In einer überwiegend flachen Ebene musste dieser Anstieg zum Verlust riesiger Landflächen führen. Den Endzustand nach dieser Flut zeigt *Abbildung 39 (S. 201)*. Alle Seen – auch der Westsee – waren nun versalzt und vom Meer überflutet und sie waren in einer Meereszunge aufgegangen, welche 800 Kilometer weit in den Golf hinein reichte. Vom früheren „Garten Eden" ragte nur noch der Höhenrücken des „Großen Salzstockmassivs" als 17 Kilometer lange schlanke Insel mit einer steilen Erhebung an ihrem Nordende, die heutige Insel Groß-Tumb, aus dem Meer.

Die meisten Menschen waren nun vernichtet und nur wenige hatten wegen der Intervention des Gottes Enki überlebt. Damit es nicht nochmals zu einer Lärmbelästigung der Götter durch Überbevölkerung kommen sollte, verkürzten die Götter nach dem Mythos nun auch das Lebensalter der Menschen auf das heutige Maß und sie führten die Kindersterblichkeit ein.

Wie die *Abbildung 38 (S. 202)* zeigt, wurde es in den folgenden zweieinhalb Tausend Jahren immer wärmer und die hohe Trockenheit hielt an. Ein Aufenthalt der Menschen am Süßwasser der erreichbaren Flüsse war nun unabdingbar und es empfahl sich auch ein Ausweichen auf kühlere Höhen oder in den Norden. Wieder sind Flüsse, welche von den versalzten und überfluteten Seen wegführten, zu Leitpfaden für die Menschen geworden. Auf der iranischen Nordostseite der langen Meereszunge dürften die Menschen im Norden durch die Flüsse Hendigan und Helle und weiter südöstlich durch den Fluss Mund in das Zagros-Gebirge geleitet worden sein, wo sich diese Flüsse in zahlreiche Zubringer verzweigen. Be-

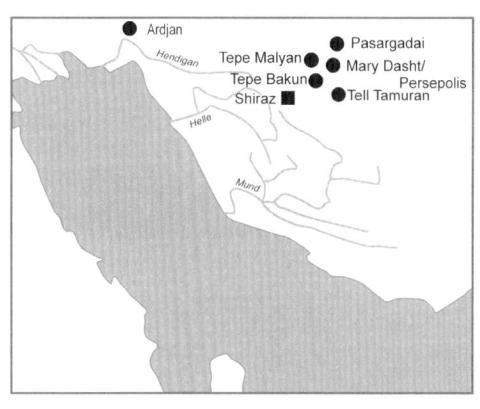

Die Flüsse Hendigan, Mund und Helle und ihre **Abb. 39**
Quellflüsse im Zagros Gebirge als Leitpfade auf die persische Hochfläche

merkenswert ist, dass gleich mehrere Quellflüsse dieser Flüsse in dieselbe Gegend führen, das Hochland von Schiraz. Daraus wäre wohl zu folgern, dass dieses Gebiet für die folgende Entwicklung der Menschen im iranischen Raum eine ganz besondere Bedeutung gehabt haben müsste. Ein Blick auf *Abbildung 39* zeigt, dass dort eine Region beginnt, welche zu den bedeutendsten in der kulturellen Entwicklung Persiens zählt, das Marv-i-Dasht, heute eine steppenartige Hochebene in einer Höhe von 1600 Metern. Hier gibt es eine ungewöhnliche Konzentration von vor- und frühgeschichtlichen Fundstätten. Die bedeutendsten sind die Hauptstadt Anschan (Malyan) sowohl des Reiches von Elam als auch der späteren Achämeniden-Könige, und Persepolis, die Palaststadt, die von Kyros II. und Xerxes errichtet wurde. Anschan, die ältere Stadt, war neben Susa einer von zwei Zentralorten von Elam, des ersten Staates auf persischem Boden, und schon vor 5000 Jahren eine bedeutende Metropole mit 4000 bis 5000 Einwohnern, mit Heiligtümern, Verwaltungszentren und Handwerkervierteln. In dieser Gegend hat man nicht weniger als 350 vorgeschichtliche Siedlungshügel gezählt. Nur ganz wenige von ihnen sind bisher erforscht. Welche vorgeschichtlichen Schätze mögen hier noch im Verborgenen schlummern!

Die weitere Entwicklung im persischen Raum wurde schon kurz geschildert: im Zeitraum von 10.000 bis 6000 v.h. breitete sich im gesamten Großraum, soweit er für Landwirtschaft geeignet war, eine einfache Bauernkultur aus, deren kulturelle Hinterlassenschaft recht einheitlich wirkt. Während dieses langen Zeitraums von 4000 Jahren blieb diese Einheitlichkeit gewahrt, wohl nur verständlich bei Annahme einer gleichen Abstammung und Sprache, die das Weiterbestehen enger Kontakte förderte. Sprachforscher haben festgestellt, dass damals im gesamten iranischen Raum drawidisch gesprochen wurde, eine etwa 20.000 bis 15.000 Jahre alte Sprache, die sich zusammen mit Ackerbau betreibenden Menschen auch in den indischen Raum ausgebreitet hat, aber dort heute nur noch in meist weniger zugänglichen Gegenden und von den Tamilen auf Sri Lanka gesprochen wird.

Auf diesem neolithischen Fundament ist im Iran parallel – oder etwas früher – zur städtischen Hochkultur in Mesopotamien zunächst die elamitische Kultur entstanden. Die Elamiter, welche wir schon aus der Bibel kennen, bauten zur selben Zeit wie die Sumerer Städte, errichteten Paläste und Tempel und auch Stufentempel, die Zikkurats, und sie entwickelten gleichzeitig – möglicherweise auch etwas früher – mit den Sumerern ein Keilschriftsystem.

Bisher haben wir nur den Weg jener Menschen zu verfolgen versucht, welche bei der zweiten Flut in die nahen iranischen Berge gedrängt worden sind. Aus dem Nordwesten mündete außer dem Hendigan auch der große Fluss Schatt-al-Arab in das Meer im Golf. Da nun auch der West-See wegen Versalzung für die Bewässerung unbrauchbar geworden war und die Menschen ihn verlassen mussten, muss auch dieser Strom zu einem Pfad für die Ausbreitung der Menschen geworden sein. Der Schatt-al-Arab entsteht als Zusammenfluss von Euphrat und Tigris und er nimmt auch den Karun aus dem Zagros-Gebirge auf, einen mächtigen Fluss, welcher, über das ganze Jahr gesehen, viermal mehr Wasser führt als Euphrat und Tigris zusammen. Die Menschen dürften von den gebotenen Flüssen aber zunächst dem Euphrat den Vorzug gegeben haben. Er fließt ruhiger, da er im Gegensatz zu den anderen Flüssen über eine Strecke von fast eintausend Kilometern keinen Zufluss mehr aus einem Gebirge erhält. Er ist deshalb wesentlich berechenbarer: einmal im Jahre kommt das Frühjahrshochwasser als Folge der Schneeschmelze in Anatolien und das übrige Jahr fließt er relativ ungestört. Der flachere Verlauf des Euphrat bedingt auch einen breiteren Grüngürtel, in dem die Pflanzen Grundwasser erreichen können. Aus allen diesen Gründen dürfte der Euphrat bei den Flüchtlingen der zweiten Flut, welche diesen Weg wählten, einen Vorzug genossen haben.

Wie schon beschrieben ist es heute schwer, in Südmesopotamien noch Reste einer Besiedlung finden zu können, welche vor mehr als zehntausend Jahren begonnen hat. Seither hat sich die Küste wegen der Sedimentfracht der Flüsse weit nach Süden verlagert und die Sedimente decken die Siedlungsreste zu.

> Wie schon dargelegt, wurde bis zum Beginn der neunziger Jahre des 20. Jahrhunderts angenommen, dass die Besiedlung des mesopotamischen Südens mit der Gründung der Stadt Eridu vor 7900 Jahren angefangen habe und man bezeichnet diese Periode entsprechend der vorgefundenen Keramik mit Obed 1.
> Französische Archäologen haben dann bei Larsa mit Tell Ueili eine deutlich ältere Siedlung mit einem schon ganz bemerkenswerten Entwicklungsstand gefunden. Ihre ältere Keramik, welche demselben Kulturkreis angehört, wurde als Obed 0 eingestuft. Tell Ueili musste also einer schon früheren Besiedelungswelle derselben Kultur angehören. Leider konnten die untersten Schichten nicht datiert werden, weil sie heute im Grundwasser liegen.
> Die älteste datierbare Schicht ist aber mit etwa 8500 Jahren gut ein halbes Jahrtausend älter als Eridu.

Während der Hammar-Transgression, von etwa 7000 bis gegen 3500 v.h. (vgl. *Abbildung 21, S. 143*), stand der Meeresspiegel zusätzlich etwa vier Meter höher als heute und die Küste hatte sich entsprechend *Abbildung 18 (S. 133)* etwa 250 Kilometer weit bis nach Larsa ins Landesinnere verlagert. Frühe Siedlungen in diesem weiten Gebiet wurden während dieser Zeit von mehr als dreitausend Jahren von Sedimenten zugedeckt. Wegen der Änderung des Meeresniveaus und der Verlagerung der Küste haben auch die Flüsse dahinter ihren Lauf mehrfach verändert und neue Deltas ausgebildet. Die jährlichen Überschwemmungen kamen noch hinzu. Frühere Siedlungen können daher heute weggeschwemmt oder unter fünf Meter mächtigen Sedimenten begraben sein. Zusätzlich haben die Salze, welche die Flüsse mitbrachten, ihr Zerstörungswerk an den Bauten getan. So bleibt es dem Zufall überlassen, ob eine solche frühe Siedlung heute überhaupt noch gefunden werden kann.

Es lässt sich vermuten, dass mit der Kultur Obed 0 Reste einer „Euphrat-Kultur" vorliegen, d.h. Siedlungen von Menschen, welche durch die zweite Flut aus der Golfebene vertrieben wurden und entlang des Euphrat neuen Siedlungsraum gesucht haben. Nachdem aber solche Siedlungen südlich von Tell Ueili von den Sedimenten einer mehr als dreitausendjährigen Überflutung zugedeckt sein müssen, können wir unseren Blick nur Euphrat-aufwärts richten: viel weiter nördlich, in Syrien, hat man ebenfalls am Euphrat zwei Siedlungen gefunden, welche dieser Besiedelungswelle zugehören könnten. Es sind dies Mureybet und Abu Hureyra II. Abu Hureyra II wurde um 10.400 v.h., also rund ein halbes Jahrtausend nach der zweiten Flut, gegründet, vermutlich von Nachkommen der Vertriebenen der zweiten Flut im Rahmen einer Expansion. Die Bauern von Abu Hureyra II gehörten einem hier neuen Menschentyp an, dessen Herkunft bisher unbekannt ist. Auch ihre Steingeräte waren neu. Die Menschen brachten Getreidesorten mit, welche schon durch Zuchtwahl verändert waren. Sie bauten in der Gegend neuartige kleine rechteckige Häuser aus Lehmziegeln mit Flachdach, wie in Tell Ueili im Süden. Bauweise und Baumaterial waren ebenfalls bisher unbekannt. Die Gründung dieser Siedlung fiel in eine Zeit großer Trockenheit: das Gedeihen der neuen Siedlung ist also ohne die Beherrschung von Bewässerungswirtschaft nicht denkbar. In der damaligen Ebene des Persischen Golfs war sie nach allen Anzeichen schon Jahrtausende vorher entwickelt worden.

Frühe Siedlungen auf der arabischen Seite der Seen im Golf?

Was ereignete sich während der beschriebenen Zeit im Süden der Seenkette, der heutigen arabischen Seite? Die klimatischen Abläufe waren hier ja ähnlich. Wenn auch die Niederschläge im Norden der Seen wegen des Staus der Gebirge etwas höher waren, so muss es zumindest in der Feuchtphase des Klimas, etwa von 13.500 bis nach 12.000 v.h., auch im Süden sehr feucht gewesen sein, sodass

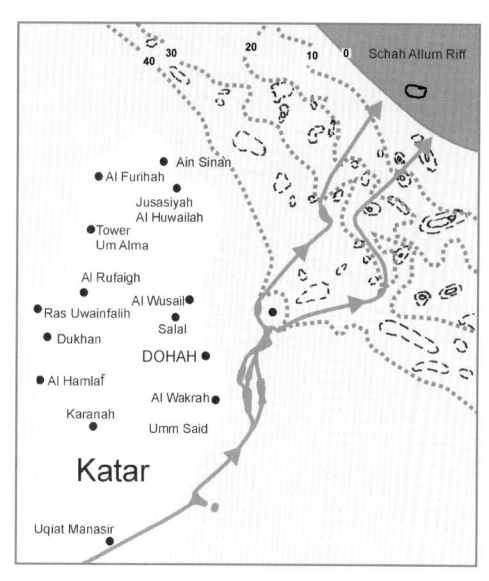

Abb. 40 Früheres Flusssystem aus Katar mit mutmaßlichen Siedlungshügeln, sowie vor- und frühgeschichtliche Fundstätten auf Katar aus der ersten Untersuchung dänischer Archäologen Mitte des 20. Jahrhunderts

Regenfeldanbau wie in Abu Hureyra I am mittleren Euphrat möglich wurde. Außerdem stand ja das Süßwasser des Sees an den südlichen Ufern in gleicher Weise wie im Norden für einen Bewässerungslandbau zur Verfügung.

Alte Mythen geben hier leider keine Auskunft; andere Überlegungen und Feststellungen jedoch führen weiter. Es ist archäologisch nachgewiesen, dass sich später an den arabischen Küsten immer dann ein reger Ackerbau entwickelte, wenn das Klima genügend feucht war. *Abbildung 21 (S. 143)* deutet an, dass der Anstieg des Meeres auch die heutigen arabischen Küsten etwa vor 7000 Jahren erreichte. Das Meer stieg dann zwar langsam noch weiter an, in Fao im Süden des Irak, woher die Untersuchung stammt, bis zu 4 Meter hoch. Dieser Anstieg verminderte sich aber nach dem arabischen Süden hin. Außerdem hebt sich die arabische Tafel gegen Westen an. Als Folge wurden die arabischen Küstenlandschaften im Süden weniger weit überflutet als Südmesopotamien. Die Menschen, welche in der Golfebene gelebt haben, wurden also vor 7000 Jahren durch den Anstieg des Meers zunächst an die heutigen arabischen Küsten zurück gedrängt. Die Brandung des Meeres dürfte zwar in der Phase der weiteren Überflutung wie auch beim späteren Rückzug nach Jahrtausenden ihre Siedlungsspuren eingeebnet haben. Dennoch ist archäologisch gesichert, dass in der zweiten Hälfte der Feuchtphase des Atlantikums, vor 7000 bis 6000 Jahren, an den oberen arabischen Küsten von Mesopotamien bis nach Katar Ackerbau betrieben wurde. Aus dieser Zeit fand man auch hier die typische Obed-Keramik. Haben die Menschen bei ihrer Vertreibung durch das ansteigende Meer den Ackerbau schon aus den überfluteten Ebenen im Golf an die arabischen Küsten mitgebracht oder hat er sich von Südmesopotamien aus hierhin ausgeweitet? Gehörten die aus dem Golf Vertriebenen schon innerhalb der später überfluteten Golfebene dem Kulturkreis von Obed an oder haben sie die Obed-Keramik zusammen mit dem Ackerbau erst nach ihrem Eintreffen an den heutigen Küsten übernommen? Vermutlich standen die Menschen an den späteren arabischen Küsten der Ackerbau betreibenden Obed-Kultur schon innerhalb der Golfebene vor ihrer Überflutung zumindest nahe. In Mesopotamien gab es später während der Obed-Periode und auch der sumerischen Zeit immer lebhafte Kontakte mit den Semiten, welche schließlich zumindest sprachlich sogar die Oberhand errangen.

In der späteren Feuchtphase der Bronzezeit, beginnend vor knapp 5000 Jahren bis zur Austrocknung nach 4000 v.h., wurde sogar an der gesamten arabischen Küste bis zum äußeren Golf am Hadjar-Gebirge intensiv Landwirtschaft betrieben.

Das gestattet zumindest die Vermutung, dass sich die frühen Menschen im Süden der Seenkette in gleicher Weise wie die Anrainer auf der persischen Seite auch schon in der Feuchtphase des Baltischen Eissees landwirtschaftlich betätigt haben könnten.

In *Abbildung 40* ist die geografische Situation östlich der Halbinsel Katar dargestellt, wie sie sich zu Ende der ersten Flut vor 11.000 Jahren ergab. Die damalige Küstenlinie entspricht etwa der heutigen Tiefenlinie von −60 m. Sie weist einen ungewöhnlich glatten Verlauf auf, was als Bestätigung für einen längeren Meeresstillstand am Ende der ersten Flut gelten kann. Aus dem Tiefenrelief des Persischen Golfs wie auch aus deutlichen Zeichen für eine Deltabildung bei einem weiteren Stillstand des Meeres bei einer Tiefe von −20 m, welcher vor mehr als 8000 Jahren eintrat, kann man schließen, dass aus einer heute zerklüfteten Bucht am östlichen Fuße der Halbinsel Katar ein Fluss austrat, welcher etwa der heutigen Grenzlinie zwischen Katar und Saudi-Arabien folgte. Er verlief parallel zur Küste von Katar nach Norden und teilte sich dann südöstlich der heutigen Hauptstadt Doha in 2 Arme, welche einige kleinere Seen durchliefen. Auffallend ist, dass sich an ihren weiteren Läufen eine ganze Reihe von runden bis ovalen Erhebungen mit geringem Durchmesser im Höhenbereich von etwa 10 Metern befindet. Gewiss, der Golf ist nördlich und östlich von Katar voll von Erhebungen unterschiedlichen Ausmaßes und unterschiedlicher Höhe, welche man überwiegend für Salzstöcke hält. Trotzdem bleiben die große Zahl von kleinen Erhebungen, ihre Aufreihung an den Flussläufen und ihre ziemlich einheitliche Höhe so bemerkenswert, dass der Verdacht begründet scheint, es handele sich um frühere Siedlungen an den Flussläufen. In *Abbildung 40* sind auch die ersten vorzeitlichen und frühzeitlichen Fundstellen auf dem benachbarten Katar eingetragen, wie sie von einer dänischen Forschungsgruppe in den 50er Jahren des 20. Jahrhunderts entdeckt wurden. Sie konzentrieren sich auf 2 Regionen, einmal den Nordwesten und den Norden der Halbinsel, welcher den großen Seen am Ur-Schatt zugewandt war, und zum anderen den Südosten der Insel in der Nähe des beschriebenen Flusses. Dort hat man bei Al Wakrah, einer bevorzugten Gegend, weil sich östlich davon der Fluss verzweigte und einige kleinere Seen bildete, sogar ein Feld mit Felsgravierungen gefunden. Dies alles sind Hinweise darauf, dass diese Gegend einmal eine bedeutende Rolle für die frühen Menschen gespielt haben dürfte.

Zu einem noch früheren Zeitpunkt führten die Flussarme weiter nach Norden. Auch dort könnten sich Siedlungen befunden haben. Das Bodenrelief wird hier aber sehr undeutlich, da es in der Auslaufphase der ersten Flut über lange Zeit hin von der Brandung der Küsten, welche sich nur sehr langsam verschoben haben, eingeebnet worden ist. Frühe Siedlungen dürften deshalb allmählich abgetragen worden sein. Das Bodenrelief lässt aber den Schluss zu, dass das heutige Schah Allum Riff, damals ein Berg in der Landschaft, zwischen den beiden Flussarmen lag. Nachdem beide in der Nähe auch in den Ur-Schatt mündeten (s. *Abbildung 30, S. 169*), dürfte dieser Berg zwischen drei Flüssen für die frühen Bewohner eine ganz besondere Rolle gespielt haben.

Warum sind nun die vermuteten frühen Siedlungshügel aus *Abbildung 40 (S. 214)* im Gegensatz zu den noch früheren Siedlungen vom Meer nicht abgetragen worden? Dies dürfte zwei Gründe haben. Zum einen hatten die Siedlungen, welche von der ersten Flut verschont blieben, längere Zeit Bestand und die Siedlungshügel konnten daher höher anwachsen. Wie *Abbildung 38 (S. 202)* zeigt, wurden sie beim Einsetzen der zweiten Flut auch sehr schnell vom Meer überspült: das Meer stieg so schnell an, dass sie nur für kurze Zeit den erosiven Gewalten der Brandung ausgesetzt waren und dann schnell in ruhigere Tiefen kamen und so erhalten bleiben konnten.

Die Fluten der arabischen Noahs.

Die zweite Flut hatte als Reaktion auf die außerordentlich rasche Erwärmung nach 11.000 v.h. so plötzlich eingesetzt, dass die Menschen kaum eine Chance hatten, sich gegen sie zur Wehr zu setzen. Innerhalb eines Jahrhunderts hob sich der Meeresspiegel um 40 Meter, sodass das Meer dann etwa 30 Meter unter dem heutigem Niveau stand. Wer sich nicht rechtzeitig zurückgezogen hatte oder sich nicht auf Seefahrt verstand, der war meist wohl verloren.

Ein knappes Jahrtausend lang herrschten am Golf dann wieder ruhigere Zeiten. Der Meeresspiegel wich sogar langsam wieder um ein bis zwei Meter zurück. Allerdings herrschte nun große Trockenheit. Doch dann setzte kurz vor 10.000 v.h. eine neue Flut ein, die dritte Flut, welche erst nach rund einem Jahrtausend, um 9000 v.h., zum Stillstand kam. Der Meeresspiegel hob sich in dieser Zeitspanne um etwa 15 Meter an bis auf ungefähr −15 Meter unter dem heutigen Niveau. Diese Flut verlief zwar hinsichtlich der Höhe und der Geschwindigkeit des Anstiegs des Meeres viel milder als die zweite Flut; nachdem aber sowohl im heutigen arabischen Süden als auch im Vorland von Mesopotamien außerordentlich flaches Gelände überflutet wurde, verschluckte das Meer dennoch große Landflächen und der größte Teil der früheren weiten Ebene im Persischen Golf war am Ende der dritten Flut untergegangen (vgl. *Abbildung 47, S. 201*).

Der größte Landverlust durch die dritte Flut im Persischen Golf erfolgte im Süden des Meeres auf der heute arabischen Seite. Hier befand sich ein weites Land mit zahlreichen niedrigen Höhen, von denen viele etwa 40 bis 50 Meter über die Ebene aufragten. Die meisten davon sind heute Untiefen im Meer. Über 70 solcher Untiefen wurden östlich der Halbinsel Katar gezählt. Es ist nun sehr merkwürdig, dass die Oberfläche vieler dieser Untiefen zwei recht einheitliche Niveaus aufweist. Eines liegt zwischen −31 und −26 Metern – allein 34 weisen dieses Niveau auf –, das andere zwischen −20 und −18 Metern. Die *Abbildungen 21* und *38 (S. 143 u. 202)* zeigen nun, dass diese Tiefen etwa zwei Meerestiefstständen entsprechen, die jeweils über mehrere Jahrhunderte geherrscht haben. Das Niveau bei −30 Meter spiegelt einen solchen zwischen 11.000 und 10.000 v.h. wider und jenes bei −20 Meter einen solchen vor 8000 Jahren. Merkwürdig ist aber nicht nur die Einheitlichkeit der Höhen der früheren Inseln: sie überragten auch oft die großen Strandterrassen um einige Meter, welche durch das Meer eingespült werden, wenn es über längere Zeit einen gleichmäßigen Stand aufweist. Heute liegt das Niveau der tieferen Strandterrassen etwa 33 bis 31 Meter unter dem Meeresspiegel. Warum ist nun die Hochfläche einer Anzahl ehemaliger Inseln merklich höher? Kann das ein Zufall sein?

Zur Deutung des Unterschieds und der relativ großen Einheitlichkeit der Höhen wäre zunächst an Korallenriffe zu denken. Flachwasserkorallen wachsen ja dicht unter dem Meeresspiegel und ihr Wachstum folgt seinem Anstieg, solange die Geschwindigkeit nicht zu hoch wird. Die maximale Wachstumsgeschwindigkeit wurde mit 1 Zentimeter pro Jahr oder 10 Meter auf ein Jahrtausend ermittelt. Zwei Gründe sprechen gegen diese Erklärung: bei einem Anstieg des Meeresspiegels von 15 Metern in einem Jahrtausend dürfte die Grenzgeschwindigkeit nicht schon in der langsameren Anlaufphase überschritten worden sein. Zudem zeigen Untersuchungen von Wagner und Todt, dass das Auftreten von Korallenriffen im Golf im Wesentlichen auf einen Riffgürtel im Flachwasser des südlichen Golfs beidseits von Katar beschränkt ist. Korallenwachstum dürfte damit als Hauptursache ausfallen. Eigenartig ist weiter die Form dieser unterseeischen Erhebungen: sie weisen im Querschnitt oft sehr steile Flanken und auffallend ebene Hochflächen auf, häufig auch mit einem knickartigen Übergang. Damit weichen sie deutlich von der üblichen Pilzform der Salzdome ab. So drängt sich die Frage auf: handelt es sich um Tells früher Siedlungen und haben die Bewohner größerer Inseln bei steigendem Meeresspiegel versucht, diese durch Bau von Deichen zu retten? Die heutigen Flachstellen, deren Hochfläche bei etwa −30 Meter liegt, waren in der Auslaufphase der zweiten Flut, um 10 800 v.h., erstmals gefährdet. Da zu dieser Zeit der Meeresspiegel nur noch recht langsam anstieg, hätten die Menschen viel Zeit gehabt, um Deiche zu bauen oder diese zu erhöhen. Die nächste Gefährdung lag in der Anlaufphase der dritten Flut etwa ein Jahrtausend später. Die ursprünglich unterschiedlich hohen Inseln wären demnach bis zu den genannten Niveaus aufgedeicht worden, um schließlich doch – vermutlich in einem oder mehreren schweren Stürmen – im Meere zu versinken. Nach der Überflutung wären die Vertiefungen hinter den Deichen dann allmählich durch Sedimente ausgefüllt worden.

Wenn Behausungen und Standorte auf den Inseln bei steigendem Wasser nicht rechtzeitig aufgegeben wurden und diese dann in einem Sturm überflutet und verwüstet wurden, dann muss es in diesem weiten Gebiet viele Sintflut-Tragödien gegeben haben. Der Untergang so vieler Inseln bedeutete eine nicht enden wollende Kette von Katastrophen für die Menschen. Auch aus dieser Zeit und von diesen Ereignissen könnte die Erinnerung der Menschheit an eine Sintflut stammen. Eine spätere Zusammenfassung vieler ähnlicher Sintflutberichte zu einem einzigen Sintflutmythos wäre sehr verständlich. Vermutlich hat es dann aber auch eine ganze Reihe von Noahs gegeben, die es verstanden haben, durch Vorsorge und mit ihren nautischen Fähigkeiten sich und die Ihren zu retten.

Die Überlegungen zur dritten Flut gelten in gleicher Weise auch zu vierten Flut, welche nach 8000 v.h. einsetzte. Wie *Abbildung 38 (S. 202)* zeigt, hatte die große Hitze in den arabischen Niederungen des heutigen Golfmeeres seit einigen Jahrhunderten nachgelassen und das Klima wurde immer feuchter. Das begünstigte die Vermehrung der Bevölkerung. Doch dann kam nach einem Temperaturanstieg um mehrere Grad Celsius ganz plötzlich nach 8000 v.h. die vierte Flut, an deren Ende das Meer die heutigen Küsten Arabiens erreichte und überschritt. Diese Flut führte zu einem riesigen Landverlust auf beiden Seiten der Halbinsel Katar. So wird trotz der vielen Katastrophen, welche sich bei dieser Überflutung ereignete haben mögen, verständlich, dass sich an ihrem Ende ganz offensichtlich eine zahlreiche Bevölkerung an den arabischen Küsten einfand.

Menschen, welche über lange Zeiträume so vielen Überflutungen getrotzt haben, werden von diesen einschneidenden Ereignissen geprägt. Für viele gab es nur zwei Alternativen: entweder sie entwickelten seefahrerische Fähigkeiten, um überleben zu können, oder sie gingen unter – und dann waren ihre Gene von der Vererbung ausgeschlossen. So hat sich durch gnadenlose Selektion ein Volk von tüchtigen Seefahrern an den arabischen Küsten heraus gebildet.

Schon die ersten Spuren der Menschen, welche nach ihrer Verdrängung durch das Golfmeer vor

> Südarabien bildete seit jeher einen eigenen Kulturraum. Seine Bewohner sind sehr selbstbewusst und stolz auf ihre Vergangenheit.
> Die Südaraber betrachten sich als die ursprünglichen Araber und sie leiten ihre Abstammung von Sem („Semiten"), einem Sohn Noahs, ab. Die Nordaraber hingegen führen ihre Wurzel auf Ismael zurück, einen Sohn Abrahams (Ibrahims) und seiner ägyptischen Magd Hagar. Die Südaraber mögen durchaus Recht haben, wenn man sich vor Augen hält, das es beim Untergang so vieler Inseln eine große Reihe von Noahs gegeben haben muss. Das arabische Gedächtnis reicht weit zurück: beim abendlichen Lagerfeuer vor dem Zelt in der Wüste oder in den Karawansereien erzählte man sich lang überlieferte Geschichten, die von Generation zu Generation weiter gegeben wurden und deren echter Kern allmählich die Gestalt von Mythen und Märchen annahm. In Arabien spielt auch die Abstammung eine ganz besondere Rolle. Familien- und Stammeszugehörigkeit stellen in dieser stark traditionell geprägten Gesellschaft nach wie vor die Grundpfeiler der Gesellschaft dar. Daraus lassen sich dann auch Rückschlüsse über schon lang vergangene Zeiten ziehen.

etwa 7000 Jahren an den heutigen arabischen Küsten auftauchten, geben Hinweise, dass sie mit dem Meer vertraut waren. Sie hinterließen große Haufen von Muschelschalen, in denen sich auch Steine mit umlaufender Rille für das Beschweren von Fischernetzen fanden. Schon erwähnt wurden alte Erzählungen über frühere Handelsbeziehungen mit Siedlungen, welche heute vom Golfmeer überflutet sind. Menschen vom arabischen Ufer des Golfs, vor allem aus Umm-an-Nar, einer kleinen Insel vor Abu Dhabi, betrieben vor etwa 5000 Jahren Seehandel mit Kupfer zwischen den Fundorten im Hadjar-Gebirge des Oman, dem sagenhaften Magan aus den sumerischen Texten, und ihren Abnehmern in Mesopotamien. Seefahrer von der Insel Bahrain übten vor fünf- bis viertausend Jahren sogar Fernhandel zwischen Mesopotamien und den fast zweitausend Kilometer entfernten Städten am Indus aus. Identische Steingewichte zeugen dort schon in der Frühzeit von engen Kontakten. Schon seit Jahrtausenden sind Seefahrer und Kaufleute aus Südarabien nach Afrika, Indien und Indonesien gesegelt.

Das Klima wurde nach 4000 v.h. zunehmend trocken. Wie schon beschrieben, begannen die Kulturen auf Bahrain, am Indus und in Städten im Iran wie auch am Helmand-Fluss zu verfallen und der Handel kam zum Erliegen. Vor 3500 Jahren erreichte die Trockenheit dann ihren Höhepunkt (vgl. *Abbildung 1, S. 18*). Nun entwickelte sich in Arabien das Beduinentum als eine Lebensform der äußersten Spezialisierung in Anpassung an die Austrocknung der Wüsten. Ein Fortbestehen war nur durch einen Rückgriff auf diese ältere Lebensweise möglich. Das Überleben in der Wüste bedeutete oft ein Leben am Rande des Todes, wie es Lawrence von Arabien ausgedrückt hat. Wie vor Jahrtausenden beim Kampf gegen die Wasserflut waren auch jetzt nur harte Männer dieser Herausforderung gewachsen. Aus den Arabern ist so eine Männergesellschaft geworden. Frauen und Kinder genießen ihren Schutz, der im Koran kodifiziert ist. Arabische Freundschaft ist aber in erster Linie Männerfreundschaft. Das alles

> Die arabischen Küsten haben berühmte und berüchtigte Seefahrer hervor gebracht.
>
> Der legendäre Sindbad der Seefahrer, geboren im 8. Jahrhundert in Sohar im Oman, hat wohl die größte Bekanntheit von allen erlangt. Seine Geburtsstadt war im 10. Jahrhundert die reichste und strahlendste Metropole des Handels mit China.
> Bin Mashid aus Julfa, dem heutigen Emirat Ras al Khaimah am äußersten Golf, der beste arabische Seefahrer des 15. Jahrhunderts, hat zahlreiche Bücher zu Nautik und Ozeanografie geschrieben, von denen zwei in der Nationalbibliothek in Paris erhalten sind. Seine Schriften waren auch dem Portugiesen Vasco da Gama behilflich, den Seeweg von Europa nach Indien zu finden.
>
> Als Schrecken der Meere waren dagegen später die arabischen Seepiraten gefürchtet: die arabische Küste von Dubai bis zum Golf von Hormuz galt vom 17. bis zum 19. Jahrhundert als „Piratenküste", bis eine Allianz aus Briten und dem Sultanat Oman 1806 ihrer Flotte und ihrer Stadt Julfa am Hadjar-Gebirge ein Ende setzte.

hat seine geschichtlichen Ursachen und Gründe: in der Auseinandersetzung mit der Wüste, bei der Jagd, bei der Schifffahrt und ganz besonders bei den katastrophalen Untergängen so vieler Inseln mussten die Männer zusammenstehen und sie waren aufeinander angewiesen. Einzelgänger hatten nur geringe Überlebenschancen. So hat die Selektion mehrfach prägend gewirkt.

Die dritte Flut vor Mesopotamien

Für die Menschen, welche bei der dritten Flut vor 10 bis 9 Jahrtausenden aus der nordwestlichen Golfebene erneut nach dem Nordwesten vertrieben wurden, boten sich im Prinzip dieselben Pfade an wie bei der zweiten Flut. Da aber die guten Plätze am Euphrat schon durch die Nachfahren der Vertriebenen der zweiten Flut belegt waren – in der Zwischenzeit war ja ein Jahrtausend vergangen, in dem sich die Menschen dank Nahrungssicherung durch Landwirtschaft mit Bewässerung gut vermehren konnten – mussten sich die neuen Flüchtlinge wohl auch den unruhigeren Flüssen, Karun und Tigris und ihren Zuflüssen aus dem Zagros-Gebirge, zuwenden. Ein Verlassen der Nähe der Flüsse war zunächst allerdings ausgeschlossen, weil das Klima immer noch außerordentlich trocken war (vgl. *Abbildung 38, S. 202*). Erst gegen Ende dieser Flut, um 9000 v.h., begann es feuchter zu werden: das warme und feuchte Atlantikum kündigte sich an.

Nun wurde in einem wasserreichen Land, zwischen den Zagrosflüssen Karun und Kercha, welche sich hier sehr nahe kommen, die neolithische Bauernsiedlung Ali Khosh gegründet, deren erste Anfänge auf 9500 v.h. datiert werden. Ihr Alter fügt sich gut in den zeitlichen Rahmen der Vertreibung durch die dritte Flut. In der Siedlung wurden auch Muschelschalen vom Golf entdeckt. Nachdem es in der Folge dann immer feuchter und es zudem auch recht warm war, dürften die Menschen in den nächsten Jahrhunderten auch kühlere höhere Lagen besetzt haben, in denen dann Regenfeldbau möglich wurde.

> Das in den sechziger Jahren des 20. Jahrhunderts entdeckte Erdöl brachte Reichtum in die Golfregion und 1971 wurden Bahrain, Katar und die Vereinigten Arabischen Emirate (VAE) selbständig.
> Der Ölboom löste eine riesige Bautätigkeit aus, bei der auch eine Reihe von archäologischen Stätten frei gelegt wurde. In einer klugen Politik wird nicht nur eine über den Ölboom hinausgehende Erschließung der Region eingeleitet, sondern es wird auch der Kultur eine große Bedeutung beigemessen. In besonderer Weise ist hier das Emirat Al Sharjah mit seinem wunderbaren Platz der Kultur und seinen 6 Museen zu erwähnen. Es wurde 1998 als Kulturhauptstadt der arabischen Länder ausgezeichnet.

Die vierte oder die biblische Flut der Noahs aus Mesopotamien und Persien

Vor 9000 Jahren stellten sich im verbliebenen nördlichen Rest der Golfebene relativ ruhige Verhältnisse ein (vgl. *Abbildung 38, S. 202*). Der Anstieg des Meeres war zum Stillstand gekommen und über ein Jahrtausend hinweg fiel der Meeresspiegel dann sogar langsam wieder um einige Meter ab. Die Menschen, welche dort an den Flussarmen siedelten, konnten ihre bebauten Gebiete nun sogar flussabwärts ausdehnen. Das war besonders fruchtbares Terrain, denn das Meer gab frisches Land mit jungfräulichen Flusssedimenten frei. Hier ließ sich auch eine recht einfache Bewässerungswirtschaft betreiben: wenn der Rückstau des Flusswassers genutzt wurde, den die tägliche Flut des Golfmeeres brachte, genügten schon niedrige Dämme mit Schleusen

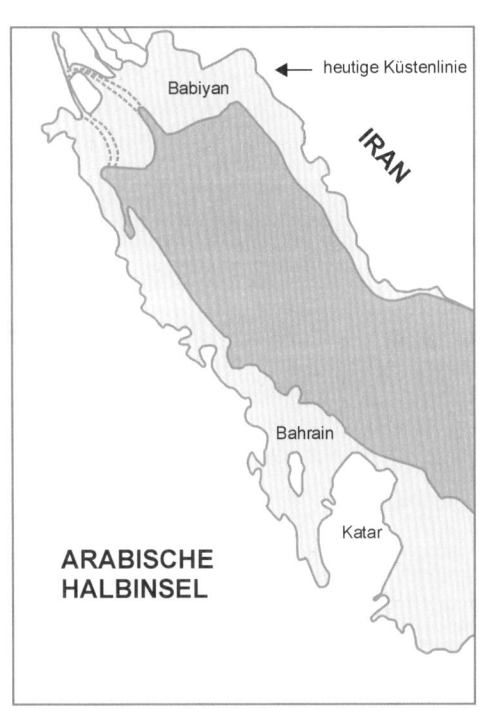

Geografische Situation am Nordwestende des Persischen Golfs mit Deltagebiet südlich der Insel Babyan, vor der vierten Flut, ca. 8000 v.h. Abb. 41

und man konnte die Felder sogar jeden Tag bewässern. *Abbildung 41* skizziert die geografische Situation am Nordwestende des Golfs zu Ende dieser Periode entsprechend Sedimentuntersuchungen: um die heutige Insel Babyan, damals eine flache Anhöhe in der Golfebene, bildete das Delta des Schatt-al-Arab ein Netz von Süßwasserarmen und –seen. Das war bestes Bauernland!

In der zweiten Hälfte des Jahrtausends gab es einen plötzlichen Temperatursturz um einige Grad Celsius. Wir erinnern uns: im heutigen Kanada kollabierte nach mehrtausendjähriger Erwärmung die Laurentische Eismasse. Ein riesiges System von Gletscherseen mit einer Fläche von 700.000 Quadratkilometer ergoss sich in die Hudson-Bay und riss die Hälfte der verbliebenen Gletschermassen mit sich. Das schwächte den Golfstrom und es dauerte etwa vier Jahrhunderte, bis er sich wieder erholen konnte, um dann ebenso plötzlich wieder seine volle Wärmefracht in die Nordhälfte der Erde zu pumpen.

Für die Menschen bedeutete diese Abkühlung in den Niederungen einer heißen Gegend eine Klimaverbesserung. Zudem war das Klima nun auch recht feucht. Sie durchlebten jetzt eine mehrhundertjährige günstige Periode, welche zu beträchtlichem Wohlstand geführt haben dürfte. Nun könnten sich auch bedeutende Siedlungen gebildet haben. Die Kultur dieser Gegend breitete sich offensichtlich nicht nur im heute überfluteten Nordwestteil des Golfs aus, sondern auch in jenem Bereich Südmesopotamiens, der später mehr als dreitausend Jahre lang, von 7000 bis nach 4000 v.h., vom damals höher stehenden Meer überflutet war, sodass ihre Reste dort heute weitgehend von Sedimenten zugedeckt sind. Offensichtlich reichte der Kulturraum noch etwas weiter nach Norden, denn mit Tell Ueili wurde beim heutigen Larsa eine mehr als 8500 Jahre alte Siedlung mit einem beachtlichen architektonischen und kulturellen Niveau entdeckt. Bekanntlich fand man dort noch aus der Zeit von Obed 0 prächtige Gebäude mit Dreiergliederung. Da die wirtschaftlichen Voraussetzungen im damaligen Deltagebiet des Rests der Golfebene noch günstiger waren, könnten die dortigen Siedlungen Tell Ueili sogar noch übertroffen haben.

Gegen 8000 v.h. machte die Temperatur plötzlich einen Sprung von mehreren Grad Celsius nach oben: der Golfstrom hatte wieder seine volle Wirkung! Am Persischen Golf brach nun eine äußerst unruhige Zeit an. Wir können uns eine schwache Vorstellung davon machen, wenn wir die Situation der letzten Jahrzehnte betrachten. Im 20. Jahrhundert, das wir soeben hinter uns gelassen haben, hat sich die Mitteltemperatur auf der Erde um etwa 0,6°C erhöht. Als eine Folge davon betrachtet man Unwetter mit großen Stürmen wie „Lothar" mit Spitzengeschwindigkeiten von mehr als 200 Kilometern pro Stunde. Die Versicherungsunternehmen registrieren höhere Schäden. Auch größere Überschwemmungen, wie im Sommer 2002 in Mitteldeutschland oder Ende 2003 in Südfrankreich, und die Zunahme von Wirbelstürmen im Atlantik und Pazifik im Jahre 2004 und 2005 werden diesen veränderten Klimabedingungen zugeschrieben. Unsere Zeit weist aber nicht nur eine erhöhte Temperatur auf, sondern auch eine so hohe Sonnenaktivität, wie sie letztmals vor mehr als 8000 Jahren festgestellt wurde. Dieselbe Kombination von äußeren Bedingungen – erhöhte Temperatur und ansteigende Sonnenaktivität – herrschte auch bei der Jahrhundertflut im Jahre 1824 wie auch beim noch schlimmeren Hochwasser 1784. Auch die Jahrtausendflut im Jahre 1342 ereignete sich in einer Phase einer steil ansteigenden Sonnenaktivität (vgl. *Abbildung 5, S. 41.*). Eine Tafel am Rathaus von Passau zählt die großen Fluten der letzten Jahrhunderte auf: die größten erfolgten alle in Phasen steigender Sonnenaktivität. Extreme Wetteranomalien könnten also mit erhöhten Temperaturen und ansteigender Sonnenaktivität verknüpft sein.

Am Persischen Golf waren die klimatischen Veränderungen damals unvergleichlich größer, denn die Temperatur stieg in kurzer Zeit um mehrere Grad Celsius an und das Wetter war außerordentlich feucht geworden (s. *Abbildung 38, S. 202*). Kurz nach 8000 v.h. gab es nach den schon erwähnten Untersuchungen von Solanki auch einen steilen Anstieg der Sonnenaktivität, welcher allerdings nicht lange anhielt. Das Wetter muss in dieser Endphase des Übergangs von der Eiszeit daher dort sehr instabil und extrem geworden sein. Große Niederschläge und Sturmereignisse können die Folge gewesen sein. Auch heute noch kann unter den herrschenden trockenen Bedingungen am Golf sehr plötzlich Sturm auftreten und der gefürchtete Sturm Shamal kann sich innerhalb von fünf Minuten zum Orkan mit einer Geschwindigkeit von 150 Kilometern pro Stunde steigern. Wegen der erhöhten Werte für Temperatur und Feuchtigkeit war aber damals die Energie in der Atmosphäre größer und als Folge sind noch höhere Windgeschwindigkeiten, verbunden mit starken Niederschlägen, wahrscheinlich.

Kurz nach 8000 v.h. setzte dann noch eine neue Flut ein, die vierte Flut, in der das Meer schließlich mit einer Geschwindigkeit von 5 Zentimetern pro Jahr anstieg. Innerhalb eines Jahrtausends hob sich der Meeresspiegel um 25 Meter. War dies die biblische Sintflut? Von allen vier Fluten im Golf trafen bei dieser vierten Flut die meteorologischen Bedingungen, wie sie in Sintflutmythen geschildert werden, am meisten zu. Bei der ersten Flut herrschten kühle bis kalte Bedingungen, sodass der Energieinhalt der Atmosphäre geringer war. Bei der zweiten und dritten Flut war es zwar warm geworden, aber das Klima war recht trocken. Das waren nicht die Vorbedingungen für die in den Sintflutmythen geschilderten Regenstürme!

Es gibt einen weiteren Hinweis darauf, dass die vierte Flut die Flut des Noah war. Die zweite Flut oder die Flut des Atrahasis brach nach Meinung der Menschen über sie herein, weil die Menschheit durch die vielen voraus gegangenen Plagen zu schwach geworden war, um ihre Pflicht zur Ernährung der Götter noch erfüllen zu können. Sie überkam die Menschen also nach außerordentlich schlechten wirtschaftlichen Zeiten. Vor der vierten Flut hingegen herrschten ungewöhnlich fruchtbare Verhältnisse. Die Bibel deutet an, dass dieser Flut ein Wachstum der Menschheit voraus ging. Der Flutbericht der Bibel wird eingeleitet: *„Als die Menschen anfingen, sich zu vermehren......"*.

Das Meer begann also plötzlich zu steigen und im damaligen Deltagebiet in der außerordentlich flachen nordwestlichen Restebene des Persischen Golfs sind in kurzer Zeit große Landflächen unter Wasser gesetzt worden, sodass die Menschen schnell vom Wasser eingeschlossen waren. Diese Überflutung kann durchaus katastrophenhaft verlaufen sein. Wenn der Meeresspiegel ansteigt, dann verändert sich die Fliessgeschwindigkeit der Flüsse. Anschwemmungen und Rückstau sind die Folge und neue Deltaformen beginnen sich auszubilden. Kommt es dann zusätzlich zu großen Niederschlägen und Stürmen, so können angeschwemmte Barrieren plötzlich durchbrochen werden und großen Wassermassen den Weg frei geben. Und die Regenwolken können sich selbst unter den heutigen relativ trockenen Verhältnissen am Zagros-Gebirge noch dermaßen stauen, dass innerhalb recht kurzer Zeit beträchtliche Wassermengen in die Flüsse dringen. Aus dem üblicherweise ziemlich trockenen Bushir an der nordwestlichen Küste des Iran wurden von einem einzigen Januartag des letzten Jahrhunderts 140 mm Niederschlag berichtet. Wie erwähnt, hat der Tigris noch 1954 etwa 5600 Quadratkilometer Land unter Wasser gesetzt.

Nachdem nun die Flut des vierten und letzten Anstiegspulses des Golfmeeres eingesetzt hatte, tauchten um 7900 v.h. im heutigen Südmesopotamien neue Menschen auf, deren erste Ortschaften, von ihnen Städte genannt, den recht einfachen Charakter von Flüchtlingsansiedlungen machten. Bisher konnten nur 4 Siedlungen aus dieser Anfangszeit gefunden werden. Eridu spielt hierbei eine herausragende Rolle. Im babylonischen Mythos zur Erschaffung der Welt heißt es:

„Das heilige Haus, eine Wohnung der Götter an heiliger Stätte, war nicht erbaut,
kein Schilfrohr war hervorgesprosst,
kein Baum war erschaffen worden.
Kein Ziegel war gelegt worden, keine Ziegelform gemacht.
Kein Haus war errichtet, keine Stadt gebaut....
Der Apsu war nicht gemacht, Eridu war nicht gebaut....
Alle Länder waren Meer,
eine Quelle inmitten des Meers sprudelte auf wie eine Wassersäule.
Damals wurde Eridu gebaut...."

„Alle Länder waren Meer.... Damals wurde Eridu gebaut": wird damit die Gründung von Eridu als Folge einer Überflutung durch das Meer angedeutet? Die Menschen bauten in Eridu einen kleinen Tempel, nach ihrer Meinung über dem *„Apsu"*, dem Abgrund, sowie Häuser aus Lehmziegeln, brachten Keramik und Haustiere mit, vor allem Rinder, und beherrschten den Ackerbau mit Bewässerungswirtschaft. Der erste Tempel wies allerdings nur die bescheidene Größe von 9 Quadratmetern auf.

In ihren bisher für Mythen gehaltenen Schilderungen berichten ihre Nachfahren später auf Tontäfelchen, dass es fünf Städte gleichen Namens schon vorher gegeben habe, welche aber in einer großen Flut untergegangen seien. Vor der Flut sollen auch schon Könige regiert haben, 8 oder 10 an der Zahl, je nach betrachteter Königsliste, die sogar mit Namen benannt sind. In der jüdischen Bibel sind sie zu den Zehn Patriarchen geworden. Das Alter der Könige und der Patriarchen erreichte jeweils phantastische Höhen. Der letzte dieser Könige war Ziusudra bzw. Utnapischtim, der die Sintflut erlebt und überstanden hat. Er entspricht dem jüdischen Patriarchen Noah. Diese Zeit des Königtums könnte die letzte günstigste Klimaperiode im Golf von etwa vier Jahrhunderten Dauer mit abgesenkter Temperatur und schon hoher Feuchtigkeit gewesen sein. Länge des Zeitraums, klimatische Umstände und fruchtbare Gegend verleihen dieser Erzählung Glaubhaftigkeit.

Diese Königsherrschaft fand möglicherweise in der Bibel einen weiteren Widerschein. Sie wird aber, dem Geist der Zeit der Niederschrift im Babylonischen Exil entsprechend, der jedes Unglück auf ein Fehlverhalten der Menschen zurück führt, nicht als eine gute, sondern als eine verworfene Zeit beschrieben. Wie schon erwähnt, heißt es dort: *„Als die Menschen anfingen,* *sich auf der Erde zu vermehren und ihnen Töchter geboren wurden, sahen die Gottessöhne, dass die Menschentöchter zu ihnen passten, und sie nahmen sich Frauen aus allen, die ihnen gefielen... Die Nephilen lebten damals auf Erden, als die Gottessöhne mit den Menschentöchtern verkehrten und diese ihnen Kinder gebaren, jene Helden der Vorzeit, die berühmten"*. In der späteren sumerischen und babylonischen Zeit der Königsherrschaft nach der Priesterhierarchie beanspruchten die Könige mehr und mehr göttliches Wesen. Warum sollte das in der Zeit der Könige vor der Flut anders gewesen sein? Die „Gottessöhne" könnten Königssöhne gewesen sein und die Idee des Gottesgnadentums der Monarchien könnte schon aus der Zeit vor der „Sintflut" stammen.

An ein solch frühes Königtum sollte man allerdings keine heutigen Maßstäbe anlegen. Zum Vergleich sei der Beginn des Königtums bei den Israeliten vor etwa dreitausend Jahren heran gezogen: ihr erster König, Saul, war zunächst Eselshirte und sein berühmter Nachfolger, David, Schafhirte. Seine Hauptstadt Jerusalem hatte während seiner Regentschaft gerade zweitausend Bewohner.

Die Aera der Königsherrschaft vor der Flut betrachteten die Menschen in Mesopotamien später als eine glückliche Zeit, als „die gute alte Zeit". Die Kultur hätten die Menschen in der alten Heimat im Golf allerdings nicht selbst entwickelt. Nach einem Mythos haben sie dort zunächst hungernd und unkultiviert gelebt, wie die wilden Tiere. Auf Tontäfelchen heißt es: *„Der Pflug war noch nicht erfunden, es gab kein Getreide und keine Wolle, aber es herrschte Hunger. Aber dann sandten die Götter das Königtum vom Himmel und ein zivilisiertes Leben und Städte erschienen. Schuruppak war die fünfte und letzte der Städte vor der Sintflut"*. Wir erinnern uns: der West-See lag abseits der anderen Seen in einer trockeneren Klimazone und seine überaus flachen Ufer waren vermutlich versumpft und von Schilf bedeckt. Ackerbau und Kultur konnten daher leichter an anderen Seen und Ufern entstehen, wo günstigere landschaftliche und klimatische Bedingungen geherrscht haben. Nun aber waren alle vier Seen einschließlich des West-Sees vom Meer überflutet und die Menschen fanden nur noch im Delta des Schatt-al-Arab und am Fluss genügend Süßwasser. In der Zeit des Hungers und der Not seien dann „Sieben Weise aus dem Meer" gestiegen, halb Fisch, halb Mensch, welche

> Für ein zunächst recht abgeschiedenes Dasein der Menschen im Rest der Golfebene spricht auch die Sprache der Zuzügler.
> Die Sprache der Obed-Leute, wie man sie später nach der kleinen Ortschaft El Obed, in der ihre typische Keramik erstmals gefunden wurde, nannte, und auch der späteren sumerischen Kultur in Mesopotamien war, wie schon angeführt, weder drawidisch, wie nördlich der früheren Seenkette in einem Riesenraum gesprochen wurde, noch afroasiatisch bzw. semitisch, wie südlich dieser Sprachgrenze.
> Es muss eine sehr alte Sprache gewesen sein, welche sich in Isolation erhalten hatte, mit Ähnlichkeiten zum isolierten Ureuropäisch der Basken sowie kleinerer noch existierender Sprachgruppen im nordwestlichen Kaukasus, wie der Abchasier.

ihnen Ackerbau und Kultur gebracht hätten. Einer dieser Weisen, Utuabzu, sei später zum Himmel hochgestiegen. Waren diese Weisen Vertriebene der Flut von einem südöstlicheren See oder gar vom Indus oder Saraswati auf der Suche nach neuem Land? Es ist wohl anzunehmen, dass sich eine höher entwickelte Führungsschicht der vorhandenen Bevölkerung überlagert hat und dass Kenntnisse und Kultur von ihnen übernommen und dann nach der vierten Flut in den Süden Mesopotamiens mitgebracht wurden. Merkwürdig ist, dass auch in alten indischen Mythen die Rede von 9 oder 10 Urkönigen ist. Verweist dies auf kulturelle Verbindungen des Persischen Golfs mit den untergegangenen Städten im Golf von Cambay vor Nordwestindien schon in der Zeit vor der Eridu-Phase?

Die Ahnen dieser Menschen könnten also recht isoliert zwischen den Flüssen Ur-Schatt im Westen und Hendigan im Osten des Nordendes des West-Sees gelebt haben, welche ja beide in den West-See mündeten (Vgl. *Abbildung 34, S. 200*). Die beiden Flüsse hätten sie dann von anderen Sprachgruppen getrennt, sodass hier eine Ursprache erhalten geblieben ist. Es sei an den persischen Paradiesmythos erinnert: der Strom, der nach beiden Seiten vom „Vourukascha-Meer" ausging, stellte für sie das Ende der bewohnten Erde dar. Kontakte über den Strom hinweg gab es also offensichtlich kaum.

Zurück zur raschen Überflutung durch die „Sintflut". Wir kennen drei Berichte, welche von den Vorgängen dieser Zeit berichten dürften, das Gilgamesch-Epos und die beiden trotz Doppelbeschreibungen und Widersprüchen ineinander verwobenen Berichte der Bibel. Von diesen dürfte nur der „Jahwistische Bericht" aus dem südlichen Mesopotamien stammen; der „Priesterliche Bericht" der Bibel, welcher zu Ende der „Babylonischen Gefangenschaft" von den Persern übernommen worden ist, wie auch das Gilgamesch-Epos jedoch dürften auf eine persische Quelle zurück gehen.

Im Jahwistischen Bericht läuft die Sintflut im Gegensatz zu den erwähnten anderen Schilderungen anfangs ziemlich undramatisch ab. Gott hatte es bereut, die Menschen erschaffen zu haben. Wegen ihrer Verderbnis hatte er beschlossen, sie von der Erde zu vertilgen. Nur ein Gerechter, Noah, sollte mit seiner Familie gerettet werden. Noah baute, durch Gott gewarnt, ein großes Schiff mit drei Stockwerken, die Arche. Zur Flut kam es dann auf Grund eines Dauerregens. Noah bestieg die Arche mit seiner Familie und den Tieren und Gott verschloss sie hinter ihm. Erst nach einer Woche setzte dann die Flut ein. Diese Erzählung enthält auch die Schilderung von der Aussendung von Vögeln zur Landsuche. Die Arche landete nach sechs Tagen und sieben Nächten offensichtlich auf flachem Land. Der Regen hörte auf, das Wasser floss ab und Noah geduldete sich noch drei Wochen lang, bis das Land trocken genug war, um die Arche verlassen zu können.

Der Schauplatz dieser Flut dürfte feuchtes flaches Land, wie das Delta der Flüsse im Rest der Golfebene, gewesen sein. Die Flut war für einen klugen Menschen mit offenen Augen ganz offensichtlich vorhersehbar, vermutlich wegen eines kontinuierlichen Anstiegs des Meeresspiegels. Noah ergriff daher

Vorsorgemaßnahmen. Das Gebiet der Landung dürften dann die Sümpfe Südmesopotamiens gewesen sein. Eridu wurde am Rand dieser Sümpfe auf einer trockenen Düne errichtet.

Der „Priesterliche Bericht" der Bibel und das Gilgamesch-Epos beschreiben einen völlig anderen Vorgang und eine unterschiedliche Landschaft. Während sich im „Jahwistischen Bericht" die Vorbereitungen des Noah zur Einschiffung über eine volle Woche hinzogen, das Wasser also offensichtlich nur langsam anstieg, kam im „Priesterlichen Bericht" die Flut sehr rasch. Plötzlich *„brachen alle Quellen der großen Tiefe und die Schleusen des Himmels öffneten sich. Der Regen strömte auf die Erde 40 Tage und 40 Nächte lang"*. Die höchsten Berge wurden von Wasser bedeckt. Die Arche landete schließlich nicht auf flachem Lande, sondern an einem Berg. Nach Beendigung der Flut erschien ein Regenbogen und Gott schloss erstmals einen Bund mit den überlebenden Menschen, der ihre Fortdauer besiegeln sollte.

Die brechenden „Quellen der großen Tiefe" weisen auf eine plötzliche Überflutung hin, deren direkte Ursache nicht die Niederschläge selbst waren: die Flut kam nicht von oben, sondern von unten. Die Katastrophe muss sich auch in einer Gegend abgespielt haben, wo es Berge gab. Zunächst wäre allerdings die Art dieser Berge zu klären: nach dem Bericht der Bibel sind die höchsten Berge mit der „*gewaltigen Höhe von 15 Ellen*" (= gut 5 Meter) überflutet worden. Hoch können diese Berge also nicht gewesen sein! Das Drama könnte sich also in einem Teil der Ebene ereignet haben, wo solche relativ niedrige Anhöhen vorkamen. Während der Mesopotamien zugewandte Teil der früheren Golfebene fast frei von solchen Höhen war, gab es östlich von Katar, wie schon erwähnt, eine große Anzahl von Erhebungen im Höhenbereich von mehreren Zehnmetern. Auch auf der gegenüber liegenden Seite des Golfs vor dem heutigen Iran, nördlich von Zentral-See, „Garten Eden" und Ost-See, lagen solche Anhöhen. Die Katastrophe könnte sich also sowohl auf der arabischen wie auch auf der iranischen Seite des östlichen Golfs abgespielt haben. Nachdem der Bericht aber wohl von den Persern übernommen worden ist, ist es wahrscheinlicher, dass die Katastrophe vor Persien eingetreten ist.

Aus dem Gilgamesch-Epos gewinnt man den Eindruck, die Sintflut habe sich in eingedeichtem Land, möglicherweise einer mit Deichen geschützten Insel, ereignet und diese Deiche haben der Flut nicht Stand gehalten:

„Als der Morgen gerade zu dämmern begann,
stieg eine schwarze Wolke vom Himmel auf,
Adad donnert darin,
Schullat und Chanisch ziehen vor ihm her
Über Berg und Tal als Herolde.
Eregal reisst die Stöpsel heraus,
es eilt Ninurta dahin, daß die Dämme brechen....
Da zerbrachen die Schollen der Erde wie ein irdener Krug".

Dann wird über die Rettung in der Arche berichtet. Sie landete schließlich an einem niedrigen Berg, zwölf mal zwölf Ellen hoch (etwas über vierzig Meter):

„Auf zwölf mal zwölf Ellen stieg auf eine Insel,
zum Berg Nißir trieb heran das Schiff.
Der Berg Nißir erfasste das Schiff und ließ es nicht wanken."

„Eregal reisst die Stöpsel heraus, es eilt Ninurta dahin, dass die Dämme brechen.... da zerbrachen die Schollen der Erde wie ein irdener Krug" ist ein eindeutiger Hinweis auf einen Untergang nach einem Deichbruch. Diese Tragödie könnte sich natürlich auf vielen der im Golf überfluteten Inseln sowohl auf der arabischen als auch auf der iranischen Seite des östlichen Golfs ereignet haben. Die Nennung des rettenden Bergs Nißir weist nun eindeutig in eine Gegend vor Persien. „Nißir" kommt aus dem Persischen und bedeutet „Rettung": der Berg Nißir war ein namenloser „Berg der Rettung", an dem die Arche schließlich angelandet ist. Damit muss sich die Tragödie im persischen Vorland ereignet haben.

Auf welcher Insel auf der persischen Seite des Golfs brach nun die Katastrophe über die Menschen herein? Uns bleibt hier nur eine recht wahrscheinliche Vermutung: das „Große Salzstockmassiv" im untergegangenen „Garten Eden" dürfte eine reich bevölkerte Insel geblieben sein, auf die sich viele Menschen bei der Überflutung der tiefer gelegenen Umgebung zurück gezogen hatten. Deshalb könnte das Meer dort zum „Wasser des Todes" für viele Menschen geworden sein.

War diese vierte Flut nun wirklich die Sintflut des biblischen Noah und des Ziusudra/ Utnapischtim aus dem sumerischen Gilgamesch-Epos? Die aus beiden Berichten hervor gehende vorherige Vermehrung der Menschheit und die geschilderten extremen Witterungsverhältnisse passen auf jeden Fall in die angenommene Zeit. Eine Kernbotschaft sowohl der Bibel als auch des Gilgamesch-Epos liefert eine weitere Bestätigung, nämlich die Rettung von Tieren in der Arche. Sicher, die Bibel schmückt phantasievoll aus, dass von allen Tieren je ein Paar in die Arche mitgenommen wurde, von *„jeder Art der Vögel, jeder Art des Viehs und jeder Art des Gewürms am Boden"*. Im „Priesterlichen Bericht", welcher deutlich von theologischer Absicht geprägt ist, befiehlt Gott sogar, von allen reinen Tieren je sieben Männchen und Weibchen, von den unreinen jedoch nur je zwei aufzunehmen.

Auch das Gilgamesch-Epos gibt Hinweise auf die Rettung der Tiere. Dort heißt es:

„Reiß ab dein Haus, bau dir ein Schiff,
Lass fahren Reichtum, dem Leben jage nach!
Besitz gib auf, dafür erhalt das Leben!
Heb hinein allerlei beseelten Samen in das Schiff!"

An anderer Stelle steht dann zu lesen:

„Das Schiff war fertig am siebenten Tag bei Sonnenuntergang.
Was immer ich hatte lud ich hinein,
was immer ich hatte an Silber lud ich hinein,
was immer ich hatte, lud ich hinein an Gold
was immer ich hatte, lud ich hinein an allerlei Lebenssamen,
ins Schiff steigen ließ ich meine ganze Familie und die Hausgenossen,
Wild des Feldes, Getier des Feldes,
all die Meistersöhne habe ich hinein steigen lassen"

Der realistische Kern dieser Schilderungen dürfte sein, dass die Menschen auch ihr Vieh gerettet haben. Das gestattet nun eine Zeitbestimmung: als biblische Sintflut bzw. Flut des Ziusudra/Utnapischtim kommt nur die vierte und letzte Flut im Golf in Frage. Die erste und die zweite Flut ereigneten sich lange vor der Domestizierung von Tieren und die Domestizierung von Schafen und Ziegen setzte gerade zur Zeit der dritten Flut ein, sodass auch sie ausgeschlossen werden kann. Schafe und Ziegen wurden nämlich um 10.000 v.h. und Rinder und Schweine etwa 500 Jahre später domestiziert. Nachdem diese Domestizierung an anderen und jeweils individuellen Stellen für jede Tierart erfolgte, ist sicher ein gewisser Zeitraum verstrichen, bis die Tierzucht dann im Golf angekommen ist. Um ein Beispiel zu nennen: in der Siedlung Abu Hureyra II, gegründet um 10.400 v.h., wurde die Zucht von Schafen und Ziegen erst um 9500 v.h. übernommen, also erst fünfhundert Jahre nach der ersten nachgewiesenen Domestizierung.

Damit liegt als Folgerung nahe: die vierte Flut oder die Flut des biblischen Noah und der sumerischen Ziusudra/ Utnapischtim hat sich nach 8000 v.h. etwa zeitgleich einmal im damaligen nördlichen Rest der Ebene des Persischen Golfs, d.h. in unmittelbarer Nachbarschaft zum heutigen Süden Mesopotamiens, ereignet und zum andern auf einer damaligen Insel in einem Gebiet, das dem heutigen Iran vorgelagert ist. Der Höhenrücken des Großen Salzstockmassivs ist hierfür ein erstrangiger Kandidat. In dieser Flut ist aber auch eine ganze Reihe weiterer Inseln untergegangen. Sowohl in den Berichten der jüdischen Bibel als auch im sumerischen Gilgamesch-Epos könnten sich die Schreckensberichte von Sintfluten aus verschiedenen Gegenden miteinander zu jeweils einer einzigen Sintflutkatastrophe vermischt haben.

Wie ging die kulturelle Entwicklung in Mesopotamien nach der Flut weiter? Der plötzliche Verlust von Haus und Hof, von Hab und Gut, von vielen Mitmenschen und des gesamten sozialen und kulturellen Umfelds, ja die Beschränkung auf die Rettung des nackten Lebens, musste unvermeidlich zu einem kulturellen Rückschritt führen. Verlust und Vertreibung waren zudem nicht ein einmaliger Vorgang, sondern sie zogen sich über mehr als ein Jahrtausend hin, in dem das Meer nicht nur den Rest der damals noch nicht überfluteten

Ebene im heutigen Golfmeer verschluckte, sondern auch noch etwa 250 Kilometer weit in den jetzigen Südirak eindrang, bis der Anstieg dann kurz vor dem heutigen Larsa zu einem Stillstand gekommen ist. Mit der Rückverlagerung der Flussmündungen bildeten sich auch immer wieder neue Deltagebiete aus, sodass es auch an den Flussarmen, an denen Menschen lebten, zu vielen Überflutungen und Vertreibungen kommen musste. Es war wohl ein sehr unruhiges Jahrtausend, geprägt davon, dass immer wieder neue Vertriebene in die Heimat der zwischenzeitlich Ansässigen drängten und hier destabilisierend wirkten. Andere zogen es wohl vor, gleich weiter in den Norden zu ziehen, der ja im feuchten Atlantikum günstige Verhältnisse bot. Im schon mehrfach erwähnten Tell Ueili verschwanden mit der Zunahme der Bevölkerung nach 7900 v.h. die bisherigen gemeinsamen Lagerhäuser mit vielen Einzelzellen für Getreide, d.h. es erfolgte ein sozialer Umbruch, wohl bedingt durch die Zunahme der Bevölkerung. Die dreiteilige Bauart der Häuser blieb allerdings erhalten, woraus man wohl folgern kann, dass die Ortsansässigen und die Neubürger zum selben Kulturkreis gehörten. Das bestätigt auch ihre Keramik. Diese Hausform dehnte sich auch in den Norden Mesopotamiens aus und sie wurde zum Grundmuster für den typischen dreiflügeligen Tempel der mesopotamischen Ebene. In Buqras am mittleren Euphrat fand man ähnliche Bauten wie in Tell Ueili. Obed-Siedlungen entstanden auch im Osten der Ebene, im Diyala-Tal, das beim heutigen Bagdad das Tal des Tigris trifft, und im Hamrin-Tal. Auch in Choga-Mami nordöstlich von Bagdad fanden sich Obed-Überreste. Bemerkenswerterweise gab es hier schon im 8. Jahrtausend v.h. ein einfaches Bewässerungssystem. Die Menschen wandten also offensichtlich ihre Kenntnisse und Erfahrungen aus dem Golf hier unmittelbar wieder an. Noch vor 6000 v.h. sind Obed-Leute bis ans Mittelmeer gelangt und nach Griechenland und Süditalien weiter gezogen.

In der ruhigeren zweiten Hälfte des feucht-warmen Atlantikums, als der Anstieg des Meeres zu einem Ende gekommen war, wurden die Verhältnisse günstiger, denn nun stabilisierten sich die Küsten des Meeres und die Ufer der Flüsse. Die Bewässerungssysteme, die im Süden zunächst angelegt wurden, glichen wieder denen der früheren Heimat im Golf: an den Flussufern in der Nähe des Meeres konnte man wieder den täglichen Rückstau der Gezeiten für die Bewässerung mittels niedriger Dämme nutzen. Die Bauten wurden immer prächtiger. Aus einigen Ortschaften wurden Städte, die durch Tempelpriester organisiert waren. Die kulturelle Entwicklung beschleunigte sich nun, sodass sich eines der Fundamente der späteren Hochkultur der Sumerer heraus bildete. Ein ganz wesentlicher Grund hierfür dürfte die Verpflichtung zur täglichen Ernährung der Götter gewesen sein, denn tagtäglich wurden ihnen vier Mahlzeiten in den Tempeln gereicht. Die Tatsache, dass ihre Ahnen nach dem Mythos des Athrahasis aus Schwäche dieser Verpflichtung nicht mehr nachkommen konnten, hatte ja die Sintflut herauf beschworen. Nie wieder sollte ein solches Unglück über die Menschen kommen! Zur Sicherstellung dieser Verpflichtung schufen die Priester, als das Klima zu Ende des Atlantikums trockener wurde, eine immer komplexere Organisation, welche dann zur Grundlage für Städte, Stadtstaaten und Staaten wurde. Der zweite kulturelle Impuls kam wohl aus dem persischen Raum. Dort hatten die Menschen schon eine längere Phase der kulturellen Erholung hinter sich gebracht, weil sie ja schon in einer früheren Flut aus dem Golf vertrieben worden waren. So konnten sie in der mesopotamischen Ebene dann zu Sumerern (Kulturbringern) werden. Diese gemeinsame sumerische Kultur wurde dann zur Basis der abendländischen Zivilisation. Letztlich beruht sie auf den traumatischen Erlebnissen der Sintflut, denn viele kulturelle Errungenschaften wurden nur geschaffen, um eine Wiederholung dieser Katastrophe zu vermeiden.

Zusammenfassung und Schlussfolgerungen

Der moderne Homo sapiens ist nach einer langen Entwicklung von 5 bis 6 Millionen Jahren vor etwa 60.000 Jahren in Afrika als Folge einer bisher letzten entscheidenden Mutation entstanden. Kurz vorher wäre die menschliche Entwicklung allerdings beinahe zum Erliegen gekommen: vor etwa 74.000 Jahren explodierte auf Sumatra der Vulkan Toba und schleuderte riesige Auswurfmengen in Atmosphäre und Stratosphäre, sodass die Sonne jahrelang verdunkelt war. Als Folge stellten sich außerordentlich tiefe Temperaturen ein. Aus der geringen Bandbreite des menschlichen Genpools zieht man den Schluss, dass diese Katastrophe maximal 2000 Menschen überlebt haben.

Nach seiner Entstehung durchlebte der neue Mensch eine mehrtausendjährige Periode relativ günstiger Temperaturen, in der sich das neue Gen durchsetzen und die Menschen sich vermehren konnten. Vor 52.000 Jahren jedoch zwang ein scharfer Kälteeinbruch einen kleinen Clan der modernen Menschen zur erstmaligen Auswanderung aus Afrika. Sie erfolgte nicht über die Landbrücke des Sinai, sondern übers Meer, über die Engstelle des Golfs von Aden nach dem heutigen Jemen. Hinweise hierfür liefern Genforscher wie auch die Archäologen, die für diese Zeit keine Intervention des modernen Menschen in der vom Neandertaler besetzten Levante finden.

Der moderne Mensch gelangte schnell in die Region des heutigen Persischen Golfs, welche einen ersten günstigen Aufenthaltsraum darstellte. Wegen des eiszeitlich abgesenkten Meeresspiegels lag damals mehr als die Hälfte des heutigen Golfmeers trocken. Beweise für die frühe Anwesenheit in dieser Region liefern Funde auf der heute weit ins Golfmeer vorstoßenden Halbinsel Katar wie auch auf der Insel Bahrain, beide damals Höhenrücken in der Golfebene. Auf Katar kennt man etwa 200 archäologische Fundstätten aus verschiedenen Perioden, von denen die ältesten mindestens 50.000 Jahre alt sind. An mehreren dem Meer zugewandten Felswänden haben die frühen Menschen hier auch Felszeichnungen hinterlassen.

Afrika ist die „Wiege der Menschheit". Der Vordere Orient wurde zur „Kinderstube der Kulturen". Durch genetische und archäologische Erkenntnisse ist nachgewiesen, dass der Großraum des Vorderen Orients ein zentraler Platz der frühkulturellen Entwicklung war, von dem aus sich die Menschheit über die ganze Erde, Afrika südlich der Sahara ausgenommen, ausgebreitet hat. Der wärmere südliche Bereich mit seinem Kerngebiet Persischer Golf, in dem die Menschen zunächst zugezogen sind, muss in eiszeitlichen Perioden hierbei die Hauptrolle gespielt haben. Hier fand eine erste Vermehrung und Reifung statt, ehe dann Menschen in mehreren Schüben in verschiedene Regionen der Welt weiter gezogen sind. Eingeleitet wurden die Abwanderungen jeweils durch wärmere Zwischenperioden der Eiszeit, die Interstadiale, welche eine Vermehrung der Menschen in Gang setzten, sodass dann Auswanderungsdruck entstand. So bewirkte das Glinde-Interstadial nach 52.000 v.h. eine schnelle Weiterwanderung von Menschen nach Südostasien und Australien und das Hengelo-Interstadial nach 43.000 v.h. eine Expansion in die Levante, verbunden mit einer Verdrängung des Neandertalers, und eine Weiterwanderung nach Nordafrika, Europa, Sibirien und möglicherweise auch schon Amerika. Im warmen Denekamp-Interstadial nach 35.000 v.h. verstärkte sich die Einwanderung von Menschen nach Sibirien, welche dann über die trocken gefallene Beringstraße bis nach Alaska und Amerika kamen. Die Haupteinwanderung in Amerika wurde allerdings erst durch das außerordentlich warme Boelling-Interstadial nach 14.700 v.h. ermöglicht.

In der Vorstellung der frühen Völker am Golf beginnt die kulturelle Erinnerung am Salzwasser. Daneben war natürlich Süßwasser lebensnotwendig. Beide zusammen, Salzwasser und Süßwasser, boten einen reich mit Nahrung gedeckten Tisch. Gewässer, die zum Golfmeer führten, müssen daher ganz bevorzugte Aufenthaltsorte früher Menschen gewesen sein. Den besten Platz am damaligen Golfmeer dürfte die vor dem Iran liegende Bucht des heutigen Bandar Abbas geboten haben. In diese wasserreiche tiefe Bucht fließen radial zahlreiche Flüsse und nach Norden hin ist die Gegend durch Gebirge geschützt. Die Paradies-Erinnerungen der Perser beschreiben ein solches Gebiet: das erste Menschenpaar lebte am Ufer eines Flusses, dort, *„wo alle Gewässer zusammenfließen"*. Draußen im Meer wuchs ein wundersamer Baum, mit vielen Attributen bedacht, wie *„Baum jeder Heilung"* oder *„Baum allen Samens"*. Rekonstruiert man die geografischen Verhältnisse beim Eintreffen der ersten modernen Menschen im Vorderen Orient, so findet sich vor Persien im heutigen Golfmeer östlich der heutigen Insel Kischm in der erwähnten Bucht von Bandar Abbas ein Gebiet, auf das alle diese Beschreibungen zutreffen. Zwischen zwei Flussmündungen war die kleine Insel Ramkan durch einen langen schmalen Isthmus mit der Küste verbunden. Sie könnte der Ort des sagenumwobenen Baums gewesen sein, der dann in der jüdischen und christlichen Bibel zum *„Baum der Erkenntnis"* oder *„Baum der Versuchung"* wurde. Der jüdische Paradiesmythos wurde ja als Bestandteil des ersten Teils der Bibel, des Pentateuch, aus der Babylonischen Gefangenschaft nach der Befreiung durch die Perser mitgebracht. Im persischen Mythos beging das erste Menschenpaar am beschriebenen paradiesischen Ort auch die erste Sünde und die Welt war von da an verdorben.

Mehrere Indizien verweisen darauf, dass im Vorderen Orient eine sehr frühe kulturelle Entwicklung begonnen hat. In der Eiszeit und in der Übergangszeit zur Nacheiszeit war sein südlicher Bereich wegen seiner wärmeren Temperaturen klimatisch begünstigt. Ganz besonders attraktive Verhältnisse ergaben sich in der Niederung des heutigen Persischen Golfmeers in der Hochphase der letzten Eiszeit, welche erst gegen ihr Ende hin, nach 25.000 v.h., eintrat. Das Meer zog sich vor etwa 23.000 Jahren vollständig aus dem Golf zurück und hinterließ vier große Seen mit Einzellängen bis zu 250 Kilometern, welche vom Ur-Schatt und einigen weiteren Flüssen durchflossen waren und daher zu Süßwasserseen wurden. Hier gab es Süßwasser im Überfluss! Dieser Vorteil zählte in steigendem Maße ab dem Zeitraum vor 17.000 Jahren, als es über mehrere Jahrtausende hinweg sehr trocken wurde und deshalb weite Räume des Vorderen Orients austrockneten. Die Kette von Süßwasserseen im Golf muss nun auf viele Menschen eine ganz besondere Attraktion ausgeübt haben, sodass die Bevölkerungskonzentration hier eher zunahm. Reichlich Süßwasser und noch relativ warme Temperaturen in einer langen trockenen und kühlen Zeit waren dann die notwendigen Voraussetzungen für Bevölkerungsverdichtung und gegenseitige kulturelle Anregungen.

Das interessanteste Gebiet lag in der Nähe Persiens zwischen dem großen Zentral-See und dem bizarr geformten Ost-See. Es war fast völlig von Wasser umgeben und von einer zentralen Anhöhe, einem 17 Kilometer langen Höhenrücken mit einer steilen Erhebung an seinem Nordende, gekennzeichnet. War dies der *„Garten der Götter auf dem Berge"* der späteren Sumerer in Mesopotamien, ihr sagenhaftes Dilmun?

In dieser fruchtbaren wasserreichen Gegend dürften sich schon früh Menschen sesshaft gemacht haben, denn weite Wege zur Nahrungsbeschaffung entfielen. Auf dem Meeresboden des Gebiets zwischen Zentral-See und Ost-See zeichnen sich mehrere kreisrunde bis ovale Erhebungen etwa im Zehnmeter-Höhenbereich ab. Sind das Siedlungshügel? Und welche Art von Behausung bauten die Menschen? Sie haben sich wohl des Materials bedient, das die Umgebung bot, Lehm. Der Haustyp dürfte von den Erfahrungen der früheren Lebensweise in Höhlen und den Notwendigkeiten einer eher kühlen Umgebung diktiert worden sein: frühe Häuser, wie sie uns z.B. in Çatal Hüyük in Zentral-Anatolien oder in Amri am Indus begegnen, sind künstliche Höhlen mit rechteckigem Zuschnitt aus Lehmziegeln, wärmeschützend dicht an dicht gebaut, mit Zugang von oben. Dieser Haustyp könnte in einem Zwischengebiet zwischen den erwähnten Regionen entwickelt worden sein. Die Golfregion bietet sich hier an.

Ist in diesem Gebiet im Golf auch der Ackerbau erfunden worden? Der früheste Ackerbau ist bisher vom Norden des Vorderen Orients bekannt. Menschen der Natuf-Kultur wurden nach der starken Erwärmung um 14.700 v.h. am Beginn der Übergangsphase von der Eiszeit zur Nacheiszeit allmählich sesshaft und sie begannen nach vielen Jahrtausenden des Sammelns und Verarbeitens von wild wachsenden Körnerfrüchten in einer feuchten Klimaphase schon vor mehr als 12.000 Jahren mit dem gezielten Anbau von Getreide. In einer dann folgenden Austrocknungsphase mussten ihre landwirtschaftlichen Siedlungen allerdings dann wieder weitgehend aufgegeben werden und die Menschen zogen nordwärts an regenreiche Hänge des Taurus-Gebirges, welche den Pflanzenanbau noch zuließen. Um 10.400 v.h. kamen aber neue Ackerbau betreibende Leute an den mittleren Euphrat, welche mit den klimatischen Gegebenheiten offensichtlich gut zurecht kamen. Es ist daher anzunehmen, dass sie schon eine einfache Art von Bewässerungswirtschaft anwandten. Sie bauten an derselben Stelle, in Abu Hureyra II, neuartige Häuser aus Lehmziegeln und hatten neue Werkzeuge und Getreide mitgebracht, das schon eine züchterische Veränderung erfahren hatte. Die neuen Menschen können nur aus dem Süden entlang des Euphrat zugezogen sein. Ganz im Süden von Mesopotamien, am Rand der Zone, welche in der späteren Hammar-Transgression von 7000 bis 3500 v.h. vom Meer überflutet war, wurde mit Tell Ueili bei Larsa auch eine sehr frühe Siedlung gefunden, die älter als 8500 Jahre ist. Hier fand man Hinweise auf Ackerbau mit Bewässerungswirtschaft, Gemeinschaftsspeicher für Getreide sowie Gebäude aus Lehmziegeln mit einer für diese Zeit unglaublich hoch entwickelten Architektur. Die dreiteiligen Häuser mit einem großen Zentralraum mit Mittelpfeilern und Pilastern an den Wänden wurden später Richtung weisend für Südmesopotamien und auch vom Norden übernommen. Es besteht die Vermutung, dass mit Abu Hureyra II und Tell Ueili zwei Exponenten einer sehr frühen Ackerbaukultur gefunden wurden, welche ihr Zentrum weiter im Süden hatte, deren weitere Relikte allerdings unter den Sedimenten einer dreieinhalbtausendjährigen Hammar-Transgression und des Golfmeeres verschwunden sind.

Eine ähnliche Entwicklung zeigt die Keramik. Im Norden des Vorderen Orients kam die Herstellung und Dekoration der Keramik nach ihrer Einführung sehr schnell zur Hochblüte. Im Süden, zunächst im schon erwähnten Tell Ueili und etwas später in Eridu und in Tell Obed, fand man eine davon unabhängige frühe Keramik, welche man mit Obed 0 bzw. Obed 1 bezeichnet. Im Süden scheint es also ein selbständiges Zentrum der landwirtschaftlichen Entwicklung gegeben zu haben; eine eigenständige Keramik-Kultur im Süden ist als gesichert anzusehen.

Interessante Hinweise gibt auch die früheste Entwicklung zur Stadt. Nach verbreiteter Ansicht wurden die frühesten Städte in Mesopotamien von den Sumerern vor fünf bis sechs Jahrtausenden errichtet. Es zeigt sich, dass die sumerische Hochkultur auf zwei älteren Vorläufern aufbauen dürfte, der zunächst bäuerlichen Obed-Kultur aus dem südlichsten Mesopotamien und einer etwa gleichzeitigen Entwicklung der dörflichen Kultur bis zur städtischen Reife im iranischen Raum. Von dort sind vermutlich jene Menschen in die mesopotamische Ebene zugezogen, denen man den Namen „Sumerer" (=Kulturbringer) gab. Dort hat sich gleichzeitig das Reich von Elam heraus gebildet mit den bedeutenden Städten Anschan und Susa. Die erwähnte Stadtwerdung erfolgte also zunächst getrennt in der nördlichen und nordwestlichen Umgebung des Persischen Golfs.

Dies ist aber nicht das einzige Gebiet einer frühen Stadtwerdung. Schon früher, um 7000 v.h. erreichte am Übergang vom persischen Raum zum Einzugsgebiet des Indus-Stroms im heutigen Pakistan die im 9. Jahrtausend v.h. gegründete Siedlung Mehrgarh städtische Dimensionen und Merkmale. Außerdem wurden vor Nordwest-Indien, im Golf von Cambay vor der Küste des Bundesstaates Gujarat, im Jahre 2001 vierzig Meter unter dem Meeresspiegel die Grundrisse von zwei riesigen Städten entlang alter Flussläufe geortet, welche nach vom Meeresboden gehobenen Artefakten zumindest 8500 Jahre alt sein sollen.

Mehrere Tausend Kilometer weit im Nordwesten entstanden ebenfalls schon vor den sumerischen Städten bedeutende städtische Siedlungen. Ab etwa 7500 v.h. begann auf dem Balkan die Entwicklung einer Alteuropäischen Donau-Zivilisation, welche durch ihre Leistungen im Bereich von Keramik und Metallurgie besticht und schon einen allerdings in der Anwendung eingeschränkten Schriftgebrauch aufweist. Gegen Ende des feuchten Atlantikums, d.h. einige Jahrhunderte vor 6000 v.h., errichtete diese Kultur in ihrem Expansionsraum südliche Ukraine sogar schon Städte mit 1500 bis 2000 Häusern, deren Einwohnerzahl man auf 7000 bis 10.000 schätzt.

Diese urbanen Entwicklungen könnten auf eine gemeinsame Ursprungsregion zurückgehen. Sie wäre irgendwo in der Mitte zwischen diesen kulturellen Ausläufern zu vermuten. Es bietet sich auch hier der Raum des Persischen Golfs an.

Zu ähnlichen Schlüssen kommt man, wenn man die frühe Entwicklung der Schrift verfolgt. Die Beherrschung von Schrift gilt als erstrangiges Kulturindiz. Die Keilschrift Mesopotamiens war das erste Schriftsystem, mit dem eine seither ununterbrochene Aufzeichnung der Menschheit begann. Sie weist eine lange Entwicklungsphase in einem großen geografischen Raum des Vorderen Orients auf und sie entstand etwa gleichzeitig in Sumer und Elam aus den Bedürfnissen von Registratur, Lagerhaltung und Handel. Dem gleichen Zweck dienten eingeschränkt schon Vorläuferentwicklungen, Siegel und Zählsteine. Im Keilschriftsystem wurden ihre Funktionen vereinigt und erweitert. Da Stempelsiegel in frühen neolithischen Siedlungen in einem großen Raum rund um den Persischen Golf, von den nördlichen Grenzgebirgen des Nahen Ostens bis hin zum Indus, gefunden wurden, könnten sie auf den Erfahrungsschatz einer Bevölkerung zurück gehen, welche mit dieser heute überfluteten Tiefebene in Kontakt stand oder sich von dort ausgebreitet hat.

Die Wurzeln der Entwicklung von Schriftsystemen reichen wohl bis in die graue Vorzeit zurück. Schon die ersten modernen Europäer ritzten vor mehr als 30.000 Jahren ein Fruchtbarkeitssymbol, das weibliche Schoßdreieck, in Felswände, welches im sumerischen Schriftsystem später dann für „Frau" stand. Die Jäger und Sammler von Göbekli Tepe bei Sanli-Urfa im Südosten Anatoliens schlugen vor mehr als 11.000 Jahren eine Reihe von Zeichen in wechselnder Kombination in megalithische Steinpfeiler eines Kultbaus auf einer Bergkuppe, welche in identischer Form auch an anderen Plätzen der Gegend auftauchten. Manche erinnern an Formen, welche sich Jahrtausende später in der Dekoration der Keramik der Obed-Periode im Süden Mesopotamiens wieder finden. Offensichtlich stand der gesamte Großraum des Vorderen Orients in einem gewissen kulturellen Kontakt und in ihm könnte ein Prozess, der zur Schrift führte, schon wesentlich früher als bisher angenommen in Gang gekommen sein.

Die interessantesten Feststellungen zu einer frühen Schriftentwicklung stammen aber nicht direkt aus dem Vorderen Orient, sondern von der Donauzivilisation in Südosteuropa. Auf vielen keramischen Erzeugnissen in einem weiten Raum fand man eine kurze Sequenz von offensichtlich standardisierten Zeichen. Sie sind wohl Vorläufer späterer Schriftsysteme im ägäischen Raum: 50 Prozent des Zeichenbestandes der späteren kretischen Linear A-Schrift finden sich schon in diesem alteuropäischen Zeichensystem Dieses „Schriftsystem" ist bis zu zweitausend Jahre älter als die mesopotamische Keilschrift. Es ist aber offenbar kein isoliert entstandenes System, sondern es könnte auf dieselben Ursprünge wie andere Schriftsysteme des Vorderen und Mittleren Ostens zurückgehen. Bei einigen dieser Zeichen fand man nämlich deutliche Parallelen zur Frühform der mesopotamischen Schrift, welche später zur Keilschrift wurde. Noch interessanter aber sind die Ähnlichkeiten mit der frühen Schrift der Indus-Kultur: in ihrer grafischen Gestalt ähneln nämlich viele Zeichen jener vom Indus. Liegt die Annahme fern, dass sich im Vorderen Orient schon sehr früh die Anfänge eines Schriftsystems entwickelt haben, welche dann von Abwanderern mitgenommen und weiter entwickelt wurden? Am Meeresboden der versunkenen Städte im Golf von Cambay wurde ein Stein mit kreisrund angeordneten Zeichen gefunden, von denen einige Ähnlichkeiten mit den späteren Schriftzeichen der städtischen Kultur vom Indus aufweisen. Die Auseinanderentwicklung scheint also schon recht früh begonnen zu haben, aber Gemeinsamkeiten sind bei den späteren Schriftsystemen doch über weite Strecken und lange Zeiten hinweg geblieben.

Das wasserreiche Gebiet an den Seen im Persischen Golf muss sehr fruchtbar gewesen sein. Einen besonderen Vorzug genoss das Gebiet zwischen dem Zentral-See und dem Ost-See mit dem flachen Bergrücken im Zentrum und der steilen Anhöhe im Norden, der heutigen Insel Groß-Tumb. Sie war wohl prädestiniert als Ort sakraler oder imperialer Bauten. Das berühmte Gilgamesch-Epos spricht von einem *„Garten der Götter"* im Osten auf dem Berge, in den Utnapischtim, der Held, der die Sintflut überlebt hat, von den Göttern aufgenommen wurde. Garten der Götter: lässt diese Formulierung nicht auf die Existenz eines bedeutenden Heiligtums in diesem Garten schließen?

Dieser lange Höhenrücken wurde um 12.000 v.h. infolge des Wiederanstiegs des Meeres zur Insel, die dann nach 8000 v.h. selbst weitgehend unterging, sodass nur noch der Berg im Norden, die heutige Insel Groß-Tumb, verblieben ist. Nach Erzählungen aus Eridu ist Gott Ea von *„Dilmun der Fernen"* übers Meer der aufgehenden Sonne (das Golfmeer) nach Eridu gekommen, wo er sich ein Heiligtum über dem Apsu errichtet hat. Der erste Tempel des Ea wurde vor 7900 Jahren, bei der Ankunft der Menschen von Obed 1, gebaut. Eben zu dieser Zeit muss die lange Insel überflutet worden sein.

Ein gewisser Anhalt zu der Frage, ob das heutige Groß-Tumb Stätte eines Kultbaus, eines Tempels, gewesen sein kann, besteht darin, den Blick auf andere Gegenden zu richten, in der Hoffnung, Parallel- oder Folgeentwicklungen aufspüren und aus ihnen Rückschlüsse für den „Garten Eden" im Golf ziehen zu können.

Seit 1995 graben das Deutsche Archäologische Institut, Berlin, und das Museum von Sanli-Urfa im Südosten der Türkei in der Nähe der syrischen Grenze im Hügelland der Oberläufe von Euphrat und Tigris, in Göbekli Tepe, einen mächtigen Siedlungshügel von 15 Meter Höhe aus, eine prähistorische megalithische Monumentalanlage, welche nichts anderes als ein bedeutender Sakralbau gewesen sein kann. Im Baubefund dominieren Kreisanlagen mit über 4 Meter hohen reliefverzierten T-förmigen Pfeilern aus behauenem Kalkstein, welche wieder mit Mauern verbunden sind. Die Anlage wurde schon vor 11 500 Jahren von einer Gesellschaft von Jägern und Sammlern auf dem höchsten Punkt eines landschaftlich dominierenden Höhenzuges errichtet. Offensichtlich handelt es sich um den religiösen Zentralort einer frühen Kultgemeinschaft. Göbekli Tepe liefert damit den Beweis, dass schon eine Gesellschaft von Jägern und Sammlern noch vor Beendigung der Eiszeit eine bedeutende Tempelanlage auf einer Bergkuppe errichtet hat.

Liegt es nun im menschlichen Wesen begründet, dass man auf der höchsten Bergspitze den Göttern nahe sein wollte, oder folgte man archaischen Erinnerungen aus einer früheren Heimat der Ahnen, wie dem „Garten Eden"? Die Anhänger des Zarathustra verehrten ihren Gott auf den höchsten Berggipfeln. Später baute man dann Feuertempel auf Bergkuppen. Im frühen Mesopotamien wie auch im entsprechenden persischen Raum wurden an zahlreichen Stellen Tempel nicht zu ebener Erde errichtet, sondern auf einer hohen künstlichen Plattform. Aus der Form der Tempel auf der Hochterrasse entwickelte sich dann in beiden Räumen die berühmte Zikkurat, der mächtige Stufentempel, am besten bekannt als Turm von Babylon. Diese Weiterentwicklung zur schier in den Himmel ragenden Zikkurat könnte von Menschen inspiriert worden sein, deren Ahnen eine Erinnerung an den Bergstock an den Seen im Persischen Golf mitgebracht hatten. Damit würde sich auch eine Frage beantworten, mit der sich schon viele Forscher gequält haben: woher kamen die Sumerer eigentlich? Nach ihren Mythen hätten ihre Ahnen früher an einem Meer gelebt; ihre bergartigen Tempeltürme jedoch veranlassten zu der Vermutung, sie hätten ihre Götter früher auf Bergen verehrt, denn die riesigen Zikkurats scheinen nichts weiter als eine Nachahmung von Bergen in der Ebene gewesen zu sein. Viele trugen auch in der Tat den Namen „Berg" und ihre Hauptfunktion war offensichtlich nur die Beherbergung eines vergleichsweise kleinen Tempels auf ihrer Kuppe.

Vor 17.000 Jahren begann der Meeresspiegel auf Grund einer langsam einsetzenden Erwärmung ganz langsam aus seiner Tieflage von 130 Metern unter dem heutigen Niveau zu steigen. Ab 14 700 bis nach 11.000 v.h. gab es dann mehrere riesige Temperatursprünge im Bereich von 4 bis 8°C nach oben und unten, welche sicher Flora, Tierwelt und Menschen in äußerste Nöte gebracht haben. Wir wissen, dass als Folge dieser krassen Umschwünge sowohl in Amerika und Europa als auch in Südafrika zahlreiche Großtiere ausgestorben sind, welche vorher viele Eiszeiten überlebt hatten. Im Nahen Osten waren die Folgen nach mehreren Mythen der Region nicht viel besser. Zudem wurden die Menschen aus ihren Habitaten durch das in insgesamt vier Fluten ansteigende Meer vertrieben, welche eine Reaktion auf die sprunghaften Veränderungen der Temperatur darstellten.

In der Zeit zwischen 13.500 und 12.000 v.h. mit mittleren Temperaturen und hoher Luftfeuchtigkeit dürfte im Bereich des „Garten Eden" schon intensiv Landwirtschaft mit Bewässerung betrieben worden sein. Die Entwicklung wurde dann durch Versalzung der Seen, Überflutung der Felder, Rückfall des Klimas in hocheiszeitliche Kälte und eine anschließende lange Dürreperiode schwer beeinträchtigt. Die Aussagen von Mythen der Region zum Klimaverlauf und seinen Folgen stehen in überzeugender Übereinstimmung mit den Ergebnissen der wissenschaftlichen Rekonstruktion von Klima und Landschaften.

Drei mythische Berichte geben teils übereinstimmende und teils ergänzende Informationen zu den Ereignissen dieser Zeit. In der persischen Schöpfungsgeschichte Bundahis wird von einem „Goldenen Zeitalter" berichtet, in dem das Land, wohl das landwirtschaftlich genutzte Land, dreimal erweitert wurde. Das spricht wohl für die Erfolge der Landwirtschaft an den Seen: die Menschen vermehrten sich nun stark und beanspruchten immer größere landwirtschaftliche Nutzflächen. Das führte dann auch zu größeren landwirtschaftlichen Siedlungen. Als aber eine Reihe von Plagen einsetzte – nach persischen Mythen Versalzung des Sees, Überflutung des Landes und Absturz der Temperatur in eiszeitliche Kälte, in einen „langen Winter", und nach dem Mythos des Atrahasis zunächst eine Seuche und später Dürre und extreme Hungersnöte – da grübelten die Menschen natürlich über die Ursachen dieser Heimsuchungen. Sie kamen zu dem Schluss, dass diese auf ihre neue dicht gedrängte Lebensweise zurückzuführen seien, denn aus ihren anwachsenden landwirtschaftlichen Siedlungen drang einfach zu viel Lärm zu den Göttern hinauf und diese fühlten sich nun in ihrer Ruhe gestört! Um ihrer guten Ruhe willen wollten sie deshalb das Menschengeschlecht wieder auslöschen! Darum schickten sie, nachdem sich die Menschheit von den Plagen zur Verminderung der Anzahl der Menschen immer wieder zu erholen begann, als finale Lösung die Sintflut. Zu diesem Entschluss hatte auch die Überlegung beigetragen, dass die Menschheit für ihre Aufgabe der Ernährung der Götter, für welche sie ursprünglich geschaffen worden war, ohnehin kaum mehr taugte, weil sie durch die vielen voraus gehenden Plagen schon zu sehr geschwächt war.

In der Tiefebene des Persischen Golfs dürfte vor der Versalzung und Überflutung des Ost-Sees und Zentral-Sees also schon Landwirtschaft betrieben worden sein. Die Worte der Bibel bei der Vertreibung aus dem Paradies scheinen dies zu bestätigen: *„Darum entfernte ihn Jahwe Gott aus dem Paradies, damit er den Erdboden bearbeite, von dem er genommen ist"*. Neben dem vermuteten Heiligtum auf der Bergkuppe muss es dort zumindest auch schon dörfliche Bauernsiedlungen gegeben haben. Es dürfte sich lohnen, einen forschenden Blick auf die schon erwähnten kreisrunden bis ovalen Erhebungen im Zehnmeterbereich innerhalb der überfluteten Niederungen zwischen Zentral- und Ost-See an landschaftlich bevorzugten Stellen zu werfen. Ihre Ausmaße sprechen, falls es sich um Tells früherer Siedlungen handelt, allerdings mehr für schon städtische Dimensionen.

Der Meeresboden im Golf birgt offensichtlich noch ein weiteres Geheimnis. Aus dem Ostbereich der heutigen Grenze zwischen Saudi-Arabien und Katar führte ein Fluss in die Golfebene, an dessen zwei Läufen sich eine ganze Reihe von kleineren Erhebungen befindet. Es könnte sich um Tells früherer Siedlungen handeln. Auffallend ist eine Massierung früher Fundstätten an der dem Flusssystem zugewandten Küste von Katar. Vermutlich hat sich also ein früher Ackerbau nicht nur auf der persischen Nordseite der Seenkette im Golf entwickelt, sondern auch auf der arabischen Südseite. Bemerkenswert ist weiter, dass vor etwa 7000 Jahren, als die Menschen durch die letzte Flut aus den Ebenen des Golfmeers an das heutige Land zurück gedrängt wurden, auf Katar schon Ackerbau betrieben wurde.

Nach der Bibel wäre durch die Sintflut eine erste Welt vernichtet worden und die Sintflut markiert einen völligen Neubeginn. Besonders in der „Priesterschrift" wird die Sintflut ausdrücklich als neue Weltschöpfung dargestellt. Über die frühere Welt gibt die Bibel allerdings nur wenige Informationen. Die Gestalten von Kain und Abel lassen uns aber folgern, dass zu dieser Zeit schon sesshafte Bauern neben nomadenhaften Jägern und Sammlern gelebt haben dürften, leider offensichtlich nicht konfliktfrei. Die Schilderung der Bibel zu den zehn Patriarchen scheint auf eine durch Familienclans oder Stämme gegliederte Gesellschaft vor der Flut zu verweisen. Allerdings handelt es sich bei dieser Beschreibung nicht um das Original, sondern um eine Ableitung aus der sumerischen Königsliste, nach der die frühere Entwicklung schon bis zum Königtum fortgeschritten gewesen wäre. Die Flut des indischen Manu, die wir leider weder zeitlich noch örtlich sicher einordnen können, zeigt uns ebenso ein gehobenes kulturelles Umfeld: der Weise Manu lebte schon in einem städtischen Milieu. Gemeinsam ist in allen Schilderungen, ob nun Flut des Noah, des Manu, des Ziusudra bzw. Utnapischtim oder des Atrahasis, die Vernichtung einer früheren Welt. So überlebt Noah als einziger mit seiner Familie und seinen Tieren die Flut; Manu ist sogar der einzige Überlebende. Die den damaligen Menschen vertraute und für sie überschaubare Welt ist also offensichtlich weitgehend untergegangen, ihre Kultur ist zusammen gebrochen und es wurde ein kultureller Neuanfang notwendig.

Von der Kultur im Persischen Golf ist die Agrikultur geblieben. Die Fluten drangen aus dem Arabischen Meer in den Golf ein und verdrängten, von Osten nach dem Westen fortschreitend, die Menschen in mehreren Schüben aus der Golfebene. Die ersten Vertriebenen, welche schon außerhalb der Meerenge von Hormuz gelebt haben, könnten entlang der Küste nach Osten abgezogen sein, um wieder ein ähnliches Deltagebiet wie am Ur-Schatt zu finden. In etwa tausend Kilometer Entfernung wären sie dann auf das Flusssystem des Indus und nicht sehr weit dahinter auf jenes des damals mächtigen Flusses Saraswati gestoßen, an dem man vor wenigen Jahren die Fundamente untergegangener Städte in 40 Meter Tiefe aufgespürt hat. Bei diesen ersten Vertriebenen sollte die kulturelle Wiedererholung am frühesten eingesetzt haben.

Die nächsten Vertriebenen dürften den Flüssen gefolgt sein, welche aus dem persischen Bergland des Kuh-e-Biaban und der Bucht von Bandar Abbas austreten. Ein erster Pfad führte dann jenseits der Wasserscheide ins Tal von Bam, wo sich eine Anzahl von Flüssen in einem Salzsee trifft. Es ist archäologisch erwiesen, dass von hier ein Expansionspfad des frühen Ackerbaus in Richtung Indus ging. Teile jener Vertriebenen, welche über die Flüsse zur Bucht von Bandar Abbas ins persische Hochland geleitet wurden, dürften schnell bis ins wasserreiche Tal des Helmand, der aus dem Hindukusch kommt, vorgedrungen sein. Hierhin führten auch die alten Handelswege für den begehrten blauen Schmuckstein Lapislazuli. Von hier aus geht, nördlich der Großen Sandwüste, ein zweiter Expansionspfad des ersten Ackerbaus in das Gebiet des Indus.

Der dritte Schub der Vertriebenen wurde durch die Flüsse Hendigan, Helle und Mund, die in den nordwestlichen Teil des Golfmeers münden, zunächst in das Zagros-Gebirge und von dort auf das persische Hochland geleitet. Mehrere Quellflüsse dieses Flusssystems führen in dieselbe Region, die Gegend von Shiraz. Sie hat in der kulturellen Entwicklung Persiens eine Schlüsselrolle gespielt. Anschan, die alte Hauptstadt des Reiches Elam und des späteren persischen Achämenidenreiches wie auch die berühmte antike Stadt Persepolis liegen in dieser Gegend. Vor allem finden sich in eben dieser Region etwa 350 vorgeschichtliche Ruinenhügel, welche noch ihrer Erforschung harren.

Zur selben Zeit dürften weitere Vertriebene aus der Golfebene den Weg nach Nordwesten entlang des Euphrat in die mesopotamische Ebene gewählt haben. Abu Hureyra II am mittleren Euphrat könnte von Nachkommen dieser Vertriebenen gegründet worden sein.

Die letzten Bewohner sowohl des südlichen als auch des nordwestlichen Restes der noch nicht überfluteten Ebene im heutigen Golfmeer erlebten dort noch den Aufschwung zum feuchtwarmen Atlantikum. Ein besonders günstiges Klima stellte sich zwischen 8400 und 8000 v.h. ein, als die Temperatur um einige Grad Celsius fiel – ein Vorteil in dieser heißen Region – und das Wetter schon recht feucht wurde. Günstiges Klima, eine fruchtbare Umgebung und offensichtlich auch kulturelle Anregungen von außen führten dazu, dass in der nordwestlichen Golfebene schon ein Aufstieg zu einer städtischen Kultur und – nach Berichten auf Tontäfelchen – auch zu einer Königsherrschaft erfolgen konnte. Acht oder zehn namentlich genannte Könige, je nach betrachteter Königsliste, sollen geherrscht haben. Sie begegnen uns in der Bibel wieder als die Zehn Patriarchen vor der Sintflut. Der letzte König, Ziusudra bzw. Utnapischtim, oder Patriarch, Noah, hat die Sintflut erlebt und überlebt. Die überraschend hoch entwickelte Architektur des dreiteiligen Hauses, gemeinschaftliche Getreidespeicher und Zeichen einer frühen Bewässerungswirtschaft aus Tell Ueili, offensichtlich einem nördlichen Randort dieser Kultur, geben Hinweise auf den geschilderten hohen Entwicklungsstand. Diese Kultur wurde aber durch eine vierte Flut, welche nach 8000 v.h. plötzlich einsetzte, sich über ein Jahrtausend hinzog und zu einem Anstieg des Meeres um 25 Meter führte, weitgehend vernichtet. Die überlebenden Menschen, welche der Obed-Kultur zugerechnet werden, ließen sich zunächst im benachbarten Süden Mesopotamiens nieder. Eridu gehört zu ihren ersten Gründungen.

In dieser vierten Flut wurden auch weite Areale in der Golfebene beidseits der heutigen Halbinsel Katar überflutet und die Menschen wurden an die heutigen arabischen Ufer zurück gedrängt. Auf Katar und der sich nach dem Nordwesten anschließenden heutigen saudiarabischen Küste bis nach Südmesopotamien begann zu dieser Zeit der Ackerbau.

In der vierten Flut gingen nicht nur große Areale von Flachland im heutigen Golfmeer unter, sondern auch mehrere Inseln. Eine davon war das Persien vorgelagerte „Große Salzstock-Massiv", das mutmaßliche Dilmun der Sumerer. Mehrere berühmte Mythen geben Kunde von diesen Untergängen, nämlich zwei Sintflutberichte der Bibel und das sumerische Gilgamesch-Epos. Diese vierte und letzte Flut war die „Sintflut" der Bibel: die in den Mythen beschriebenen extremen Witterungsverhältnisse passen nur zur vierten Flut und ein Kernbericht bestätigt diese Annahme, die Rettung auch von Tieren in der Arche. Bei den früheren Fluten waren Tiere noch nicht domestiziert.

Das erste Jahrtausend nach Beginn der vierten Flut im Golf und Gründung von Eridu, im Wesentlichen die Zeit von Obed 1, war durch eine anhaltende Serie von Vertreibungen durch das weiter steigende Golfmeer geprägt. Dann stabilisierten sich die Verhältnisse an der Küste und an den Flüssen. In der zweiten Hälfte des feuchtwarmen Atlantikums, zwischen 7000 und 6000 v.h, erfolgte dann in der mesopotamischen Ebene dank einer straffen Priesterherrschaft, welche die Organisation der anwachsenden Siedlungen übernahm, eine relativ schnelle Entwicklung der Obed-Kultur hin zu einem kulturellen Stadium, das eines der Fundamente der späteren sumerischen Hochkultur wurde. Die Priester schufen eine immer komplexer werdende Organisation, welche zur Grundlage für Städte, Stadtstaaten und Staaten wurde. Der zweite kulturelle Impuls kam wohl aus dem persischen Raum. Die Menschen dort hatten bereits eine längere Phase der kulturellen Erholung hinter sich gebracht, weil sie ja schon in einer früheren Flut vom Meer vertrieben worden waren. Deshalb konnten sie dann in der mesopotamischen Ebene zu Kulturbringern (= Sumerern) werden.

Unsere abendländische Kultur ist in letzter Konsequenz eine Folge der Sintflut. Nach Mythen des Vorderen Orients sind die Menschen erschaffen worden, weil die niederen Götter die schweren Arbeiten an Deichen und Gräben zur Ernährung aller Götter verweigerten. Das wurde nun zur obersten Pflicht der Menschen. Diese vermehrten sich in der Folge aber stark und sie wohnten in Ackerbausiedlungen dicht zusammen. Als nun eine Reihe von schweren Plagen die Menschheit heimsuchte, da führten die Menschen dies auf ihre neue Lebensweise zurück, denn aus ihren anwachsenden Siedlungen drang einfach zu viel Lärm zu den Göttern empor und diese fühlten sich in ihrer Ruhe gestört. Deshalb sandten die Götter, als alle diese Plagen das Wachstum der Menschheit nicht dauerhaft bremsen konnten, als finale Lösung die Sintflut. Dieser Entschluss wurde den Göttern dadurch erleichtert, dass die durch die vielen Plagen geschwächte Menschheit für ihre Aufgabe zur Ernährung der Götter ohnehin kaum mehr taugte.

Im Süden Mesopotamiens wachten die Priester später darüber, dass sich eine solche Katastrophe nicht wiederholen sollte: die tägliche Ernährung der Götter mit vier Mahlzeiten war die oberste Pflicht! Als es nach Beendigung des feuchten Atlantikums bei immer trockenerem Klima zunehmend schwieriger wurde, die Nahrungsmittel für die Götter Tag für Tag bereit zu stellen, da schufen die Priester eine komplexe Organisation, um dieser Herausforderung zu trotzen. Sie verbesserten Landwirtschaft, Bewässerung, Lagerwesen, Verwaltung und Registratur. Daraus entstanden ein leistungsfähiges Schriftsystem, eine arbeitsteilige Wirtschaft und Spezialberufe, wie Händler, Handwerker, Schreiber, Lehrer und Verwaltungsfachleute. Aus den Städten wurden Stadtstaaten und diese wurden zu Staaten, die dann auch einer Gesetzgebung und einer Rechtspflege bedurften. Diese Errungenschaften wurden zur Basis der abendländischen Kultur.

Sach- und Fachbücher

Albertz, R., Hiesel, G., Klengel, H., Koch, H., Niemeyer, H.G., Wiesehöfer J., Zibelius-Chen, J. (2003): Frühe Hochkulturen. – 363 S.; Stuttgart (Theiss).

Amirahmadi, H. (1996): Small islands, big politics: The Tombs and Abu Musa in the Gulf. – 200 S.; Houndsvill (Macmillan).

Ammerman, A.J. & Cavalli-Sforza., L.L. (1984): The Neolithic Transition and Genetics of Population in Europe. – 176 S.; Princeton, N.J. (Princeton University Press).

Andersen, B.G. & Borns, H.W. jr. (1994): The Ice Age World. – 208 S.; Oslo, Copenhagen, Stockholm (Scandinavian University Press).

Baur, W., Miranda, J.P.: Am Anfang war alles gut – Schöpfung und "Urgeschichte" in der Bibel. – 64 S., Stuttgart (Katholisches Bibelwerk Stuttgart).

Bellinger, G.J. (2001): Knaurs Lexikon der Mythologie. – 570 S.; Augsburg (Weltbild).

Bibby, G. (1973): Dilmun – die Entdeckung der ältesten Hochkultur. – 414 S.; Reinbek bei Hamburg (Rowohlt).

Bommeli. R. (1890): Die Geschichte der Erde; Stuttgart (J.H.W.Dietz).

Brown, D.M. (2001): Untergegangene Kulturen – die blühenden Städte der Sumerer. – 168 S.; Köln (Eco).

Burenhult, G. (2000): Illustrierte Geschichte der Menschheit – Die ersten Menschen. – 237 S.; Augsburg (Weltbild).

Burenhult, G. (2000): Illustrierte Geschichte der Menschheit – Die Menschen der Steinzeit. – 239 S.; Augsburg (Weltbild).

Burkert, W. (2003): Die Griechen und der Orient. – 176 S.; München (C.H.Beck).

Caubet, A., Pouyssegur, P. (2001) : Der Alte Orient. – 207 S. ; Paris (Finest S.A., Edition Pierre Terrail).

Cavalli-Sforza, L. (1999): Gene, Völker und Sprachen. Die biologischen Grundlagen unserer Zivilisation. – 252 S.; München (Carl Hanser).

Cavalli-Sforza, L.L., Menozzi, P. & Piazza, A. (1994): The History and Geography of Human Genes. – 1088 S.; Princeton (Princeton University Press).

Clements, F.A. (1981): Oman: Prehistory and Archeology. – World Bibliographical Series, 29. – 216 S.; Oxford, Sta. Barbara (Clio Press).

Constable, N. (1999): Atlas der Archäologie. – 192 S.; Augsburg (Weltbild).

Crawford, H. (1993): Sumer and the Sumerians. – 179 S.; Cambridge (Cambridge University Press).

Diamond, J. (2002): Arm und Reich – Die Schicksale menschlicher Gesellschaften. – 550 S; Frankfurt/M (Fischer – Taschenbuch).

Die Bibel (1965); Freiburg, Basel, Wien (Herder).

Die blühenden Städte der Sumerer (2001). – 168 S.; Köln (ECO).

Dietrich, G., Kalle, G., Krauss, W.& Siedler, W. (1992): Allgemeine Meereskunde; 3. Auflage – 593 S.; Berlin (Bornträger).

Eliade, M., (2002): Die Schöpfungsmythen. – 165 S.; Düsseldorf (Albatros).

Fasani, L. (1983): Die illustrierte Weltgeschichte der Archäologie, 2. Auflage – 691 S.; München (Südwest).

Fairbridge, R.W. (Edit.) (1966): The Encyclopedia of Oceanography, Vol. I. New York (Reinhold Publishing Corp.).

Farrington, K. (2000): Weltreligionen – 192 S., Wien (tosa).

Frey et al. (1937): Handbuch der geographischen Wissenschaft. Vorder- und Südasien in Kultur und Wirtschaft. – 569 S.; Potsdam (Akademische Verlags-Gesellschaft Athenaion).

Glaser, R. (2001): Klimageschichte Mitteleuropas. 1000 Jahre Wetter, Klima, Katastrophen – 236 S.; Darmstadt (Primus).

Greenberg, J.H. (1987): Language in the Americas. – 438 S.; Stanford, Calif. (Stanford University Press).

Haarmann, H. (2001): Kleines Lexikon der Sprachen – Von Albanisch bis Zulu. – 455 S., München (C.H.Beck).

Haarmann, H. (2003): Geschichte der Sintflut – Auf den Spuren der frühen Zivilisationen. – 208 S.; München (C.H.Beck).

Hämäläinen, P. (1993): Jemen Handbuch, 2. Auflage – 359 S.; Bremen (Gisela E. Walther).

Harenberg, B. (1984): Chronik der Menschheit. – 1216 S.; Dortmund (Chronik).

Harpur, J. & Westwood, J. (1996): Legendäre Stätten der Menschheit, 2. Auflage – 239 S.; München (Frederking und Thaler).

Herrmann, B. (Hrsg.) (1996): Mensch und Umwelt im Mittelalter. – 288 S., Wiesbaden (Fourier).

Heschl., A. (1998): Das intelligente Genom. – 392 S.; Heidelberg (Springer).

Holmes, A. (1970): Principles of Physical Geology, 2. Auflage. – 1288 S.; London (T. Nelson & Sons).

Hrouda, B. (1991): Der Alte Orient. Geschichte und Kultur des alten Vorderasiens. – 463 S.; Gütersloh (C. Bertelsmann).

Ions, V. (2001): Die Welt der Mythologien. – 192 S., Wien (tosa).

Issar, A.S., Zohar, M. (2004): Climate Change – Environment and Civilisation in the Middle East. – 252 S., Berlin, Heidelberg, New York (Springer).

Kapel, H. (1967): Atlas of the Stone Age Cultures of Quatar. – 85 S., Aarhus (Univ.Press).

Kappert, J. (1994): Lexikon der indischen Mythologie (Hrsg: Görden M.). – 349 S., München (Wilh.Heyne).

Klein, J., Takahata, N. (2002): Where do we come from? – The molecular Evidence for Human Descent. – 462 S., Heidelberg (Springer).

Klengel–Brandt, E. (1992): Der Turm von Babylon. Legende und Geschichte eines Bauwerks, 2. Auflage. – 196 S.; Berlin, Leipzig (Koehler & Amelang).

Klostermann, J. (1999): Das Klima im Eiszeitalter. – 283 S.; Stuttgart (Schweizerbart).

Klotz, H. (1997): Die Entdeckung von Catal Höyük. – München (C.H.Beck).

Koch, H. P. (1998): Der Sintflut-Impakt. Die Flutkatastrophe vor 10.000 Jahren als Folge eines Kometeneinschlags. – 233 S.; Frankfurt a. M., Berlin, Bern, New York, Paris (Lang).

Konzelmann, G. (1992): Der Golf – Vom Garten Eden zur Weltkrisenregion. – 475 S.; Hamburg (Hoffmann und Campe).

Kottmann, A. (1992): Die Kultur vor der Sintflut – Das gleiche Zahlendenken in Ägypten, Amerika, Asien und Polynesien. – 320 S.; Heiligkreuztal (Verlag aktuelle Texte).

Lalouette, C. (1999): Weisheit und Wissen des Vorderen Orient. – 272 S.; Düsseldorf/Zürich (Artemis & Winkler).

Lange, G. (Hrsg.) (2001): Eiskalte Entdeckungen – Forschungsreisen zwischen Nord- und Südpol. – 360 S., Bielefeld (Delius Klasing).

Leuschner, H., Strüber, R. & Tilcher, T. (1999): Der Mensch in der Geschichte – Höhlenmenschen, Krieger und Pharaonen – Vorgeschichte und frühe Kulturen. – 335 S.; München (ADAC).

Mania, D. (1998): Archäologie in Deutschland. Die Ersten Menschen in Europa. – 101 S.; Stuttgart (Theiss).

Marcink, J. & Rosenkranz, E. (1996): Das Wasser der Erde. – Gotha (Justus Pertkes).

Messadie, G. (1998): Die Geschichte Gottes – Über den Ursprung der Religionen. – 720 S., Berlin (Propyläen).

Metz, W. et al. (Hrsg.) (1983): Handbuch Welt-Religionen. – 446 S.; Wuppertal (R.Brockhaus).

Oppenheimer, S. (1998): Eden in the East. – 560 S.; Guernsey, C.I. (The Guernsey Press Co. Ltd.).

Osten, v.d., H.H. (1966): Die Perser. – 231 S.; Essen (Phaidon).

Panter-Brick, C., Layton, R., Rowley-Convy (2001): Hunter-gatherers: an interdisciplinary perspective. – Cambridge University Press.

Parturi, F.R. (1996): Die Chronik der Erde. – 576 S.; Augsburg (Weltbild).

Paschke, U.K. (1996): Weltgeschichte – Von der Urzeit bis zur Gegenwart. – Lizenzierte Ausgabe; Erlangen (Karl Müller).

Pirazzoli, P.A. (1998): Sea-Level Changes – The Last 20.000 Years. – 209 S.; Chichster, New York, Brisbane, Toronto, Singapore (Wiley).

Pitman, W., Ryan, W., Sintflut – Ein Rätsel wird entschlüsselt. – 379 S.; Bergisch Gladbach (Lübbe).

Ritter, W. (1978): Die Arabische Halbinsel: Saudi Arabien, Yemen, Südyemen, Kuwait, Bahrain, Qatar, Vereinigte Arabische Emirate, Oman. – Mai's Auslandstaschenbuch, Nr. 34, 278 S.; Buchenhain vor München (Volk und Heimat).

Römer, W.H.P. (1999): Die Sumerologie – Einführung in die Forschung und Bibliographie in Auswahl. – 2. Auflage, 250 S.; Münster (Ugarit).

Schmökel, H., (1966): Mesopotamien. – 236 S.; Essen (Phaidon)

Schrenk, F. (1998): Die Frühzeit des Menschen: der Weg zum Homo Sapiens. – 126 S.; München (Beck).

Schwarzbach, M., (1974): Das Klima der Vorzeit – Eine Einführung in die Paläoklimatologie. – 380 S.; Stuttgart (Enke).

Seibold, E. & Berger, W.H. (1996): The sea floor – an introduction to marine geology. – 356 S.; Berlin (Springer).

Soden, W. von (1980): Das Gilgamesch–Epos – 119 S.; Stuttgart (Reclam).

Storm, R. (2000): Die Enzyklopädie der östlichen Mythologie – 256 S.; Reichelsheim (Edition XXL).

TIME–LIFE-Bücher (1992): Spektrum der Weltgeschichte (3000–1500 v. Chr.) – Die frühen Hochkulturen. – Amsterdam (Time – Life Books B.V.).

Toynbee, A. (1979): Menschheit und Mutter Erde. Die Geschichte der großen Zivilisationen. – 527 S.; Düsseldorf (Claassen).

Uhlig, H. (1976): Die Sumerer. Volk am Anfang der Geschichte. – 307 S.; München (C. Bertelsmann).

Umlauft, F. (1891): Das Luftmeer, Wien, Pest, Leipzig (A.Hartleben´s Verl.).

Unwinn, P.T.H. (1982): Qatar. – World Bibliographical Series, Vol. 36; Oxford, Sta. Barbara (Clio Press).

Unwinn, P.T.H. (1984): Bahrain. – World Bibliographical Series, Vol. 49; Denver, Oxford, Sta. Barbara (Clio Press).

Vesta Sarkosh Curtis (1994): Persische Mythen. – 144 S., Stuttgart (Philipp Reclam).

Vollmer, A. (1989): Sintflut und Eiszeit – Kosmische Urwelt-Katastrophen. – 216 S.; Obernberg/Main (Alvo-Verl.).

Waller, K. (2002): Lexikon der klassischen Irrtümer. – 293 S.; München (Piper).

WISSENSCHAFTLICHE BEITRÄGE

Aksu, A.E., Mudie, P.J., Rochon, A., Kamiinski, M.A., Abrajano, T., Yasar, D. (2002): Persistent Holocene Outflow from the Black Sea to the Eastern Mediterranean Contradicts Noah`s Flood Hypothesis. – In: Geolocical Society of America (GSA Today), 12, 5, 4-10.

Allen, L.H.Jr., Boote, K.J. (1992): Vegetation, Effect of Rising CO_2. – In: Encyclopedia of Earth System Science, Vol. 4, 409-415. – Academic Press, San Diego,Toronto.

Alster, B. (1983): Bahrain and the alleged paradise in Sumerian myth and literature. – In: Potts, D.T. (editor): Dilmun: New Studies in the Archaeology and Early History of Bahrain. – Berliner Beiträge zum Vorderen Orient, Band 2; Berlin (Dietrich Reimer).

Bar-Matthews, Ayalon, A., Kaufman, A., Middle to late Holocene (6500 Year Period) – Paläoclimate in the Eastern Mediterranian Region from stable Isotopic Composition from Sorec Cave, Israel. – In: Water, Environment and Society 203-214.

Bernard, V., Coubray, S., David, H., Graczynski, P., Medwecki, V. de, Mouton, M., Boucharlat, R., Dalongeville, R., Drieux, M., Hesse, A., Millet, M., Pectonal-Lambert, A. & Prieur, A. (1988): Archeological Surveys in Sharjah Emirate (U.A.E.). – Fourth Report, 94 S.; Sharjah.

Blanchon, P., Shaw, J., (1995): Reef drowning during the last deglaciation. Evidence for catastrophic sea-level rise and ice-sheet collapse. – In: Geology, V.23, No.1, 4-8.

Blümel, W.D. (2003): Klimafluktuationen – Determinanten der Kultur- und Siedlungsgeschichte der Alten Welt? Vortrag Univ. Stuttgart

Bordreuil, P., Chatonnet, F. (2003): Als Urkunde des Judentums verfasst – Die Bibelredaktion zur Perserzeit. – In: Welt und Umwelt der Bibel – Wer hat die Bibel geschrieben? Nr. 28, 8.Jg. 9-11, Stuttgart.

Boucharlat, R., Hesse, A., Dalongeville, R. & Sanlaville, P. (1984): Archeological Surveys in Sharjah Emirate (U.A.E.). – First Report, 38 S.; Sharjah.

Boucharlat, R., Gouin, P., Minzoni-Deroche, A., Dalongeville, R., Hesse, A. & Mouton, M. (1985): Archeological Surveys in Sharjah Emirate (U.A.E.). – Second Report, 94 S.; Sharjah.

Boucharlat, R., Calley, S., Dalongeville, R., Gouin, P., Prieur, A., Sanlaville, P., Boucher, A., Calvet, Y., Garczynski, P., Hesse, A., Robin, C. & Santoni, M.-A. (1986): Archeological Surveys in Shajah Emirate (U.A.E.) – Third Report, 94 S.; Sharjah.

Buringh, P. (1957): Living Conditions in the Lower Mesopotamian Plain in Ancient Times. – Sumer, XIII: 36.

Campbell, J. (1991): Mythologie des Ostens – Die Masken Gottes, Bd.2; Basel (Sphinx Verl.).

Chappel, J. & Shackleton, N.J. (1986): Oxygene isotopes and sea-level. – Nature, 324: 137-140, London.

Curray, J. R. (1961): Late Quaternary sea level: a discussion. – Bulletin of the Geological Society of America, 72: 1707-1712; New York.

Dansgaard, W., Johnsen, S.J., Clausen, H.B., Dahl-Jensen, D., Gundestrup, N.S., Hammer, C.U., Hvidberg, C.S., Steffensen, J.B., Svein-Björnsdottir, A.E., Jouzel, J. & Bond, G. (1993): Evidence for general instability of past climate from a 250-kyr icecore record. – Nature, 364: 218-220; London.

Davidsen, I. & Noble, W. (2000): Seit wann gibt es Sprache? – In: Burenhult, G. (Hrsg.): Die ersten Menschen. Illustrierte Geschichte der Menschheit, 46-52; Augsburg (Weltbild).

Dietrich, G., Krause, G., Seibold, E., Vollbrecht, K. (1966): Reisebericht der Indischen Ozean Expedition mit dem Forschungsschiff „Meteor" (1964-1965). – „Meteor", Forschungsergebnisse (Deutsche Forschungsgemeinschaft), Reihe A, Nr 1: 1-54; Berlin (Gebrüder Bornträger).

Dryssen, D. (1992): Carbon Dioxide Transport in Oceans. – In: Encyclopedia of Earth Science, Vol. 1, 415-422 – Academic Press Inc., San Diego, Toronto

During-Caspers, E.C.L. (1971): New Archaeological Evidence for Maritime Trading in the Persian Gulf during the Late Protoliterate period. East and West 21: 21-44.

Evans et al. (1969): Stratigraphy and geologic history of the Sabkha, Abu Dabi, Persian Gulf. – Sedimentology, 12: 145-159; London, Oxford (Blackwell Science).

Felber, H., Hötzl, H., Maurin, H., Moser, H., Rauert, W. & Zötl, J.G. (1978): Sea level fluctuations during the Quaternary Period. – In: Al-Sayari, S. & Zötl, J.: Quaternary Period in Saudi Arabia, 50-57; New York (Springer).

Frenzel, B. (2003): Klimageschichte der Antike nach stabilen Isotopen aus Jahrringen – Vortrag Univ. Stuttgart

Glaser, R. (2003): Daten, Methoden und Aussagen der Historischen Klimatologie zum Klimagang der letzten tausend Jahre in Mitteleuropa – Vortrag Univ. Stuttgart.

Glob, P.V. (1957): Prehistoric discoveries in Qatar. – Kuml 1957: 167-178; Aarhus.

Glob, P.V. (1959): Archaeological investigations in four Arab states. – Kuml 1959: 233-239; Aarhus.

Greenberg, J.H. (1986): The settlement of the Americas: a comparison of linguistic, dental and genetic evidence. – Curr. Anthropol., 27 (5): 477-497.

Haarmann, H. (2003): Vom Felsbild zum Schriftzeichen. – In: Der Turmbau zu Babel, Bd. IIIa, 15-21.

Haarmann, H. (2003): Ex occidente lux. Die Anfänge des Schriftgebrauchs in Alteuropa. – In: Der Turmbau zu Babel, Bd. IIIa, 39-44.

Hiller, S. (2003): Frühe schriftartige Erscheinungen auf dem Balkan. – In: Der Turmbau zu Babel, Bd. IIIa, 31-37.

Hünseler, P. (1988): Arabisch – Persischer Golf. – Der Nahe und Mittlere Osten, 22: 681-694; Opladen (Leske und Buderich).

Kapel, H. (1964): Stone age discoveries in Qatar. – JASP, 4: 112-155, Aarhus.

Kassler, P. (1973): The structural and geomorphic evolution of the Persian Gulf. – In: Purser, B.H. (editor): The Persian Gulf: Holocene carbonate sedimentation and diagenesis in a shallow epicontinental sea. – 471 S.; Berlin, Heidelberg (Springer).

Krings et al. (2000): A view of Neandertal genetic diversity, Nature Genetics, Vol. 26, Oct., 144-146.

Lastovicka, J., Boska, J. (1992): Solar Radiation. – In: Encyclopedia of Earth Science, Vol.4, 271-277; Academic Press Inc., San Diego, Toronto.

Lambeck, K. (1996): Shore line reconstructions for the Persian Gulf since last glacial maximum. – Earth and Planetary Science Letters, 142: 43-57; Amsterdam (Elsevier).

Lamberg-Karlowsky, C.C. (1982): Gateway to immortality. – Journal of Near Eastern Studies, Vol. 41, 1: 45-50; Chicago (University of Chicago Press).

Lemcke, G., Sturm, M.: ^{18}O and Trace Elements as Proxy for the Reconstruction of Climate Changes at Lake Van (Turkey): Preliminary Results. In: Third Millenium B.C. Climatic Change 654 – 678.

Levitus, S., Antonov, J.I., Boyer, T.P., Stephens, C. (2000): Warming of the World Ocean; In: Science, Vol. 287, 24.3.200, 2225-2228.

Lindner, T. (2003): Die Entwicklung des griechischen Alphabets – In: Der Turmbau zu Babel, Bd.IIIa, 213-217.

Lindner, T. (2003), Die Übernahme des griechischen Alphabets durch Etrusker und Römer. – In: Der Turmbau zu Babel, 219-222.

Mellaart, J. (1978): Asien – Die Präurbane Zeit. – In: Fasani, L. (Hrsg.): Die illustrierte Weltgeschichte der Archäologie, 363-376; München (Südwest).

McClure, H.A. (1976): Radiocarbon Chronology of Late Quaternary Lakes in the Arabian Desert. – Nature, 263: 755-756; London.

McClure, H.A. (1978): "Al Rub' Al Khali". – In: Al-Sayari, S. & Zötl, J.: Quaternary Period in Saudi Arabia, 262-263; New York (Springer).

Mahrzahn, J. (2003), Die Keilschrift. – In: Der Turmbau zu Babylon, Bd. IIIa, 81-92.

Menozzi, P., Piazza, A. & Cavalli-Sforza, L.L. (1978): Synthetic maps of human gene frequencies in Europa. – Science, 201: 786-792; Washington D.C.

Miller, L., Douglas, B.C., (2004): Mass and Volume Contributions to twentieth Century Global Sea Level Rise, In: Nature, 428; 406-409.

Müller, J., Bernbeck, R. (1996): Prestige – Prestigegüter – Sozialstrukturen. Beispiele aus dem europäischen und vorderasiatischen Neolithikum. Deutsche Gesellschaft für Ur- und Frühgeschichte, 6: 29-56; Bonn.

Nagel`s Encyclopedia Guide (1976): The Gulf Emirates: Kuweit, Bahrein, Qatar, United Arabian Emirates. – 191 S.; Geneva (Nagel Publishes).

Nissen, H.J. (2003), Die Entstehung der Schrift im frühen Babylonien. – In: Der Turmbau zu Babylon, Bd. IIIa, 71-79.

Nützel, W. (1975): The formation of the Arbian Gulf from 14.000 B.C. – Sumer 31: 101-110.

Oats, J. (1977): Seafaring merchants of Ur? Antiquity, Vol. 51, 203: 221-234.

Parpola, A. und M. (2003): Die Indus-Schrift und ihre Entzifferung. – In: Der Turmbau zu Babel, Bd. IIIa; 323-329.

Potts, D. (1978): Towards an integrated history of culture change in the Arabian Gulf area: notes on Dilmun, Makkan and the economy of ancient Sumer. Journal of Oman Studies, Vol. 4: 29-52; Muscat.

Potts, D.T. (1983): Dilmun: New Studies in the Archaeology and Early History of Bahrain. – Berliner Beiträge zum Vorderen Orient, Band 2, 215 S.; Berlin (Dietrich Reimer).

Razmjou, S. (2003): Iran, Die Festung der Urkunden. – In: Der Turmbau zu Babel, Bd. IIIa, 205-209.

Rice, M. (1977): The status of archaeology in Eastern Arabia and the Arabian Gulf. – Asian Affairs, Vol. 8 (old series: Vol. 64), 2: 139-151; Bangladesh.

Römer, Th. (2003): Aus der Not geboren – Biblische Geschichte zwischen Babylon und Palästina. – In: Welt und Umwelt der Bibel, Nr.28, 8.Jg., 5-7. Stuttgart.

Roux, G. (1992): Les Sumérians sortaient-ils de la mer. – In : Bottéro, J.: Initiation en l'Orient Ancien. Edition du Seuil: 37-56, Paris.

Rowley–Conwy, P. (2000): Bedeutender Jäger oder unbedeutender Aassammler? – In: Burenhult, G. (Hrsg.): Illustrierte Geschichte der Menschheit – Die ersten Menschen, 60-64; Augsburg (Weltbild).

Rowley–Conwy, P. (2000): Gene, Sprachen und Archäologie. – In: Burenhult, G. (Hrsg.): Illustrierte Geschichte der Menschheit – Die ersten Menschen, 144-146; Augsburg (Weltbild).

Sarntheim, M. (1972): Sediments and history of the postglacial transgression in the Persian Gulf and northwest Gulf of Oman. – Marine Geology, 12; 245-266.

Schmidt. K. (2003): „Kraniche am See". Bilder und Zeichen vom frühneolithischen Göbekli Tepe (Südosttürkei) – In: Der Turmbau zu Babel, Bd. IIIa; 23-29.

Schyle, D. & Uerpmann, H.P. (1996): Das Epipaläolithikum des Vorderen Orients, Teil I: Das Epipaläolithikum und der Übergang zum Neolithikum in der Levante und in Ägypten. – Tübinger Atlas des Vorderen Orients, Beihefte B, 85(1), 392 S.; Tübingen.

Schyle, D. & Uerpmann, H.P. (1996): Das Epipaläolithikum des Vorderen Orients, Teil II: Das Epipaläolithikum und der Übergang zum Neolithikum zwischen Taurus und Hindukusch. – Tübinger Atlas des Vorderen Orients, Beihefte B, 85(2); Tübingen.

Seibold, E. & Vollbrecht, K. (1969): Die Bodengestalt des Persischen Golfs. – Meteor Forschungsergebnisse, Reihe C, Nr.2:29-56; Berlin (Gebrüder Bornträger).

Seibold, E., Ulrich, J. (1970): Zur Bodengestalt des nordwestlichen Golfs von Oman. Meteor Forschungsergebnisse, Reihe C, Nr. 3: 1-14; Berlin (Gebrüder Bornträger).

Seibold, E., Diester, L., Lange, H., Müller, P. & Werner, F. (1973): Holocene Sediments and Sedimentary Processes in the Iranian Part of the Persian Gulf. – In: Purser, B.H.: The Persian Gulf, 57-80, New York (Springer).

Solanki, S.K., Usoskin, G., Kromer, M., Schüssler, M., Beer, J. (2004): Unusual activity of the sun during recent decades compared to the previous 11.000 years, Nature 431, 28.10.2004, 1064-87

Stacul, G. (1978): Indien. – In: Fasani, L. (Hrsg.): Die illustrierte Weltgeschichte der Archäologie; 363-376; München (Südwest).

Stein, M.A., Sir (1937): Archaeological Reconnaissances in North-Western India and South-Eastern Iran, London..

Tamburello, A. (1983): Ostasien. – In: Fasani, L. (Hrsg.): Die illustrierte Weltgeschichte der Archäologie, 547-571; München (Südwest).

Tosi, M. (1974): Some data for the study of prehistoric cultural areas on the Persian Gulf. – Proceedings of the 7th Seminar for Arabian Studies, Vol. 4: 145-171; Cambridge.

Tosi, M. (1976): The dating of Umm–an–Nar culture and a proposed sequence for Oman in the third millenium B.C. – Journal of Oman Studies, Vol. 2: 81-92; Muscat.

Tosi, M. (1978): Der iranische Raum. – In: Fasani, L. (Hrsg.): Die illustrierte Weltgeschichte der Archäologie, 477-506; München (Südwest).

Tropper, J., Die Erfindung des Alphabets und seine Ausbreitung im nordwestsemitischen Raum. – In: Der Turmbau zu Babel, Bd.IIIa; 173-182.

Usoskin, I.G., Solanki, S.K., Schüssler, M., Mursula, K., Alanko, K.A. (2003): A millenium scale sunspot number reconstruction: evidence für an unusual active sun since the 1940s, Phys.Revieuw Lett., 91, 2111 01.

Vita–Finzi, C. (1978): Environmental History. – In: Cardi de, B. (editor): Qatar Archaeological Report, Excavations, 11-25; Oxford (Oxford University Press).

Zarins, J. (1992): The early settlement of southern Mesopotamia: a review of recent, historical, geological and archaeological research. – Journal of the American Oriental Society 112, 1:58-59, 61; Baltimore.

Artikel in Wissenschaftsjournalen, Magazinen und Tageszeitungen

Abadie, P. (1999): Von Babylon nach Jerusalem. – In: Welt und Umwelt der Bibel, Archäologie – Kunst – Geschichte – Persien, 4, 12, 55 - 58.

Älterer moderner Mensch (2003): – In: Stuttgarter Zeitung, 134; 13.06.03.

Agnew, N., Demas, M. (2002): Rettung der Hominiden-Spuren von Laetoli. – In: Spektrum der Wissenschaft – Dossier, 4; 22-31.

Ahn, G. (1999): Iranische Religion: der Zoroastrismus. – In: Welt und Umwelt der Bibel, Archäologie – Kunst – Geschichte – Persien, 4, 12, 32 - 33.

Amiet, P., (1999): Die Entdeckung der iranischen Welt. – In: Welt und Umwelt der Bibel, Archäologie – Kunst – Geschichte – Persien, 4., 12, 5 - 7.

Anthropologie – Von Menschen und Affen (2002). – In: Bild der Wissenschaft, 8; 13.

Bakterien im Gepäck wandernder Völker. – In: Max Planck Forschung, 2/2003; 6-7.

Barriel, V. (2002): Der genetische Ursprung des modernen Menschen – In: Spektrum der Wissenschaft – Dossier, 4; 80-87.

Becker. L. (2002): Tödliche Treffer in Serie – In: Spektrum der Wissenschaft, 7; 61-67.

Böckl, M. (1994): Geheimnisvolle Spuren aus der Steinzeit. – Damals, 8: 24-29.

Breier, F. (172005): Wenn die Hölle den Himmel verdunkelt. – P.M.Perspektive: Wetter, Klima, Naturgewalten, 42-49.

Briant, P. (1999): Die Geschichte eines Reiches – Von der Donau bis zum Indus. – Welt und Umwelt der Bibel, 4, 12; 19 - 21.

Butler, C.J. (2001) Globale Erwärmung – Mensch oder Natur? Fusion, Forschung und Technik für das 21. Jahrhundert, 22/2; 9-14.

Coppens, Y. (2002): Geotektonik, Klima und der Ursprung des Menschen. – In: Spektrum der Wissenschaft – Dossier, 4; 6-13.

Die Eiszeitjäger haben Figuren und Instrumente geliebt – In den Höhlen des Ach- und des Lonetals hat man die ältesten Kunstwerke der Menschheit entdeckt – Eine Ausstellung in Ulm, Stuttgarter Zeitung, 24.09.2001.

Die Entdeckung der Sintflut. – In: Passauer Neue Presse, 15.09.2000.

Die Oberfläche der Sonne gleicht einem Inferno. – In: Stuttgarter Zeitung, 05.06.1998.

Eine sixtinische Kapelle der Steinzeit – Die Höhlen im südfranzösischen Chauvet geben den Forschern noch viele Rätsel auf. – In: Stuttgarter Zeitung, 31.01.2002.

Ewe, Th. (2002): Durch Mutation in die Moderne. – Bild der Wissenschaft, 7, 22-28.

Fischinger, L.A. (2000): Und der Herr schuf den Menschen...Schöpfungsmythen aus aller Welt. – In: Schöpfung und Mythen – Spezial, 12; 46-53.

Glaubrecht, M. (2002): Alle Menschen sind Mischlinge – Bild der Wissenschaft, 7; 30-33.

Gottschalk, C., Sandes S., Weber, C. (2002): Evolution – Der kleine Unterschied – Leipziger Genforscher belegen: Affen und Menschen unterscheiden sich ganz anders als gedacht – In: Focus, 2; 168-170.

Grabenkämpfe um die Wiege des Homo sapiens. – In: Stuttgarter Zeitung, 19.01.2000.

Grolle, J., Anthropologie: Feuerprobe vor dem Siegeszug. – In: Der Spiegel, 25, 16.06.2003; 164.

Hamel, E., Vennemann, Th., Forster, P. (2002): Drei Viertel unserer Gene stammen von den Urbasken. – In: Spektrum der Wissenschaft, 5; 41-43.

Hamel, E., Vennemann, Th. (2002): Die Ursprache der Alteuropäer – In: Spektrum der Wissenschaft, 5; 32-40.

Hecht, L. (1995): Die kommende (oder heutige) Eiszeit – Fusion, 16, 2; 22-35.

Hublin, J.J. (2002): Die Sonderevolution der Neandertaler – In: Spektrum der Wissenschaft, Dossier, 4; 56-63.

Kehse, U. (2004): Neue Eiszeit in weiter Ferne. – In: Bild der Wissenschaft, 10, 47.

Keine Kreuzung mit dem Neandertaler? In: Stuttgarter Zeitung; 10.03.2003.

Koch, K. (1999): Persien und das neue Juda nach dem Exil – In: Welt und Umwelt der Bibel, 4, 12, 60 - 61.

Komp, L. (1993): Ulysses und die Sonnenflecken – Eine ungewöhnliche Polarexpedition, Fusion, 14, 4; 34-44.

Kuckenberg, M. (1994): Was der Neandertaler auf dem Kerbholz hatte. – In: Damals, 2; 30-34.

Leakey, M., Walker, A. (2002): Frühe Hominiden – In: Spektrum der Wissenschaft – Dossier, 4; 14-19.

Leserforum Treibhaus-These. – In: VDI-Nachrichten, 48: 27.11.1998.

Lichtenberger, H. (1998): Die qumran-essenischen Reinigungsriten und die Johannestaufe – In: Welt und Umwelt der Bibel, 3, 9, 30.

Löwenmensch von der Alb. – In: Stuttgarter Zeitung; 29.07.2000.

Lucht, W. (2003): Klimaforschung: Der Norden ergrünt im Computer. – In: Spektrum der Wissenschaft, 2; 8-11.

Maitra, R. (2002): Sensationeller Fund im Golf von Cambay – Fragment einer untergegangenen Zivilisation – Fusion, 23, 4; 10-13.

Martin, R.D. (2002): Hirngröße und menschliche Evolution. – In: Spektrum der Wissenschaft – Dossier, 4; 72-79.

Martinez, F.G. (1998): Der Glaubenskrieg um Qumran. – In: Welt und Umwelt der Bibel, 3, 9, 3 – 8.

Mebarki, F. (1998): Die Überzeugungen eines Gelehrten – In: Welt und Umwelt der Bibel. 3, 9, 55 - 61.

Mensch oder Sonne – Wer ist schuld an der Klimaänderung? (1994). – In: Fusion, 15/3; 25-27.

Nachwuchs im Neandertal. In: Passauer Neue Presse; 10.09.2002.

Neue Erkenntnisse über natürliche Klimaschwankungen – Öffentliche Sitzung der Heidelberger Akademie der Wissenschaften – In: Universitätsbund Hohenheim e.V., Mitteilungsblatt, 31, 2; Nov. 2001.

Ofer B.J. (2002): Koexistenz von Neandertaler und modernem Homo sapiens – In: Spektrum der Wissenschaft, 4; 48-55.

Paläontologie – Aufrecht am See. – Der Spiegel 50/2000: 261-263.

Rauch, J. (1/2005): Vorstöße in die Vergangenheit – P.M.Perspektive, Wetter, Klima, Naturgewalten, 54-59..

Religion – Wo Gott wohnt (2002). – In: Gehirn und Geist, 2; 10-13.

Rhythmische Klimaschwankung. – GEO, 06/2002; 180.

Riesige Seen verändern Windströme und Klima. – Stuttgarter Zeitung, 20.12.2000.

Rudolf, E., Im Lande der Phönizier. – In: Stuttgarter Zeitung, 27.06.1998.

Schmundt, H. (2005): Puzzle aus dem Eis, Der Spiegel, 21, 23.05.2005.

Schulz, M. & Zarnd, B. (2000): Strafgericht am Bosporus. – Der Spiegel, 50: 266-279.

Schulz, M. (2002): Der leere Thron. – In: Der Spiegel, 52, 21.12.02: 136-147.

Schulz, M. (2000): Todeskampf der Flachköpfe. – In: Der Spiegel, 20.03.2000: 240-255.

See, C. von (2001): Grabenkämpfe um die Wiege des Homo sapiens. – Stuttgarter Zeitung, 19.01.2001.

Siefer, W. (2000): Schlaue Speerwerfer – Eine Thüringer Ausgrabung zeigt, wie Menschen vor 400 000 Jahren jagten und lebten. – In: Focus; 153-160.

Silvanus, W. (2002): Unsere Mutter – Wir stammen alle von einer Frau ab. – In: Natur & Kosmos, 4; 1-6.

Stemberger, G. (1998): Qumran, die Essener und andere jüdische Gruppen der Zeit. – In: Welt und Umwelt der Bibel, 3, 9, 67 - 70.

Tattersal, J. (2002): Erfolgskonzept Homo sapiens – Wir waren nicht die Einzigen. – In: Spektrum der Wissenschaft – Dossier, 4; 40-47.

Vaas, R. (2002): Der Intelligenzsprung. – In: Bild der Wissenschaft. 8; 30-39.

Von Babels Turm zum Phantom der Lust. – In: Passauer Neue Presse, 05.05.2003.

Wong. K. (2002): Vermischung oder Verdrängung? Der Streit um die Neandertaler. – In: Spektrum der Wissenschaft – Dossier, 4; 64-71.

Zick, M. (2001): Scherbenjagd im Jemen – In: Bild der Wissenschaft, 5/2001: 70-72.

Zick, M. (2005): Die ersten Hieroglyphen – In: Bild der Wissenschaft, 4/2005: 85-89.

30 000 Jahre alte Figur auf der Alb gefunden – In: Stuttgarter Zeitung, 08.08.2003.

Ausstellungskataloge

Der Turmbau zu Babel, Bd. IIIa, Ursprung und Vielfalt von Sprache und Schrift, Herausg. W.Seipel, Schloß Eggenberg, Graz (2003); KHM (Kunsthistorisches Museum Wien) (Skira).

Hecker, R., Urmütter der Steinzeit – Bilder weiblicher Schöpfungskraft, Katalog zur Ausstellung (2001), Staatliches Museum für Naturkunde, Stuttgart.

Museum für Anatolische Civilisationen, Ankara (Ausstellungskatalog).

Sumer-Assur-Babylon: 7000 Jahre Kunst und Kultur zwischen Euphrat und Tigris, Ausstellungsband des Roemer– und Pelizaeus-Museums Hildesheim (1978); Mainz (Philipp von Zabern).

7000 Jahre persische Kunst – Meisterwerke aus dem Iranischen Nationalmuseum in Teheran. – Kunsthistorisches Museum Wien/Iranisches Nationalmuseum Teheran. – 343 S.; Ausstellung des Kunsthistorischen Museums in Wien (2001); Milano (Skira).

Abbildungsnachweis

Abbildung 1	**Temperatur:** Diverse. Besonders berücksichtigt: 10.000 bis 6000 v.h.: Summit-Eisbohrkern: Dansgaard, W. et al. (1993) 6000 bis 1000 v.h.: Frenzel, B. (2003) 1000 bis 0 v.h.: Glaser, R. (2003) **Feuchtigkeit:** A: McClure (1976), ermittelt aus Sedimenten in der Arabischen Wüste B: Bar-Matthews et al., ermittelt an Stalagmiten in der Höhle Soreq, Israel C: Lemke, G. und Sturm M., ermittelt an Sedimenten des Van-Sees, Osttürkei
Abbildung 2	nach Glaser, R. (2001)
Abbildung 3	nach Andersen und Borns (1994), entnommen aus Klostermann (1999)
Abbildung 4	Nasa.Giss.Gov.
Abbildung 5	nach Solanki, M. et al. (2004).Durchgezogen: beobachtet bzw. gemessen, gestrichelt: rekonstruiert
Abbildung 6	Dansgaard et al. (1993)
Abbildung 7	aus Bastian
Abbildung 8	aus Williams et al., (1993)
Abbildung 9	N. u. E. Buchner
Abbildung 10	nach Chappel und Shackleton (1986)
Abbildung 11	N. u. E. Buchner
Abbildung 12	zusammengestellt aus Untersuchungen verschiedener Forscher von McClure (1976)
Abbildung 13	nach Seibold und Vollbrecht (1969)
Abbildung 14	Basis der Darstellung: Seekarte von Seibold und Vollbrecht (1969)
Abbildung 15	nach Cavalli-Sforza (1999)
Abbildung 16	auf der Grundlage der genetischen Untersuchungen von Cavalli-Sforza (1996) und Untersuchungen zur Verwandtschaft von Sprachen und Ähnlichkeit von Werkzeugen.
Abbildung 17	Bellinger (2001)
Abbildung 18	nach: Zarins (1992)
Abbildung 19	Cavalli-Sforza (1996)
Abbildung 20	Holle Universalgeschichte

Abbildung 21	nach Zarins (1992)
Abbildung 22	nach Archangelsky und Strahov; ergänzt durch Zuflüsse
Abbildung 23	nach Serebrianny (1982)
Abbildung 24	nach Maitra, Ramtanu (2002)
Abbildung 25	nach Kottmann
Abbildung 26	nach Crawford (1993)
Abbildung 27	nach Crawford (1993)
Abbildung 28	nach Crawford (1993)
Abbildung 29	Seibold und Vollbrecht (1969)
Abbildung 30	Basis der Darstellung: Seekarte von Seibold und Vollbrecht (1969)
Abbildung 31	Basis der Darstellung: Seekarte von Seibold und Vollbrecht – 1969
Abbildung 32	Basis der Darstellung: Seekarte von Seibold und Vollbrecht – 1969
Abbildung 33	nach Moberg
Abbildung 34	nach Lambeck; ergänzt durch Flüsse
Abbildung 35	nach Lambeck, ergänzt N. und E. Buchner
Abbildung 36	nach Lambeck, ergänzt N. und E. Buchner
Abbildung 37	nach Lambeck, ergänzt N. und E. Buchner
Abbildung 38	Oben: zusammengestellt aus Untersuchungen verschiedener Forscher von McClure (1976) Mitte: Dansgaard et al. (1993), mit Zusatzinformationen aus Bohrkern DYE 3 und Sedimentuntersuchungen vom Gerzen-See Unten: für die Zeit von 14.000 bis 11.000 v.h. nach Lambeck (1996) und für die Zeit nach 11.000 v.h. nach Zarins (1992)
Abbildung 39	nach Zarins (1992)
Abbildung 40	Basis der Darstellung: Seekarte von Seybold und Vollbrecht (1969) sowie aus: Glob (1957)
Abbildung 41	nach Zarins (1992)